데이터베이스 포렌식

이 별 · 안소현 지음

저자의 글

데이터베이스 기본 개념을 시작으로 데이터베이스를 구성하는 아키텍처에 대해 살펴보고 데이터베이스 포렌식의 수행 방법과 수행에 있어 필요한 지식을 살펴보고 분석에 필요한 기술을 알아볼 것이다. 실제로 데이터베이스 포렌식 환경은 기업마다 환경이 다르므로 본 책에서는 기초가 되는 환경을 구성하여 데이터베이스에서 확인하여야 할 주요 데이터 위주로 살펴볼 것이다.

이 책을 읽는 모든 독자들이 본 책을 통해 데이터베이스 포렌식에 대한 지식 습득이 조금이라도 이뤄진다면 필자는 성공했다고 본다. 또한, 본 책을 통해 데이터베이스 포렌식이 많은 사람에게 도움이 되었으면 한다.

마지막으로 본 책을 집필할 수 있도록 도와주신 김광진 선배님에게 이 자리를 빌려 감사의 말을 전하고 싶다.

대표저자 이 별

감수자의 글

처음 이 책에 대한 감수 요청을 받았을 때 '디지털포렌식이라는 포괄적인 절차에서 특정 시스템에 대한 부분만 전문적으로 다루는 것이 가능할까?' 라는 의구심이 먼저 들었습니다. 시중에 출판된 국내외 디지털포렌식 관련 서적들이 디지털포렌식의 전체 절차를 기본으로 하여 절차별 과정을 서술한 것들이 대부분이었기 때문입니다. 하지만, 이 책의 감수를 진행하면서 처음 가졌던 의구심은 조금씩 희석되었고 시스템별 디지털포렌식을 세분화할 필요가 충분하고 이 책의 시도가 아주 괜찮은 시도라는 생각이 들기 시작했습니다.

이 책의 독자들도 잘 알고 있으시겠지만, 불과 몇 년 전까지만 하더라도 우리나라에서 디지털포렌식은 일부 수사기관과 법 집행기관들만이 수행할 수 있는 특수한 분야로 인식되었던 것이 사실이고 실제 대부분의 디지털포렌식과 관련 솔루션은 수사기관과 법 집행기관을 중심으로 한 공공기관들이 주된 수요자들이었습니다. 하지만 최근 들어 민간기업에서도 감사, 회계, 자산보호 등과 관련하여 디지털포렌식에 대한 수요가 급증하기 시작했고 디지털포렌식이 ICT 산업에서 하나의 부문을 차지할 정도로 급성장하고 있으며 그에 따라 디지털포렌식 전문인력에 대한 수요도 급증하고 있습니다.

이 책은 그동안 확장되어온 포괄적인 디지털포렌식의 개념에서 데이터베이스라는 특정 시스템을 대상으로 하는 디지털포렌식 입문용으로 활용하기에 알맞은 책입니다. 이 책의 저자는 현장에서 수요가 높은 데이터베이스 포렌식을 다년간의 현장 경험을 바탕으로 데이터베이스 포렌식 수행 시 요구되는 절차와 기법에 대하여 충실히 설명하고 있습니다. 또한, 사용률이 높은 Oracle, MSSQL, MySQL 등, 각 DBMS 별다르게 적용되는 기술적인 부분에 대하여 입문자가 직접 따라 하며 습득하기 쉽도록 서술되어 있습니다. 따라서 디지털포렌식을 공부하고자 하지만 어떻게 시작해야 할지 어려워하는 사람에게 적합한 안내서가 될 수 있으며, 데이터베이스 디지털포렌식에 입문하고자 하는 사람들에게도 저자의 경험에 기반을 둔 기술적인 부분의 수요를 충족시켜 줄 수 있을 것으로 생각합니다.

디지털포렌식이라는 분야에 대하여 막연하게 어려워하는 사람들이 디지털포렌식 분야에 발을 들일 수 있도록 자신감을 부여할 수 있는 책이 될 수 있기를 바랍니다.

감수자 **박문범**

데이터베이스 포렌식

저자 소개

이 별

한시큐리티 디지털포렌식 연구소 연구소장으로 연구 및 분석 업무와 다양한 기관을 대상으로 교육을 수행하고 있다.

주요 저서로는 「START UP 디스크포렌식」, 「문제로 배우는 디지털포렌식」 「디지털포렌식 with CTF」 등 다수의 디지털포렌식 서적을 집필하였다.

수상경력으로는 2015 국방해킹방어, 2018 디지털포렌식 챌린지에서 수상한 바 있다. 주요 관심사로는 클라우드 환경에서의 포렌식 분석과 포렌식 기술을 이용한 내·외부감사이고, 최근에는 Cyber Threat Intelligence에 관한 연구를 진행하고 있다.

안 소 현

간호학과를 휴학하고 새로운 길을 모색하는 도중 컴퓨터와 해킹 사건에 흥미가 생겨 정보보안 공부를 시작하였다. 현재는 컴퓨터에 남는 해킹 흔적을 찾는 포렌식과 데이터베이스 로그 파일 분석을 통한 포렌식에 중점을 두고 공부하고 있다.

해킹, 데이터베이스뿐만 아니라 최근 시장이 넓어지고 있는 IoT에 대해서도 관심이 많아 관련 책을 읽으면서 지식을 쌓고 있다.

감수자 소개

박문범(한국인터넷진흥원 책임연구원)

언더그라운드 해커그룹 출신으로 2007년 한국정보보호진흥원(現 한국인터넷진흥원)에 입사하여 매년 수백 건의 해킹사고 및 다양한 사이버침해사고를 분석하고 있다.

2016년부터 차세대보안 리더양성사업 Best of the Best 프로그램의 디지털포렌식 트랙 멘토로 활동하며 디지털포렌식과 사이버침해사고 관련 연구결과를 주요 해외 해킹/보안 콘퍼런스에서 발표하였다.

최근에는 사이버침해사고 분석 과정에서 디지털포렌식과 해킹기법을 활용하여 더욱 정밀하게 공격자의 행위를 분석 및 재구성에 관한 연구를 진행하고 있다.

편집 규약

이 책은 아래와 같은 형식으로 명령어 및 코드를 표현한다.

```
C:\Users\J0K3R>time /t
오후 12:00
```

특정 부분을 강조할 때는 밑줄이나 굵은 글씨체로 표현한다.

```
C:\Users\J0K3R>hostname
yam1-PC
```

팁과 트릭 등의 참고사항은 이와 같이 박스로 표현6한다.

고객 지원
독자 의견 및 오·탈자 신고는 e.encase[AT]gmail.com으로 보내주길 바란다.

저작권
본 출판물의 저작권은 저자에게 있으며 저작권자의 사전 허가 없이 무단 복제(부분 복제 포함) 및 재생산을 금한다. 저작권자와 출판사는 본 출판물에 수록된 정보사용으로 발생한 직접, 간접적 손실 또는 손해를 비롯한 모든 법적 책임에 대해 어떠한 책임도 지지 않는다.

데이터베이스 포렌식

목 차

시작하면서
　이 책의 구성
　실습환경 구성

PART 1. 데이터베이스 기초
　1.1 데이터베이스 정의 ……………………………………… 12
　1.2 데이터베이스 모델 ……………………………………… 16
　1.3 DBMS(Database Management System) ……………… 22
　1.4 SQL(Structured Query Language) …………………… 34
　1.5 데이터베이스 포렌식 도구 …………………………… 55
　1.6 데이터베이스의 구조 …………………………………… 57
　1.7 데이터베이스 포렌식 개요 …………………………… 62

PART 2. SQL Server 데이터베이스 포렌식
　2.1 SQL Server 환경 구축 ………………………………… 74
　2.2 SQL Server 아키텍처 …………………………………… 96
　2.3 SQL Server 기본 조작 ………………………………… 103
　2.4 SQL Server 데이터베이스 덤프 ……………………… 118
　2.5 SQL Server 데이터베이스 복구 ……………………… 123
　2.6 SQL Server 로그 분석 ………………………………… 144

PART 3. MySQL 데이터베이스 포렌식
　3.1 MySQL 환경 구축 ……………………………………… 152
　3.2 MySQL 아키텍처 ………………………………………… 163
　3.3 MySQL 기본 조작 ……………………………………… 180
　3.4 MySQL 데이터베이스 덤프 …………………………… 200
　3.5 MySQL 데이터베이스 복구 …………………………… 210
　3.6 MySQL 로그 분석 ……………………………………… 220

PART4. Oracle 데이터베이스 포렌식

- 4.1 Oracle 환경 구축 ······················ 238
- 4.2 Oracle 아키텍처 ······················ 266
- 4.3 Oracle 기본 조작 ······················ 271
- 4.4 Oracle 데이터베이스 덤프 ··········· 277
- 4.5 Oracle 데이터베이스 복구 ··········· 282
- 4.6 Oracle 로그 분석 ······················ 289
- 4.7 Oracle Log Miner ····················· 299

PART5. SQLite 데이터베이스 포렌식

- 5.1 SQLite 아키텍처 ······················ 314
- 5.2 SQLite 환경 구축 ······················ 328
- 5.3 SQLite 기본 조작 ······················ 332
- 5.4 SQLite 데이터베이스 덤프 ··········· 351
- 5.5 SQLite 데이터베이스 복구 ··········· 359
- 5.6 SQLite 데이터베이스 로그 ··········· 372

맺음말 / 375

시작하면서

데이터베이스는 회사 운영에 있어 매우 중요한 요소이다. 운영에 필요한 주요 정보들이 모두 저장되어 있으며, 특히 회계 데이터베이스에 저장되는 내용은 조작 또는 삭제되었을 때 그 영향은 매우 크다. 가령 회계 프로그램을 통해 매출 이익을 잡는 과정에서 숫자의 자릿수 한자리만 바뀌어도 금액의 변동 폭은 매우 크게 나타난다. 또한, 과거와 달리 수기식이 아닌 전자결제를 사용하다 보니 결제가 이뤄지면 즉시 처리가 된다. 그만큼 시스템을 사용하는 사용자가 의도적인 조작은 회사 경영에 큰 손실을 불러올 수도 있다. 본 책에서는 데이터베이스 점유율이 가장 높은 데이터베이스를 선정하여 환경을 구축하는 방법과 각각의 데이터베이스로부터 분석에 필요한 정보를 확인하는 방법을 살펴볼 것이다.

이 책의 구성

시장 점유율을 조사하여 가장 많이 사용하는 데이터베이스를 선정하여 실습환경 구축부터 유용한 정보를 확인하는 과정으로 구성되어 있다. 실제 업무환경과는 다소 거리가 있겠지만, 실습과 이론을 병행하여 어떠한 정보들을 확인해야 하는지 서술하였다.

실습환경 구성

각 각의 데이터베이스별로 실습에 필요한 자료에 대해서 각 챕터별로 링크를 걸어 놓았다. 그리고 시간이 지남에 따라 버전 업데이트가 이뤄짐에 따라 다운 환경이 달라질 수 있으므로 아래 카페에서도 실습환경 구축에 필요한 자료를 다운로드할 수 있다.

> 데이터베이스 포렌식
> ▶ https://cafe.naver.com/f0r3ns1c

위 사이트를 통해 실습환경 구축에 필요한 자료를 다운로드할 수 있을 뿐만 아니라 주요 공지사항을 확인할 수 있다.

PART 1

데이터베이스 기초

STEP 01 ▶ 데이터베이스 기초

오늘날을 정보화 시대라고 부르는 만큼 사람들은 엄청난 양의 데이터 속에서 살아가고 있다. 이미지, 텍스트, 문서, 문자열, 숫자 등 데이터는 다양한 형태로 존재하며 각각 용도에 맞게 처리되어 사람들에게 보인다.

이렇게 많은 양의 데이터를 효율적으로 관리하고 처리하기 위해서 고안한 것이 데이터베이스이다. 데이터베이스의 등장으로 사용자들의 데이터에 대한 접근, 갱신, 관리 등이 더욱 쉬워졌다. 그렇다면 어느 곳에서 어떤 식으로 활용되는가?

이번 챕터에서는 데이터베이스가 무엇이고 어떤 곳에서 쓰이는지, 데이터베이스를 조작하는 언어, SQL의 기본적인 운용 방법을 알아볼 것이다.

1.1 데이터베이스 정의

1.1.1 데이터베이스란 무엇인가?

데이터베이스란 체계적으로 조직된 데이터의 집합이다. 가장 많이 사용되는 데이터 모델은 관계형 데이터 모델이며, 표 형식으로 되어있다. 데이터를 구조화하였을 때 사용자가 얻는 이점이 많아, 대량의 데이터를 처리하는 여러 기관, 기업, 웹 사이트 등에서 거의 필수적으로 사용하고 있다.

대표적인 예시로 고객의 주문정보를 가지고 있는 쇼핑몰을 들어 데이터베이스에 대해서 개괄적으로 살펴보자. [그림 1]을 보면 고객 아이디와 함께 주문번호와 고객이 상품을 주문한 날짜, 결제를 완료한 날짜, 결제 금액에 대한 정보가 표 형태로 정리되어 있다.

고객 아이디	주문번호	주문일자	결제완료일자	결제금액
100101	20190409-001	2019-04-09	2019-04-09	108,000
100102	20190409-002	2019-04-09	NULL	152,300
100103	20190408-001	2019-04-08	2019-04-08	54,000
100104	20190407-001	2019-04-07	2019-04-07	78,500
100105	20190407-002	2019-04-07	2019-04-08	230,400
100106	20190407-003	2019-04-07	2019-04-07	14,250
100107	20190406-001	2019-04-06	2019-04-06	62,480
100108	20190406-002	2019-04-06	2019-04-06	24,800

[그림 1] 데이터베이스 예시

[그림 2]를 보면 비슷한 유형의 데이터들끼리 분류되어 있다는 것을 알 수 있다. 또한, 데이터가 일정한 순서로 나열되어 데이터를 수정 및 검색하는 데에 걸리는 시간이 크게 줄어든다. 사용자는 SQL(Structured Query Language)이라는 쿼리 언어로 원하는 데이터만 추출할 수 있다. 만약 쇼핑몰 운영자가 주문일자가 2019년 4월 7일인 정보만을 원한다면, 조건을 추가한 쿼리를 입력하면 된다.

```
SELECT * FROM 주문정보 WHERE 주문일자 = '2019-04-07'
```

위의 간단한 명령을 데이터베이스 관리 시스템에 전달하면 다음과 같은 결과를 보여준다.

고객 아이디	주문번호	주문일자	결제완료일자	결제금액
100104	20190407-001	2019-04-07	2019-04-07	78,500
100105	20190407-002	2019-04-07	2019-04-08	230,400
100106	20190407-003	2019-04-07	2019-04-07	14,250

[그림 2] 주문일자가 2019-04-07인 데이터만 추출한 결과

데이터 추출뿐만 아니라, 데이터 삭제, 수정, 추가할 때에도 간단한 명령문을 입력해주면 된다. 일괄적으로 변경할 수도 있고, 표의 내용 일부만 변경할 수도 있다. 그리고 여러 표를 한데 묶어 출력하는 것도 가능하다.

그렇다면 데이터베이스에 어떻게 접근하는가? 사용자는 데이터베이스와 물리적으로 떨어져 있으며 정확히 어디에 있는지 알지 못한다. 데이터베이스 서버를 구축한 회사 관계자는 사내 네트워크망으로 접근한다고 하면 외부 사용자나 고객, 협업자는 어떤 방식으로 데이터베이스 서버의 원하는 데이터에 접근하는 것인가?

사내 네트워크망에 포함되어 있지 않은 외부 사용자들은 인터넷을 통하여 공개된 웹 서버에 접속하고, 해당 서버는 필요한 데이터를 데이터베이스 서버로부터 불러온다. 데이터베이스의 보안을 위해 외부 사용자가 데이터베이스 서버에 직접 접속하지 못하게 하는 것이다.[1]

---

1) 하지만 웹이나 애플리케이션의 보안이 취약하다면 공격자가 악의적인 SQL 구문을 입력하여 민감한 정보를 빼 올 수 있다.

[그림 3] 외부 사용자의 데이터베이스 접근

1.1.2 데이터베이스의 특징

오늘날 데이터베이스의 역할이 중요해진 데에는 비단 대량의 데이터 관리와 데이터 처리의 간편함 때문만은 아니다. 이외 데이터베이스가 지닌 특징 및 장점에는 데이터 보안, 정확성, 데이터 무결성[2] 등을 들 수 있다. 이번에는 조금 더 이론적인 관점에서 데이터베이스의 특징을 알아보고자 한다.

가) 데이터의 중복을 허용하지 않음

DBA(Database Administrator)로 중앙 집중화되어 관리되기 때문에 불필요한 데이터의 중복을 피할 수 있다. 그에 따라 저장하고 있는 데이터의 총 용량도 줄어든다. 데이터의 중복은 예기치 못한 상황을 만들 수 있기에 허용하지 않는 것이 일반적이지만, 몇몇 경우에는 일부러 허용하기도 한다.

---

[2] 데이터의 일관성과 정확성에 대한 보장으로 데이터베이스나 RDBMS(Relational Database Management System)의 중요한 특징이다.

나) 데이터 공유

여러 사용자와 응용 프로그램이 데이터베이스 내의 데이터를 공유할 수 있다.

다) 데이터 무결성

중앙 집중화된 관리로 데이터의 정확성과 일관성을 유지한다.

라) 데이터 보안

DBA는 사용자마다 데이터베이스 접근 권한을 부여하여 허가받지 않은 접근을 차단할 수 있다. 접근 권한을 부여 및 회수하는 명령어는 뒤에 나오는 SQL(Structured Query Language) 중 DCL(Data Control Language)로 GRANT와 REVOKE이 있다.

마) 데이터 독립성

데이터 독립성은 물리적 독립성과 논리적 독립성으로 나뉜다. 물리적 독립성은 데이터를 담고 있는 저장장치가 바뀌어도 응용 프로그램까지 바꿀 필요가 없다는 것을, 논리적 독립성은 데이터베이스 테이블에 데이터가 새로 추가되거나 삭제 혹은 갱신되어도 응용 프로그램을 바꿀 필요가 없음을 의미한다. 다시 말해, 데이터베이스 환경의 변화는 해당 데이터베이스를 사용하는 응용 프로그램에 영향을 끼치지 않는다.

1.2 데이터베이스 모델

데이터베이스 모델은 데이터가 어떻게 저장, 관리, 처리되는지 정의한 논리적 구조이다. 데이터베이스 모델은 다음과 같은 종류가 있으며, 가장 대표적인 것은 '관계형 모델'이다.

- 관계형 모델
- 네트워크 모델
- 계층적 모델
- 객체 지향형 모델

1.2.1 관계형 모델

사용이 쉽다는 점에서 가장 널리 쓰이는 DBMS 모델이다. Row와 Column으로 구성된 테이블 구조로, SQL이라는 언어를 통해 조작한다.
테이블을 표라고 생각했을 때, Row는 가로줄을, Column은 세로줄을 의미한다. Row는 레코드라고 부르기도 한다.

student_name	student_id	major	GPA
Alice	001	Physics	3.85
James	002	Anthropology	4.10
John	003	Psychology	2.54
Britney	004	History	4.23
Daniel	005	Archeology	4.05
Sebastian	006	Computer Sicence	3.12
Abigale	007	Linguistics	2.89

로우(ROW) — 칼럼(COLUMN)

[그림 4] 테이블 구조

[그림 4]에서 보는 것처럼 테이블은 여러 개의 Row와 Column으로 구성되어 있다. 각각의 Row는 레코드(Record)라고 하며 Object(객체) 또는 Entity라고도 한다. 필드(Field)는 테이블에서의 Column에 대응하며 Attribute(속성)라고도 한다.
테이블은 하나만 존재하는 것이 아니라 여러 개 존재할 수 있고, DBMS 중 관계형 모델을 기반으로 한 RDBMS(Relational Database Management System, 관계형 데이터베이스 관리 시스템)는 여러 테이블을 조합하여 원하는 데이터를 찾을 수 있도록 하여 좀 더 복잡한 데이터 처리 요구를 수행한다. 이처럼 여러 개의 테이블이 존재하고 그들 사이의 관계를 식별하기 위한 것이 키(Key)이다.

키는 테이블에서 고유하게 식별할 수 있는 Row이다.

가) 후보키

각 행을 유일하게 식별할 수 있는 속성(Column)이다. 모든 테이블은 반드시 하나 이상의 후보키를 가져야 하며, 모든 후보키는 유일성과 최소성을 만족해야 한다. 쉽게 말해, 후보키는 레코드를 유일하게 구별할 수 있는 Column들의 부분 집합이다.

cust_num	cust_id	cust_birth	cust_country
001	origintaste	1987-11-17	Korea
002	cork_board	1997-03-06	Korea
003	Gdaniel	1990-10-28	USA
004	KelvinOOP	1995-07-14	UK

[그림 5] 키 설명 예시 테이블

[그림 5]의 작은 테이블을 보면서 이해해보자. 4개의 Column 중에서 중복되지 않은 값이 나타나는 것은 cust_num, cust_id, cust_birth로 각 레코드를 유일하게 식별하는 후보키가 될 수 있다. 하지만 cust_country의 경우 중복되는 값이 존재하기 때문에 후보키가 될 수 없다. 만약 cust_birth에 동일 생일을 가진 고객의 레코드 정보가 추가된다면 cust_birth 또한 후보키가 될 수 없다.

나) 기본키(주 키)

기본키는 후보키 중에서 선택한 것으로 테이블의 주 키가 된다. 기본키로 정의된 Column은 NULL 값을 가질 수 없고, 같은 값이 중복으로 저장될 수 없다. 후보키들을 조합하거나 그들 중 하나를 선택하여 기본키를 만들 수도 있고, 후보키들 중 일부와 다른 Column을 조합하여 기본키를 만들 수도 있다.

다) 대체키(보조키)

후보키가 둘 이상일 때 기본키를 제외한 나머지를 대체키라고 한다. 즉, cust_num, cust_id, cust _birth에서 cust_num을 기본키로 정의하였다면 나머지 cust_id와 cust_birth가 대체키가 된다.

라) 슈퍼키

한 테이블 내에 있는 Column들의 집합으로 구성된 키이다. 유일성은 만족하지만, 최소성은 만족하지 못한다. 슈퍼키를 구성하는 Column들이 조합이 되어야지만 각 레코드를 구별할 수 있고, 흩어진 Column 몇몇으로는 각 레코드를 구별할 수 없다. 즉, cust_id와 cust_country를 조합하여 키를 만들었다고 했을 때, 둘이 뭉쳐있어야만 테이블의 각 레코드를 유일하게 식별할 수 있고, cust_id가 떨어진 cust_country 혼자로는 테이블 레코드를 유일하게 식별할 수 없다는 의미이다.

마) 외래키

한 테이블이 다른 테이블을 참조하고 있을 때 그들의 관계를 표현하는 키이다. 외래키로 지정되면 참조 테이블의 기본키에 없는 값은 입력할 수 없다. 이번에는 기본키와 외래키를 지닌 두 개의 테이블 그림을 살펴보자.

customer_information

customer_id	customer_name	customer_mail
001	Olivia Smith	via_oliv@email.com
002	Harry Williams	notpotter@email.om
003	Declan Taylor	withdeclan_0415@email.com
004	Owen Green	livingowen@email.com
005	Aria Hall	ariainair@email.com
006	Lucas Moore	lightme_lucas@email.com
007	Hazel Miller	enjoycoffee_haz@email.com

order_information

order_id	cust_id	order_date	total_charge
1	003	2019-04-13	46,500
2	002	2019-04-13	154,300
3	002	2019-04-12	87,950
4	002	2019-04-11	9,500
5	001	2019-04-11	67,400
6	003	2019-04-11	2,310
7	007	2019-04-10	356,200

[그림 6] 기본키와 외래키

[그림 6]에서 customer_information의 테이블에서 데이터의 중복이 없고 각 레코드를 고유하게 식별하는 Column은 customer_id으로 해당 테이블의 기본키가 된다. order_information 테이블의 경우 기본키가 될 수 있는 Column은 order_id이다. 두 테이블을 연결해주는 Column은 customer_ information에서의 customer_id, order_information에서의 cust_id이다. 따라서 cust_id는 order_information의 외래키가 된다. 위와 같이 관계형 데이터베이스에서 각각의 테이블들은 외래키로 참조할 수 있다.

관계형 모델이 지니는 위와 같은 특징으로 1대1 또는 다대다 관계의 데이터를 표현하기에 좋다.

1.2.2 네트워크 모델

70년대에 주로 사용하였던 데이터 모델로 계층적 데이터 모델과 비슷한 구조를 지녔다. 다만 계층적 DBMS는 자식이 여러 부모를 갖는 것이 불가능하였지만, 네트워크 모델은 가능하다. 네트워크 모델은 좀 더 복잡한 다대다 데이터 관계를 다룰 수 있다. 계층적 DBMS가 트리 구조였다면, 네트워크 모델은 그래프 구조이다. 데이터 독립성, 데이터 무결성과 데이터 조작 면에서 좀 더 보완되었다.

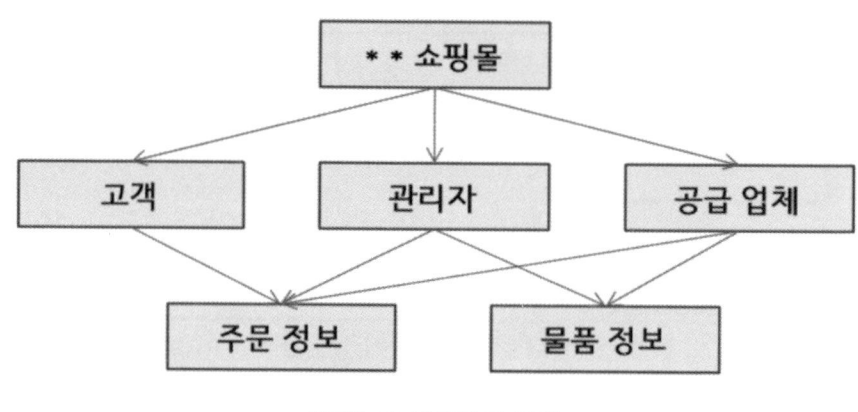

[그림 7] 네트워크 모델

1.2.3 계층적 모델

계층적 모델은 데이터들이 트리 구조로 조직되어 부모-자식 관계를 형성한다. IBM의 IMS (Information Management System)와 같은 초기 DBMS 메인프레임에 사용되었다. 부모-자식 관계가 명확한 상황을 제외하고는 활용도가 높지 않다.

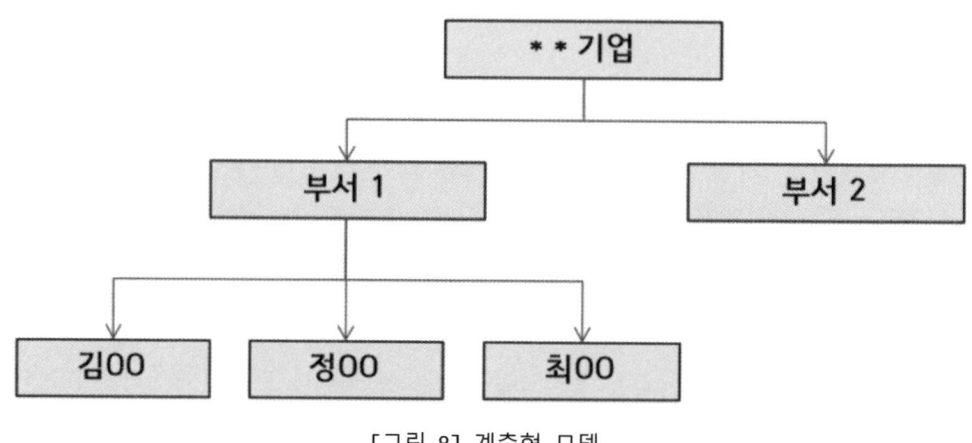

[그림 8] 계층형 모델

1.2.4 객체 지향형 모델

이 모델은 객체 지향 프로그래밍(OOP, Object Oriented Programming)과 관계형 데이터베이스 특징을 결합한 형태이며, 데이터를 오브젝트와 클래스로 표현한다. 여기서 오브젝트는 실세계의 개체를, 클래스는 오브젝트의 집합이다.

객체 지향형 데이터베이스에서 모든 개체는 오브젝트이다. 오브젝트는 property(상태)와 method(행위)로 구성되고 각각의 오브젝트는 고유한 식별자를 지닌다.

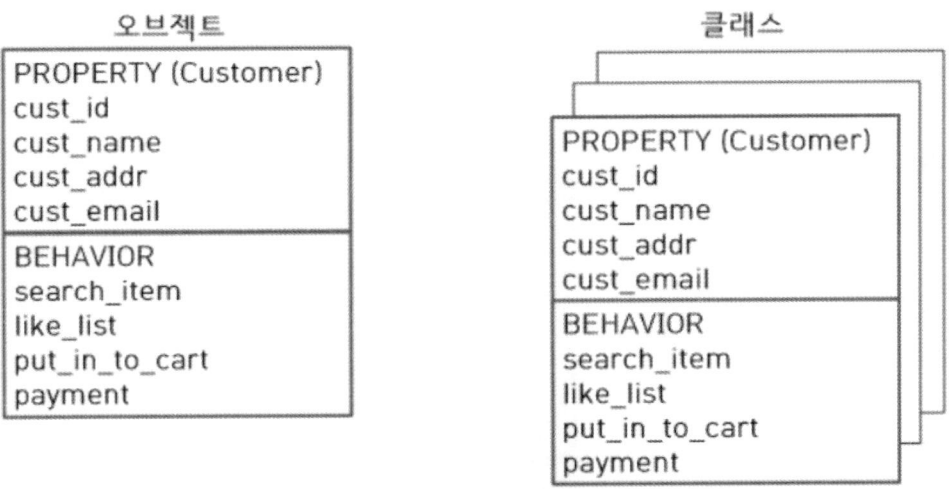

[그림 9] 오브젝트와 클래스

Customer라는 오브젝트를 생각해보자. 위 그림에서 Customer의 상태를 설명하는 Property에는 고객의 아이디, 이름, 주소, 이메일 주소가 있다. 그리고 Customer 오브젝트가 수행할 수 있는 행위, Behavior로는 아이템 검색, 선호 목록, 카트에 넣기, 지불하기 등이 있다. Property와 Behavior를 아울러 오브젝트라고 하고, 이 오브젝트 들이 여럿 모여 클래스를 이룬다.

오브젝트와 클래스 외에도 상속, 캡슐화 등의 객체 지향 프로그래밍 특징을 지니고 있다. 앞서 설명한 관계형 데이터베이스와 비교하면 널리 쓰이지 않는 모델이다.

1.3 DBMS(Database Management System)

1.3.1 DBMS란 무엇인가?

DBMS(Database Management System)이란, 데이터베이스를 생성하고 관리해주는 소프트웨어를 말한다. 사용자는 데이터베이스의 데이터 저장 방식이나 저장 장소를 몰라도 DBMS를 통해 데이터베이스에 접근하여 데이터를 생성, 갱신, 삭제를 할 수 있다. 즉, DBMS 또는 다른 소프트웨어가 데이터베이스 안의 데이터를 저장 및 조작할 수 있도록 도와주는 인터페이스 역할을 한다. 이렇게 사용자나 애플리케이션으로부터 데이터 요청을 받으면, DBMS는 운영체제가 해당 데이터를 제공하도록 지시한다.

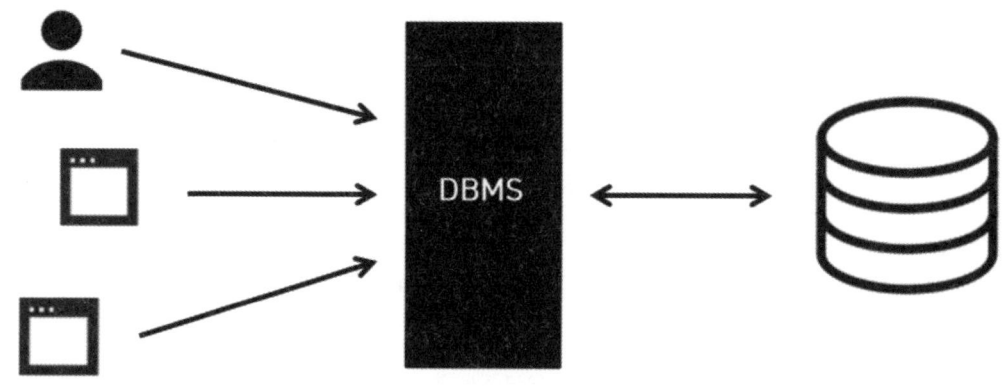

[그림 10] DBMS의 역할

DBMS는 또한 데이터의 시각화를 위해서 데이터베이스 스키마를 생성한다. 데이터베이스 스키마는 전체 데이터베이스에 대해 논리적인 뷰를 제공하는 뼈대라고 생각하면 된다. 어떤 식으로 데이터가 조직화되어야 하는지 그리고 그들 간의 관계가 어떻게 형성이 되는지를 정의한다. 데이터베이스 스키마는 3층 구조로 되어있으며, 크게 2가지 카테고리로 분류할 수 있다.

가) 데이터베이스 스키마 카테고리

- **■ 물리적 데이터베이스 스키마**

  물리적 스키마는 데이터의 실제 저장장소와 데이터의 형식 등 데이터가 실질적으로 어떻게 저장되는지를 정의한다.

■ 논리적 데이터베이스 스키마

논리적 스키마는 데이터가 저장될 때의 논리적인 제약 조건을 정의한다. 예를 들면, 테이블, 뷰 그리고 무결성 제약 조건 등이 여기에 해당한다.

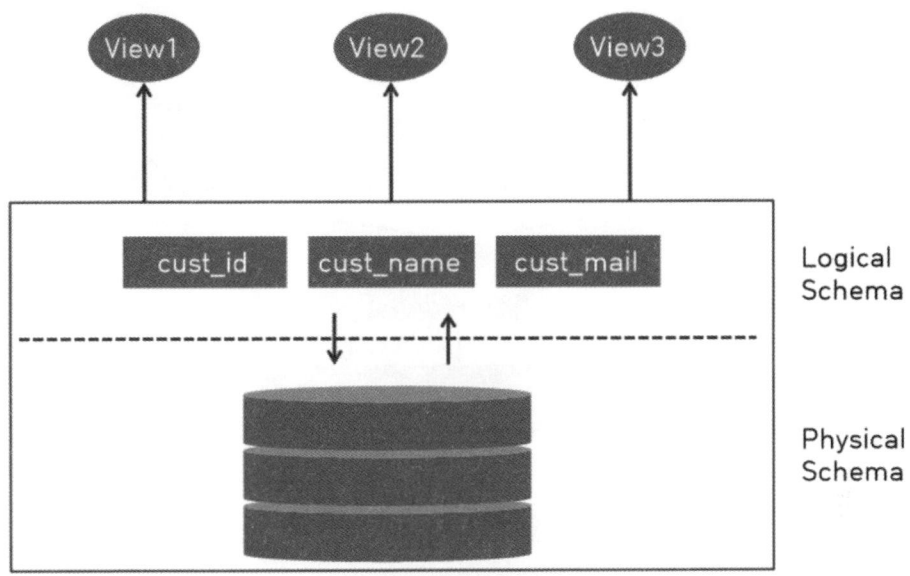

[그림 11] 데이터베이스 스키마 구조_1

나) 데이터베이스 스키마 3층 구조

■ 외부 스키마 (서브 스키마, 사용자 뷰)

응용 프로그래머나 사용자의 관점에서 필요한 데이터베이스의 논리적 구조를 정의한 것이다. 즉, 데이터를 어떤 형식, 구조, 배치로 사용자에게 보여줄 것인가를 정의한다. 하나의 데이터베이스 안에 여러 개가 존재할 수 있고 하나의 외부 스키마를 여러 사용자나 프로그램이 공용 가능하다.

■ 개념 스키마 (전체적인 뷰)

개체 간의 관계와 제약 조건을 명시하고, 데이터베이스의 접근권한, 보안, 무결성 규칙에 대한 정의를 한 것이다. 외부 스키마와 달리 DB 전체를 기술한 것이기에 데이터베이스 안에 하나만 존재할 수 있다.

■ 내부 스키마

데이터베이스에 데이터가 물리적으로 저장되는 방식을 기술한 것으로 일반적으로 "스키마"라고 하면 내부 스키마를 가리킨다.

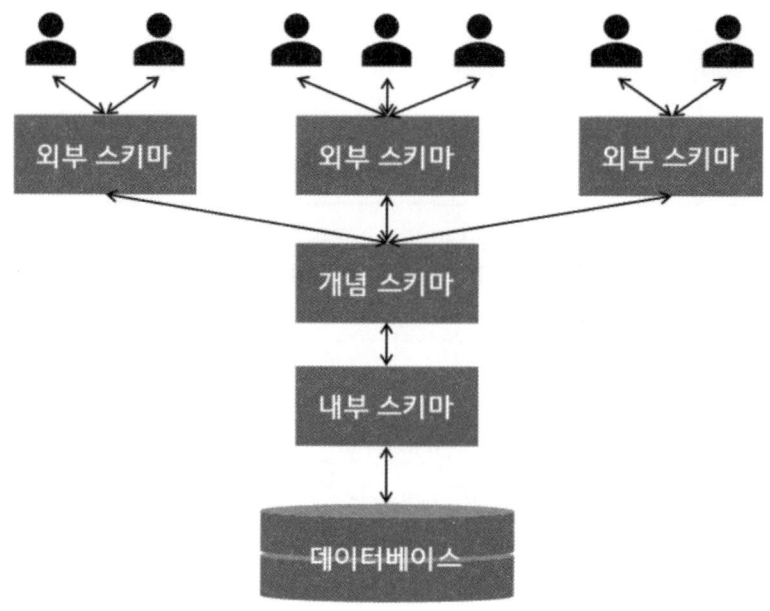

[그림 12] 데이터베이스 스키마 구조_2

현재 가장 많이 쓰고 있는 DBMS는 앞서 알아본 객체형 데이터베이스 관리 시스템(이하 RDBMS, Relational Database Management System)이다. 데이터베이스 시장에는 객체형 데이터베이스를 기반으로 한 다양한 DBMS가 존재한다.

1.3.2 RDBMS의 ACID 속성

ACID는 데이터베이스의 트랜잭션의 안전성을 보장하기 위한 속성으로 Atomicity(원자성), Consistency(연속성), Isolation(독립성), Durability(지속성)로 구성된다.

가) 원자성 (Atomicity)

트랜잭션은 하나의 구문으로만 이루어지는 것이 아니라 그 안에 여러 개의 구문이 존재할 수 있다. 원자성은 트랜잭션을 하나의 유닛으로 보아 여러 개의 구문 중 하나라도 실패하면 트랜잭션 전체 실패로 간주하여 해당 트랜잭션에 대한 데이터베이스 작업을 하지 않는다.

나) 연속성 (Consistency)

데이터베이스에 정의된 제약 조건과 규칙을 만족하는 유효한 데이터만이 저장됨을 보장한다. 트랜잭션 수행의 결과로 유효하지 않은 데이터가 들어간다면, 데이터베이스 자체에서 이전의 상태로 돌린다.

다) 독립성 (Isolation)

트랜잭션은 동시다발적으로 수행되기도 한다. 데이터베이스의 독립성은 이러한 동시다발적 수행이 서로의 간섭을 받지 않고 독립적으로 수행될 수 있도록 한다. 예를 들어 10만원이 남아있는 Eve의 통장에서 Alice가 3만원을 인출하고 동시에 Bob이 2만원을 인출한다고 해보자. 둘은 동시에 트랜잭션을 수행하지만, Bob 또는 Alice 둘 중 하나의 트랜잭션이 완료될 동안 남은 한명은 기다려야 한다.

라) 지속성 (Durability)

성공적으로 수행된 트랜잭션은 시스템 문제, 데이터베이스 업데이트 등이 있다 하더라도 영원히 유지되어야 한다는 것을 말한다. 또한, 데이터베이스의 로그에 기록되기 전에 오류로 인해 트랜잭션이 제대로 수행되지 않았다면 이전의 상태로 되돌릴 수 있어야 한다. 위의 예시를 계속해서 이어보면, Eve의 통장에서 Alice가 3만원을 성공적으로 인출하였다면 Eve의 잔고 7만원에 대한 데이터가 데이터베이스에 유지되어야 한다. Bob의 경우, 데이터베이스 로그에 찍히기 전에 오류가 발생하여 인출이 제대로 수행되지 않았더라면 Eve의 통장은 인출하지 않은 금액이 그대로 남아있어야 한다.

1.3.3 대표적인 DBMS 소프트웨어

세계적으로 가장 많이 사용하는 RDBMS 순위3)를 살펴보도록 하자. 순위를 살펴보면 저술 기준일로 Oracle이 가장 높은 점유율을 보인다. 저술 기준으로 데이터베이스 점유율 스코어 점수는 [그림 13]과 같다.

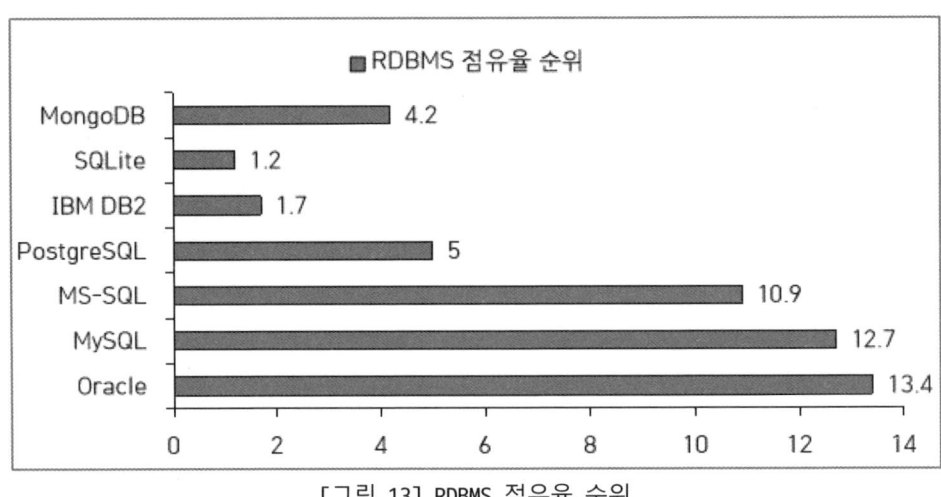

[그림 13] RDBMS 점유율 순위

다음은 가장 대표적인 RDBMS 소프트웨어에 대한 소개이다.

가) Oracle

Oracle Corporation에서 개발한 RDBMS이며, 현재까지 가장 많이 쓰이고 있다. 이전 버전과의 호환이 좋고, 새로운 버전이 출시되면 업데이트된 기능들을 상세히 설명하기 때문에 사용자들이 새 버전을 배우는 데에 거부감이 적다.

오라클은 비즈니스 애플리케이션과의 활용도가 뛰어나고 안전성이 좋아 은행이나 대규모 회사에서 많이 채택하는 데이터베이스이다. 또한, DBA가 데이터베이스를 구성 및 관리하는 데에 편리한 기능들을 제공한다. 이외에도 수행능력과 속도 면에서 뛰어나고, 데이터베이스 복구가 빠르다.

오라클 데이터베이스는 몇 가지의 특징을 지니고 있다.

- 양립성
  IBM SQL/DS, DB2, INTEGERS, IDMS/R 등과 겸용 가능하다.

---

3) https : //db-engines.com/en/ranking

- 이식성

  다양한 하드웨어(약 70종 이상의 대/중/소형기기에 설치 가능) 와 운영체제 플랫폼(VMS, DOS, UNIX, Windows 등)에서 운행할 수 있다.

- 연결성

  여러 종류의 네트워크와 통신 가능하다.

- 고생산성

  다양한 개발 도구를 제공하여 개발자에게 편의를 제공한다.

- 개방성

■ 버전 정보

저술일자 기준 가장 최근 버전은 2018년 2월에 출시한 Oracle Database 18c이다. 18c 버전의 오라클 데이터베이스는 머신 러닝 시스템으로 셀프 패치/드라이빙/튜닝이 가능하다. 자동화 기능은 보안에서 흔히 발생하는 관리자 실수를 줄여 보안을 강화하고 관리자의 작업량을 줄인다는 장점이 있다. 오라클은 해당 기능을 계속해서 보완하고 있으며 추후 출시될 버전을 세계 최초로 완전한 "self-driving" 자동화 데이터베이스라고 소개한 바 있다.

쿼리로 데이터베이스 버전 정보를 간단하게 확인할 수 있다.

```
> SELECT * FROM V$VERSION;

또는

> SELECT version FROM V$INSTANCE;

또는

> BEGIN DBMS_OUTPUT.PUT_LINE(DBMS_DB_VERSION.VERSION || '.' ||
DBMS_DB_VERSION.RELEASE);
> END;
```

■ 지원하는 운영체제와 플랫폼

Windows, UNIX, Linux, Mac OS와 같이 대표적인 운영체제는 모두 지원한다.

■ 로그 파일 형태

로그 파일명은 alert_SID.log이고 $ORACLE_BASE/diag/rdbms/database_name/SID/ trace/ 안에 존재한다. 파일명의 SID는 데이터베이스의 SID이다.

오라클 데이터베이스는 데이터 변경사항을 Redo 로그 파일에 저장한다. 데이터베이스 내부의 데이터가 변경되면 오라클은 바로 데이터 파일에 기록하지 않고 Redo Log 버퍼에 넣는다. 이러한 작업을 하는 이유는 Redo Log 버퍼에서 디스크로의 기록 속도가 훨씬 빠르기 때문이다. Redo Log 파일은 데이터베이스 장애 발생하여 복구 작업을 할 때 유용하게 사용된다.

나) MySQL

MySQL은 오라클의 지원을 받아 개발된 오픈 소스 기반의 DBMS이다. 오픈 소스라 무료로 사용할 수 있긴 하지만, 오라클에서 상업용 라이센스를 구매하여 프리미엄 서비스 버전을 받을 수 있다. MySQL은 다양한 애플리케이션에서 사용되는데 그중에서도 주로 웹 애플리케이션이나 온라인상에서 많이 사용된다. LAMP 스택[4])의 필수적인 구성 요소로 웹 사이트나 웹 애플리케이션 개발자들이 많이 채택하는 데이터베이스이다. 대표적으로 WordPress, Joomla, Magento 그리고 Drupal 등이 PHP와 MySQL이 베이스가 되어 짜인 스크립트들이다.

MySQL은 클라이언트 서버 환경 또는 임베디드 시스템에서 운용할 수 있다. 멀티스레드 SQL 서버로 구성된 클라이언트 서버 시스템에서는 각종 백엔드[5]), 클라이언트 프로그램과 라이브러리, 관리자 도구 그리고 다양한 API를 제공한다. 또한, 임베디드 멀티스레드 라이브러리로 스탠드얼론 제품에 연결하여 애플리케이션을 가볍고, 빠르게 그리고 보다 관리하기 쉽게 할 수 있다.

MySQL은 Inno DB[6]), CSV, NDB 등 다양한 저장 엔진을 활용하여 데이터의 저장 및 접근이 가능하다. 각각의 테이블에 대해서 여러 개의 저장 엔진을 사용할 수 있으므로 사용자에게 있어 가장 효율적인 것을 선택하면 된다. 또한, 데이터와 분할 테이블 복제가 가능하여 지속성 면에서도 좋다.

MySQL은 새로운 커맨드를 배울 필요가 없기 때문에(표준 SQL 커맨드로 데이터에 접근한다.) Oracle 데이터베이스나 MSSQL보다 배우기 쉽다.

또한, 다른 시스템과 호환되도록 설계되었기 때문에 Amazon RDS for MySQL, Amazon RDS for MariaDB, Amazon Aurora for MySQL 등 가상화 환경에서의 운용도 가능하다.

---

4) LAMP 스택은 동적 웹 사이트를 구동하는 데 쓰이는 잘 알려진 웹 개발 플랫폼이다. 주로 Linux, Apache, MySQL 그리고 PHP/Python/Perl로 구성된다. LAMP 스택은 웹 사이트의 구성 및 개발에 있어 높은 수행능력을 보여준다.
5) 웹 개발자는 크게 Front End와 Back End로 나눌 수 있는데, Front End는 사용자의 눈에 보이는 부분을 Back End는 사용자의 눈에 보이지 않는 부분을 개발한다.
6) InnoDB는 MySQL의 가장 대표적인 저장 엔진으로 가용성이 높다.

MySQL과 MSSQL의 데이터베이스 구조는 매우 비슷하여 AWS Schema Conversion Tool이나 AWS Database Migration Service와 같은 도구를 이용해 데이터베이스를 이동시킬 수 있다. (반대로 MSSQL에서 MySQL로 데이터베이스를 옮길 때는 구조적 차이점을 신경 써야 한다.)

■ 버전 정보

저술일자 기준으로 가장 최근에 나온 버전은 2019년 2월 1일에 출시된 8.0이다. SQL과 JSON의 기능이 확장되었고, 안전성과 관리 및 감사, 보안, 수행 속도가 개선되었다. 특히 Performance Schema, Information Schema, 환경변수 설정과 에러 로깅 기능이 보완되었고, 입출력 수행능력도 많이 향상되었다.

다양한 방법으로 MySQL의 버전을 확인할 수 있는데, 그중 두 가지를 소개한다.

```
mysql에 접속하지 않고 서버의 CMD 창에서 입력한다.
> mysql -version

또는

mysql에 접속하여 SQL 입력
> SELECT version();
> SHOW VARIABLES LIKE 'version';
```

■ 지원하는 운영체제와 플랫폼

Linux, Unix, Windows, Mac과 같은 주요 운영체제를 포함한 20여 가지의 다양한 플랫폼을 지원한다.

■ 로그 파일 형태

MySQL은 데이터베이스의 자원 활용률을 극대화하기 위하여 기본적으로 에러 로그가 비활성 상태이다. 에러 로그를 남기기 위해서는 환경변수 general_log를 OFF에서 ON으로 값을 변경해야 한다.
파일명은 mysqld.err이며, 기본 경로는 Windows의 경우, C : \Program Files\MySQL\MySQL Server <version>\data\에, Linux 또는 Unix 계열의 경우, /var/log/ 안에 존재한다.

또한, MySQL은 오라클을 기반으로 개발되어 Redo Log가 존재한다. 파일명은 일반적으로 ib_logfile*(*은 숫자)이다.

다) Microsoft SQL Server(MSSQL)

Oracle, DB2와 함께 데이터베이스 시장에서 주류에 속하는 데이터베이스로, 마이크로소프트에서 개발하였다. 사용자는 용도에 맞는 Edition을 선택할 수 있다.

MSSQL 이라고도 불리는 Microsoft Server SQL(이하 MSSQL)은 Oracle 그리고 MySQL과 경쟁하기 위하여 마이크로소프트사에서 개발한 관계형 데이터베이스 관리 시스템(RDBMS)이다. 주요 RDBMS처럼 ANSI SQL[7]과 표준 SQL 언어를 지원한다. 그리고 Sybase와 Microsoft사 만의 T-SQL[8]이라는 프로그래밍 확장 기능을 제공한다. MSSQL 데이터베이스를 관리하는 대표적인 도구에는 SSMS(SQL Server Management Studio)가 있다.

1995년부터 현재까지 Microsoft는 11개의 버전을 출시하였고, SQL Server 2019는 개발 중에 있다(2019년 하반기에 나올 예정). MSSQL은 초기에 워크그룹이나 부서 범위를 중점으로 개발되었으나 최신 버전은 Oracle 데이터베이스나 DB2처럼 대규모 기업 범위의 고성능 데이터베이스 플랫폼으로 개발 초점을 맞추고 있다.

여기서 다룰 SQL Server 2016은 Microsoft사가 출시 2년 전부터 앞세운 개발 전략인 "Mobile First, Cloud First"의 일환으로 개발되었다. 실시간 작업 분석과 모바일 기기에서도 데이터 시각화, 리포팅이 가능하며 하이브리드 클라우드 지원으로 DBA(Database Administrator)로 하여금 IT 비용을 줄이기 위하여 온프레미스[9] 시스템과 공공 클라우드 서비스를 결합하여 데이터베이스를 실행할 수 있도록 한다. 또한, 이전 버전보다 데이터 처리 능력과 빅데이터 분석 면에서 개선된 모습을 보여준다.

■ 버전 정보

책 저술일자 기준으로 가장 최근 버전은 2017년 10월 2일에 출시된 14.0으로 출시명은 SQL Server 2017이다. 현재 SQL Server 2019 CTP가 개발 중이다.

@@version의 데이터를 읽어와 데이터베이스의 버전 정보를 확인할 수 있다.

```
> SELECT @@version;
```

---

[7] RDBMS의 특징에 따라 SQL 구문이 조금씩 다를 수 있지만, ANSI 표준으로 작성도니 SQL은 모든 RDBMS에서 호환된다.
[8] Transaction-SQL의 약자로 Oracle의 P/SQL 기능과 유사하다.
[9] 온프레미스란 소프트웨어를 클라우드나 서버와 같이 원격 환경이 아닌 개인 또는 기업이 자체적으로 보유한 컴퓨터에 직접 설치하여 운용하는 방식을 말한다.

■ 지원하는 운영체제와 플랫폼

SQL Server 2014까지는 x386 프로세서도 지원했지만, SQL Server 2016 이후로는 x64 프로세서만 지원한다.

과거 MSSQL은 마이크로소프트 제품에 종속된다는 특징이 있었는데, SQL Server 2017부터는 Linux에서 운용이 가능하다.

■ 로그 파일 형태

MSSQL은 데이터가 실질적으로 저장된 데이터베이스 파일(.mdf)과 해당 데이터베이스의 로그 파일(.ldf)로 데이터를 관리한다. 경우에 따라선 보조 데이터 파일인 .ndf가 함께 존재할 수도 있다. 위 파일들은 데이터베이스를 복구할 때 사용된다.

라) SQLite

C언어로 쓰인 RDBMS이며, 다른 DBMS와 다르게 클라이언트-서버 형태의 엔진이 아니라 프로그램에 넣어 사용하는 것이다. 즉, 서버나 데이터베이스 환경설정이 필요하지 않은 가벼운 DBMS이다. 간단한 응용 프로그램에서부터 스마트폰, 임베디드 기기의 소프트웨어에까지 사용된다.

■ 버전 정보

2000년 8월 17일 1.0버전을 시작으로 개발이 계속되고 있다. 2019년 4월 기준으로 가장 최신 버전은 2019년 2월 25일에 배포된 3.27.2버전이다.

SQLite 이전 버전과 3 버전대의 차이는 다음과 같다.

- 보다 압축된 형식의 데이터베이스 파일
- BLOB(Binary Large Object)[10] 지원
- UTF-8과 UTF-16 텍스트 지원
- 64bit ROWIDs
- 개선된 병행성(Concurrency)[11]
- 사용자 기반 텍스트 콜레이션(Collation)[12]

간단한 명령어로 버전 정보를 확인할 수 있다.

```
> SELECT sqlite_version();
```

---

10) DBMS 안에 단일 개체로 저장되는 바이너리 데이터의 집합
11) 데이터베이스에서 다수의 사용자가 동시에 다수의 트랜잭션에 영향을 끼치는 것
12) 데이터베이스에 저장된 문자들을 서로 비교, 검색, 정렬 등의 작업을 하는 규칙의 집합

■ 지원하는 운영체제와 플랫폼

크로스 플랫폼13)

SQLite가 기본적으로 들어있는 운영체제는 [표 1]과 같다.

[표 1] SQLite가 default로 들어있는 운영체제 목록

```
BlackBerry 사의 BlackBerry 10 OS
Symbian OS
Nokia 사의 Maemo
Google 사의 Android
Linux Foundation의 MeeGo
LG 사의 webOS
FreeBSD
illumos
Tizen
Windows 10
```

■ 로그 파일 형태

SQLite는 Rollback Journal 방식으로 트랜잭션을 구현하여 시스템상에 오류가 발생했을 경우 이전 상태로 복구한다. 일반적으로 보이지 않으며 데이터베이스를 조작할 경우 .db파일과 같은 경로에 생성된다. commit 명령을 수행하거나 SQLite Browser로 변경사항을 저장하면 사라진다.

마) DB2

DB2는 IBM에서 개발한 DBMS이다. IBM의 AS/400 시스템에 임베디드 되고, 모든 주요 운영체제 플랫폼을 지원한다. 스크립트 및 자동화 작업이 좀 더 편리한 CLI 환경과 초심자들이 사용하기 쉬운 GUI 환경 모두 제공한다.

속도가 빠르고 신뢰성이 좋아 대부분의 대규모 기업에서 데이터베이스 서버로 채택하고 있다.

■ 버전 정보

저술일자 기준 DB2의 가장 최신 버전은 11.1이다. 11.1 버전에서 개선 및 추가된 점들은 다음과 같다.

- 포괄적인 기업 보안 기능
- 개선된 사용 환경
- 간소화된 업그레이드 과정

---

13) 여러 종류의 컴퓨터 플랫폼에서 동작할 수 있음을 의미한다. 멀티 플랫폼이라고 부르기도 한다.

- 대용량 데이터베이스 개선
- BLU Acceleration[14] 개선

버전 정보는 간단한 명령어로 확인할 수 있다.

```
> db2level;
```

■ 지원하는 운영체제와 플랫폼

[표 2] DB2가 지원하는 운영체제와 플랫폼

운영체제	Linux Unix 계열 Windows
플랫폼	x86-64 x86 Sparc IBM POWER microprocessors IA-32

■ 로그 파일 형태

데이터베이스 자체 문제 해결이나 관리자 알림 메시지는 db2diag.log에 기록된다. diagsize 라는 데이터베이스 환경변수가 0으로 설정되어 있다면, 하나의 로그 파일에 기록에 계속해서 쌓이고, 그렇지 않다면 해당 크기에 도달했을 경우 새로운 로그 파일들(db2diag.N.log)이 생성되어 기록한다.
로그 파일 경로는 환경변수 diagpath에 저장되어 있다.

지금까지 많이 사용하는 RDBMS에 대해서 살펴보았다. 추가로 RDBMS에 대한 다양한 정보는 다음 제공하는 주소의 사이트 내용을 참조하면 좋다. 데이터베이스 전문가들이 RDBMS의 전체적인 구조부터 시작해 테이블 구조, 인덱스 구조, 동작 방식, 로그 파일 구조 등을 세세하게 설명해 놓았다.

RDBMS에 관한 자세한 정보 사이트
▶ www.sqlshack.com

---

14) BLU Acceleration이란, IBM이 개발한 기술로, 대용량 데이터 중 원하는 정보에 빠르게 접근할 수 있도록 도와준다.

1.4 SQL(Structured Query Language)

SQL은 관계형 데이터베이스를 조작하기 위한 표준 언어이다. 기본 구문의 형태는 Select, 원하는 컬럼 이름, From, 테이블 이름이다.

```
> SELECT * FROM table_name;
```

SQL은 대소문자를 구분하지 않으므로 SELECT와 select 또는 Select는 모두 같은 명령으로 인식된다. SELECT 뒤에 오는 *는 모든 Column을 조회한다는 의미이다.
SQL은 명령어의 역할에 따라 DDL, DML, DCL로 구분할 수 있다. 이번 장에서는 DDL, DML, DCL 각각의 대표적인 명령을 예제를 통해서 알아볼 것이다. 만약 직접 입력하고 결과를 보면서 연습하고 싶다면, 원하는 데이터베이스 환경을 먼저 구축한 다음 해보는 것을 추천한다. 환경 구축에 대한 내용은 챕터 2.1, 3.1, 4.1, 5.2에 있다. 단순한 구문 연습에는 설치가 빠르고 쉬운 SQLite를 추천한다.

1.4.1 DDL(Data Definition Language, 데이터 정의어)

데이터 구조를 정의하는 명령어이다. 대표적인 예로, CREATE, DROP, TRUNCATE, ALTER 등이 있다.

가) CREATE

데이터베이스 또는 테이블을 생성한다.

```
> CREATE DATABASE database_name;

> CREATE DATABASE test_database;
// test_database라는 이름으로 데이터베이스를 생성한다.
```

```
> CREATE TABLE table_namecolumn1 data_type,
                         column2 data_type,
                         column3 data_type,
                         ...);
> CREATE TABLE test_table(customer_name varchar(25),
                         customer_id int,
                         item_id int,
```

```
                    quantity int,
                    order_date date());
// test_table이라는 이름으로 테이블을 생성하고, 25길이의 문자열을 담는
customer_name Column, 정수를 담는 customer_id, item_id, quantity Column,
YYYY-MM-DD 형태로 날짜 정보를 담는 order_date Column을 생성한다.
```

데이터베이스는 다양한 데이터 타입을 담을 수 있으므로, 테이블을 생성하면서 각각의 Column에 이름과 함께 데이터 타입을 지정해주어야 한다. [표 3, 4, 5, 6]은 데이터 타입을 지정하는 문자열을 DBMS 별로 정리한 것이다.

■ Oracle의 데이터 타입

[표 3] Oracle의 데이터 타입

데이터 타입	설명
varchar2(size)	• 가변 길이의 문자열 저장 • size는 1Byte에서 4KB까지 지정 가능
nvarchar2(size)	• 가변 길이의 유니코드 문자열 저장 • size를 명시해야 하며 최대 4KB까지 지정 가능
number	• ANSI SQL 데이터 타입에서 integer/int/smallint 역할 • 정수를 저장
float	• 소수점 아래의 숫자를 포함한 수 저장
date	• 날짜 정보를 담음 • 저장 형식은 환경변수 NLS_DATE_FORMAT에서 확인 가능
timestamp	• 날짜/시간 관련 정보를 담음 • DATE(YEAR, MONTH, DAY), TIME(HOUR, MINUTE, SECOND)
char(size)	• 고정 길이의 문자열 저장 • size는 1Byte에서 2KB까지 지정 가능
nchar(size)	• 고정 길이의 유니코드 문자열 저장 • size는 1Byte에서 2KB까지 지정 가능

■ MySQL의 데이터 타입

[표 4] MySQL 데이터 타입

데이터 타입	설명
char(size)	• size만큼의 고정 길이 문자열 • 문자열 길이는 최대 255까지 가능

데이터 타입	설명
varchar(size)	• 최대 size만큼의 길이의 문자열을 담음 • 최대 255까지의 문자열 저장 가능 • 255를 넘어선 문자열은 text 타입으로 바뀜
text	최대 65,353 Byte의 문자열을 담음
int(size)	• -2,147,483,648부터 2,147,483,647까지의 정수를 담음 • 앞에 unsigned를 지정한다면 0부터 4,294,967,295까지의 정수를 담음 • size로 담을 수 있는 최대 정수를 정할 수 있음
float(size,d)	• 소수점을 가지는 수를 담음 • size로 담을 수 있는 최대 숫자를 정할 수 있음 • d로 표현할 수 있는 소수점 자리수를 정할 수 있음
date()	• 날짜 데이터를 담음 • 형식 : YYYY-MM-DD
datetime()	• 날짜/시간 정보를 담음 • 형식 : YYYY-MM-DD hh : mm : ss
time()	• 시간 데이터를 담음 • 형식 : hh : mm : ss
year()	• 두 자리 또는 네 자리 숫자로 표기된 연도 데이터 • 형식 : YYYY 또는 YY

■ SQL Server 데이터 타입

[표 5] SQL Server 데이터 타입

데이터 타입	설명
char(n)	• 고정된 길이의 문자열 데이터 • n으로 길이 지정 • 최대 8000개 문자 저장 가능
varchar(n)	• 가변적 길이의 문자열 데이터 • n으로 최대 저장 가능 길이 지정 • 최대 8000개 문자 저장 가능
text	• 가변적 문자열 데이터 • 최대 2GB까지 저장 가능
nchar	• 고정된 길이의 유니코드 문자열 데이터 • 최대 4000개 문자 저장 가능
nvarchar	• 가변적 길이의 유니코드 문자열 데이터 • 최대 4000개 문자 저장 가능
ntext	• 가변적 길이의 유니코드 문자열 데이터

데이터 타입	설명
	• 최대 2GB까지 저장 가능
bit	• 0 또는 1 또는 NULL
int	• -2,147,483,648부터 2,147,483,647까지의 정수 데이터
smallmoney	• -214,748.3648부터 214,748.3647까지의 • 통화 데이터
money	• -922,337,203,685,477.5808부터 922,337,203,685,477.5807까지의 통화 데이터
float(n)	• 소수점을 포함하는 숫자 데이터 • n으로 소수점 자릿수 정할 수 있음
datetime	• 날짜/시간 정보를 담음 • 형식 : YYYY-MM-DD hh : mm : ss
datetime2	• datetime과 같지만 조금 더 정확한 날짜/시간 정보를 담음 • 형식 : YYYY-MM-DD hh : mm : ss
date	• 날짜 정보를 담음 • 형식 : YYYY-MM-DD
time	• 시간 정보를 담음
timestamp	• 테이블의 Row가 생성 또는 갱신될 때마다 변경되는 고유한 숫자 • 테이블 내 자체적인 시간을 따르며 실제 시간과 일치하지 않음
xml	• XML 형식의 데이터 저장 • 최대 2GB
table	• 추후의 작업을 위해서 결과 값을 저장

■ Microsoft Access[15] 데이터 타입

[표 6] Microsoft Access 데이터 타입

데이터 타입	설명
Text	• size만큼의 고정 길이 문자열 • 문자열 길이는 최대 255까지 가능
Memo	• 최대 size만큼의 길이의 문자열을 담음 • 최대 255까지의 문자열 저장 가능 • 255를 넘어선 문자열은 text 타입으로 바뀜
Byte	• 최대 65,353 Byte의 문자열을 담음

---

15) Microsoft Access는 마이크로소프트 오피스 중 하나인 데이터베이스 프로그램이다.

데이터 타입	설명
Integer	• -32,768부터 32,767까지의 정수를 담음
Long	• -2,147,483,648부터 2,147,483,647까지의 정수를 담음
Single	• 소수점 아래의 숫자를 표현 가능 • 4Byte
Double	• 소수점 아래의 숫자를 표현 가능 • 8Byte
Currency	• 통화 데이터를 담음 • 15자리의 숫자와 소수점 아래 4자리 까지 표현 가능
Date/Time	• 날짜/시간 데이터를 담음
Yes/No	• Yes/No, True/Faluse, On/Off와 같은 논리 데이터를 담음
Ole Object	• 이미지, 오디오, 비디오 등을 저장할 수 있음
Hyperlink	• 웹 페이지를 포함한 하이퍼링크를 담음

나) DROP

데이터베이스 또는 테이블을 삭제한다. 내부의 데이터가 모두 사라지므로 사용 시 주의해야 한다. 데이터베이스를 DROP할 경우 관리자 권한이 필요하다.

```
> DROP DATABASE database_name;

> DROP DATABASE test_database;
// test_database라는 이름의 데이터베이스를 삭제한다.
```

```
> DROP TABLE table_name;

> DROP TABLE shopping_list;
// test_table이라는 이름의 테이블을 삭제한다.
```

다) TRUNCATE

DROP과 비슷한 명령어이다. 테이블 자체는 유지하면서 내부의 데이터만 전부 삭제할 때 사용한다.

```
> TRUNCATE TABLE table_name;

> TRUNCATE TABLE test_table;
// test_table의 구조는 유지하되, 내부의 데이터는 전부 삭제한다.
```

라) ALTER

Column을 추가 또는 제거하거 데이터 타입을 변경하는 데 쓰이는 명령어이다. MODIFY의 경우 DBMS마다 구문이 조금씩 다르다.

ALTER ~ ADD ~ :

```
> ALTER TABLE table_name
  ADD column_name data_type;

> ALTER TABLE test_table
  ADD Name varchar(25);
// test_table에 25길이의 문자열을 담을 수 있는 Name Column을 생성한다.
```

ALTER ~ DROP ~ :

```
> ALTER TABLE table_name
  DROP column_name;

> ALTER TABLE test_table
  DROP Address;              // test_table의 Address Column을 삭제한다.
```

ALTER ~ MODIFY ~ :

```
  Oracle (10G version 이상)
> ALTER TABLE table_name
  MODIFY column_name data_type;

> ALTER TABLE shopping_list
  MODIFY customer_id int;
// shopping_list 테이블의 customer_id Column의 데이터 타입을 정수로 바꾼다.
```

MSSQL / Oracle

```
> ALTER TABLE table_name
  MODIFY COLUMN column_name data_type;
```

```
> ALTER TABLE shopping_list
  MODIFY COLUMN customer_id int;
```

SQL Server / MS Access

```
> ALTER TABLE table_name
  ALTER COLUMN column_name data_type;

> ALTER TABLE shopping_list
  ALTER COLUMN customer_id int;
```

1.4.2 DML(Data Manipulation Language, 데이터 조작어)

데이터베이스의 데이터를 조회하거나 검색하는 명령어로 SELECT가 있고, 데이터를 삽입, 수정, 삭제하는 명령어로 INSERT, UPDATE, DELETE 등이 있다.

가) SELECT

데이터베이스에서 원하는 데이터를 조회한다. 다양한 활용이 가능하고, 매우 자주 쓰이는 명령어 중 하나이다.

```
> SELECT column1, column2, column3, ...
  FROM table_name;

> SELECT student_name, student_id, gpa
  FROM student_info;
// student_info 테이블에서 student_name, student_id, gpa Column의 내용을
  조회한다.
```

SELECT는 원하는 데이터를 뽑아내고자 할 때 가장 많이 쓰는 쿼리 명령어로 WHERE, LIKE, HAVING, JOIN 등의 구문과 함께 쓰일 수 있다. SELECT를 좀 더 다양하게 활용해 보자.

■ AS

AS는 SELECT로 선택한 Column에 별칭을 부여하는 역할을 한다. 결과 테이블이 출력될 때 Column 이름은 별칭으로 나타난다.

```
> SELECT column1 AS col1, column2 AS col2, ...
  FROM table_name;

> SELECT prod_name AS product, prod_id AS ID, quantity
  FROM sale_items;
// sale_items 테이블에서 prod_name Column을 product라는 이름으로, prod_id
Column을 ID라는 이름으로 quantity Column과 함께 추출하여 결과 테이블을 보여준다.
```

■ ORDER BY

ORDER BY는 결과 테이블의 레코드를 오름차순 또는 내림차순으로 정렬한다.

```
> SELECT column1, column2, column3, ...
  FROM table_name
  ORDER BY column1, column2, column3, ... ASC또는 DESC;

> SELECT prod_id, prod_name
  FROM sale_items;
  ORDER BY prod_id ASC;
// sale_items 테이블에서 prod_id, prod_name을 prod_id 기준 오름차순으로
정렬하여 결과 테이블을 보여준다.
```

■ WHERE

WHERE은 SELECT 구문에 조건을 추가할 때 사용한다. 일반적인 구문 형식은 가장 기본적인 select ~ from 구문의 뒤에 where 키워드와 조건을 붙이는 것이다.

```
> SELECT column1, column2, column3, ...
  FROM table_name
  WHERE '조건식';
```

조건식은 주로 'Column 이름', '연산기호', '조건 값' 순서로 온다.

```
> SELECT student_name, student_id
  FROM student_info
  WHERE student_name = 'Alice';
// student_info 테이블에서 student_name이 'Alice'인 것의 student_name과
student_id 정보를 보여준다.

> SELECT student_name
  FROM student_info
```

```
    WHERE gpa >= 3.0;
// student_info 테이블에서 gpa가 3.0이상인 것의 student_name 정보를 보여준다.

> SELECT product, price, quantity, total_amnt AS Total,
  (total_amnt/7) AS DailyAVG
  FROM sales_report
  WEHRE (total_amnt/7) > 50000;
// sales_report 테이블에서 total_amnt에서 7로 나눈 값이 50000이상인 것의
product, price, quantity, total_amnt, total_amnt에서 7로 나눈 값의 정보를
보여준다. 결과 테이블에서 total_amnt의 이름은 Total로, total_amnt/7의 이름은
DailyAVG로 나타난다.
```

■ LIKE

LIKE 연산자는 WHERE 구문 안에 위치하며 SELECT에서 뽑은 Column 안의 문자열 데이터의 패턴을 명시하여 찾을 때 사용한다.

```
> SELECT column1, column2, column3, ...
  FROM table_name
  WHERE column# LIKE [pattern];

> SELECT student_name, student_id
  FROM student_info
  WHERE student_name LIKE 'Alice';
// student_info에서 student_name이 'Alice'인 레코드의 student_name과
student_id에 대한 정보를 보여준다.
```

문자열의 패턴을 명시할 때는 '와일드카드'라는 것을 사용한다. DB 종류마다 와일드카드가 조금씩 다른데 [표 7]은 대표적인 와일드카드 몇 가지이다.

[표 7] 와일드카드 설명

기호	설명	예시
%	0개 또는 여러 개의 문자가 올 수 있다는 의미이다.	• se%는 se, seek, seel, sell, secret 등 se로 시작하는 문자열을 의미한다. • c%t는 cat, cut 등 c로 시작하고 t로 끝나는 문자열을 의미한다. • %p는 app, cup, sip 등 p로 끝나는 문자열 중 하나를 의미한다. 0개의 문자열이 올 수도 있으므로 p도 해당한다.
_	하나의 문자가 올 수 있다는 의미이다.	• s_t는 sit, sat 등 s와 t 사이에 하나의 문자가 오는 문자열을 의미한다.

기호	설명	예시
[ ]	[]안에 명시한 문자들 중 하나의 문자가 올 수 있다는 의미이다.	• h[i,a]t는 hit 또는 hat을 의미한다.
-	문자의 범위를 나타낼 때 사용한다.	• h[a-l]t는 h와 t 사이에 a부터 l중 하나의 문자가 올 수 있다는 것을 의미한다. hat, hit가 여기에 해당한다.
^	NOT을 의미한다.	• h[^a-l]t는 h와 t 사이에 a부터 l까지의 문자를 제외한 다른 하나의 문자만이 들어올 수 있다는 것을 의미한다. hat, hit은 여기에 포함되지 않고, hot, hut이 여기에 포함된다.

MS Access의 경우 %는 *로, _는 ?로, ^는 !로 사용하며, 하나의 숫자 문자를 나타낼 때는 #을 사용한다.

> **LIKE**
> ▶ LIKE 연산자는 조건절에서 어떻게 사용하느냐에 따라 수많은 로그에서 내가 원하는 로그만을 출력할 때 매우 유용하게 사용할 수 있다.

■ AND, OR, NOT

AND, OR, NOT은 WHERE 구문과 함께 조건문을 만족하는 레코드만을 뽑아낼 때 사용한다.

```
> SELECT column1, column2, column3, ....
  FROM table_name
  WHERE condition1 AND condition2 ... ;

> SELECT column1, column2, column3, ...
  FROM table_name
  WHERE condition1 OR condition2 ... ;

> SELECT student_name, student_id, gpa
  FROM student_info
  WHERE student_id LIKE '13%' AND gpa > 3.0;
// student_info 테이블에서 student_id가 '13'으로 시작하고, gpa가 3.0 이상인
레코드의 student_name, student_id, gpa 정보를 보여준다.

> SELECT student_name, student_id
  FROM student_info
  WHERE student_id LIKE '14%' OR student_id LIKE '15%';
// student_info 테이블에서 student_id가 '14'로 시작하거나 '15'로 시작하는
문자열 데이터를 가진 레코드의 student_name, student_id 정보를 보여준다.
```

■ BETWEEN

WHERE 구문에서 조건을 명시할 때 값의 범위를 표현한다.

```
> SELECT column1, column2, column3, ...
  FROM table_name
  WHERE column# BETWEEN value1 AND value2;

> SELECT student_name, gpa
  FROM student_info
  WHERE gpa BETWEEN 2.5 AND 4.5;
// student_info 테이블에서 gpa 값이 2.5 이상 4.5 이하인 레코드의 student_name,
gpa 정보를 보여준다.
```

■ IN

IN은 WHERE 구문의 조건에서 다양한 값을 명시할 때 사용한다.

```
> SELECT column1, column2, column3, ...
  FROM table_name
  WHERE column# IN (value1, value2, ...);

> SELECT emp_name, emp_num
  FROM employee_table
  WHERE emp_name IN ('Smith', 'Anne', 'Daniel', 'Betty');
// employee_table 테이블에서 emp_name이 'Smith', 'Anne', 'Daniel',
'Betty'인 레코드의 emp_name, emp_num 정보를 보여준다.
```

IN 안에 또 다른 SELECT 구문을 사용하여 조건에 여러 값을 명시할 수 있다.

```
> SELECT column1, column2, column3, ...
  FROM table_name
  WHERE column# IN (SELECT statement);

> SELECT emp_name, emp_num
  FROM employee_table
  WHERE emp_name IN (SELECT user_name FROM email_list WHERE email LIKE
'%@gmail.com';
```

IN 안의 SELECT 구문이 가장 먼저 수행이 된다. 먼저 email_list 테이블에서 email 문자열 데이터가 '@gmail.com'으로 끝나는 것들 중 user_name을 뽑아낸다. 여기서 뽑아낸 user_name

데이터들이 바깥에 있는 WHERE 구문 emp_name의 조건 값이 된다. 만약 IN 안의 SELECT 구문을 실행하여 얻어낸 데이터들이 'Betty', 'Carol', 'Demian'이라면 employee_ table에서 emp_name이 'Betty', 'Carol', 'Demian'인 레코드의 emp_name과 emp_num 정보를 보여주는 결과 테이블이 출력된다.

■ COUNT, SUM, AVG, MIN, MAX

COUNT, MAX, MIN, SUM, AVG와 같은 함수를 집계 함수(Aggregate Function)이라고 하며, 숫자 데이터를 계산할 때 유용하다. COUNT는 조건을 만족하는 모든 레코드의 개수를 센다. SUM은 숫자 값을 담는 Column의 데이터 총 합을 계산한다. AVG는 숫자 값을 담는 Column의 데이터 평균값을 계산한다. MAX는 해당 Column의 가장 큰 값을 반환한다. MIN은 해당 Column의 가장 작은 값을 반환한다.

```
> SELECT COUNT(column)
  FROM table_name
  WHERE condition;

> SELECT COUNT(student_name)
  FROM student_info;
// student_info 테이블에서 student_name 레코드 개수를 센다.

> SELECT COUNT(student_name)
  FROM student_info;
  WHERE student_id LIKE '16%';
// student_info 테이블에서 student_id가 '16'으로 시작하는 레코드만 선별하여
student_name 레코드 개수를 센다.


> SELECT COUNT(student_name) AS 'Name', student_id AS 'Student ID'
  FROM student_info
  WHERE gpa >= 4.0;
// student_info 테이블에서 gpa가 4.0이상인 레코드 중 student_name, student_id
정보를 보여준다. 결과 테이블에서 student_name은 Name으로, student_id는 Student
ID로 표시된다.

> SELECT AVG(column_name)
  FROM table_name
  WHERE condition;

> SELECT AVG(score) AS 'My Average'
  FROM my_test_result;
// my_test_result 테이블에서 score Column의 데이터 평균을 계산하여 보여준다.
결과 테이블에서 score Column은 My Average로 나타난다.
```

```
> SELECT AVG(payment) AS 'R&D Average Payment'
  FROM emp_table
  WHERE emp_dep LIKE 'R&D';
```
// emp_table에서 emp_dep가 'R&D'인 레코드의 payment Column 데이터 값의 평균을 계산하여 보여준다. 결과 테이블에서 payment Column은 Average Payment로 나타난다.

```
> SELECT SUM(column_name)
  FROM table_name
  WHERE condition;

> SELECT SUM(order_quantity)
  FROM sales_report
  WHERE prod_name = 'chair';
```
// sales_report 테이블에서 prod_name이 'chair'인 레코드의 order_quantity 데이터 값을 모두 더하여 결과 테이블에 보여준다.

■ HAVING ~ GROUP BY

GROUP BY는 주로 위에서 소개한 집계 함수와 함께 쓰인다. 집계 함수의 결과를 특정 Column을 기준으로 그룹을 짓는 역할을 한다.
```
> SELECT column
FROM table_name
WHERE condition
GROUP BY column_name(s)
ORDER BY column_name(s);

> SELECT COUNT(emp_ID) AS 'Employee Number', country_name AS 'Country'
FROM employee_table
WHERE emp_dep = 'Humann Resource';
GROUP BY country_name
ORDER BY COUNT(emp_ID) ASC;
```
// employee_table 테이블에서 emp_dep가 'Human Resource'인 레코드의 country_name 별로 emp_ID를 세어 COUNT(emp_ID) 기준 오름차순으로 정렬한 결과 테이블을 보여준다.

HAVING은 GROUP BY와 함께 쓰이며 집계 함수 조건절을 추가할 때 사용한다.
```
> SELECT column
FROM table_name
WHERE condition
GROUP BY column_name(s)
HAVING condition;

> SELECT class_name, AVG(math_score)
FROM test_score
GROUP BY class_name
```

```
HAVING AVG(math_score) > 70
// test_score 테이블에서 math_score 평균이 70이상인 반의 math_score의 평균만
class_name 별로 보여준다.
```

GROUP BY 예문을 실행하면 [표 8]과 같이 나타난다.

[표 8] Group By 실행 결과 테이블

Employee Number	Country
20	USA
15	China
11	Argentina
8	Germany
5	France
4	Canada
4	UK
3	Brazil
2	Korea

■ JOIN

둘 이상의 테이블이 서로 연관된 Column을 가지고 있을 때 JOIN 명령으로 테이블들의 레코드를 결합할 수 있다. 다음 두 개의 테이블을 JOIN으로 결합시켜 보자.

테이블 1 : Order_Info

cust_num	cust_name	order_date	total_charge
001	Alice Green	2019-05-13	257,800
002	Bob Smith	2019-05-09	25,000
003	Carol White	2019-05-10	65,000
004	Daniel Cruze	2019-05-11	147,350

테이블 2 : Customer_Info

cust_num	user_ID	email	birth
001	alice0306	hialice_0306@gmail.com	1997-03-06
003	sing_carol	sing_carol@gmail.com	1998-10-15
005	espressoholic	needscaffein@gmail.com	1995-11-17
008	blacksheep_DC	blacksheep_DC@gmail.com	1999-06-23

위 두 개의 테이블에서 동일한 Column은 cust_num이다. 따라서 cust_num을 기준으로 두 개의 테이블을 결합할 수 있다.

JOIN은 결합 형식에 따라 INNER JOIN, LEFT JOIN, RIGHT JOIN이 있다.

- INNER JOIN :
  두 테이블에 모두 매치되는 값을 가진 레코드만 반환한다.

  > SELECT Order_Info.cust_name, Customer_Info.user_ID, Customer_Info.email
    FROM Order_Info INNER JOIN Customer_Info ON Order_Info.cust_num =
    Customer_Info.cust_num;

cust_name	user_ID	email
Alice Green	alice0306	hialice_0306@gmail.com
Carol White	sing_carol	sing_carol@gmail.com

- LEFT (OUTER) JOIN
  LEFT JOIN 또는 RIGHT JOIN은 반드시 출력되는 테이블을 결정한다.

  > SELECT Order_Info.cust_name, Customer_Info.user_ID, Customer_Info.email
    FROM Order_Info LEFT JOIN Customer_Info ON Order_Info.cust_num =
    Customer_Info.cust_num;

cust_name	user_ID	email
Alice Green	alice0306	hialice_0306@gmail.com
Carol White	sing_carol	sing_carol@gmail.com
NULL	espressoholic	needscaffein@gmail.com
NULL	blacksheep_DC	blacksheep_DC@gmail.com

왼쪽 테이블(위의 예문에서는 Order_Info)은 반드시 출력되어야 하므로, Customer_Info의 cust_num과 일치하지 않는 레코드도 출력된다.

- RIGHT (OUTER) JOIN

  RIGHT JOIN은 반대로 오른쪽 테이블이 반드시 출력된다.

  ```
  > SELECT Order_Info.cust_name, Customer_Info.user_ID, Customer_Info.email
    FROM Order_Info RIGHT JOIN Customer_Info ON Order_Info.cust_num =
    Customer_Info.cust_num;
  ```

cust_name	user_ID	email
Alice Green	alice0306	hialice_0306@gmail.com
Bob Smith	NULL	NULL
Carol White	sing_carol	sing_carol@gmail.com
Daniel Cruze	NULL	NULL

  이번에는 오른쪽 테이블(Customer_Info)이 반드시 출력된다.

나) INSERT INTO

테이블에 새로운 레코드를 추가한다.

테이블의 Column이 어떠한 순서로 조직되어 있는지 모른다면, 테이블명 뒤에 Column을 나열하여 그 순서대로 VALUES 뒤에 추가할 데이터를 입력한다.

```
> INSERT INTO table_name(column1, column2, column3, ...)
  VALUES (data1, data2, data3, ...);

> INSERT INTO student_info(student_name, student_id, major)
  VALUES ('Alice', '1234567', 'Physics');
// student_info 테이블에 student_name이 'Alice', student_id가 '1234567',
major가 'Physics'인 레코드를 추가한다.
```

만약 테이블의 Column 순서를 알고 있다면, 위의 예시처럼 Column을 나열할 필요가 없다. 다만 추가할 데이터를 반드시 Column 순서대로 입력해야 한다.

```
> INSERT INTO table_name
  VALUES (data1, data2, data3, ...);

> INSERT INTO student_info
  VALUES ('Alice', '1234567', 'Physics', 3.85);
```

다) UPDATE

테이블의 레코드 데이터를 갱신한다.

```
> UPDATE table_name
  SET column1 = data1, column2 = data2, ...
  WHERE condition;

> UPDATE student_info
  SET student_name = 'James', major = 'Anthropology'
  WHERE student_id = '1549782';
// student_info 테이블의 student_id가 '1549782'인 레코드의 student_name 값을
'James', major 값을 'Anthropology'로 변경한다.
```

WHERE 절로 데이터를 갱신할 레코드를 지정해주지 않으면 테이블의 모든 레코드 데이터가 갱신되므로 주의한다.

```
> UPDATE student_info
  SET student_name = 'James', major = Anthropology';
// student_info 테이블에서 student_name, major Column의 데이터를 모두 'James',
'Anthropology'로 변경한다.
```

라) DELETE

테이블의 레코드 데이터를 삭제한다. UPDATE와 마찬가지로 WHERE 절로 갱신할 레코드를 지정해주지 않으면 테이블의 모든 레코드 데이터가 삭제된다.

```
> DELETE FROM table_name
  WHERE condition;

> DELETE FROM student_info
  WHERE student_id = '1420891';
// student_id가 '1420891'인 레코드 데이터를 삭제한다.
```

```
> DELETE FROM student_info;
//student_info 테이블의 모든 데이터를 삭제한다.
```

1.4.3 DCL(Data Control Language, 데이터 제어어)

데이터베이스 접근 및 사용에 대한 권한을 할당하거나 회수하는 명령어이다. GRANT, REVOKE, COMMIT, ROLLBACK 등이 있다. COMMIT, ROLLBACK은 TCL(Transaction[16] Control Language)로 분류되는 경우도 있다.

가) GRANT

GRANT는 사용자에게 데이터베이스 오브젝트에 대한 권한을 부여한다.

```
> GRANT privilege_name
  ON object_name
  TO {user_name | PUBLIC | role_name}
  [WITH GRANT OPTION];
```

■ privilege_name

사용자에게 부여된 접근 권한이다.

접근 권한은 시스템 권한과 오브젝트 권한으로 나뉜다.

[표 9] 시스템 권한과 오브젝트 권한

시스템 권한	CREATE ALTER DROP ...
오브젝트 권한	INSERT SELECT UPDATE EXECUTE ...

---

[16] 데이터베이스 상태를 변화시키는 논리적 작업 단위.

■ object_name

TABLE, VIEW, STORED PROC, SEQUENCE와 같은 데이터베이스 오브젝트 이름이다.

■ user_name

권한을 부여받을 사용자의 이름이다.

■ PUBLIC

모든 사용자에게 권한을 부여할 경우 사용한다.

■ ROLES

권한들을 하나의 그룹으로 묶은 것이다.

데이터베이스 사용자 수가 많을 때 권한 부여 및 회수를 좀 더 편리하게 한다. 몇 가지 시스템 ROLE에 들어있는 권한 목록이다.

[표 10] Microsoft Access 데이터 타입

System ROLE	권한
CONNECT	CREATE TABLE CREATE VIEW CREATE SYNONYM CREATE SEQUENCE CREATE SESSION ...
RESOURCE[17]	CREATE PROCEDURE CREATE SEQUENCE CREATE TABLE CREATE TRIGGER ...
DBA	모든 시스템 권한

---

17) RESOURCE는 주로 데이터베이스 오브젝트에 대한 접근을 제한할 때 사용한다.

■ WITH GRANT OPTION

해당 사용자가 다른 사용자에게 접근 권한을 부여할 수 있게 한다.

```
> GRANT SELECT
  ON emp_list
  TO new_user;
// new_user에게 emp_list에 대한 SELECT 권한을 부여한다.
```

나) REVOKE

사용자의 데이터베이스 오브젝트에 대한 접근 권한을 회수한다.

```
> REVOKE privilege_name
  ON object_name
  FROM {user_name | PUBLIC | role_name};

> REVOKE SELECT
  ON emp_list
  FROM old_user;
// old_user로부터 emp_list에 대한 SELECT 권한을 회수한다.
```

■ COMMIT

COMMIT은 RDBMS의 트랜잭션을 종료시키고 데이터베이스 내의 변화 내용이 다른 모든 사용자가 볼 수 있도록 한다. 데이터 변경 시 아직 임시적인 상태로 있는 데이터를 저장하여, 데이터가 변경 및 저장되었음을 확실히 한다.
여기서 트랜잭션은 데이터베이스의 가장 작은 작업 단위인데, 데이터베이스에 내린 명령어의 연속으로 생각하면 된다. 트랜잭션은 프로그래머에 의해서 수동적으로 수행될 수도 있고, 자동화 프로그램을 사용하여 자체적으로 수행될 수도 있다.
보통 이전 COMMIT부터 이후 COMMIT 이전까지를 트랜잭션으로 본다.
명령어 사용법은 매우 간단하다.

```
> COMMIT;

> DELETE FROM student_info
  WHERE student_id = '1420891';
> COMMIT;
```

DELETE 명령을 수행 후에 COMMIT을 입력한다면, 해당 테이블에서 student_id가 '1420891'인 레코드를 삭제한 변경 상태를 확실하게 저장한다는 의미가 된다.

■ ROLLBACK

ROLLBACK은 말 그대로 이전의 작업을 되돌리는 명령이다. ROLLBACK으로 이전 COMMIT 또는 ROLLBACK 명령 전까지의 상태를 복구할 수 있다.
COMMIT과 사용법이 똑같다.

```
> ROLLBACK;

> INSERT INTO student_info(student_name, student_id, major)
  VALUES ('Hannah', '156623', 'Medical, Orthopedics');
> ROLLBACK;
```

student_info 테이블에 'Hannah'라는 학생 정보를 넣었다가 ROLLBACK 명령을 입력하면 테이블 갱신 이전 상태로 돌아간다.

여기까지 SQL의 DDL, DML, DCL에 대해서 살펴보았다. 데이터베이스 포렌식을 효율적으로 수행하기 위해서는 SQL 쿼리문을 능숙하게 사용할 수 있어야 한다. 온라인을 통해 SQL 쿼리 관련한 학습을 할 수 있으며, SQL 쿼리문을 직접 작성하고 실행해 볼 수 있는 웹사이트도 있다.

SQL 언어 개념 정리 사이트
▶ www.w3schools.com/sql/
웹 프로그래밍 언어 전문 튜토리얼 사이트로 실생활에 적용 가능한 다양한 예제로 SQL 구문과 함수에 대하여 쉽고 간단하게 설명해 놓았다.

SQL 문제 사이트
▶ sqlzoo.net
SQL 구문에 따른 많은 문제를 제공한다. 쉬운 쿼리부터 복잡한 쿼리까지 다루고 있으며 오류가 있거나 사람들이 자주 틀리는 문제에 대해서 동영상 풀이를 제공한다. 모든 문제 풀이의 답은 해당 사이트에서 볼 수 없으며 github에 따로 공유되어있다.

SQL Zoo 문제 풀이 다운로드
▶ https://github.com/codyloyd/sqlzoo-solutions/blob/master/SQLZOO_solutions.md
하나의 결과에 다양한 SQL 쿼리문 형태가 존재하기 때문에 조금 더 간단한 쿼리문은 존재할 수 있어도 완전한 정답은 없다. 따라서 위 URL 말고도 github에는 많은 사람들이 올려놓은 다양한 solution이 있다.

1.5 데이터베이스 포렌식 도구

데이터베이스는 DBMS마다 다르고 용량이 커서 일반적인 포렌식 도구로 분석을 수행하는 데엔 어려움이 있다. 따라서 각 DBMS의 감사와 관리 기능을 보완하는 도구를 사용하여 분석한다. 이번 장에서는 그 대표적인 몇 가지를 소개한다.

1.5.1 Oracle LogMiner

LogMiner는 오라클 데이터베이스 버전 8i부터 사용할 수 있는 감사 도구이다. SQL 쿼리문을 적절하게 입력하면 바이너리 형식으로 되어 있는 Redo 로그를 분석할 수 있게 해준다. 분석뿐만 아니라 변경 이전 시점으로 데이터를 되돌리는 데에도 유용하게 사용된다.

가) LogMiner 기능

데이터베이스의 변경 기록을 트랜잭션/사용자/테이블/시간대별로 확인할 수 있다.
데이터가 언제 변경되었는지 알 수 있다. 따라서 시간의 흐름에 따른 데이터 성향과 패턴 분석이 용이하다.

LogMiner를 사용하기 위해서는 사전 환경설정이 필요하다. 다음 제공하는 사이트는 오라클 데이터베이스의 기능에 대해서 전문적으로 다루고 있는 사이트로, LogMiner를 이용하여 의도적인 변경 내역을 추적하는 방법에 대해 자세히 서술하였다.

> **LogMiner**
> ▶ www.dba-oracle.com/t_cbo_using_logminer.htm

1.5.2 Toad

Toad는 Quest Software사에서 개발한 데이터베이스 관리 도구이다. Toad의 특징은 자동화 작업, 직관적인 작업흐름 그리고 빌트인 기능 등으로 생산성을 극대화한 데에 있다. 원하는 데이터에 빠르게 접근하고, 서버, 데이터, 스키마를 동기화하고 비교해 보는 것으로 어떤 부분이 변했는지 쉽게 알 수 있다. 자동화 기능으로 반복적인 비교작업, 쿼리문 튜닝, SQL 스캔 및 최적화를 수행한다. 지원하는 DBMS는 Oracle, SQL Server, DB2, SAP, MySQL이다.

> **Toad**
> ▶ www.toadworld.com/p/downloads

1.5.3 Adminer

PHP로 작성된 무료 도구로, 데이터베이스, 테이블, 릴레이션, 인덱스, 사용자를 관리하는 데 사용한다. 사용자 이름과 비밀번호를 입력하여 데이터베이스 서버에 접속하고, 새로운 데이터베이스를 생성하거나 기존의 데이터베이스를 조작할 수 있다. MySQL, MSSQL, Oracle, MongoDB, PostgreSQL 등 주요 DBMS를 지원한다.

> **Adminer**
> ▶ www.adminer.org/en/editor/

1.5.4 SQLite Database Browser

오픈 소스 기반의 SQL 도구로 SQLite 데이터베이스 파일을 생성 및 변경할 수 있다. 또한, 애플리케이션 자체에서 사용된 SQL 명령어 기록을 보는 것이 가능하다. 기본적인 기능은 SQLite 형식의 데이터베이스 파일 내부의 인덱스, 레코드 등을 분석하는 것이고, csv파일에서 테이블을, SQL 덤프 파일에서 데이터베이스를 import 또는 export하는 기능이 있다.

> **SQL Developer**
> ▶ www.sqlitebrowser.org/dl/

1.5.5 Sequel Pro

Mac OS를 위한 오픈 소스 기반의 MySQL/MariaDB 데이터베이스 관리 도구이다. 설치와 수행이 빠르고, 초보자도 사용하기 쉬운 GUI 방식으로 되어 있다. 프로그램을 실행하기 위한 Java가 필요하지 않고, 클라우드 서비스를 지원한다. MySQL 데이터베이스를 로컬 또는 원격으로 접속 가능하다.

> **Sequel Pro**
> ▶ www.sequelpro.com

1.6 데이터베이스 구조

데이터베이스 포렌식을 들어가기 전에 데이터베이스의 구조와 작동 방식을 알아보도록 하자. 데이터베이스를 물리적 공간을 이해하기 쉽게 논리적으로 구체화면 Table Space, Segment, Extent, Block 단위로 나눌 수 있다.

테이블 스페이스(Table Space) 안에는 데이터 파일이 존재하며, 데이터 파일은 세그먼트(Segment)로 구성된다. 각각의 세그먼트는 익스텐트(Extent)로 구성되고, 익스텐트는 블록(Block)으로 구성된다. 즉 상위 개념과 크기 순서로 나열하면, 테이블 스페이스 -> 데이터파일 -> 세그먼트 -> 익스텐트 -> 블록이 된다. 두 개의 [그림 14, 15]를 보면 이해가 쉽다.

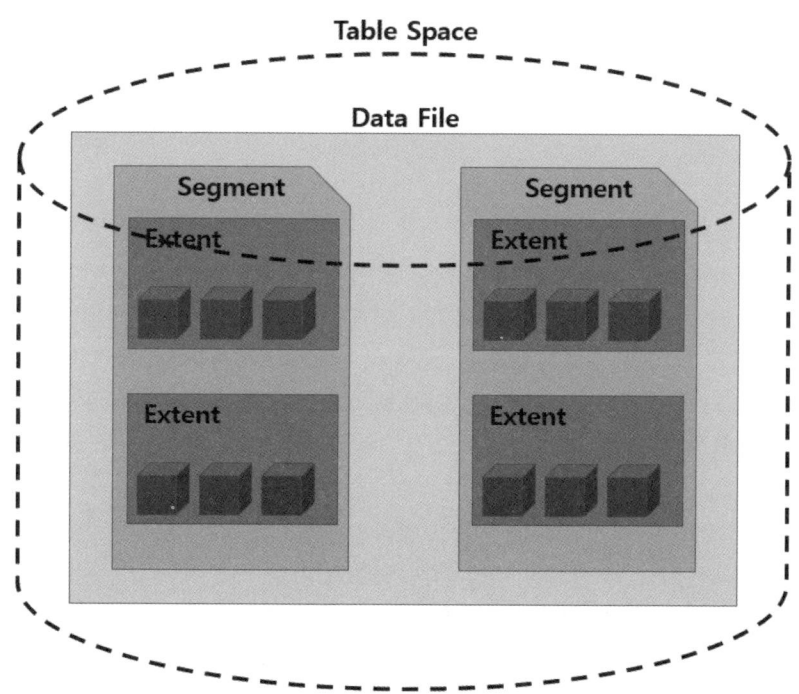

[그림 14] 데이터베이스 논리적 구조

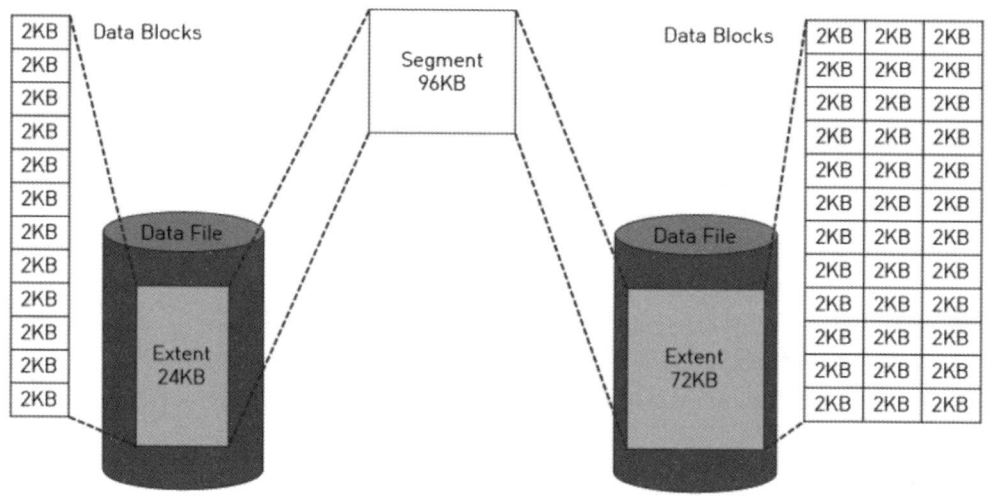

[그림 15] Oracle 논리적 저장 단위

1.6.1 Data Block (Block 또는 Page)

데이터베이스에서 데이터를 저장하는 가장 작은 단위 데이터 블록이다. 물리적 디스크 공간의 크기에 따라 데이터 블록의 크기도 결정된다. 위 그림에서 데이터 블록의 크기는 2KB이다. 데이터 블록은 담고 있는 데이터를 추적하고 비어있는 공간을 수월하게 찾기 위해 일정한 형식을 가지고 있다.

사용자가 입력한 데이터는 테이블에 저장되고 테이블은 물리적 파일 안에 데이터 블록 단위로 분할되어 저장된다. 데이터 블록은 헤더와 Row 디렉터리로 구성된다. 헤더는 각 블록에 대한 기본정보를 담고 있고, Row 디렉터리는 각각의 Row를 가리키는 오프셋 목록을 가지고 있다. Row 디렉터리 안에는 Flag(플래그) 값도 포함되어 있는데, 플래그 값은 해당 Row의 삭제 여부를 알려준다. [그림 16]은 데이터 블록의 형식을 간단한 그림으로 나타낸 것이다.

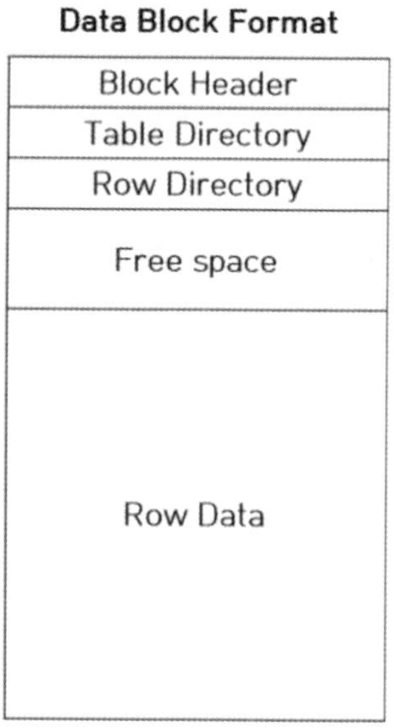

[그림 16] 데이터 블록 구조

가) Block Header

Block Header는 물리 디스크 주소나 데이터 블록에 대한 일반적인 정보를 담고 있다. 블록을 업데이트한 모든 트랜잭션에 대해서는 트랜잭션 엔트리가 필요한데, 그것에 대한 정보 또한 이 Block Header에 담는다. 대부분 운영체제에서 트랜잭션 엔트리는 약 23Byte 정도가 필요하다.

나) Table Directory

데이터 블록 안에 레코드 데이터가 저장된 테이블에 대한 메타데이터를 담고 있는 영역이다. 하나의 데이터 블록은 여러 테이블의 레코드를 저장하고 있을 수 있다.

다) Row Directory

데이터 블록의 특정 위치에 저장되어 이는 레코드 데이터 위치 정보를 담고 있는 영역이다. 한번 Row Directory영역은 레코드의 삭제 이후에도 재할당받을 수 없고, 새로운 레코드가 데이터 블록에 추가되었을 때만 해당 공간을 다시 사용할 수 있다. 각각의 Row는 Row Directory에 있는 슬롯을 갖는다. 슬롯은 Row 데이터의 시작을 가리킨다.

위에서 살펴본 Block Header, Table Directory, Row Directory를 총칭하여 블록 오버헤드(Block Overhead)라고 한다. 일부는 고정된 크기를 가지지만 총 사이즈는 가변적이다. 대부분 블록 오버헤드의 총 사이즈는 84에서 107Byte 정도이다.

라) Row Data

Row Data 영역은 테이블 레코드나 인덱스 키 엔트리 등과 같은 실제 데이터를 담고 있는 곳이다. 모든 데이터 블록이 내부 구조로 되어 있듯이 모든 레코드들도 데이터베이스가 원하는 데이터를 수월하게 찾기 위한 일정 형식이 있다. 하나의 Row는 여러 개의 Row 조각(Row Piece)들로 구성되며, 각각의 Row 조각은 Row 헤더와 Column 데이터로 구성된다.

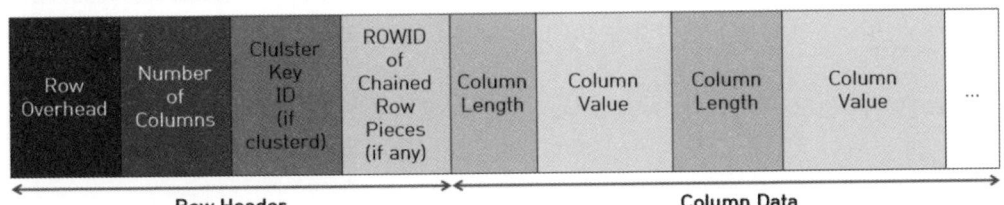

[그림 17] Row Data의 Row Piece 구조

마) Row Header

Row Header는 데이터베이스에 저장된 Row Piece들을 관리하는 데 필요한 영역이다. Row Piece에 있는 Column들과 데이터 블록 안에 저장된 다른 Row Piece에 대한 정보(일반적으로 Row는 하나의 데이터 블록에 담아지는 크기라 보통 하나의 Row Piece로 저장하지만, 하나의 데이터 블록에 담기엔 Row의 크기가 너무 크거나 업데이트로 인해서 기존 Row 크기가 블록의 크기를

넘어갈 경우, 여러 개의 Row Piece에 데이터를 저장한다.), 클러스터 키 정보를 가지고 있다. 블록 하나를 온전히 차지하는 Row는 최소 3Byte의 Row 헤더를 갖는다.

ROWID는 데이터베이스가 각 Row를 고유하게 식별하기 위한 것이다. 데이터베이스가 Row에 접근하기 위한 정보를 담고 있다. 각 Row의 물리 주소를 base64로 인코딩한 형식을 사용하며 확장형 ROWID는 데이터 오브젝트 넘버를 포함한다. [그림 18]은 Oracle에서 확인한 ROWID이다.

```
SQL> SELECT ROWID FROM 테이블명 WHERE 조건식;

SQL> SELECT ROWID FROM JOKER WHERE ID LIKE 'encase';
// JOKER 테이블에서 ID가 'encase'인 로우의 ROWID를 확인한다.
```

```
SQL> SELECT * FROM JOKER;

ID          NAME        PHONE              EMAIL
---------   ---------   --------------     --------------------
encase      jon         070-445-2456       abcd@gmail.com
joker       lee         010-4611-1133      joker@gmail.com
star        kim         080-312-3113       star7@gstar.com
beom        park        060-666-6543       tiger@beom.com

SQL> SELECT ROWID FROM JOKER WHERE ID LIKE 'encase';

ROWID
------------------
AAAR59AABAAALohAAA
```

[그림 18] Oracle에서 ROWID 확인

ROWID는 4부분으로 나뉜다. AAAR59AABAAALohAAA를 4부분으로 나누면 [그림 19]와 같다.

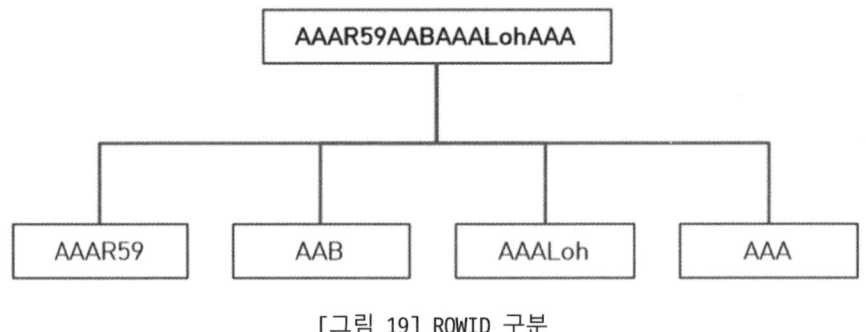

[그림 19] ROWID 구분

[표 11] ROWID 구분과 설명

값	ROWID 구분	설명
AAAR59	Data Object Number	해당 Row를 담고 있는 세그먼트 식별
AAB	Relative File Number	해당 Row를 담고 있는 데이터 파일 식별
AAALoh	Block Number	해당 Row를 담고 있는 블록 식별
AAA	Row Number	Row 식별

바) Column Data

Row의 실제 데이터를 담는 공간이다. Column 데이터는 CREATE TABLE로 명시한 Column이름 순서대로 넣어진다.

1.6.2 Extent

익스텐트(Extent)는 데이터 블록이 연속적으로 할당된 것이다. 24KB의 익스텐트는 12개의 2KB 데이터 블록을 연속적으로 할당받은 것이 된다. 72KB의 익스텐트라면 데이터 블록 36개가 연속적으로 할당된 것이다. 특정 타입의 정보를 저장하기 위한 단위이다.

1.6.3 Segment

세그먼트(Segment)는 데이터베이스 테이블의 특정 오브젝트를 담기 위해 할당되는 단위이며 한 개 이상의 익스텐트의 모음이다. 앞선 챕터에서 예를 든 student_info 테이블을 다시 생각해보자. 해당 테이블 안의 데이터 'Alice', '001', 'Physics', 3.85 등은 데이터 세그먼트에 저장된다. 그리고 테이블의 index 정보는 인덱스 세그먼트에 저장된다. 즉, 모든 데이터베이스 오브젝트는 각각의 세그먼트에 저장된다.

1.6.4 Table Space

테이블 스페이스(Table Space)는 실제 데이터를 물리적으로 저장하는 공간이다. 데이터베이스의 레코드와 테이블 스키마 정보가 이곳에 들어있다.

1.7 데이터베이스 포렌식 개요

데이터베이스 포렌식은 디지털 포렌식의 한 분야로, 데이터베이스의 구조 및 저장된 데이터, 메타데이터를 수집하여 법적 증거자료로써의 요구조건을 충족시키기 위해 분석하는 행위를 말하며, 주로 감사로그를 수집하여 분석한다.

현재 활용 가능한 데이터베이스 포렌식 툴은 로그 분석기 수준으로 전문적인 도구는 아직까지 존재하지 않는다. 또한, 각 DBMS 벤더사별로 데이터베이스 구조가 판이하고, 데이터베이스와 트랜잭션 로그 구조 자체가 기업의 보안정보로 분류되어 구체적인 문서나 매뉴얼을 얻을 수 없다. 방대해지고 있는 어플리케이션 규모도 데이터베이스 포렌식에 있어 걸림돌이 될 수 있다.

데이터베이스에 저장된 사용자의 개인 정보 유출이 자주 발생하고, 또한 저장된 데이터를 조작하는 사고가 빈번하게 발생한다. 대부분의 사고는 내부 관계자의 소행이 주를 이르고 있는 만큼 데이터베이스 포렌식의 중요성이 커지고 있다.

이번 장에서는 데이터베이스 포렌식의 기본적인 이해를 기반으로 데이터베이스의 포렌식 절차가 어떻게 진행되는지에 대해 알아볼 것이다.

1.7.1 데이터베이스 포렌식의 이해

데이터베이스의 정보 침해 사건은 대부분 기업이나 기관 내부의 데이터베이스 관리자나 일반 사용자로 인해 일어나는데, 이들은 관리자 권한을 악용해 감사 로그 기록을 우회하여 데이터베이스를 조작하거나, 데이터 조작을 숨기기 위해 로그 기록을 중지시킨다. 따라서 로그파일 분석을 통해 언제, 어디서, 어떤 사용자에 의해 데이터가 조작되었는지 알아내는 것이 매우 중요하다.

가) 왜 데이터베이스 침해사고가 일어나는가?

데이터베이스의 침해사고가 일어난 이유는 포렌식 분석에 있어 시작점이 될 수 있다. 침해사고의 대표적인 원인은 다음과 같다.

- 예산 부족으로 인한 관리 인력 및 보안 전문 인력 감축
- 정보 보안에 대한 이해 부족
- 부서 간의 협조 부족
- 데이터베이스 사전 보안 테스트 부족
- 너무 많은 "root"권한의 계정
- 데이터베이스 보안 관리에 대한 기술력 부족

나) 다양한 실무환경에서 사용되는 데이터베이스

데이터베이스는 전자결제, 이메일, 기업 정보, 회계 압수 등에서 정보의 메타데이터 역할을 한다. 데이터베이스 포렌식을 이용하여 데이터 선별이 가능한 주요 데이터들을 살펴보면 [그림 20]과 같다.

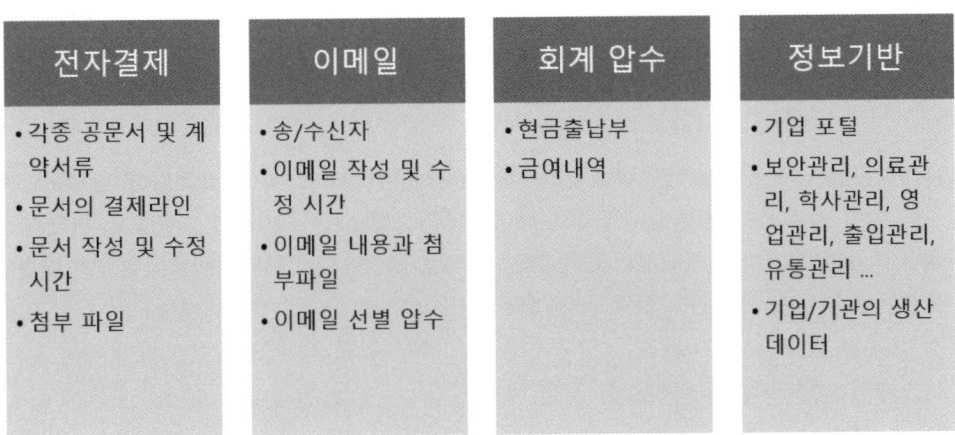

[그림 20] 데이터베이스 포렌식의 활용

1.7.2 데이터베이스 조사 절차

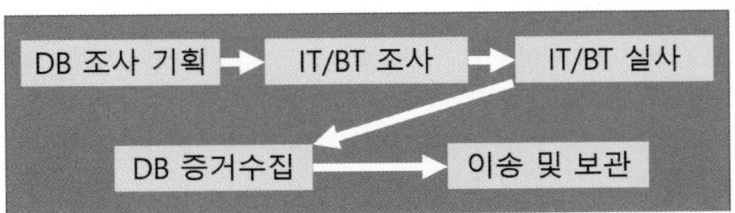

[그림 21] 증거 수집 절차

가) DB 조사 기획

DB 조사기획 단계에서 정보시스템 관련 정보 수집 및 공유하고 영장에 명시할 기업 정보시스템 소재지를 확인한다. 또한 데이터베이스 압수수색 시 소요되는 인력과 시간을 판단하고 데이터베이스 압수 방법을 구체화한다.

나) IT/BT[18] 조사

IT/BT 조사단계에서는 보유시스템에 대한 조사를 진행한다. 하드웨어 정보, 네트워크 정보, 운영 중인 소프트웨어 등에 대해 조사를 진행한다. 또한 운영 중인 데이터베이스에 대한 종류 및 버전과 용량을 확인한다. 그리고 업무프로세스를 확인하여 동일 시스템이나 유사한 시스템이 있는지를 확인하고 외부용역 시스템 개발자와 퇴사한 시스템 개발자 및 운영자에 대한 정보를 수집한다.

다) IT/BT 실사

IT/BT 실사 단계에서는 데이터베이스 서버에 대한 메인프레임, 데스크탑 자원정보, 및 잉여 자원 보유 여부를 확인한다. 그리고 데이터베이스에 대한 DBA 계정, 암호를 확인하고 사용 권한 미 보유자의 데이터베이스 접근 가능 여부를 확인한다. 또한 데이터베이스와 관련된 트랜잭션 로그파일의 저장위치 파악과 데이터베이스에 대한 조작, 변조, 삭제, 은닉 및 이중 시스템 유무를 파악한다. 이때 업무담당자의 PC의 네트워크 정보와 프로세스 상태를 통해 이중 시스템 및 은닉 데이터베이스를 찾을 수 있다.

라) DB 증거수집

데이터베이스 증거수집에서는 현장을 통제하여 관련 없는 사람을 현장으로부터 격리하여 현장을 보존하고 관계자 및 입회인을 참관 시킨다. 또한 수사관이나 분석관이 바로 작업하지 않고 데이터베이스 관리자를 대동해 작업지시를 하여 작업에 사용된 쿼리문을 기록한다. 원활한 협조가 이뤄지지 않을 경우 직접 쿼리문을 사용하여 조사를 할 수 있지만 이때도 마찬가지로 사용한 쿼리문을 꼭 기록하여야 한다. 또한 특정 로그 및 설정 제어 파일은 DBMS마다 다르므로 사전에 각 DBMS 별 저장 경로를 확인하고 수집한다.

[표 12] RDBMS 별 증거 수집 파일 목록

Oracle	DBF	데이터베이스의 실제 데이터가 들어있는 파일
	CTL	데이터베이스 마운트/오픈 시에 사용하는 파일
	LOG	데이터베이스 사용, 오류 등을 기록하는 로그 파일
MySQL	MYD	MySQL 저장 엔진이 MyISAM일 경우 데이터베이스의 실제 데이터가 들어있는 파일
	MYI	MySQL 저장 엔진이 MyISAM일 경우 데이터베이스의 데이터 인덱스 정보를 담는 파일
	FRM	테이블 구조에 대한 정보를 담는 파일

---

18) 정보기술과 업무기술

		(어떤 저장 엔진이든 테이블이 생성되면 자동 생성되는 파일)
	ibdata	MySQL 저장 엔진이 InnnoDB일 경우 데이터베이스 데이터와 인덱스 정보를 담는 파일
	ibd	MySQL 저장 엔진이 InnoDB이고 다수의 Table Space 사용이 허용된 경우 데이터베이스 데이터와 인덱스 정보를 담는 파일
	binlog	데이터베이스 조작/조회에 사용된 쿼리문을 기록하는 로그 파일
Microsoft SQL Server	MDF	SQL Server의 데이터베이스 주 데이터 파일
	NDF	SQL Server의 데이터베이스 보조 데이터 파일
	LDF	데이터베이스 사용, 오류 등을 기록하는 로그 파일
	BAK	데이터베이스를 백업한 파일

그리고 압수 대상 데이터베이스가 원격지에 있다면, 원격지 데이터베이스의 IP 및 패스워드 등의 정보를 확인하고, 네트워크 위치와 시스템 정보를 수집한다.
원격이 아닌 데이터베이스 서버를 압수할 경우, shutdown 명령 후 운영체제를 종료한다.

과거시점의 데이터 압수 시에는 백업데이터[19]를 활용하여 수집하며, 증거 수집에서 목적에 맞는 자료만 추출할 경우, 데이터베이스 또는 운영체제 CMD 상에서 명령어를 입력하여 자료 추출 및 복사한다. 추출된 결과를 엑셀과 같은 파일로 가공하면 분석 및 조사가 수월해진다.

마) 이송 및 보관단계

이송 및 보관단계에서는 추출된 데이터베이스 복사본 또는 증거 파일의 해시 값을 계산하고 기록 및 확인 후에 보관한다. 해시 값은 증거물이 압수 및 분석 과정에서 부당하게 훼손되거나 변경되지 않았음을 검증하는 수단이다. 생성 후에는 증거 데이터 추출 시 작성된 문서의 값과 비교 확인을 해야 한다. 적은 용량의 증거물일 경우, CD 또는 DVD로 제작하여 레이블에 피압수자의 서명을 받는다. 대용량 증거 파일은 분할하여 해시 값을 생성한다. 또한 증거물 이송 중에 손상을 방지하기위한 대책[20]을 강구 하여야 한다.

■ **데이터 추출 시 고려 사항**

이론적으로 데이터베이스에서 증거 데이터를 추출하는 과정은 위와 같다. 하지만 실제 현장에서 수집을 할 경우 고려해야 할 몇 가지 사항이 있다. 일단 대형 범죄가 아닌 이상 규모가 큰 사이트에서 데이터베이스 전체를 복제하는 경우는 드물다. 저장 용량이 크고 복제 시간도

---

[19] 대부분의 기업은 데이터베이스를 주기적으로 백업을 실시한다. 그렇기 때문에 삭제된 데이터 또한 백업데이터를 통해 복원이 가능하다.
[20] 충격방지 케이스, 정전기 방지용 랩 등을 활용한다.

많이 소요되는데다가 개인 정보나 기밀 정보 유출 등의 위험이 있기 때문이다. 따라서 주로 미리 받은 ERD나 스키마로 데이터베이스 구조를 분석하고, 그 이후 쿼리문을 입력하여 필요한 부분만 덤프 뜬다. 덤프는 담당자가 직접 하거나 담당자 입회하에 수사관이 직접 수행한다.

데이터 추출 과정에 앞서 데이터베이스 서버를 정지시킬 수 없는 경우엔 데이터베이스 덤프를 바로 시행하지 않고 해시 값을 먼저 생성하여 담당자나 소유자의 확인과 서명을 받는다. 그리고 서버의 로그, 데이터베이스 테이블 space를 함께 복사하여 해당 데이터베이스 테이블을 재구성하는 데에 많은 시간이 소요되는 것을 방지한다.

레이드로 구성되어 있는 서버의 경우, 디스크를 분리하면 재구성이 어려워진다(특히 레이드 10이나 01). 따라서 레이드가 구성되어 있는 상태에서 Encase 또는 dd로 이미징하거나 파일을 복사한다. 증거 자료를 확보한 후에는 역시 해시 값을 생성하여 관리자나 소유자에게 확인과 서명을 받아야 한다.

■ 수집해야 할 기본 정보 리스트

- 운영체제 시스템과 관련된 정보
  시스템 시간/날짜, 로그인기록, 사용자 및 그룹, 네트워크정보
- 실행중인 전체 프로세스 정보
  프로세스 간의 부모 자식관계, 연결된 DLL 정보 등을 확인한다.
- 메모리 덤프(필요시)
  메모리 내에 저장된 데이터를 분석하기 위하여 메모리덤프를 수행
- 레지스트리 정보 (Windows Server를 사용하는 경우)
- 데이터베이스 서버 내 모든 로그 파일 (이벤트 로그, 메시지 로그, etc)

은닉 데이터베이스 실행 확인

▶ 은닉 데이터베이스의 실행 여부를 확인하기 위해서는 크게 2가지 방법을 통해 확인할 수 있다. 첫 번째는 프로세스 정보를 확인하는 방법이며, 두 번째는 네트워크 통신 상태를 확인하는 방법이다. 윈도우 시스템의 경우 명령 프롬프트를 통해 [tasklist] 명령어를 통해 동작 중인 서비스를 확인할 수 있으며, 네트워크 정보는 [netstat –anob]를 통해 확인할 수 있다.

리눅스의 경우 [ps –ef] 명령어로 프로세스 정보를, 네트워크의 정보는 [netstat –anop]를 통해 확인할 수 있다.

■ 수집해야 할 데이터베이스 정보 리스트
- 데이터베이스 종류
- 데이터베이스 인스턴스 버전 정보
- 휘발성 정보
- 사용자 목록
- 가장 최근에 실행된 SQL 파일 사본
- 테이블 정보
- 데이터베이스 전체 덤프 혹은 데이터베이스 내부의 특정 파일들
- 로그 파일
  Error, General, binary, Redo, Listener 로그 등
- 데이터베이스 백업 파일

■ 주요 증거 데이터
- 휘발성 데이터베이스 Connection & Session 정보
- 데이터베이스 전체 또는 특정 데이터베이스
- 테이블 전체 또는 특정 테이블 또는 특정 레코드
- 데이터베이스의 메타데이터 또는 테이블의 메타데이터
- 데이터베이스 자체적으로 기록하는 로그 파일
- 시스템 로그 파일
- 어플리케이션 로그 파일

■ 자료 수집 우선순위
- 1 순위 : 데이터베이스 서버 Connections & Sessions 정보
- 2 순위 : 트랜잭션 로그
- 3 순위 : 데이터베이스 서버 로그
- 4 순위 : 데이터베이스 서버 파일
- 5 순위 : 시스템 이벤트 로그

데이터베이스 연결정보와 트랜잭션 로그
▶ 데이터베이스의 연결정보(접속 정보)와 트랜잭션 로그는 데이터베이스 포렌식에 있어 가장 중요도가 높다. 이는 어떤 사용자가 데이터베이스에 접속하여 어떤 쿼리를 사용하였는지에 대한 로그를 가지고 있기 때문에 향후 사건 추적에 매우 중요한 단서가 된다. 비 인가자가 중요한 데이터를 지웠다 가정할 경우 연결정보(접속 정보)와 트랜잭션 로그를 추적하여 실마리를 잡을 수 있다. (단, 대규모 시스템일수록 시간이 매우 오래 소요될 수도 있다.)

1.7.3 증거 자료 분석 절차

1) 추출한 데이터베이스 복사본 또는 증거 파일들의 해시 값과 문서에 기재된 해시 값을 비교한다.

2) 휘발성 정보를 획득했을 경우, 메모리, 프로세스, 파일 등의 자원 사용을 분석한다.

3) 데이터베이스 증거에 맞는 운영체제 및 프로그램을 구축하여 증거 파일을 복제한다.

4) 데이터베이스 접속 프로그램과 로그 분석 프로그램을 사용하여 자료구조, 자료 관계, 접근한 사용자 목록, 사용 기록 등의 데이터를 획득하고, 목적에 따라 자료 복구를 수행한다.

5) 데이터베이스의 분석자, 분석 과정, 분석 결과 등 세부 사항을 기록한다.

1.7.4 데이터 추출 관련 참고자료

가) SAP를 활용한 데이터 추출

많은 대기업들이 회계, 판매, 생산, 인사, 재정 등 중요한 데이터를 통합적으로 관리하고 처리하기 위하여 ERP(Enterprise Resource Planning)라는 시스템을 사용한다. 데이터베이스 포렌식에서는 ERP 데이터를 추출하기 위하여, ERP 관련 제품 시장에서 가장 큰 점유율을 차지하고 있는 SAP 사의 소프트웨어를 사용한다. 이어지는 내용은 간략하게 정리한 참고자료이다.

■ SAP 기능

SAP는 GUI기반으로, SE16[21], SE11[22] 등 T-CODE라는 SAP 상에서 미리 정의된 추출 기능을 사용한다. T-CODE 또는 트랜잭션 코드로 SAP 메뉴의 커맨드 필드에 명령을 입력하여 원하는 작업을 보다 빨리 수행할 수 있다. 시스템 작업을 경로를 찾아 들어가 수행하지 않아도 되는 바로가기와 비슷한 기능이라고 보면 된다. SAP에는 약 200,000가지의 T-CODE가 존재하여 거의 모든 트랜잭션 기능을 제공한다. 사용자가 T-CODE를 커스터마이징할 수 있지만 영문자, 숫자 조합 20자까지 가능하다. SE11/16은 관련 T-code 실행권한이 필요하며, 데이터 용량이 큰 경우 런타임 오류가 발생할 가능성이 있다.

---

21) 일반테이블을 조회하는 SAP T-CODE.
22) ABAP Dictionary를 조회하는 SAP T-CODE.

■ ABAP(Advanced Business Applicationi Programming)

SAP에서 개발한 SAP만을 위한 프로그래밍 언어로 데이터를 추출하는 데 사용된다. 서버 사이드 프로그래밍 언어로 개발을 위한 환경인 SAP Application Server에 접속하기 위한 SAP GUI가 필요하다. SAP의 3가지 테이블 유형[23] 모두의 데이터를 추출할 수 있다.

■ SQL Query

RDBMS에 직접 접근해 SQL 명령어를 입력하는 것으로 데이터를 추출한다. 데이터베이스의 구조(인덱스, 키, 테이블, 데이터 관계 등)에 대한 이해가 필요하다. SAP 테이블 중 Cluster 테이블과 Pool 테이블에 대한 데이터 추출은 편리하지 않다.

■ ACL과 SAP Direct Link / ODBC(Open Database Connectivity)

ACL 사에서 개발한 Direct Link 소프트웨어로 모든 데이터에 직접 접근하여 추출하는 방법이다. 반복적인 업무를 batch 파일로 만들어 수행하는 것이 가능하며, 별도의 IFD(Input File Definition)가 없어 편의성이 높다. 하지만, 수사관의 PC 및 데이터 압수 대상 회사의 컴퓨터에 해당 소프트웨어가 설치되어 있어야만 한다.
ODBC는 ACL에서 기본적으로 제공하는 프로그램이다. SAP 테이블 중 Cluster 테이블과 Pooled 테이블에 대한 데이터 추출이 편리하지 않다.

나) Oracle ERP 데이터베이스 압수 체계

■ 데이터 추출 방법

- Standard Report 기능 이용 : Oracle Web Browser를 통해 압수 대상 데이터와 관련한 Standard Report를 다운로드한다. Data sources and relationships에 대한 지식이 필요하며 다운로드할 수 있는 레코드 길이에 제한이 있다.
- SQL Query 이용 : RDBMS에 직접 접근하여 정의된 명령어를 사용하여 데이터를 추출하는 방법이다. 데이터베이스 구조(index, keys, tables, data relations)에 대한 이해가 필요하다.

---

23) SAP에는 Transparent, Pool 그리고 Cluster라는 3가지 테이블 유형이 있다. Transparent는 오직 하나의 테이블이 존재하며 데이터베이스와 1대1의 관계를 형성한다. 주로 중요한 정보를 담은 마스터 데이터를 저장할 때 사용한다. Pool은 커스터마이징 데이터나 자잘한 시스템 데이터와 같이 테이블 자체는 작지만 수가 많을 경우 사용한다. 데이터베이스와 다대일 관계를 형성한다. Pool은 큰 시스템 데이터와 같이 테이블이 크고 수가 적은 경우에 사용한다. 데이터베이스와 다대일 관계를 형성한다.

다) Oracle의 전표, 기본 데이터 테이블 및 압수 방법

[표 13] Oracle의 전표, 기본 데이터 테이블

구분	테이블	테이블명	압수방법
전표 데이터	GL_JE_HEADERS	전표 헤더	SQL Query
	GL_JE_LINES	전표 라인	
	GL_CODE_COMBINATIONS	계정 배분 코드	
	GL_JE_BALANCE	계정별 잔액 테이블	
기본 데이터	FND_FLEX_VALUE_SETS	원장 ID 별 계정 SET 정의 테이블	
	FND_FLEX_VALUE_VL	계정 SET 별 계정 과목 코드 / 과목명 테이블	
	FND_USER	ERP 사용자 테이블	
	GL_PERIODS	회계 기간 테이블	
	GL_SETS_OF_BOOKS	원장 ID 테이블 (재무회계, 사업부회계 등)	
	GL_JE_SOURCES_TL	전표소스(출처) 코드 테이블	

지금까지 데이터베이스에 대한 기본 개념과 데이터베이스 포렌식 절차에 대해서 살펴 보았다. 다음 장에서는 이제 데이터베이스 환경 구축을 하고 데이터베이스 중심으로 분석 시 꼭 필요로 하는 정보들을 어떻게 수집하고 어떠한 정보들을 확인할 수 있는지 살펴보도록 하자. 데이터베이스 환경 구축은 덤프를 해온 자료를 다시 재구축 하여 검증하기위한 용도로 환경 구축을 하는 방법에 대해서 꼭 알고 있어야한다. 로그 분석 부분에서는 어떤 사용자가 시스템에 접속을 하고 있는지와 어떠한 쿼리를 통해 조작이 되었는지를 알기 위해 로그파일 분석에 대해 살펴 볼 것이며, 덤프 및 복구 실습 부분에서는 작은 용량의 데이터베이스/테이블을 만들어 복원을 진행할 것이다. 전체적인 복구와 부분적인 복구 실습을 모두 다루고 있으며, 데이터베이스 전체나 테이블 단위의 복구의 경우 복원 실습 전에 생성한 덤프 파일을 사용한다. 덤프 파일을 사용하는 복구 원리와 절차는 SQL Server, MySQL, Oracle 등에서 비슷하다.

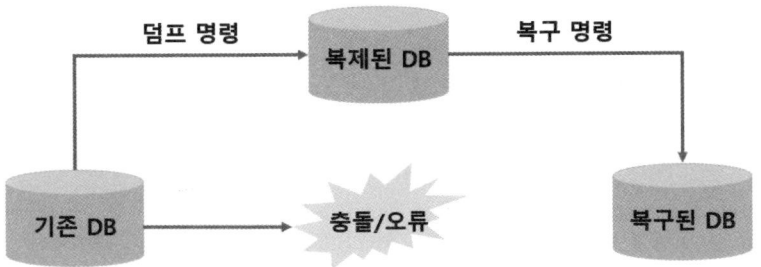

[그림 22] 덤프 파일을 사용한 복구 작업

부분적인 복원 방법은 RDBMS에 따라 다르다. SQL Server는 최근 일어난 사건에 대한 복원 수행의 경우 트랜잭션 로그를 사용하고, Oracle은 8i 버전 이상일 경우 LogMiner 기능을 지원하여 트랜잭션을 Undo할 수 있도록 한다. MySQL에서는 테이블을 덤프한 .sql 파일로 원하는 부분만을, SQLite에서는 파일의 세세한 구조를 파헤쳐 내용을 복원하는 실습을 한다.

SQL Server 데이터베이스 포렌식

STEP 02 ▶ SQL Server 데이터베이스 포렌식

Microsoft의 SQL Server는 다양한 트랜잭션 프로세싱과 통합 IT 환경에서의 분석 어플리케이션, 비즈니스 인텔리전스를 지원한다. Oracle, MySQL, DB2와 함께 시장에서 가장 많은 점유율을 가지고 있다.

다른 메이저 RDBMS (Oracle, MySQL)처럼 표준 SQL 언어인 ANSI SQL을 지원한다. SQL Server는 T-SQL이라는 자체 SQL Implementation을 가지고 있다.

이번 챕터에서는 먼저 MSSQL 데이터베이스의 구조를 살펴보고, SQL Server의 메인 인터페이스 도구인 SSMS(SQL Server Management Studio)를 사용하여 데이터베이스 백업 및 복구, 간단한 조작, 명령 히스토리, 작업 및 활동 로그, 트랜잭션 로그 등을 분석해 볼 것이다.

환경 구축을 할 때엔 원활한 사용을 위해서 하나의 가상머신 안에 하나의 데이터베이스만 설치하도록 하자.

2.1 SQL Server 환경 구축

2.1.1 Windows Server 2016 설치[24]

MSSQL Windows Server 2016에서 활용하기 위하여 먼저 환경 구축을 수행하자. 다음 제공하는 사이트 주소에서 Windows Server iso 파일을 다운받을 수 있다.

> **Windows Server 2016**
> ▶ https://www.microsoft.com/ko-kr/evalcenter/evaluate-windows-server-2016/

이름과 회사명, 업무 메일, 국가 등을 입력하면 약 6.5GB의 iso 파일 다운로드가 시작된다. 다운로드를 완료하면 가상머신으로 해당 iso 파일을 올려 Windows Server를 설치한다.

설치하는 과정에서 [그림 23]과 같은 운영체제 선택창이 뜨면 두 번째 Windows Server 2016 Standard Evaluation (Desktop Experience)를 선택한다(첫 번째와 두 번째의 차이는 GUI환경을 지원 여부이다).

---
[24] 리눅스와 달리 윈도우 서버는 설치가 매우 쉬우므로 본 책에서는 별도의 설치과정을 다루지 않는다.

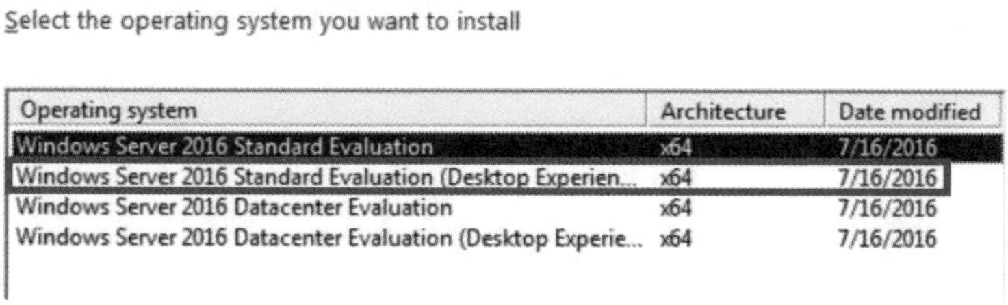

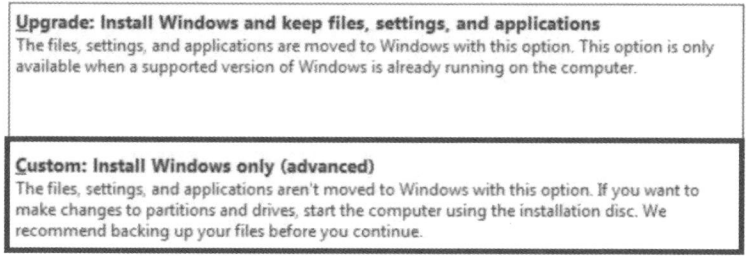

[그림 23] Windows Server 2016 OS 선택창

Type of Installation 창에서는 Custom을 선택한다.

[그림 24] Windows Server 2016 Type of Installation 선택 창

윈도우 설치는 매우 쉬우므로 본 책에서는 다루지 않지만 [그림 23, 24]와 같이 창이 나오면 설치 시 주의하자.

2.1.2 .NET Framework 3.5 설치

SQL Server는 .NET Framework를 필요로 한다. 업데이트를 진행하면서 자동으로 설치되기도 하지만 만일의 경우를 위해 수동으로 설치하는 방법 또한 알아두자.

1) Server Manager의 상단 메뉴에서 [Manage]-[Add Roles and Features]를 클릭한다.

[그림 25] NET Framework 설치방법 1

2) Select Features 창이 생성되면 왼쪽 Features 탭에서 .NET Framework 3.5 Features를 체크한
다. 왼쪽 탭이 활성화되지 않을 경우 Before You Begin, Installation Type, Server Selection
탭에서 Next 버튼을 눌러주면 왼쪽 목록에서 Server Roles와 Features 탭이 활성화 된다.

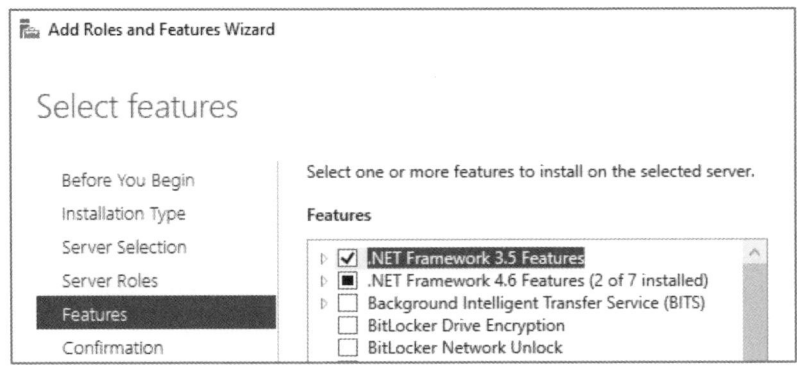

[그림 26] NET Framework 설치방법 2

3) Confirmation 탭으로 넘어가면 하단의 Install 버튼을 클릭한다.

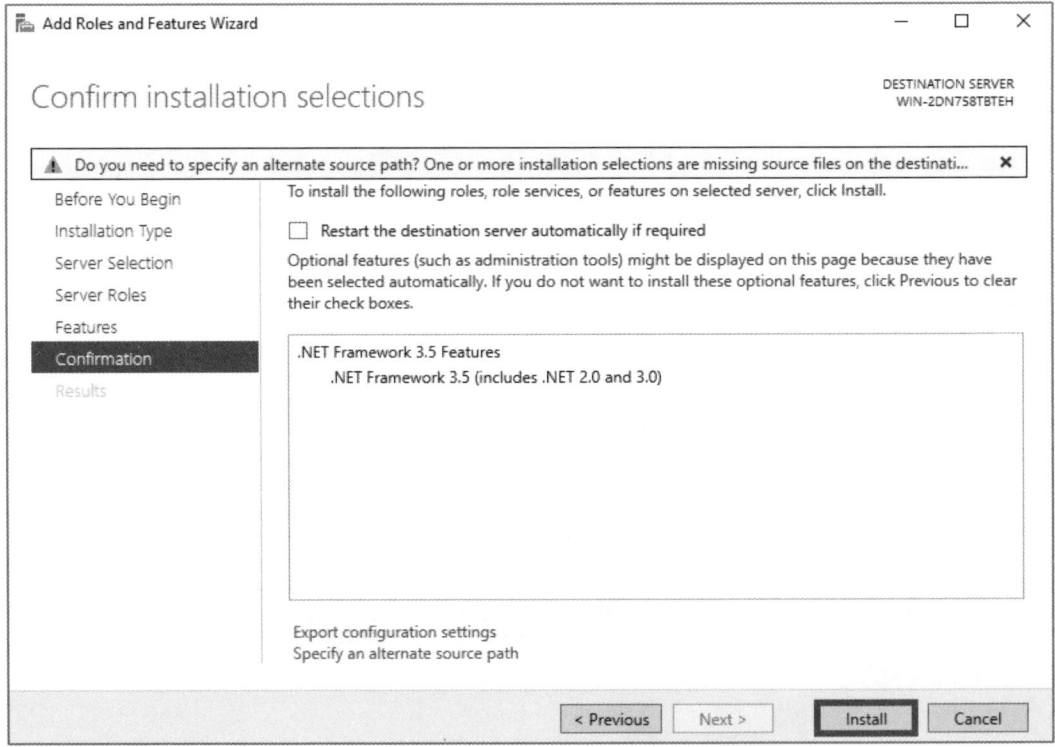

[그림 27] NET Framework 설치방법 3

4) Results 탭에서 NET Framework 설치 진행 상황을 보여주고, 설치가 완료되면 Close 버튼이 활성화된다. Installation succeeded가 보이면 close 버튼을 눌러 창을 닫는다.

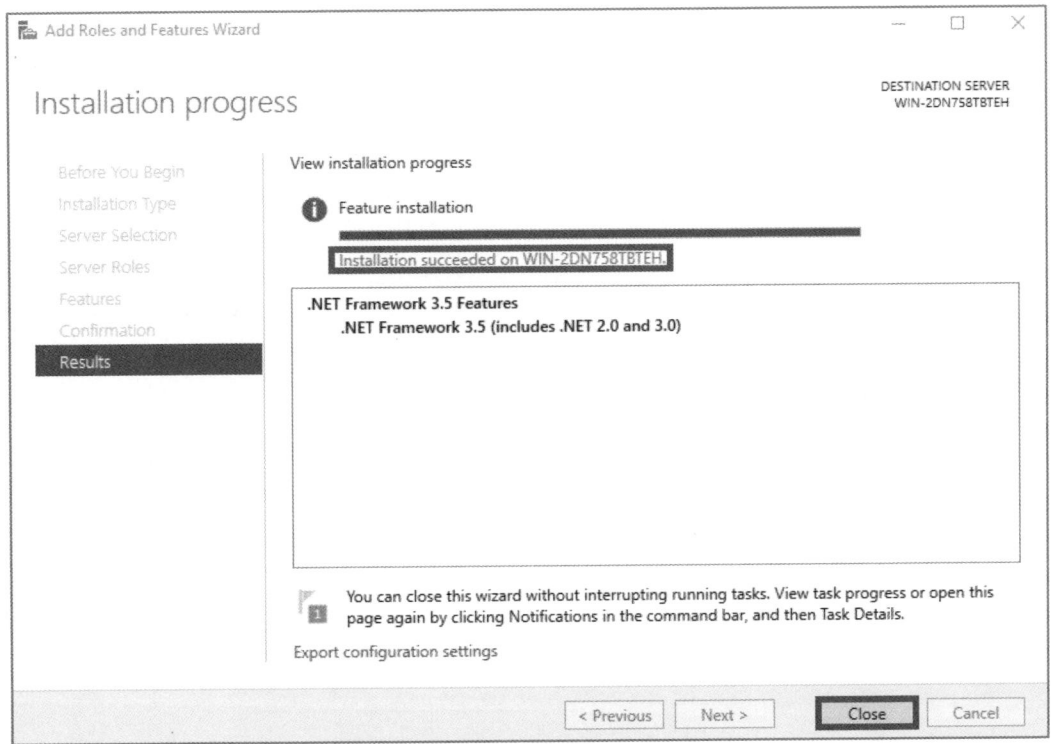

[그림 28] NET Framework 설치방법 4

2.1.3 SQL Server (MSSQL) 설치

1) 구글에서 SQL Server 2016 Evaluation으로 검색하여 Microsoft 다운로드 사이트로 이동한다. SQL Server 2016 with SP2 하단 목록 중 EXE를 체크 후 '동의함' 버튼을 클릭한다.

SQL Server 2016
▶ https://www.microsoft.com/en-us/evalcenter/evaluate-sql-server-2016

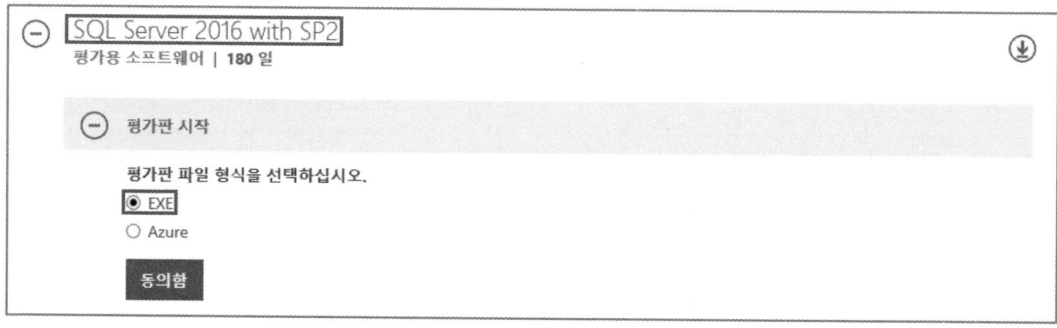

[그림 29] SQL Server 설치 1

2) 버튼을 클릭하면 [그림 30]과 같이 사용자 정보를 입력하는 칸들이 나타난다. 정보를 입력한 후 '동의함'버튼을 클릭한다.

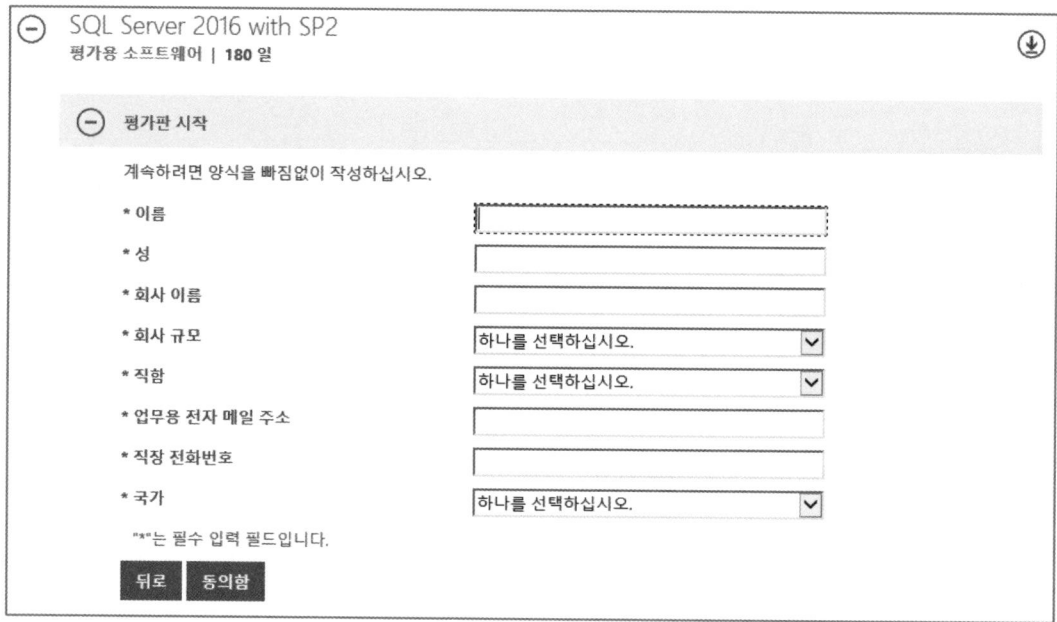

[그림 30] SQL Server 설치 2

3) 다운로드가 완료되면 아이콘을 더블클릭하여 실행한다.

[그림 31] SQL Server 설치 3

4) 아이콘을 더블클릭하면 SQL Server 설치 창이 생성된다. 세 개의 옵션 중에서 'Download Media' 를 선택한다.

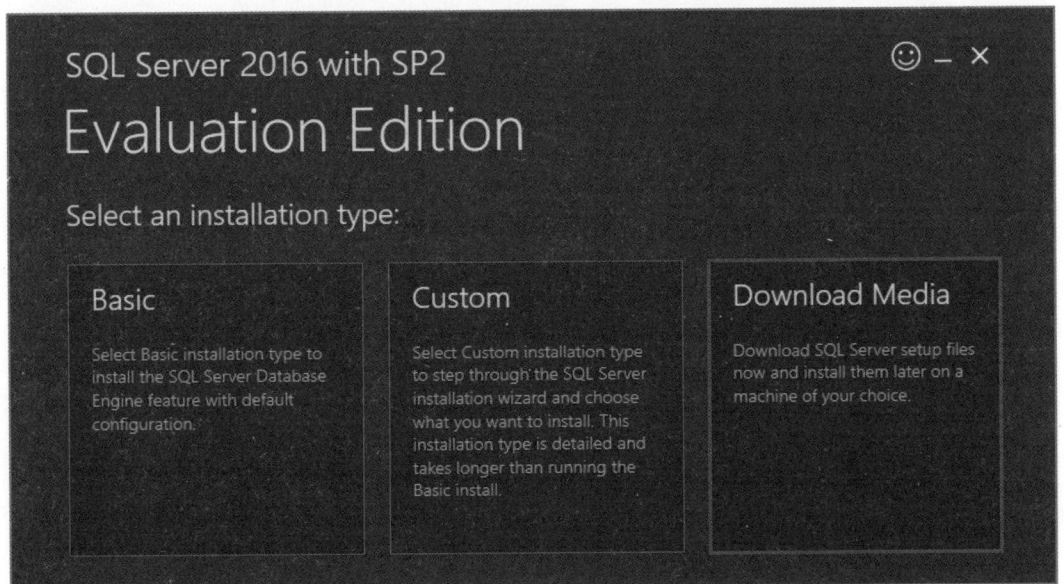

[그림 32] SQL Server 설치 4

5) 언어와 다운로드 경로를 선택한다. 언어를 선택할 때 운영체제가 지원하는 언어와 일치해야 SQL Server를 정상적으로 설치할 수 있다. 필자의 경우 Windows 운영체제가 영어를 지원하므로 SQL Server 언어를 English로 선택하였다. 모두 지정하였다면 'Download' 버튼을 클릭하여 다음으로 진행하면 다운로드 진행 창이 나타난다.

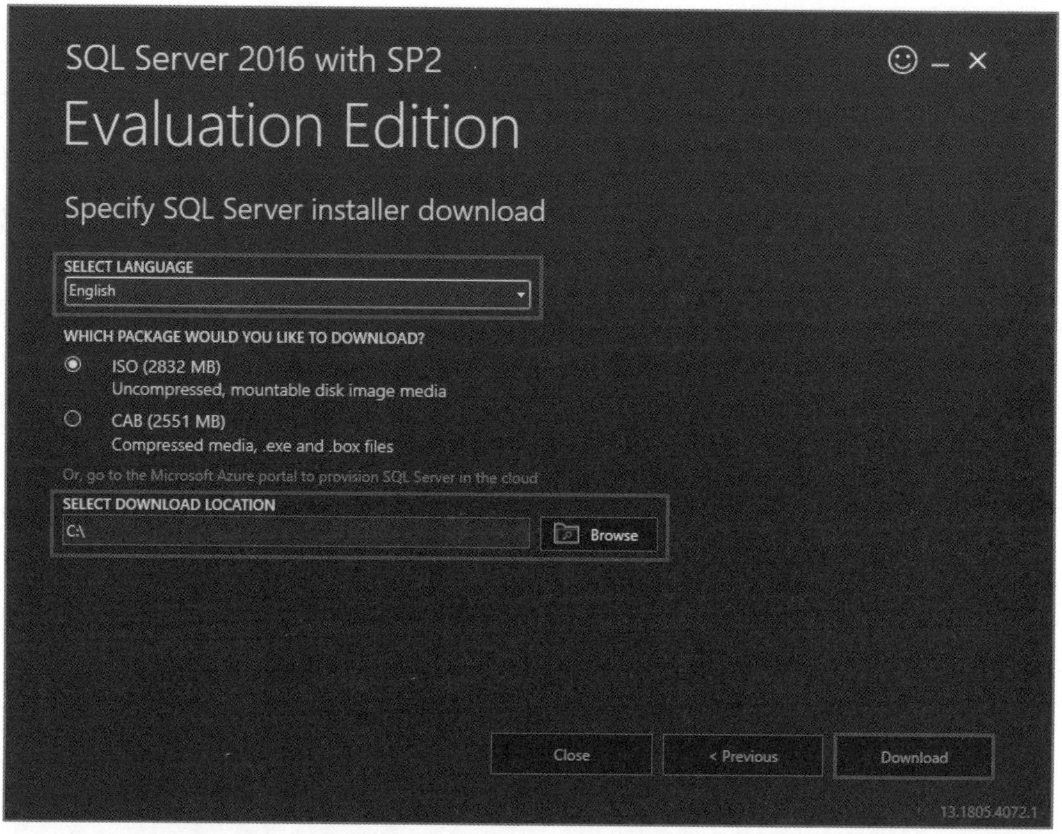

[그림 33] SQL Server 설치 5

[그림 34] SQL Server 다운로드 진행

다운로드가 완료되면 다운로드가 성공적으로 되었다는 문자열이 보이는 창이 뜬다. 'Open Folder'로 다운로드 경로로 들어가고 설치 창은 닫아준다.

[그림 35] SQL Server 설치 완료 창

6) 다운로드한 iso 파일을 더블클릭하여 마운트 한다.

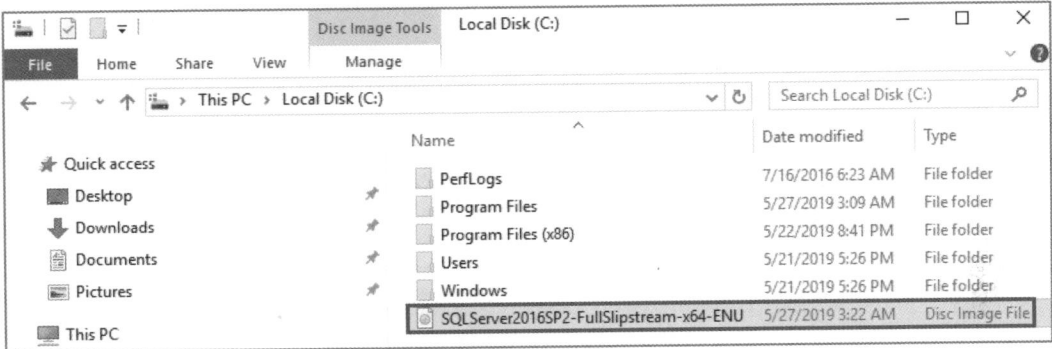

[그림 36] SQL Server 설치 6

7) 마운트 된 드라이브로 이동하면 여러 폴더들과 함께 [그림 37]과 같은 파일들이 보인다. 이 중 setup을 더블클릭하여 SQL Server 설치 센터를 띄운다.

[그림 37] SQL Server 설치 7

8) 설치 센터가 뜨면 왼쪽 'Installation' 탭을 선택하고 오른쪽에 나타나는 메뉴에서 최상단의 'New SQL Server stand-alone installation or add features to an existing installation'을 선택한다.

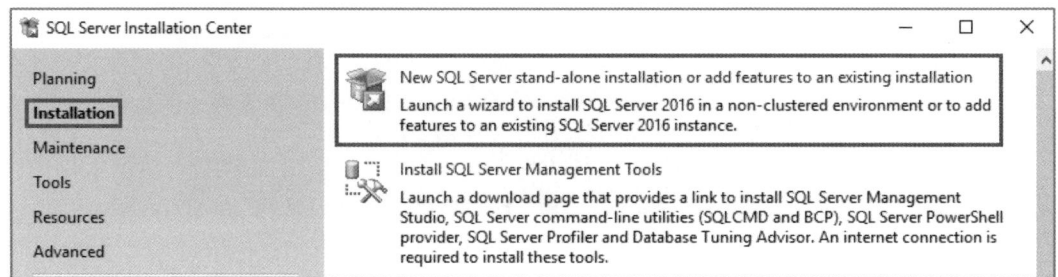

[그림 38] SQL Server 설치 8

9) Product Key를 설정하는 창이 나타난다. 'Specify a free edition'을 선택하고 Evaluation으로 설정한 후 'Next' 버튼을 클릭한다.

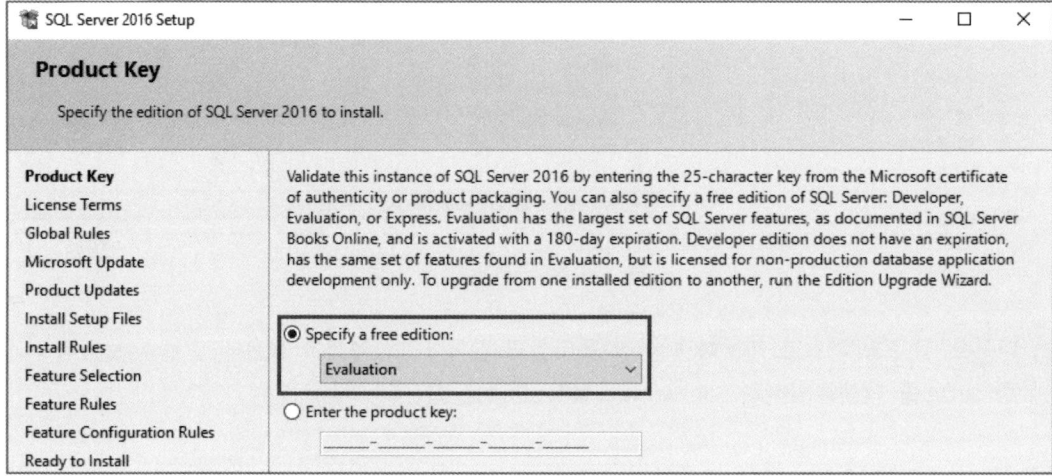

[그림 39] SQL Server 설치 9

10) License Term에서는 'I accept the license terms and Privacy Statement'에 체크 한 후, 'Next' 버튼을 클릭한다.

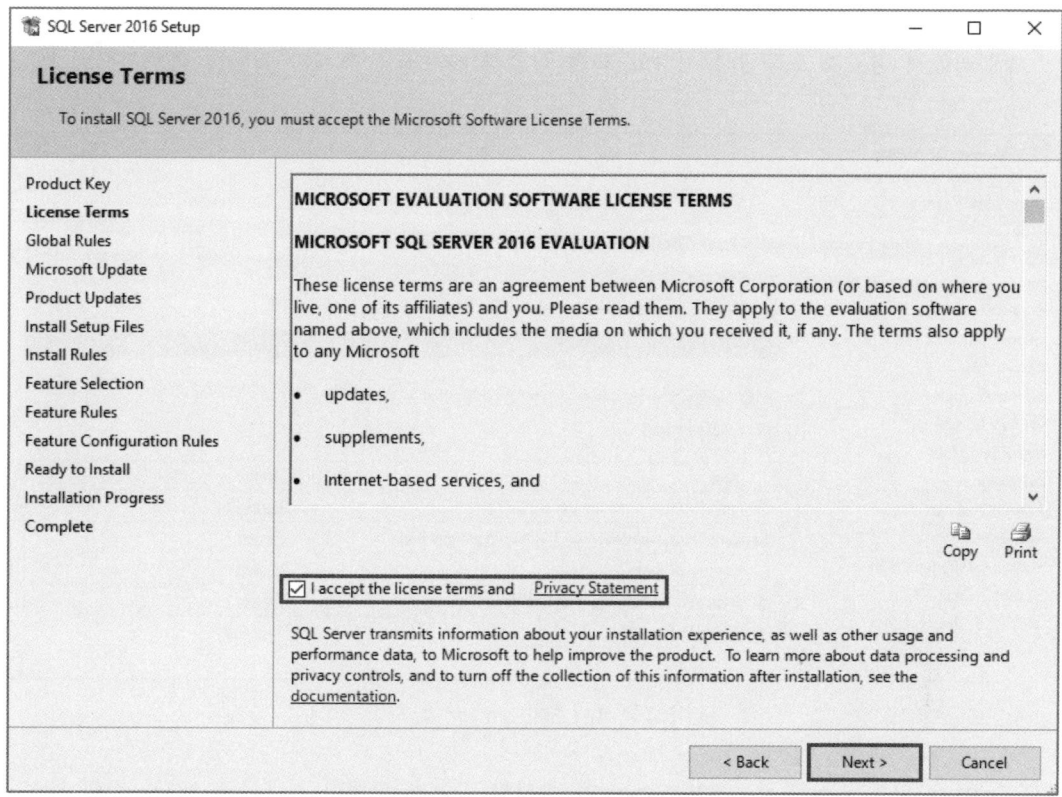

[그림 40] SQL Server 설치 10

11) Microsoft Update에서는 'Use Microsoft Update to check for updates (recommended)'에 체크를 한 후, 'Next' 버튼을 클릭한다.

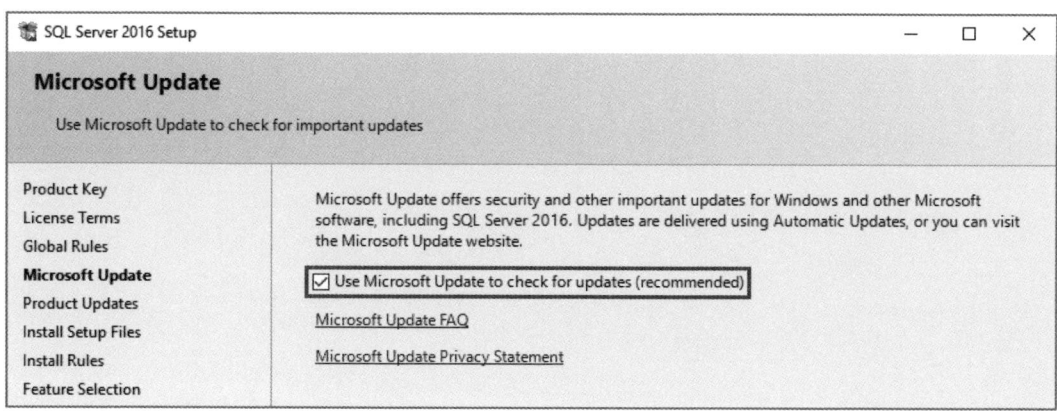

[그림 41] SQL Server 설치 11

12) Install Rules에서는 SQL Server를 설치하기 전에 설치 진행에 문제가 없도록 미리 체크한다. 방화벽에서 경고가 뜨지만 무시하고 확인 작업이 완료되면 'Next' 버튼을 클릭한다.

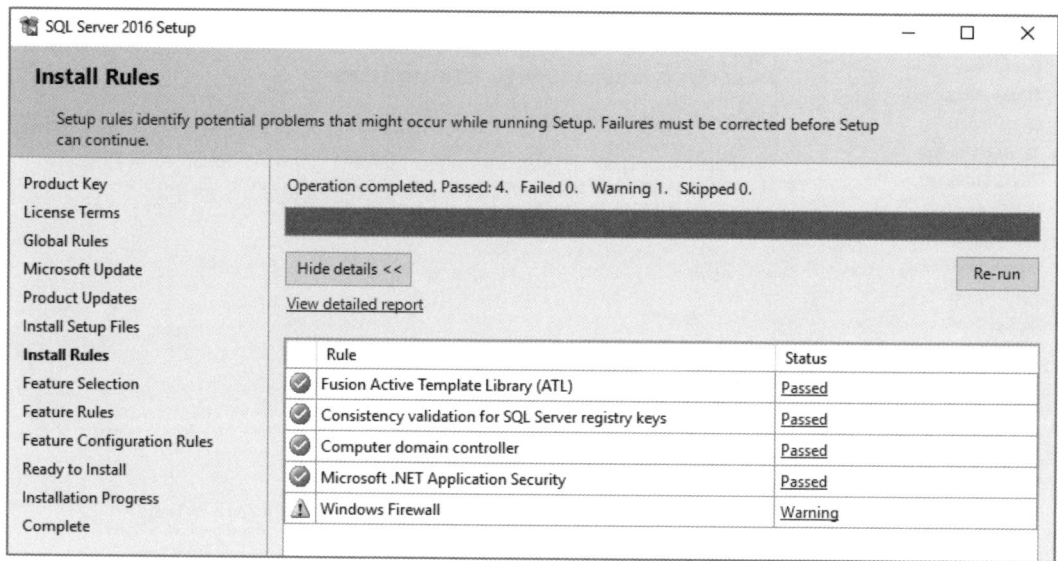

[그림 42] SQL Server 설치

13) Feature Selection에서는 SQL Server에 설치할 기능을 선택한다. [그림 43]과 같이 3개의 항목에 체크를 한 후 'Next' 버튼을 클릭하여 다음으로 넘어간다.

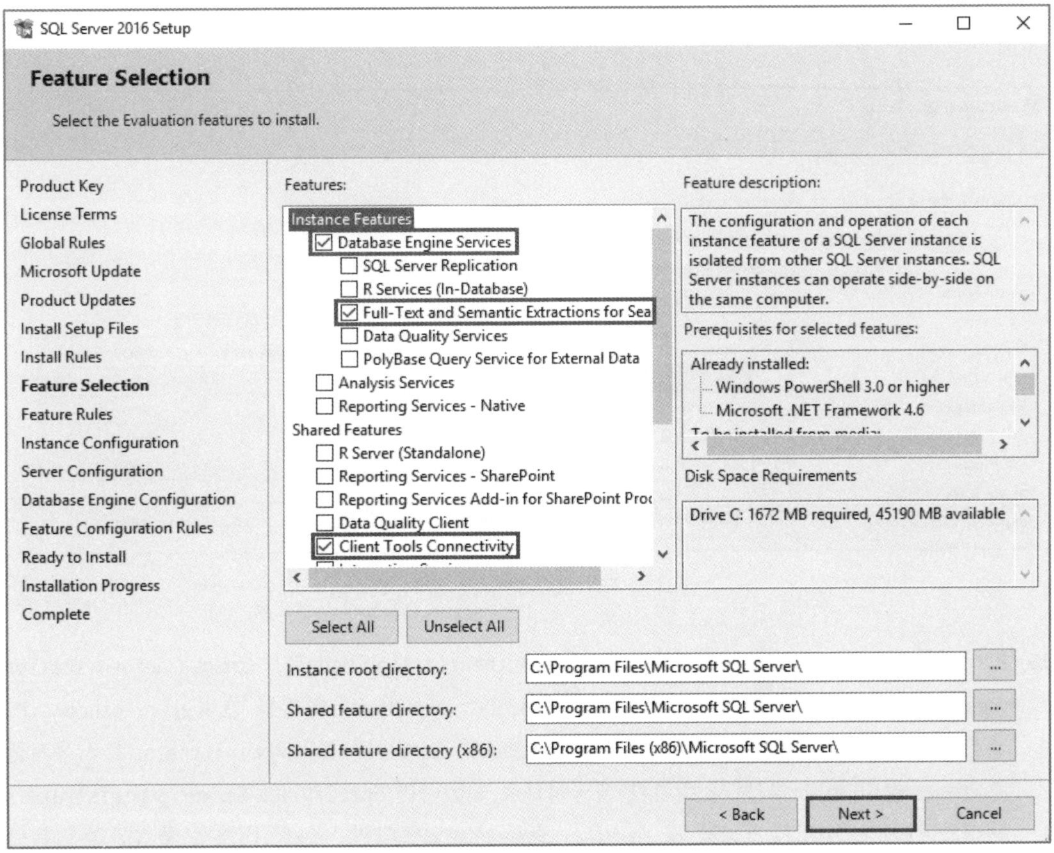

[그림 43] SQL Server 설치 13

14) Instance Configuration에서는 Default Instance에 체크 후, 'Next' 버튼을 클릭한다.

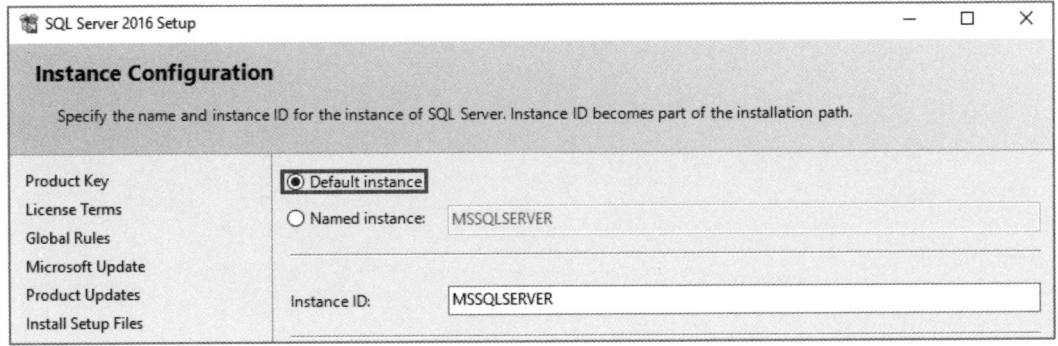

[그림 44] SQL Server 설치 14

15) Server Configuration에서는 설정하는 것 없이 'Next' 버튼을 클릭하여 다음으로 넘어간다.

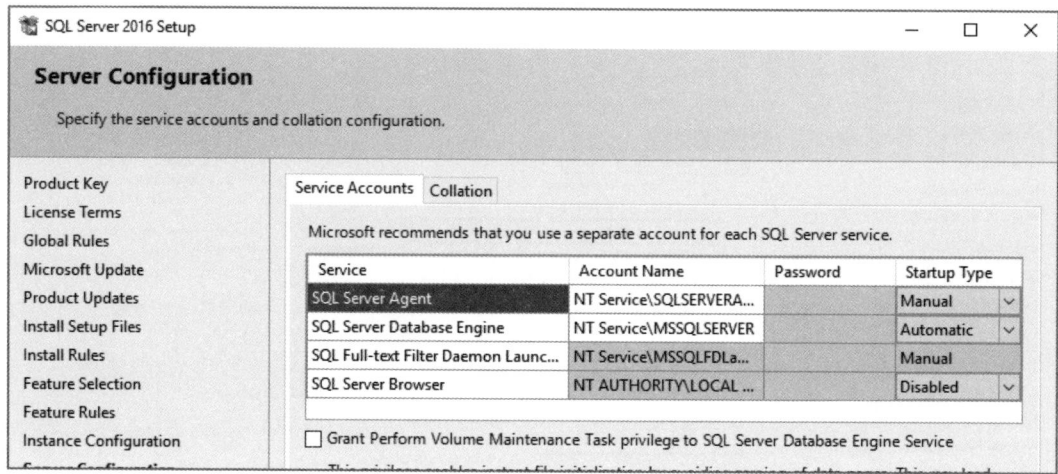

[그림 45] SQL Server 설치 15

16) Database Engine Configuration에서는 먼저 Authentication Mode로 'Windows authentication mode'에 체크한다. 다음 맨 아래에 있는 'Add Current User' 버튼을 클릭한다. Windows PC 버전인 경우엔 관리자 권한이 있는 계정을, Windows Server의 경우 Administrator로 사용자를 추가하는 것이 좋다. 사용자 추가가 성공적으로 되었다면 Specify SQL Server administrators 아래의 칸에 계정이 추가됨을 볼 수 있다. 모두 완료되었다면 'Next' 버튼을 클릭하여 다음으로 넘어간다.

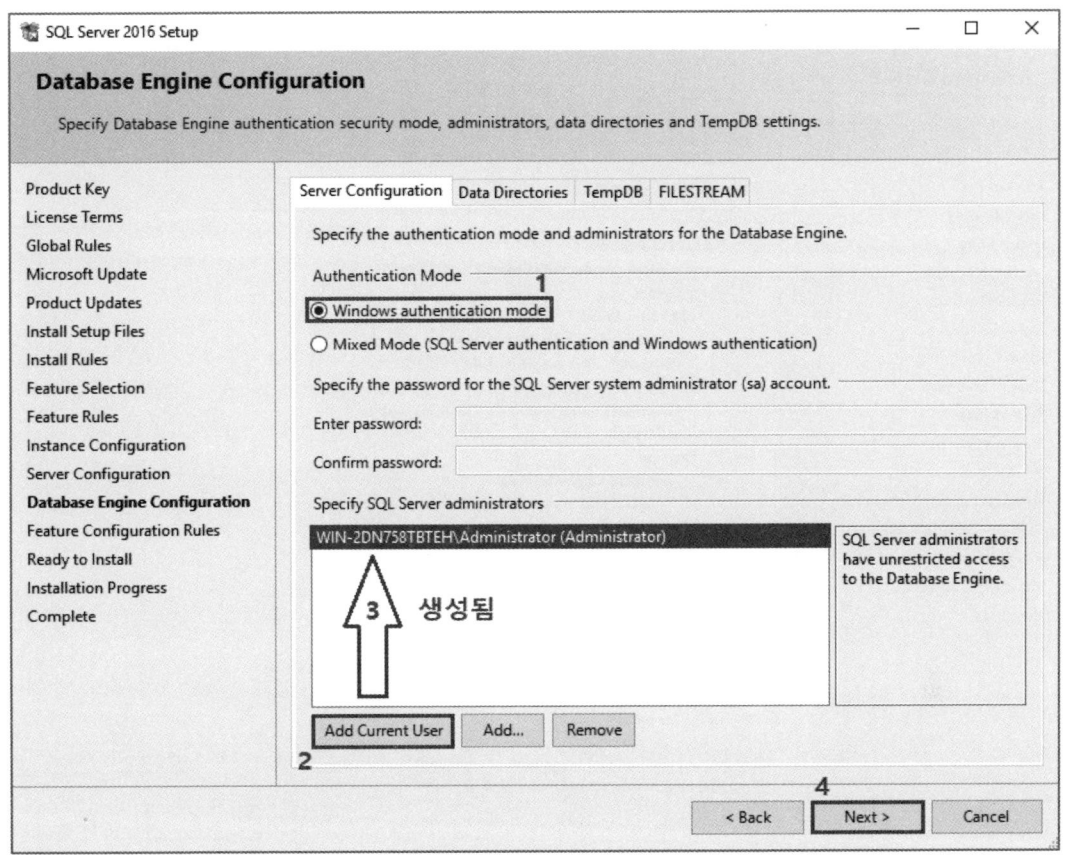

[그림 46] SQL Server 설치 16

17) Ready to Install에서는 그동안 설정하였던 것들을 트리 형식으로 보여준다. 'Install' 버튼을 눌러 설치를 시작하자.

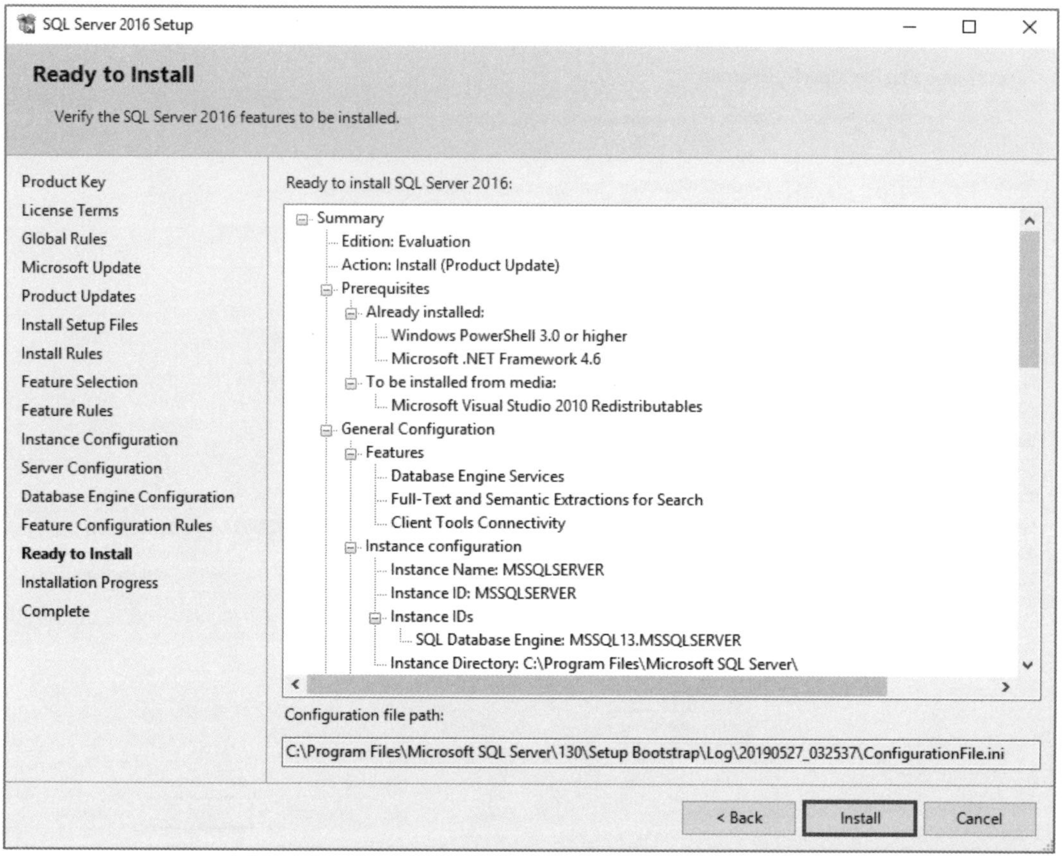

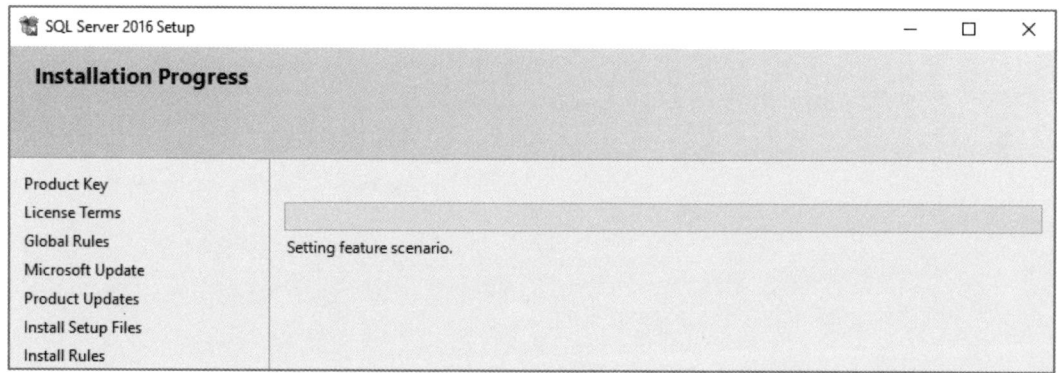

[그림 47] SQL Server 설치 17

'Install' 버튼을 누르면 [그림 48]과 같이 설치 진행 창이 나타난다.

[그림 48] SQL Server Installation Center 설치 진행

설치가 모두 완료되면 기능이 성공적으로 설치되었는지를 보여주는 창이 나타난다. 'Close'를 눌러 SQL Server Installation Center를 나간 후, 재부팅을 한다.

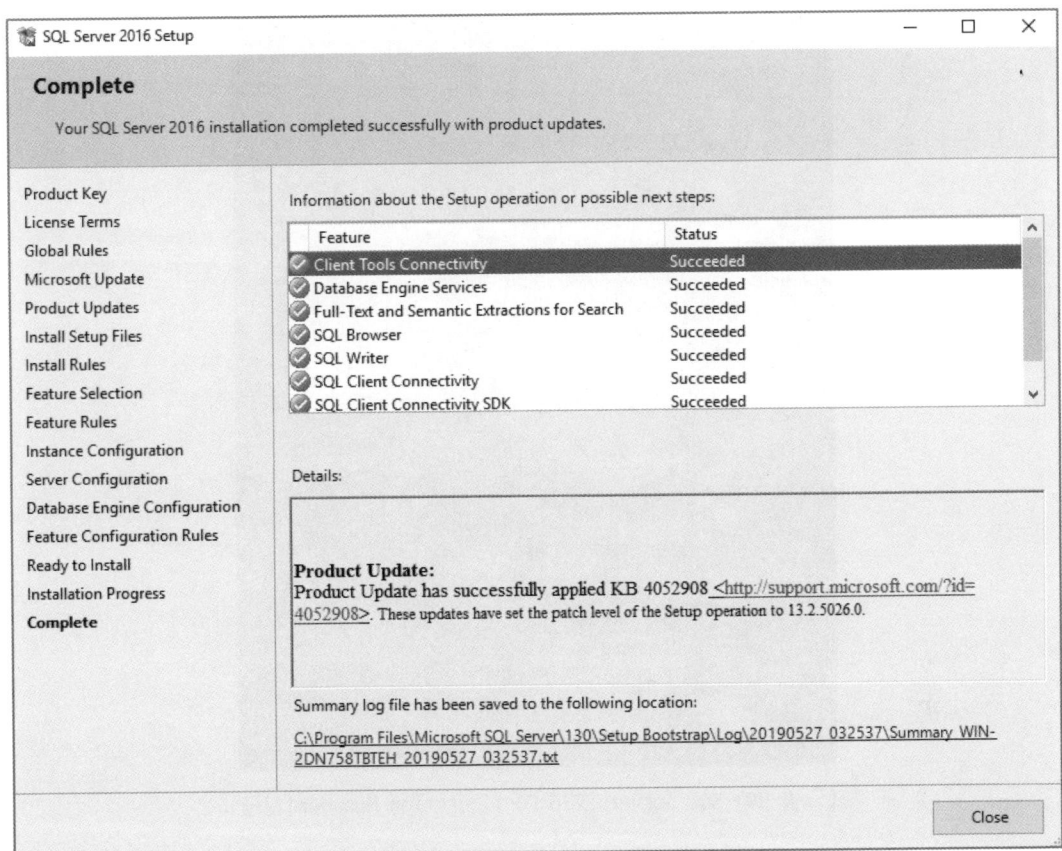

[그림 49] SQL Server 설치 완료

가) 수동으로 SQL Server 시작하기

보통 운영체제가 시작되면 자동으로 SQL Server도 함께 시작된다. 하지만 그렇지 않은 경우를 대비하여 수동으로 SQL Server를 시작하는 방법을 알아보자.

1) 시작 메뉴에서 SQL Server 2016 Configuration Manager를 클릭하여 실행한다.

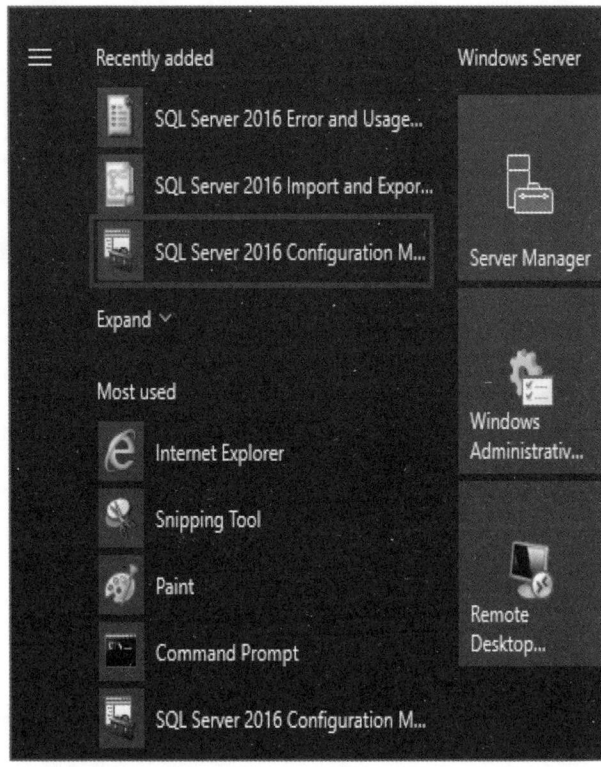

[그림 50] SQL Server 2016 Configuration Manager 실행

2) 왼쪽에서 SQL Server Services를 클릭하면 오른쪽에서 서비스 목록이 나타난다. 이 중 SQL Server를 오른쪽 클릭한 후 'Start'를 눌러준다. (Full Text Filter Daemon도 Stopped 상태라면 Start로 변경해준다.)

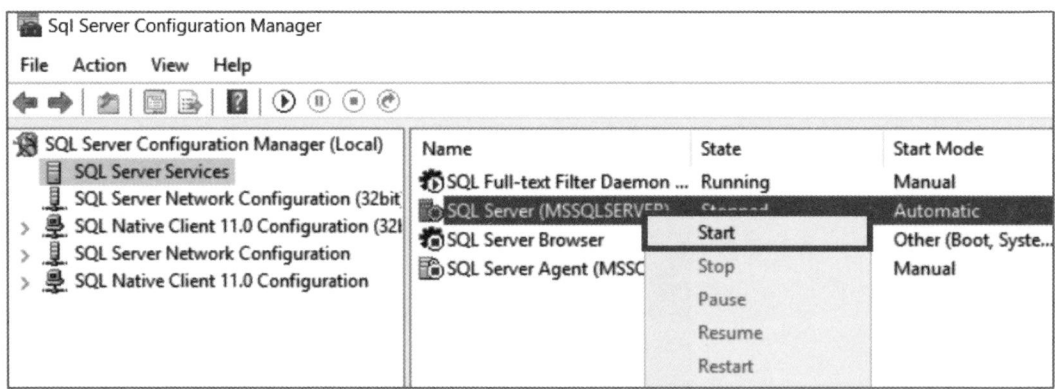

[그림 51] SQL Server 서비스 시작

2.1.4 SQL Server Management Studio (SSMS) 설치

SSMS는 SQL Server를 조작 및 관리하는 통합 도구이다. 위에서 설치한 SQL Server가 잘 작동하는지 알아보기 위하여 SSMS를 설치하여 간단한 조작을 해보도록 하자.

1) 구글에 SSMS download로 검색하여 Microsoft 사이트에 들어가 'SSMS 18.0(GA) 다운로드'를 클릭한다.

```
SQL Server management Studio(SSMS)
▶ https://go.microsoft.com/fwlink/?linkid=2088649&clcid=0x409
```

[그림 52] SSMS 설치 1

2) 다음 창에서 'SQL Server Management Studio 18.0(GA) 다운로드'를 클릭한다.

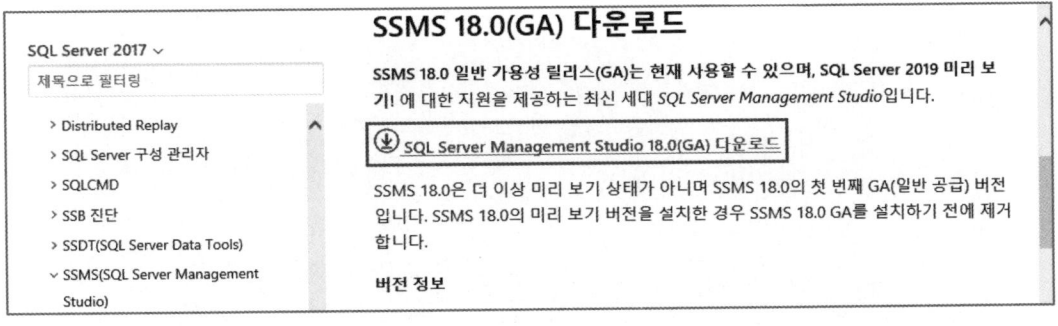

[그림 53] SSMS 설치 2

3) 설치가 완료되면 SSMS Setup 아이콘을 더블클릭하여 실행한다.

[그림 54] SSMS 설치 3

4) [그림 55]와 같은 창이 뜨면 'Install'을 클릭한다.

[그림 55] SSMS 설치 4

5) Install(설치) 버튼을 클릭하면 설치 진행 창이 나타난다.

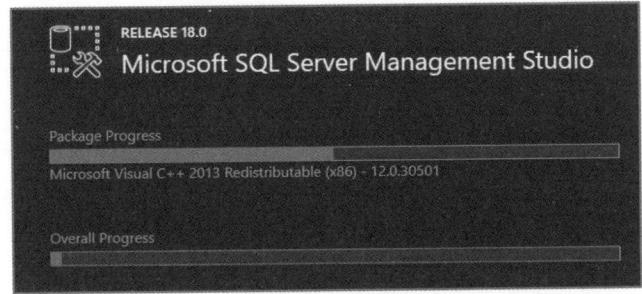

[그림 56] SSMS 설치 진행

6) 설치가 완료되면 'Restart'를 눌러 재부팅을 수행한다.

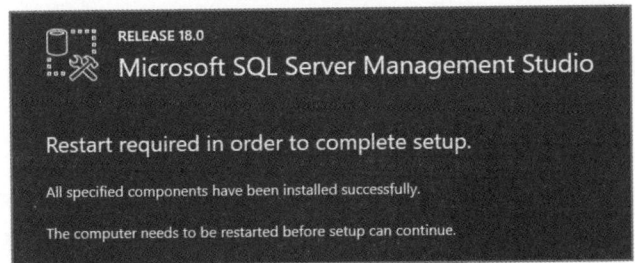

[그림 57] SSMS 설치 완료

7) 시작 메뉴에서 Microsoft SQL Server Management를 클릭하여 실행한다.

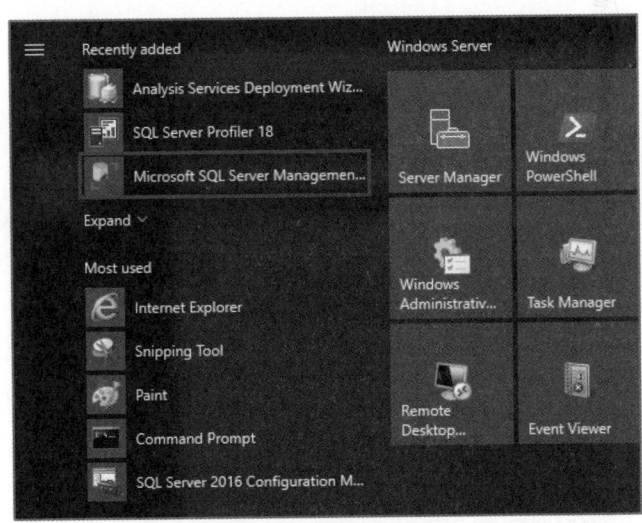

[그림 58] SSMS 실행

8) Connect to Server 창이 생성되면 별다른 설정을 하지 않은 채 그래도 'Connect' 버튼을 눌러 연결한다.

[그림 59] SSMS 연결

9) 성공적으로 연결이 되면 [그림 60]과 같은 창이 뜬다. Object Explorer에서 Databases를 선택한 후, 위의 메뉴 'New Query'를 생성하면 오른쪽에 새로운 빈 창이 생성된다. 새로 생성된 창에는 SELECT와 같은 Query 문 입력이 가능하다.

외부에서 데이터베이스에 접근하려면 Server name에 IP 주소를 입력하고, Authentication을 SQL Server로 바꿔 User name과 Password 입력란이 활성화되면 계정과 패스워드를 입력하여 'Connect'를 클릭한다.

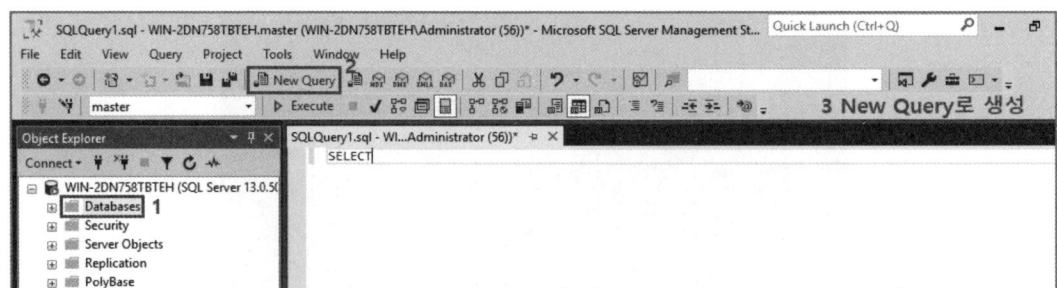

[그림 60] SSMS 실행 창

10) 쿼리문을 입력하는 창에 원하는 쿼리문을 입력하고 F5를 눌러 수행하면 아래 공간에 수행 결과가 나타난다. 정상적으로 출력이 된다면 SSMS를 사용할 준비가 끝나게 된다.

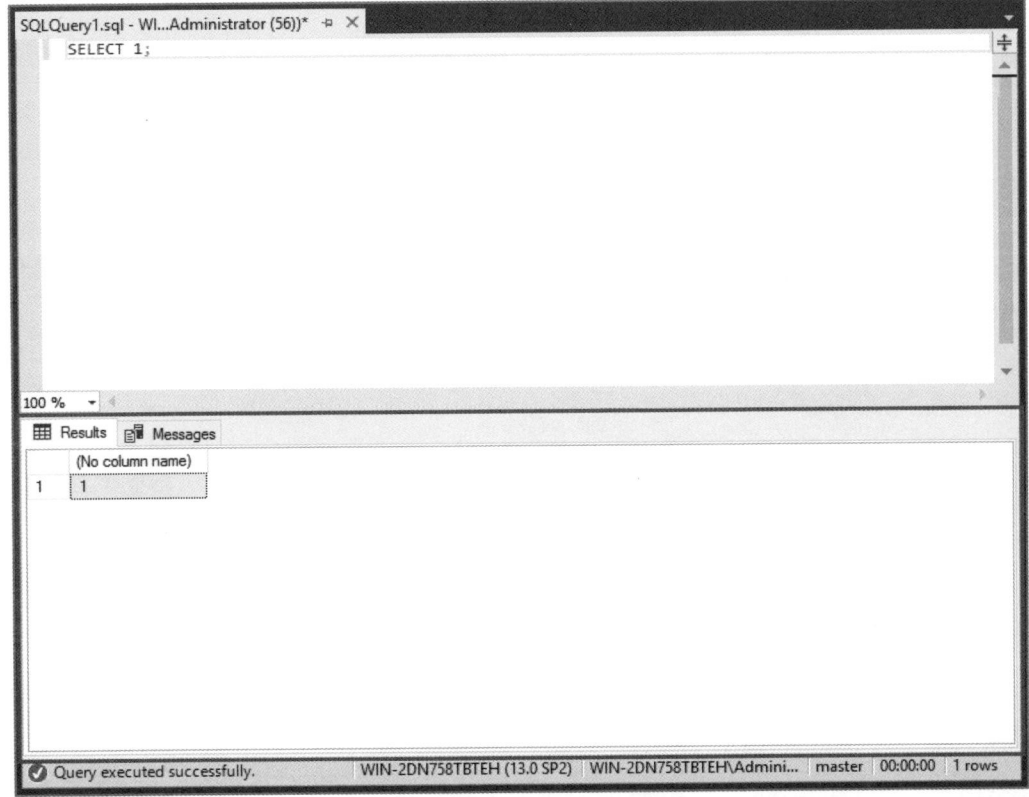

[그림 61] SSMS 쿼리문 수행 결과

SSMS가 제대로 실행되지 않을 경우
▶ 만약 SSMS를 실행해도 타이틀만 뜨고 실행 창이 뜨지 않는다면, 다음 방법을 시도한다.

1) C:\Program Files (x86)\Microsoft SQL Server Management Studio 18\Common7\IDE\PrivateAssemblies\Interop 경로에 있는 Microsoft.VisualStudio.Shell.Interop.8.0.dll 파일을 C:\Program Files (x86)\Microsoft SQL Server Management Studio 18\Common7\IDE\PublicAssemblies 경로에 복사 붙여넣기 한다.

2) C:\Program Files (x86)\Microsoft SQL Server Management Studio 18\Common7\IDE\CommonExtensions\Platform 경로에 있는 Microsoft.VisualStudio.MinShell.Interop.pkgdef 파일을 삭제한다.

지금까지 SQL Server 데이터베이스 환경 구축에 대해서 살펴보았다. 이후 다루는 환경 구축은 모든 데이터베이스가 동일하지만 수집한 덤프를 다시 분석실에서 상세 분석을 위해 꼭 필요한 절차이다. 하지만 환경 구축이 되지 않는다면 이후 분석절차가 진행이 어려우므로 꼭 숙지하도록 하자. 이제 다음 절에서는 SQL Server의 아키텍처에 대해서 살펴보도록 하자.

2.2 SQL Server 아키텍처

Microsoft의 SQL Server는 클라이언트-서버 구조이다. 즉, 클라이언트 어플리케이션에서 SQL Server의 데이터베이스에 대한 처리 요청을 보내면 SQL Server는 해당 요청을 받은 후 처리를 수행한다.

이번 절에서는 SQL Server의 주요 구성 요소를 분류하여 어떠한 구조로 설계되었고 어떻게 작동하는지 알아볼 것이다. 전체적인 아키텍처 형식은 [그림 62]와 같다.

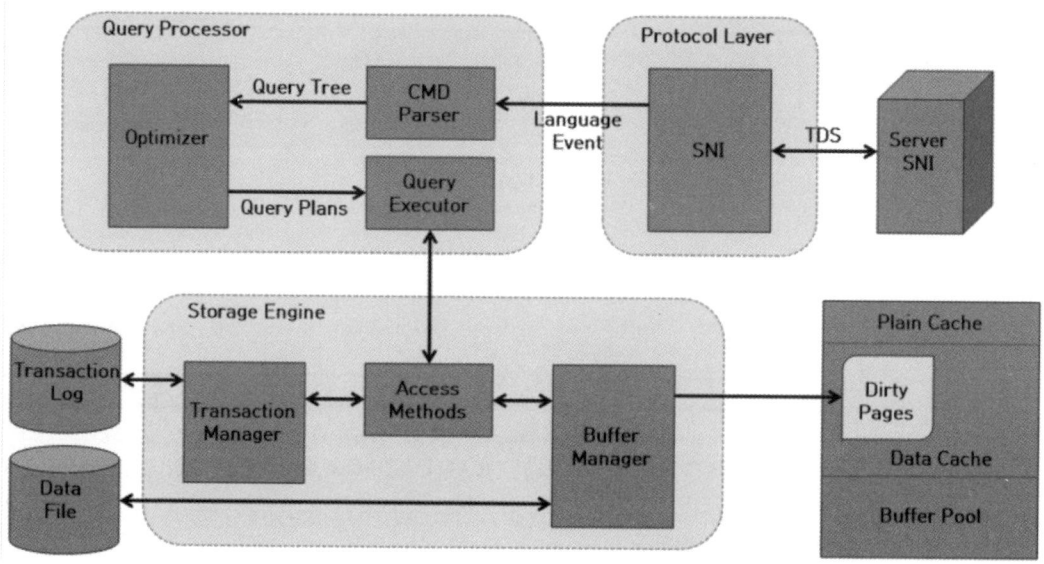

[그림 62] SQL Server 아키텍처

2.2.1 Protocol Layer

Protocol Layer(이하 프로토콜 계층)는 SQL Server Network Interface(SNI)로, 데이터베이스 서버와 TDS[25](Tabular Data Stream)을 통하여 데이터를 주고받는다. SQL Server에서 지원하는 프로토콜 계층의 종류에는 공유 메모리, TCP/IP, 명명된 파이프이다. SQL Server는 서버와 클라이언트의 물리적 거리에 따라 사용하는 프로토콜이 다르다.

---

25) TDS는 어플리케이션 계층 프로토콜로, 데이터베이스 서버와 클라이언트 사이에서 캡슐화된 패킷 데이터를 전송하는 역할을 한다.

가) 공유 메모리

공유 메모리는 MSSQL의 서버와 클라이언트가 동일한 컴퓨터에서 실행되고 있을 때 서로 통신하는 방식이다. 즉 SSMS를 통하여 로컬 데이터베이스로 연결한다. SSMS를 실행하여 Connect to Server 창이 생성되었을 때, Server name에 로컬 데이터베이스 서버임을 알리는 이름을 입력해야 한다. 가능한 것으로는 ".", "localhost", "127.0.0.1" 그리고 앞서 실습하면서 연결하였던 방식인 "컴퓨터이름\인스턴스"이다.

나) TCP/IP

보통 포렌식 작업을 로컬 영역에서 하는 것은 매우 드물다. 보통 물리적으로 멀리 떨어져 있는 데이터베이스를 조작하는데, 이러한 경우 데이터베이스 서버와 클라이언트는 TCP/IP 프로토콜로 통신을 한다.[26] SSMS에서 TCP/IP로 원격 연결을 하려면 Server name 란에 "서버 컴퓨터 이름/서버에서 인스턴스" 형식으로 입력해야 한다.

다) 명명된 파이프

서버와 클라이언트가 물리적으로 떨어져 있지만, 같은 LAN 상에 존재할 때 SQL Server가 사용하는 프로토콜이다. SQL Server는 기본으로 명명된 파이프 옵션이 비활성화 되어 있기 때문에 사용하기 위해서는 SQL Server Configuration Manager에서 활성화를 해주어야 한다.

2.2.2 Query Processor

Query Processor(이하 쿼리 프로세서)는 쿼리가 수행해야 할 것과 최적의 수행 방법을 알려주는 역할을 한다. 저장 엔진에 데이터를 요청하고 반환된 결과를 처리한다. [그림 62]에 나온 3가지 주요 구성 요소를 설명한다.

가) CMD Parser

CMD Parser는 쿼리 데이터를 받는 쿼리 프로세서의 첫 번째 구성요소이다. CMD Parser는 사용자가 입력한 쿼리문을 받아서 구문과 문법에 이상이 없는지 확인한다. 확인하여 이상이 없다면 쿼리 트리를 생성한다.

나) Optimizer

Optimizer는 사용자 쿼리의 실행 계획을 만드는 역할을 한다. 여기서 계획은 사용자의 쿼리가

---

[26] 데이터베이스 서버는 TCP/IP 1433번 포트를 사용한다.

어떻게 실행될 것인지를 정의한 것이다. SELECT, INSERT, DELETE, UPDATE와 같은 DML(Data Modification Language) 명령에 최적화 작업이 진행된다. 쿼리를 수행하는 데에 드는 시스템 자원, 예를 들면, CPU 사용률, 메모리 사용률, I/O가 필요한지 여부 등을 계산하여 가장 비용 효율적인 실행 계획을 세운다.

다) Query Executor

Query Executor는 Access Method를 호출한다. 쿼리 수행을 위한 데이터를 저장 엔진에서 가져오는 실행 계획을 제공한다. 저장 엔진으로부터 데이터를 받으면, 처리 결과를 프로토콜 계층으로 보낸다.

2.2.3 Storage Engine

Storage Engine(이하 저장 엔진)은 데이터를 물리적 저장 공간에 저장하거나 필요한 데이터를 가져오기 위한 것이다.

가) Transaction Manager

Access Method에서 사용자가 입력한 쿼리문이 SELECT 구문이 아님을 확인했을 경우 실행된다.

- **Log Manager**

시스템에 수행된 모든 업데이트 기록을 담는다. 연속적으로 할당되는 로그 번호와 트랜잭션 ID, 데이터 수정 기록을 가지고 있다. Commit 트랜잭션과 Rollback 트랜잭션에 대한 정보를 추적하기 위해서 사용된다.

- **Lock Manager**

트랜잭션을 수행하는 동안 데이터 저장 공간에 있는 연관 데이터들은 모두 잠근 상태에 있다. 이 잠금 상태를 관리하는 것이 Lock Manager이다. Lock Manager의 기능으로 데이터 일관성과 독립성을 유지할 수 있다.

- **WAL (Write Ahead Logging)**

WAL(이하 로그 선행 기입)은 SQL Server 뿐만 아니라 다른 데이터베이스 시스템에서도 흔히 사용되는 로그 기록 방식 중 하나로 데이터의 무결성을 보장한다. 로그 선행 기입은 데이터베이스 상태에 변화를 주는 어떠한 작업을 수행하기 전에, 변경될 내용을 설명하는 로그를 물리적 디스크에 먼저 기록한다. 로그 선행 기입은 데이터베이스의 오류나 예상치 못한 시스템 충돌이 있어 데이터 복구를 해야 할 때 유용하다.

나) Access Method

Access Method는 Query Executor와 Buffer Manager 또는 Query Executor와 Transaction Logs 사이에서 인터페이스 역할을 수행한다. Access Method는 사용자가 입력한 쿼리문이 SELECT 구문일 경우와 아닐 경우에 하는 일이 다르다. SELECT 구문이라면, 쿼리문은 Buffer Manager 에게 전달한다. SELECT 구문이 아닐 경우(주로 UPDATE문인 경우), 쿼리문은 Transaction Manager에게 전달한다.

다) Buffer Manager

Buffer Manager는 Plan 캐시, 데이터 파싱에 따른 버퍼 캐시, Dirty Page를 관리한다. [2.2.5 캐시]절에서 자세히 설명한다.

2.2.4 파일 형식

SQL Server의 데이터 파일은 데이터를 저장할 때 페이지 형식으로 저장을 하는데, 페이지는 SQL Server에서 가장 작은 저장 단위이다. 디스크 공간은 페이지 0번부터 n번까지 논리적으로 분할 된다.
SQL Server에서 데이터 파일은 Primary Data File(또는 Master Data File), Secondary Data File 로 구분할 수 있다.

가) 페이지 구조

페이지는 Microsoft SQL Server가 사용하는 가장 작은 저장 단위이며 SQL Server가 입출력을 수행하는 단위이기도 하다. 디스크 공간은 페이지 0번부터 페이지 n번까지 논리적으로 분할된다. SQL Server는 저장 공간을 할당할 때, "익스텐트"라는 단위로 할당한다. 익스텐트는 보통 8개의 페이지로 구성되어 있으며 64KB(8KB페이지 * 8개)의 크기를 갖는다.

[표 14]에 있는 페이지 외에 다른 유형의 페이지 들이 올 수도 있다(페이지 헤더의 경우는 항상 페이지 0번으로 존재한다). 이어지는 내용은 페이지 유형에 대한 설명이다.

[표 14] SQL Server 페이지 구조

페이지 0 : 헤더
페이지 1 : PFS
페이지 2 : GAM
페이지 3 : SGAM
페이지 4 : 사용하지 않음
페이지 5 : 사용하지 않음
페이지 6 : DCM
페이지 7 : BCM

■ 헤더

헤더에는 페이지 유형, 페이지 번호, 사용 중인 공간 크기, 사용 중이지 않은 공간 크기, 다음 또는 이전 페이지에 대한 포인터 정보 등 메타데이터를 가지고 있다.

■ PFS (Page Free Space)

페이지 할당 상태와 사용하지 않은 공간 크기에 대한 정보를 저장하고 있다. 1Byte로 8Bit의 각 Bit마다 저장하는 정보가 다르다.
- 1번째 Bit : 페이지 할당 여부
- 2번째 Bit : 혼합 익스텐트의 페이지인지 여부
- 3번째 Bit : IAM 페이지[27]인지 여부
- 4번째 Bit : Ghost Records[28]를 포함하고 있는지 여부
- 5번째~7번째 Bit : 페이지가 어느 정도 찼는지 알려줌

■ GAM (Global Allocation Map)

할당된 모든 유형의 익스텐트에 대한 정보를 알려주는 1Bit의 데이터이다. 0이면 해당 익스텐트가 사용 중임을, 1이면 해당 익스텐트가 사용 중이지 않다는 것을 의미한다.

■ SGAM (Shared Global Allocation Map)

SGAM의 GAM과 비슷하지만, 오직 혼합 익스텐트에 대한 정보만을 가지고 있다. 0이면 해당 익스텐트가 혼합 익스텐트가 아니라는 것이거나 혼합 익스텐트 이고, 모든 페이지가 사용 중임을 의미한다. 1이면 해당 혼합 익스텐트가 사용 중이지 않은 페이지를 가지고 있다는 것을 의미한다.

■ DCM (Differential Changed Map)

DCM은 마지막 데이터베이스 전체 백업 이후로 수정된 익스텐트에 대한 정보를 담고 있다.

■ BCM (Bulk Changed Map)

마지막 트랜잭션 로그 백업 이후로 최소 로깅[29]으로 데이터 대량 가져오기 작업을 통해 익스텐트가 변경되었는지 여부를 알려준다.

---

27) 테이블 또는 인덱스에 속해 있는 익스텐트에 대한 정보를 담고 있는 페이지이다.
28) Ghost Records는 논리적으로는 테이블에서 삭제되었지만 디스크에는 아직 남아있는 레코드를 의미한다.
29) SQL은 데이터 변경에 따른 기록을 반드시 로그 파일에 기록을 하는데, 전체적인 성능 향상을 위해서 꼭 필요한 작업에 대해서만 로깅을 하는 것을 최소 로깅이라고 한다.

■ Data

데이터 페이지는 큰 오브젝트 데이터를 제외한 모든 데이터 Row를 저장한다. 여기서 큰 오브젝트 데이터라 함은 text, ntext, image, nvarchar(max), varchar(max), varbinary(max), xml 데이터 등을 말한다.

■ Index

인덱스 정보를 저장한다.

나) Primary Data File (MDF)

Primary Data File은 데이터베이스의 시작점으로 모든 데이터베이스는 필수적으로 하나의 Primary Data File을 가지고 있다. 확장자명은 보통 .mdf이다. 이 파일 안에는 데이터베이스 오브젝트(테이블, 뷰, 트리거 등)의 데이터를 담고 있다.

다) Secondary Data File (NDF)

Primary Data File이 필수적인 파일이라면 Secondary Data File은 있을 수도 없을 수도 있는 옵션 파일이다. 하나의 데이터베이스 안에 여러 개가 존재할 수 있다. 확장자명은 보통 .ndf이다.

라) Log File (LDF)

로그를 기록하는 파일로 데이터베이스 안에 최소 하나 이상 존재한다. 확장자명은 보통 .ldf이다. 로그 파일은 주로 트랜잭션 관리에 사용된다.

---

mdf, ndf, ldf는 데이터베이스마다 존재하며 동일한 경로에 위치한다.
▶ 경로 : C:\Users\Administrator\ProgramFiles\Microsoft SQL Server\MSSQL13.SQLSERVER\MSSQL\DATA

Name	Date modified	Type	Size
master.mdf	6/2/2019 12:05 AM	SQL Server Databa...	4,544 KB
mastlog.ldf	6/2/2019 12:05 AM	SQL Server Databa...	2,048 KB
model.mdf	6/2/2019 12:05 AM	SQL Server Databa...	8,192 KB
modellog.ldf	6/2/2019 12:05 AM	SQL Server Databa...	8,192 KB
MS_AgentSigningCertificate.cer	5/27/2019 3:38 AM	Security Certificate	1 KB
MSDBData.mdf	6/2/2019 12:05 AM	SQL Server Databa...	18,368 KB
MSDBLog.ldf	6/2/2019 12:05 AM	SQL Server Databa...	20,096 KB
tempdb.mdf	7/17/2019 7:16 PM	SQL Server Databa...	8,192 KB

[그림 63] MDF, NDF, LDF 파일 경로

2.2.5 캐시

가) Plan Cache

Buffer Manager는 실행 계획이 Plan Cache에 저장되어 있는지 확인한다. 만약 동일한 것이 존재한다면 해당 실행 계획과 연관된 데이터 캐시를 사용한다.
실행 계획이 Plan Cache에 존재하지 않는다면, SQL Server는 추후 같은 실행 계획을 사용할 때 더 빨리 실행하기 위해서 Plan Cache에 저장한다.

나) Data Cache

Buffer Manager는 필요한 데이터에 접근할 수 있도록 도와준다. 데이터 캐시에 원하는 데이터가 저장되어 있다면 Query Executor는 해당 데이터를 사용한다. 다른 캐시 메모리 기능과 똑같이 이와 같은 방식은 입출력 횟수를 줄여 데이터베이스 수행능력을 향상시킨다.
데이터 캐시에 원하는 데이터가 존재하지 않으면 Buffer Manager는 데이터가 저장되어 있는 곳에서 검색을 수행한다.([그림 64]에서는 Data File이라고 쓰인 곳이다.) 그리고 나중을 위해서 데이터를 데이터 캐시에 저장한다.

다) Dirty Page

데이터베이스의 데이터를 조작할 때 변경된 것이 바로 테이블에 반영되는 것은 아니다. 데이터 변경은 [그림 64]와 같은 순서를 거쳐 완전히 수행된다.

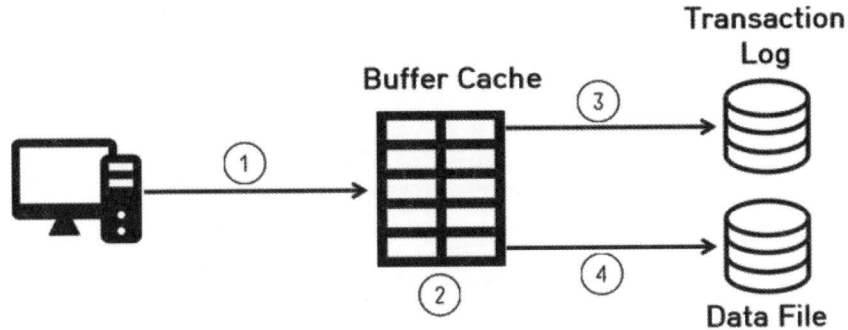

[그림 64] 데이터 변경 기록 순서

1) 데이터를 조작하는 구문 수행 명령을 받는다.
2) 조작을 받는 데이터는 버퍼 캐시에 존재하며 버퍼 캐시 안에서 변경된다.
3) 버퍼 캐시에서 변경된 데이터가 트랜잭션 로그에 기록된다.
4) Dirty Page는 디스크에 기록된다.

위 과정 중에서 버퍼 캐시에서 변경된 데이터를 가진 페이지를 Dirty Page라고 한다. Dirty Page는 물리적 디스크에 복사된다. 위 데이터 조작 과정이 완전히 수행되면 버퍼 캐시에서 Dirty Page는 삭제된다.
Dirty Page를 물리적 디스크에 기록하는 방법에는 Lazy Writing, Eager Writing, Checkpoint 이렇게 세 가지가 있다.

지금까지 SQL Server의 아키텍처에 대해 살펴보았으며, 다음절에서는 SQL Server의 기본 조작에 대해 살펴보도록 하자.

2.3 SQL Server 기본 조작

이번에는 SSMS에 쿼리문을 입력하여 SQL Server 데이터베이스를 생성하고 필요한 정보를 조회해보도록 하자.

2.3.1 데이터베이스 생성하기

실습을 위한 테이블을 생성하기 전에 해당 테이블을 담을 데이터베이스를 생성해보자.
앞으로의 실습에서 데이터베이스 생성/제거, 테이블 생성, 데이터 입력 등과 같은 데이터베이스 조작은 SSMS를 통하여 이루어진다.

1) 왼쪽 Object Explorer에서 Database를 마우스 오른쪽 클릭하여 New Database...를 선택한다.

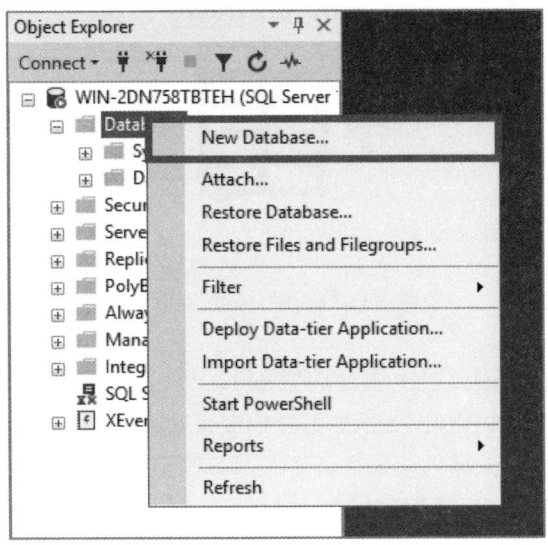

[그림 65] SSMS 데이터베이스 생성하기 1

2) New Database 창이 생성되면 [그림 66]과 같이 데이터베이스 이름(Database name), 소유자(Owner)를 지정할 수 있고, 추가적으로 데이터베이스 파일에 대한 설정 논리적 이름(Logical name), 파일 형식(File type), 파일 그룹(File group), 처음 크기(Initial size) 등을 확인 및 설정할 수 있다. 설정이 완료되었다면 하단의 OK 버튼을 클릭한다.

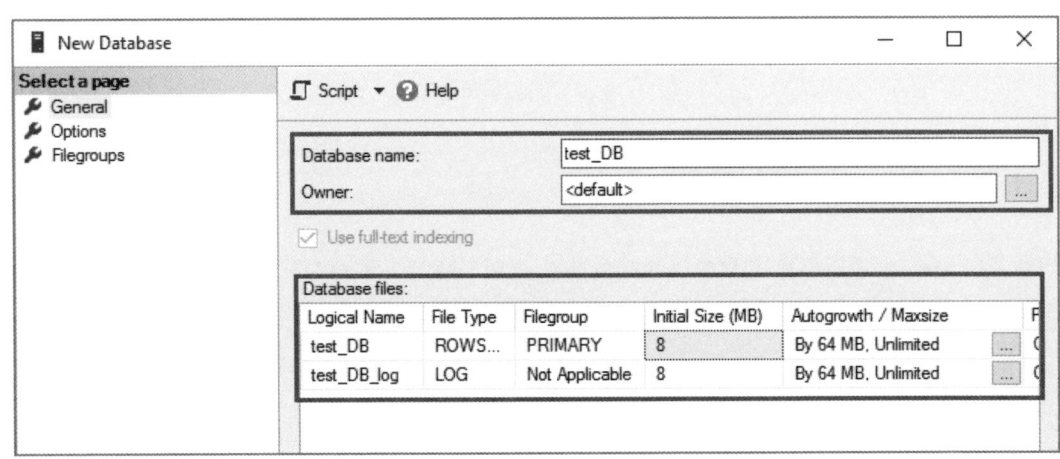

[그림 66] SSMS 데이터베이스 생성하기 2

3) 데이터베이스 생성이 정상적으로 완료되었다면 왼쪽 Object Explorer 창에 생성하였던 데이터베이스 이름이 리스트 안에 보일 것이다.

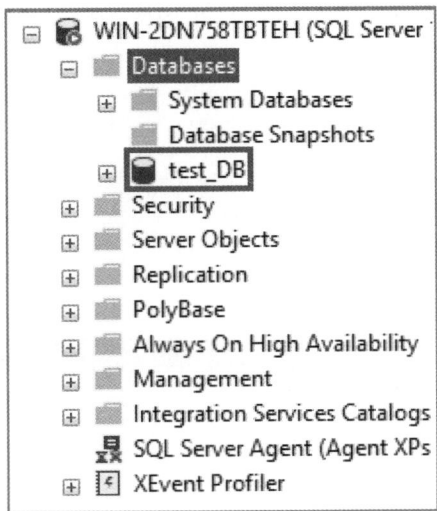

[그림 67] SSMS 데이터베이스 생성하기 3

2.3.2 테이블 생성하기

앞으로 SQL Server 데이터베이스 실습을 수행하면서 사용할 테이블을 하나 만들어보자. SQL Server 2016 Configuration Manager에서 SQL Server가 제대로 작동하는지 확인한 후, Microsoft SQL Server Management Studio를 실행한다. 연결이 되면, 'New Query'로 쿼리문을 입력할 수 있는 창을 생성한다. 테이블 생성 작업을 수행하기 전에 사용할 데이터베이스를 선택하는 것을 잊지 않도록 하자.

```
USE [데이터베이스 명];

USE test_DB;
// test_DB 데이터베이스를 사용한다.
```

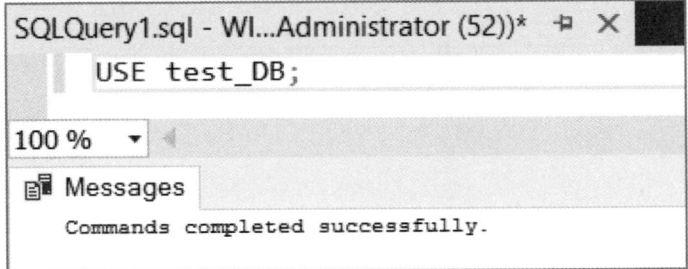

[그림 68] 사용할 데이터베이스 선택

1) 테이블을 생성하는 쿼리문 입력 후, F5를 눌러 실행한다.

```
CREATE TABLE joker (NAME char(20), ID char(10),PHONE char(30), EMAIL
char(30));
// 길이 20의 문자열을 담는 NAME Column, 길이 10의 문자열을 담는 ID Column, 길이 30의
문자열을 담는 PHONE Column, 길이 30의 문자열을 담는 EMAIL Column을 가지는 joker 테이블을
생성한다.
```

[그림 69] SQL Server에서 테이블 생성하기

하단 Messages란에 'Command completed successfully.'라고 성공적으로 쿼리문을 수행했음을 알린다.

2) 테이블이 성공적으로 추가되었는지 확인해 보자.

```
SELECT * FROM INFORMATION_SCHEMA.TABLES WHERE TABLE_NAME LIKE 'joker';
// joker 테이블 존재 확인

SELECT * FROM INFORMATION_SCHEMA.COLUMNS WHERE TABLE_NAME LIEK 'joker';
// joker 테이블의 Column 확인
```

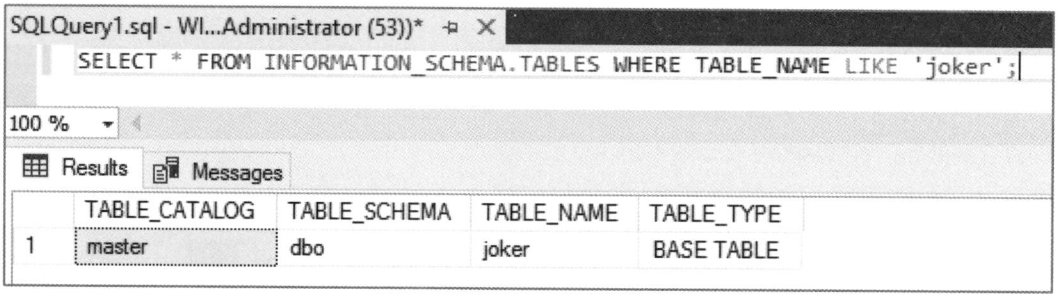

[그림 70] joker 테이블 존재 확인

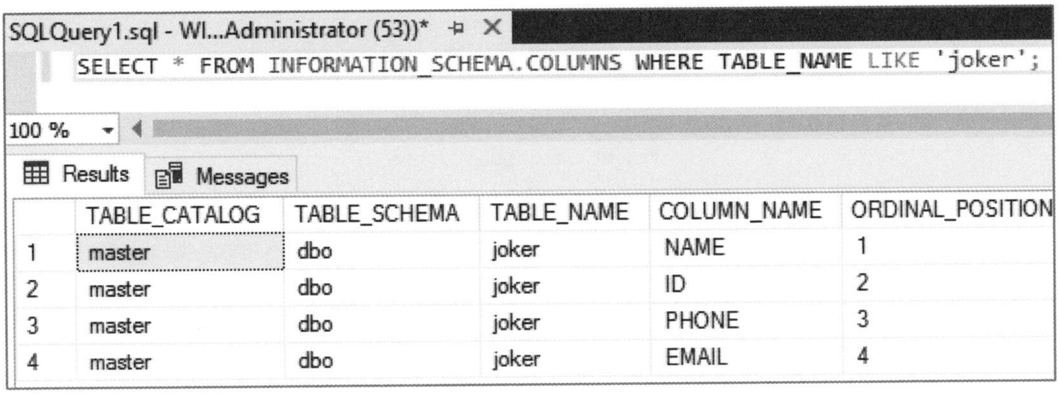

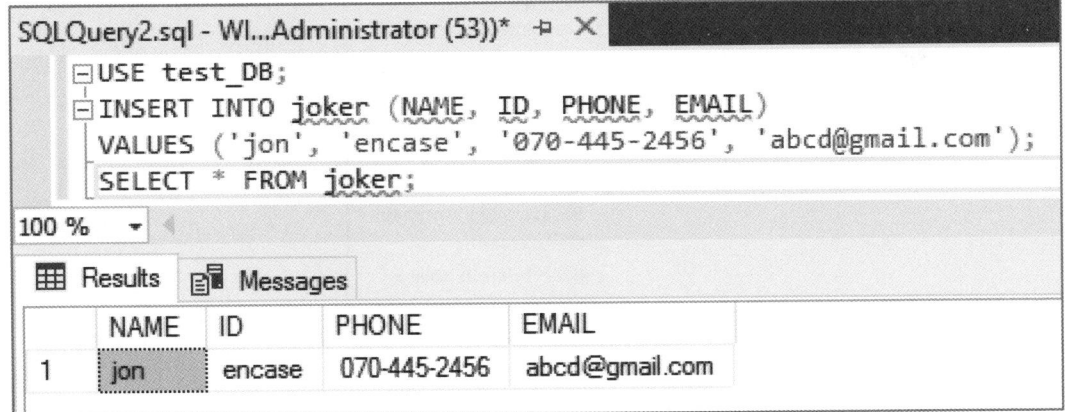

[그림 71] joker 테이블의 Column 확인

3) 테이블에 원하는 데이터를 추가한다.

```
USE test_DB;
// test_DB 데이터베이스를 사용한다.

INSERT INTO joker (NAME, ID, PHONE, EMAIL) VALUES ('jon', 'encase',
'070-445-2456', 'abcd@gmail.com');
// joker 테이블 안에 NAME이 'jon'이고 ID가 'encase', PHONE이 '70-445-2456',
EMAIL이 'abcd@gmail.com'인 레코드를 추가한다.

SELECT * FROM joker;
// 확인차로 joker 테이블 전체 레코드를 조회한다.
```

[그림 72] 테이블에 데이터 입력하고 조회하기

4) 위와 같은 방법으로 테이블 안에 원하는 데이터를 채워 넣고 확인한다.

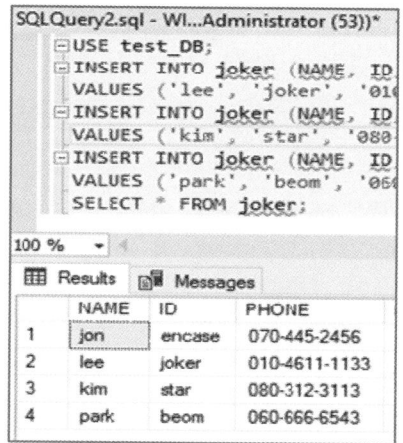

[그림 73] joker 테이블 완성

5) 왼쪽 Object Explorer에서 test_DB 옆의 −버튼(test_DB 아래 리스트를 내리지 않았다면 그대로 +모양의 버튼임)을 클릭하여 리스트를 숨긴 후에 새로고침 버튼을 클릭한다. 다시 test_DB 옆의 +버튼을 눌러 리스트를 아래로 내리면 dbo.joker라고 생성했던 테이블 이름을 확인할 수 있다.

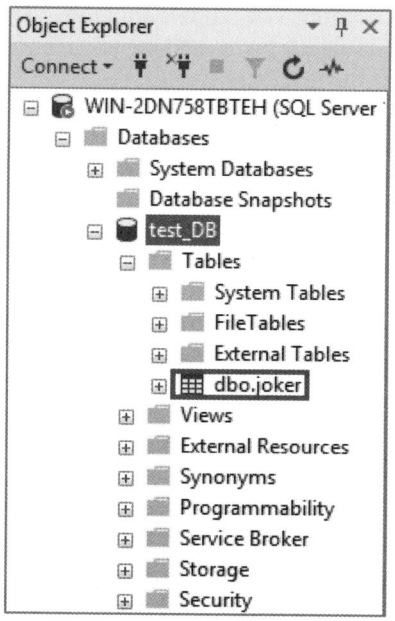

[그림 74] 생성한 테이블 확인

실습을 위한 데이터베이스 생성이 완료되었다. 이제 생성된 데이터베이스를 이용하여 정보를 확인하는 방법에 대해서 살펴보도록 하자.

2.3.3 SQL Server 살펴보기

가) SQL Server의 시스템 데이터베이스

SSMS의 왼쪽 Object Explorer 창에서 'Database' 앞의 +버튼을 눌러 트리구조를 전개하면 System Databases가 보인다. SQL Server의 System Database에는 master, msdb, model, tempdb, resource 데이터베이스가 있다. Resource 데이터베이스는 숨겨진 데이터베이스로 일반적인 방법으로는 존재를 확인할 수가 없다. 따라서 SSMS의 Object Explorer에서도 나타나지 않는다.

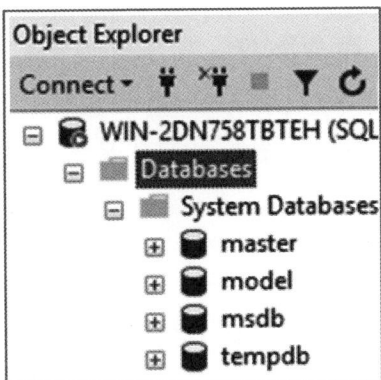

[그림 75] SQL Server의 시스템 데이터베이스

SQL Server의 시스템 데이터베이스의 역할은 [표 15]와 같다.

[표 15] SQL Server의 시스템 데이터베이스

이름	설명
master	• SQL Server의 모든 시스템 레벨의 정보를 담고 있다.(시스템 레벨 정보에는, 로그인 기록, 연결된 서버들 정보, 엔드포인트 정보, 시스템 전반적인 설정 등이 있다.) • 또한 다른 데이터베이스에 대한 정보와 파일의 위치를 저장하고 있다. • 중요한 정보를 저장하고 있는 데이터베이스이므로 SQL Server 자체 설정 변경을 할 때 백업이 필수적이다.
msdb	• SQL Server Agent, 데이터베이스 메일, Service Broker 등 다른 서비스들이 사용하는 데이터베이스이다. • msdb가 저장하고 있는 중요한 정보에는 백업 히스토리가 있다. • msdb 테이블을 사용하여 각각의 데이터베이스 또는 파일 그룹이 언제 마지막으로 백업되었는지 알 수 있다.
model	• model 데이터베이스는 데이터베이스가 생성될 때마다 사용되는 템플릿을 저장하고 있다. • 새로 만들 데이터베이스에 적용될 템플릿을 사용자가 원하는 대로 커스터마이징이 가능하다.

이름	설명
tempdb	• tempdb는 SQL Server에서 많은 일을 담당하는 데이터베이스 중 하나로 쿼리 작업의 중간 결과를 저장한다. • SQL Server가 시작할 때마다 재생성되는 데이터베이스이다. 즉, 서버가 재시작하면 기존에 tempdb안에 저장되었던 데이터가 사라진다. • 기본 사이즈는 8MB이며 사용자가 사이즈 설정을 할 수 있다.(너무 작은 사이즈로 설정하여 tempdb가 꽉 차게 되면 시스템 자원을 활용하므로, 효율적인 SQL Server 운용을 위해서는 적당한 사이즈와 기타 설정이 필요하다.)
Resource	• 시스템 오브젝트를 저장하는 숨겨진 데이터베이스이다. • 데이터베이스의 빠른 업데이트를 위하여 디자인되었다.

나) SQL Server의 시스템 뷰 활용하기

시스템 뷰는 SQL Server 내부 구조에 대한 정보를 담고 있다. 시스템 뷰를 사용하여 데이터베이스 안의 테이블 목록을 조회할 수 있고, 사용자 목록, 로그인 기록 등을 확인할 수 있다.

1) 테이블 목록 확인하기

```
SELECT * FROM INFORMATION_SCHEMA.TABLES;
// INFORMATION_SCHEMA.TABLES라는 스키마 뷰를 활용하여 보는 방법

또는

SELECT * FROM  sysobjects WHERE xtype='U';
// sysobject 뷰를 직접적으로 보는 방법
```

위에서 xtype은 sysobjects 뷰에서 오브젝트 유형을 지정하는 역할을 한다.

[표 16] Xtype 지정 값

가능한 값
SQ (Service Queue)
TA (Assembly CLR/DML Trigger)
TF (Table valued Function)
TR (Trigger)
TT (Table Type)
U (User Table)
UQ (Unique Constraint)
V (View)
X (Extended Stored Procedure)

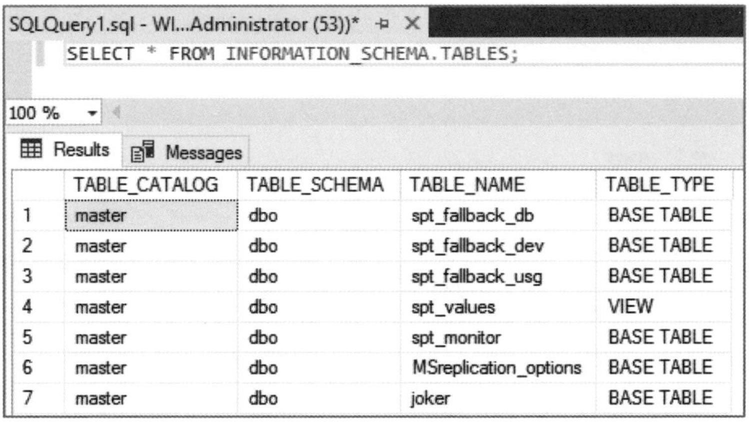

[그림 76] 테이블 목록 조회 1

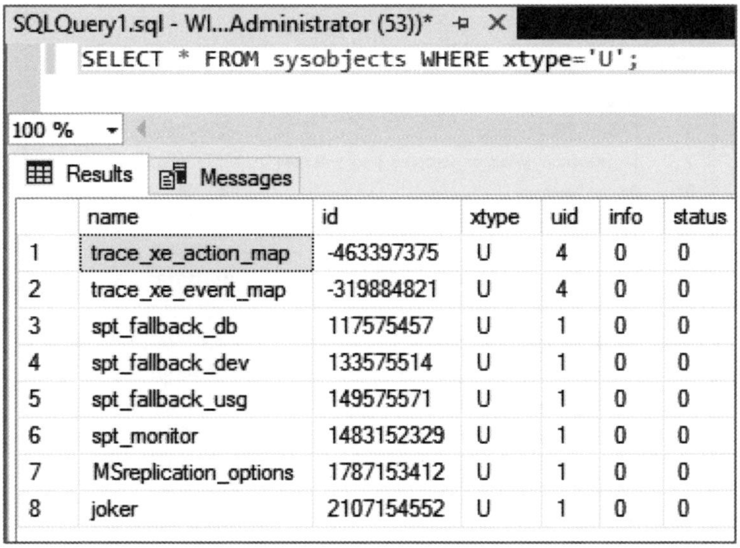

[그림 77] 테이블 목록 조회 2

sysobjects로 조회를 할 경우 테이블의 생성시각(crdate) 등 추가 정보를 얻을 수 있다.

2) 뷰 목록 확인하기

```
SELECT * FROM INFORMATION_SCHEMA.VIES;

또는

SELECT * FROM sysobjects WHERE xtype='V';
```

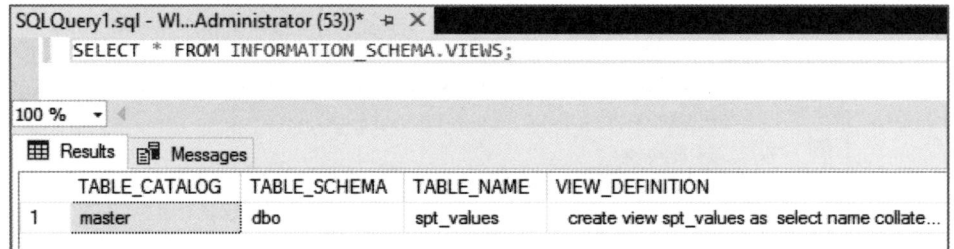

[그림 78] 뷰 목록 확인하기 1

결과 테이블의 VIEW_DEFINITION Column에서 뷰의 정의를 볼 수 있다.

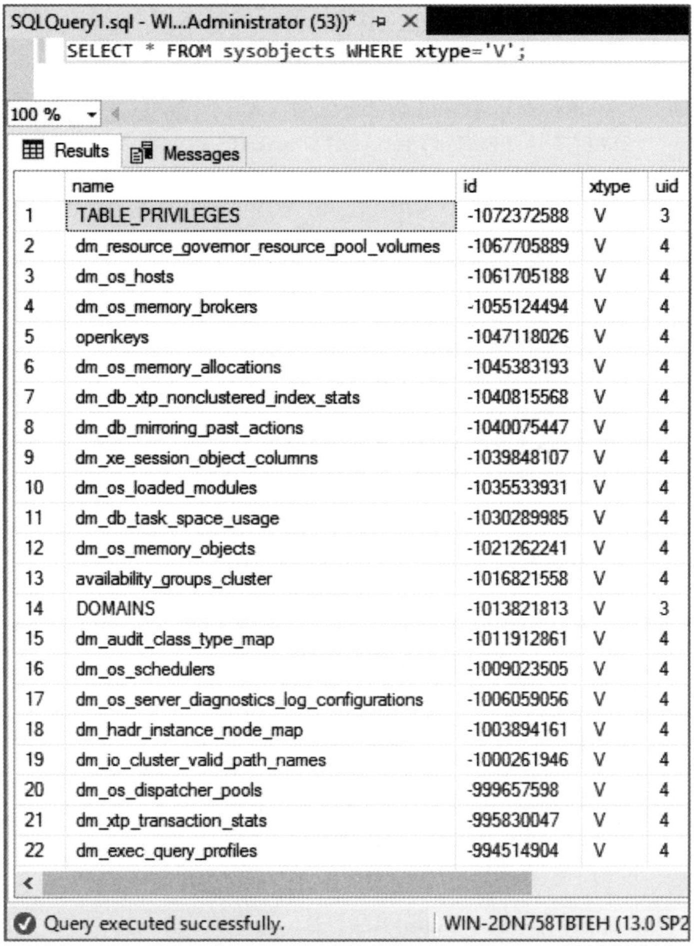

[그림 79] 뷰 목록 확인하기 2

sysobjects로 뷰 목록을 확인하면 위와 같이 시스템 뷰를 비롯한 모든 SQL Server의 뷰를 볼 수 있다.

3) 특정 테이블의 생성 시각 확인하기

```
SELECT crdate FROM sysobjects WHERE xtype='U' AND name LIKE 테이블명;

SELECT crdate FROM sysobjects WHERE xtype='U' AND name LIKE 'joker';
// joker 테이블의 생성 시각을 확인한다.
```

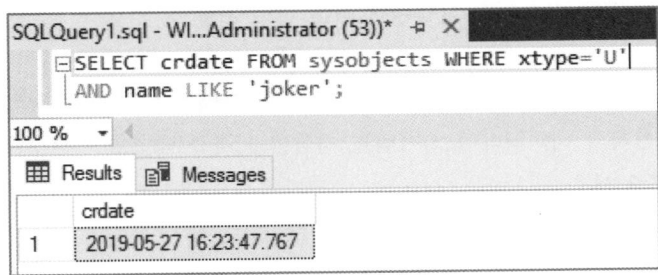

[그림 80] 테이블 생성 시각 확인

4) 특정 데이터베이스 사용자 생성날짜 확인하기

```
SELECT createdate FROM sys.sysusers WHERE name LIKE 'public';
// public 데이터베이스 사용자 생성 날짜 확인
```

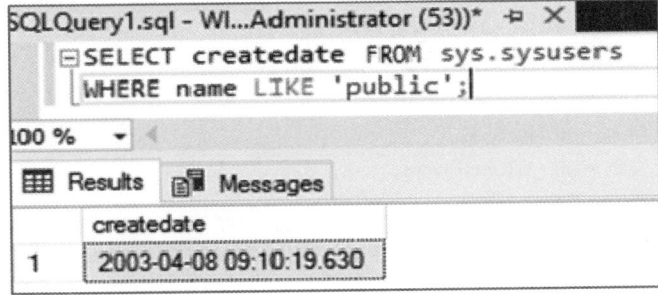

[그림 81] 특정 데이터베이스 사용자 생성날짜

5) 백업 날짜에 대한 정보 얻기

```
SELECT backup_start_date, backup_finish_date FROM msdb.dbo.backupset;
```

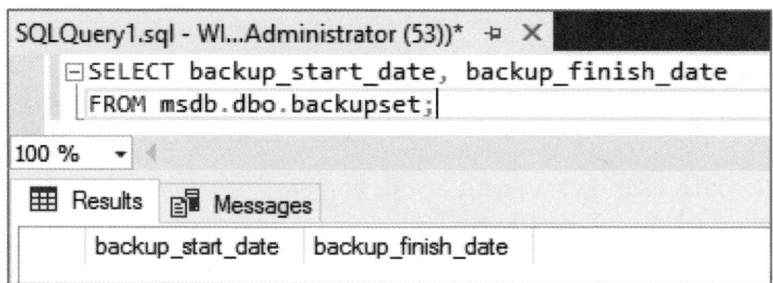

[그림 82] 백업 날짜 정보

현재 필자는 데이터베이스 백업을 해놓지 않은 상태라서 정보가 나타나지 않지만, SQL Server는 사용자가 데이터베이스 백업을 시작한 시각과 백업을 마친 시각을 datetime 형식으로 저장해놓는다.

6) 백업 파일의 사이즈와 저장 경로에 대한 정보 얻기

```
SELECT file_size/1024/1024 as Size_in_mb, physical_name FROM
msdb.dbo.backupfile;
// file_size에 1024를 연속 두 번 나누어 MB단위 크기로 나타내고 해당 Column 이름을
Size_in_mb로 나타낸다. msdb.dbo.backupfile에서 Size_in_mb와 physical_name
Column에 대한 레코드를 보여준다.
```

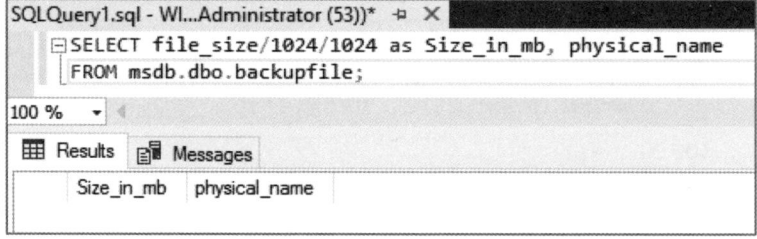

[그림 83] 데이터베이스 백업 날짜와 절대 경로

필자는 데이터베이스 백업을 해놓지 않은 상태이므로 빈 결과 테이블이 나타난다. 데이터베이스 백업을 해놓았다면 Size_in_mb Column에는 MB 단위의 백업 파일 크기가, physical_name에는 백업 파일명이 절대 경로로 표현된다.

7) SQL Server 작업 생성 날짜, 수정 날짜 확인하기
   여기서 작업이란 SQL Server Agent가 순차적으로 수행하는 일련의 지정된 작업을 의미한다.

```
SELECT date_created, date_modified FROM msdb.dbo.sysjobs;
```

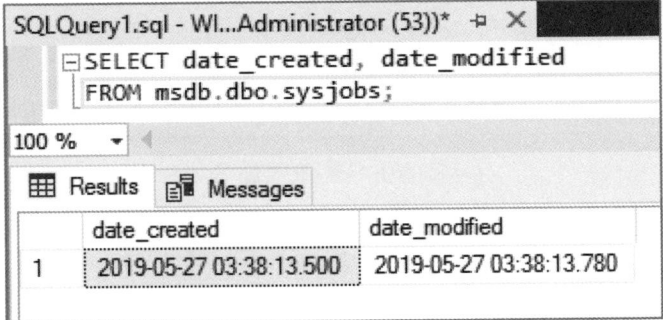

[그림 84] SQL Server 작업 시작/수정 날짜

다) 데이터베이스 버전 확인

```
SELECT @@version;
```

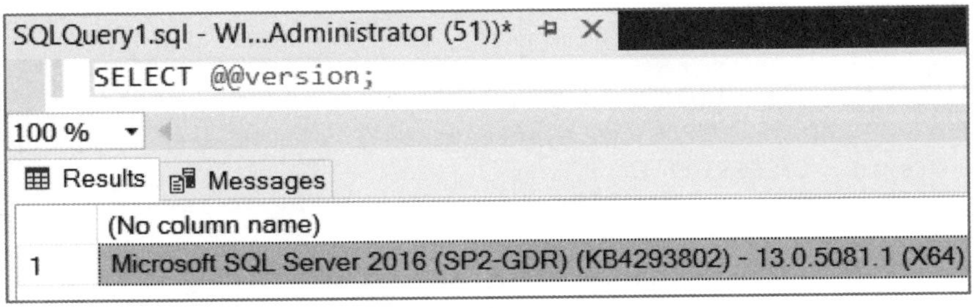

[그림 85] SQL Server 버전 확인

라) 데이터베이스에 접속한 사용자 계정 확인

```
SELECT USER_NAME();
// 사용자 목록 확인

SELECT CURRENT_USER();
// 현재 접속한 사용자 확인
```

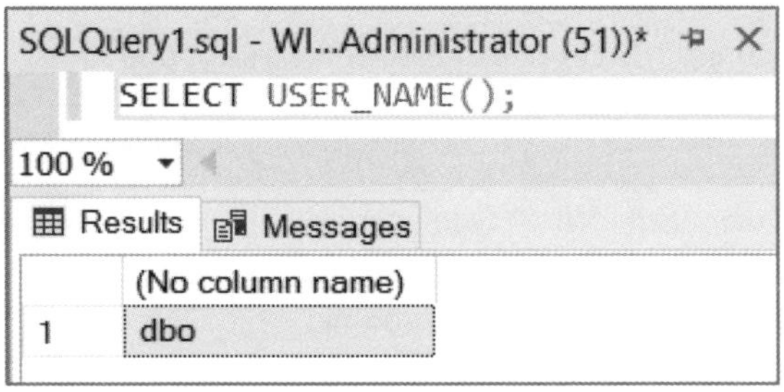

[그림 86] 사용자 계정 확인

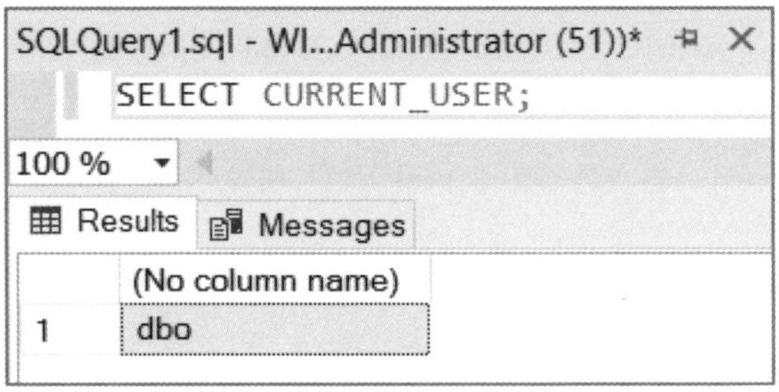

[그림 87] 현재 접속한 사용자 확인

> **SQL Server 접속자 및 IP 확인**
>
> ```
> SELECT S.SPID, S.LOGINAME, S.LOGIN_TIME, S.LAST_BATCH,
> C.CLIENT_NET_ADDRESS FROM sys.sysprocesses S, sys.dm_exec_connections C
> WHERE S.spid = C.SESSION_ID;
> ```
>
> ▶ 위 명령어 입력 시 현재 SQL Server에 접속 중인 접속자와 시간정보 및 IP 정보를 확인할 수 있다.

라) SELECT로 원하는 데이터 조회하기

사용자는 SELECT와 WHERE를 적절히 사용하여 원하는 데이터만을 결과 테이블에서 조회할 수 있다.

```
SELECT NAME, PHONE FROM joker WHERE ID LIKE 'star';
// joker 테이블에서 ID Column 데이터가 'star'인 레코드의 NAME과 PHONE Column을
조회한다.
```

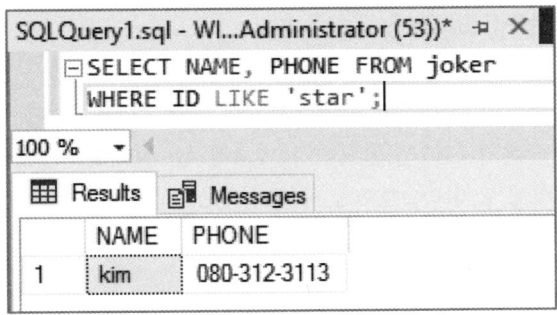

[그림 88] SELECT와 WHERE로 원하는 데이터 조회하기

지금까지 SQL Server의 쿼리를 이용하여 데이터베이스를 생성하고 쿼리를 이용하여 정보를 수집하는 방법에 대해 살펴보았다. 이제 생성된 데이터베이스를 덤프하는 방법과 덤프한 데이터를 가지고 복구하는 방법에 대해서 살펴보도록 하자.

2.4 SQL Server 데이터베이스 덤프

데이터베이스 덤프 작업은 데이터베이스를 백업하거나 물리적으로 다른 장소에 동일한 데이터를 가진 데이터베이스를 구축하기 위해서 필요하다. 2.4에서는 SQL Server를 사용하는 데이터베이스를 덤프하는 방법을 알아볼 것이다. SQL Server의 덤프 작업 또한 SSMS를 통하여 수행한다.

2.4.1 데이터베이스 전체 덤프

덤프할 데이터베이스 이름 : test_DB

1) SSMS를 실행한다.

2) Object Explorer 창에서 덤프할 데이터베이스 이름을 오른쪽 클릭하여 나타나는 메뉴에서 Tasks(태스크) -> Back Up...(백업...) 순서로 클릭한다.

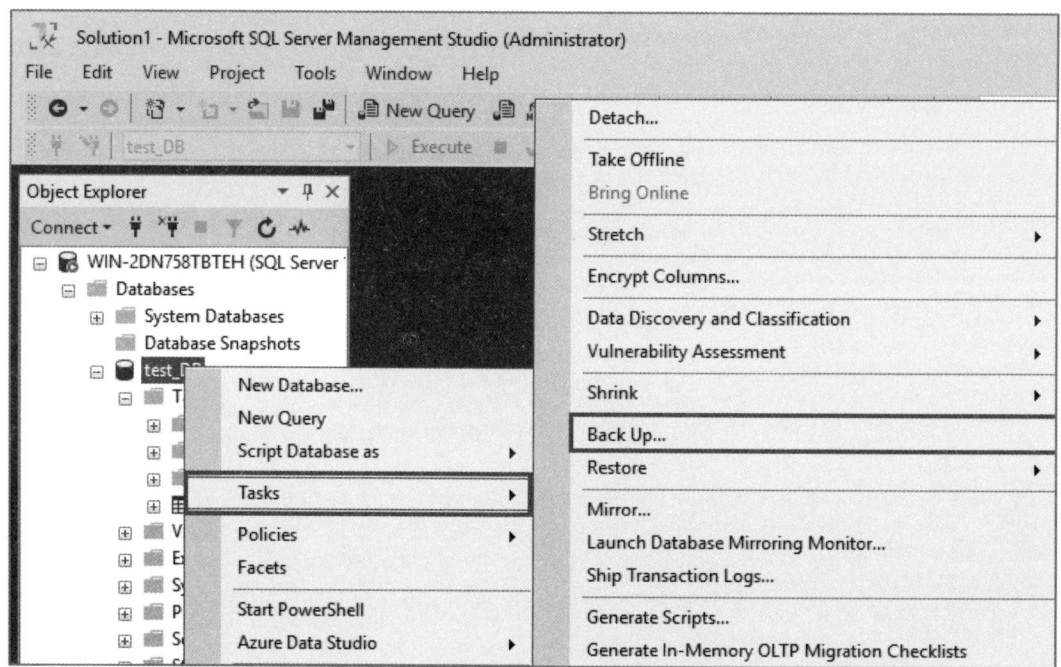

[그림 89] 데이터베이스 전체 덤프하기

3) Back Up Database 창에서 덤프하려는 데이터베이스 이름, 백업 유형을 확인할 수 있다. 하단에는 덤프 파일을 저장할 경로를 지정할 수 있다. 기존 경로는 C:\Program Files\Microsoft

SQL Server\MSSQL13.MSSQLSERVER\MSSQL\Backup\[데이터베이스이름].bak으로 설정되어 있다. 저장 경로를 바꾸고 싶다면 기존 경로를 클릭하고 Remove 버튼을 누른 다음 Add 버튼을 눌러 원하는 경로를 선택한다.

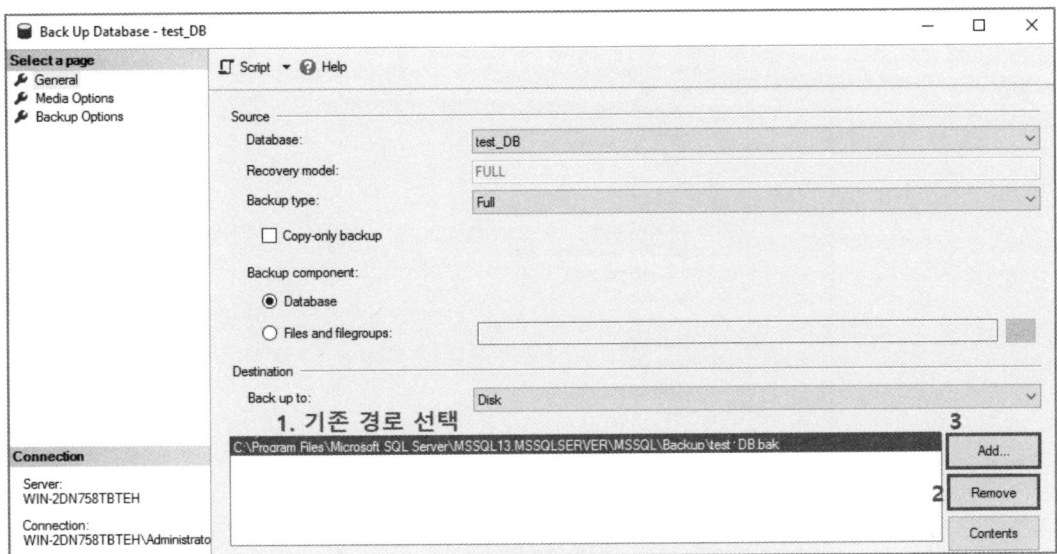

[그림 90] 데이터베이스 백업 경로 설정하기 1

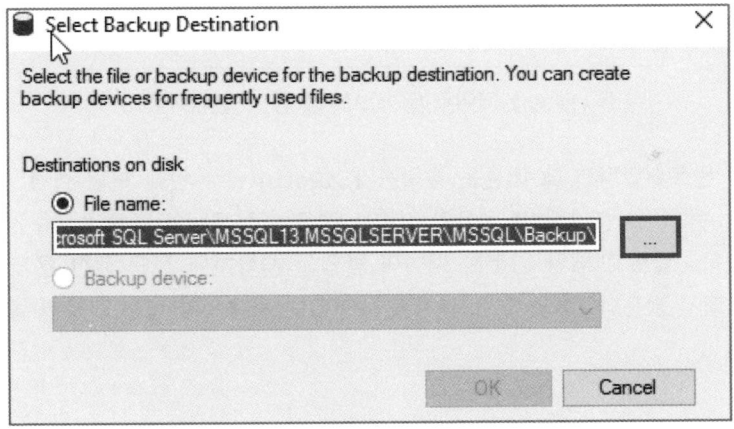

[그림 91] 데이터베이스 백업 경로 설정하기 2

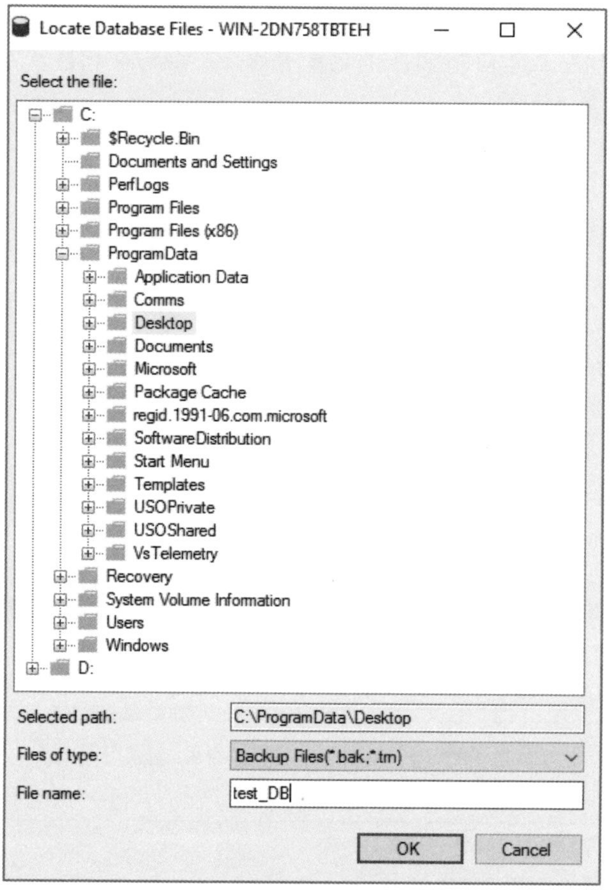

[그림 92] 데이터베이스 백업 경로 설정하기 3

경로 지정이 완료되었다면 OK 버튼을 클릭한다. Destination 란을 보면 변경된 경로가 추가된 것을 확인할 수 있다. ([그림 91, 92]의 경로는 경로 설정하는 방법을 보여주기 위하여 임의로 선택한 것이다. 실제로 해당 경로를 택하여 백업을 시작하면 접근 권한 문제 에러가 뜨면서 백업이 수행되지 않는다. 백업 경로 변경을 원한다면 사용자가 접근 가능한 폴더 경로를 선택하여야 한다.)

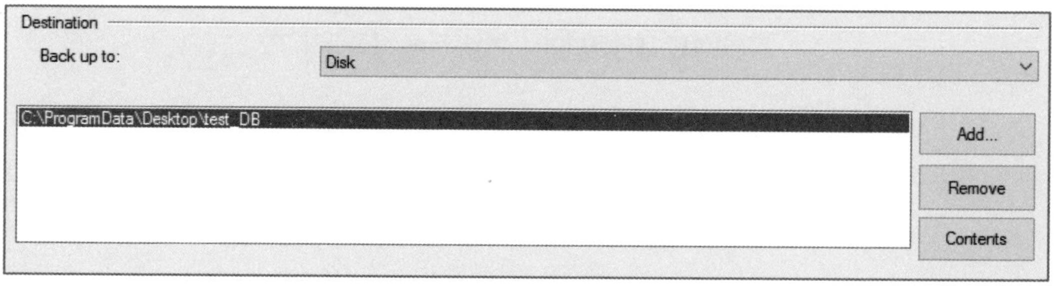

[그림 93] 데이터베이스 백업 경로 설정 완료

4) 경로 설정 후 하단의 OK 버튼을 클릭하면 백업 작업이 시작된다.

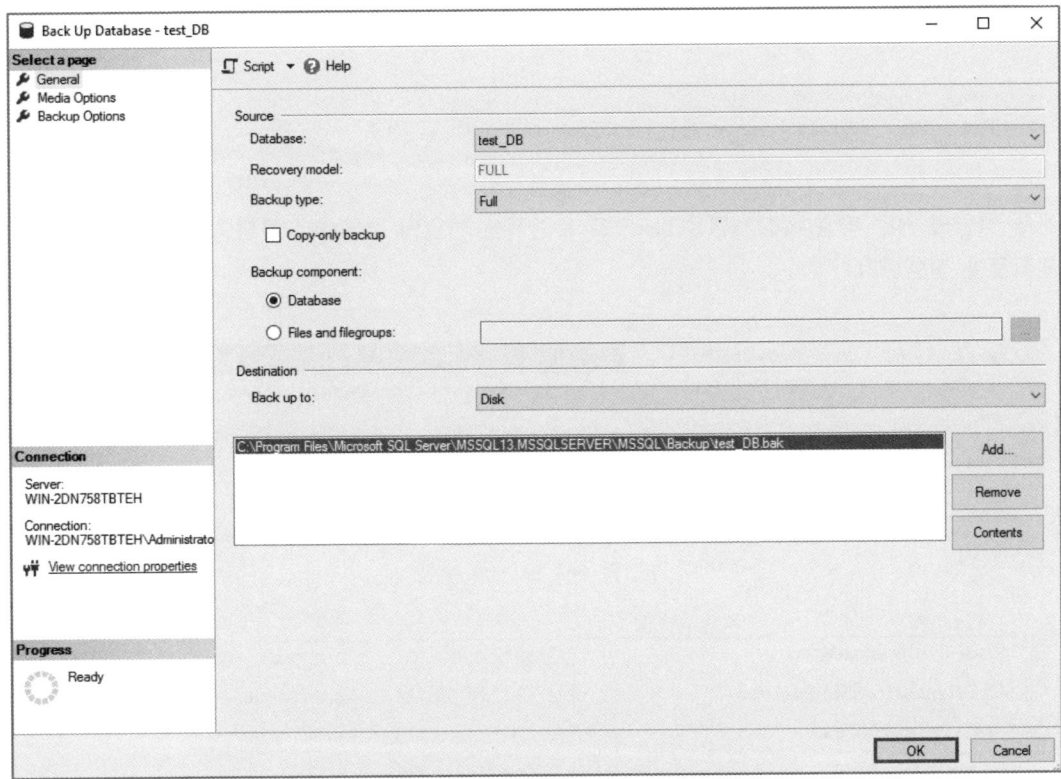

[그림 94] 데이터베이스 백업 시작하기

필자는 경로를 바꾸지 않고 기본 경로에 백업 파일을 생성하였다. 백업 파일 경로로 찾아 들어가면 백업 파일이 생성되었음을 확인할 수 있다.

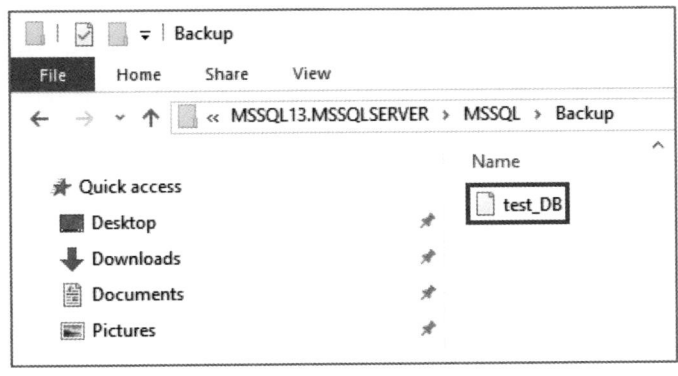

[그림 95] 데이터베이스 백업 파일 확인

2.4.2 BACKUP 쿼리로 덤프

SSMS를 실행하여 다음 명령을 수행한다.

```
BACKUP LOG [데이터베이스_이름] TO DISK = '백업파일 경로';
```

전체 백업의 경우 파일 확장자명을 bak으로 트랜잭션 백업의 경우 확장자명을 trn으로 명시하여 쿼리문을 실행한다.

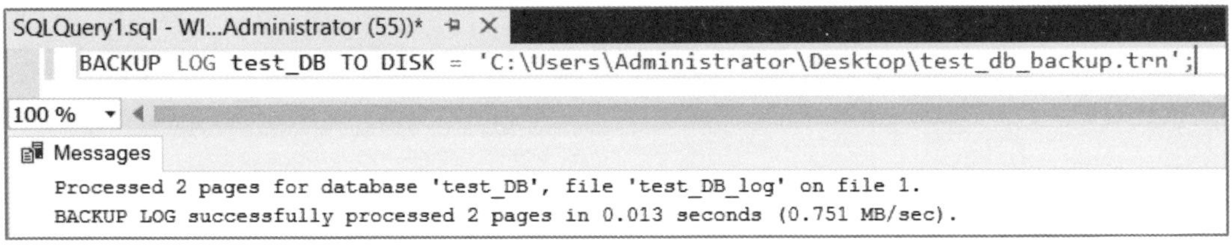

[그림 96] BACKUP 수행

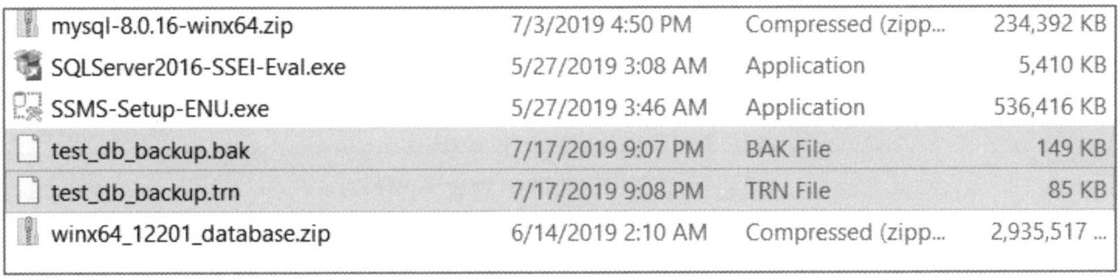

[그림 97] 백업 파일 확인

완료되면 지정한 경로에 백업 파일이 생성된다. 백업 파일은 바이너리 형식으로 사람이 원본 그대로를 읽을 수 없다. SSMS를 이용하여 데이터베이스를 복구할 때 사용된다.

2.5 SQL Server 데이터베이스 복구

2.5.1 데이터베이스 전체 복구

데이터베이스 복구는 덤프파일을 이용하여 복구할 수 있다. 데이터베이스 전체 복구를 수행하기 전에 새로운 데이터베이스 하나를 더 생성해 놓자. 필자는 univ라는 데이터베이스를 생성하였다. 데이터베이스를 추가하는 이유는 복구 실습을 위해서 test_DB 데이터베이스를 삭제해야 하는데 작업 중인 데이터베이스에서 삭제 작업을 수행할 수 없기 때문이다.

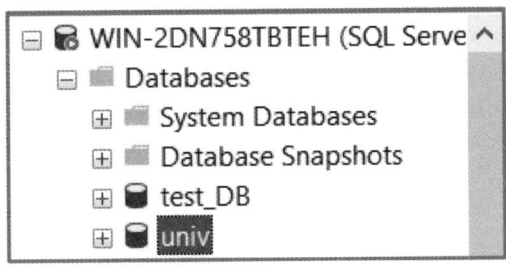

[그림 98] 데이터베이스 추가

먼저 삭제하고자 하는 데이터베이스가 아닌 데이터베이스로 작업 환경을 변경하자.

```
USE [데이터베이스명];
```

[그림 99] 다른 데이터베이스로 작업하기

작업환경이 변경되었으면 이제 삭제하고자 하는 데이터베이스 이름을 오른쪽 마우스 클릭한 후 나타나는 메뉴에서 'Delete'를 클릭한다.

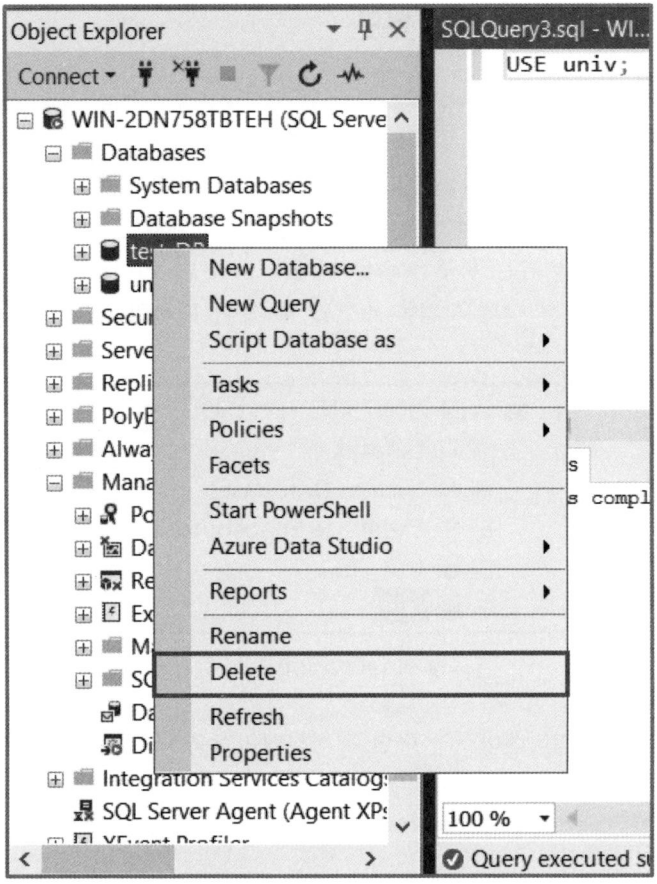

[그림 100] 데이터베이스 삭제하기 1

[그림 101]과 같이 Delete Object 창이 나타나면 하단의 OK 버튼을 클릭한다.

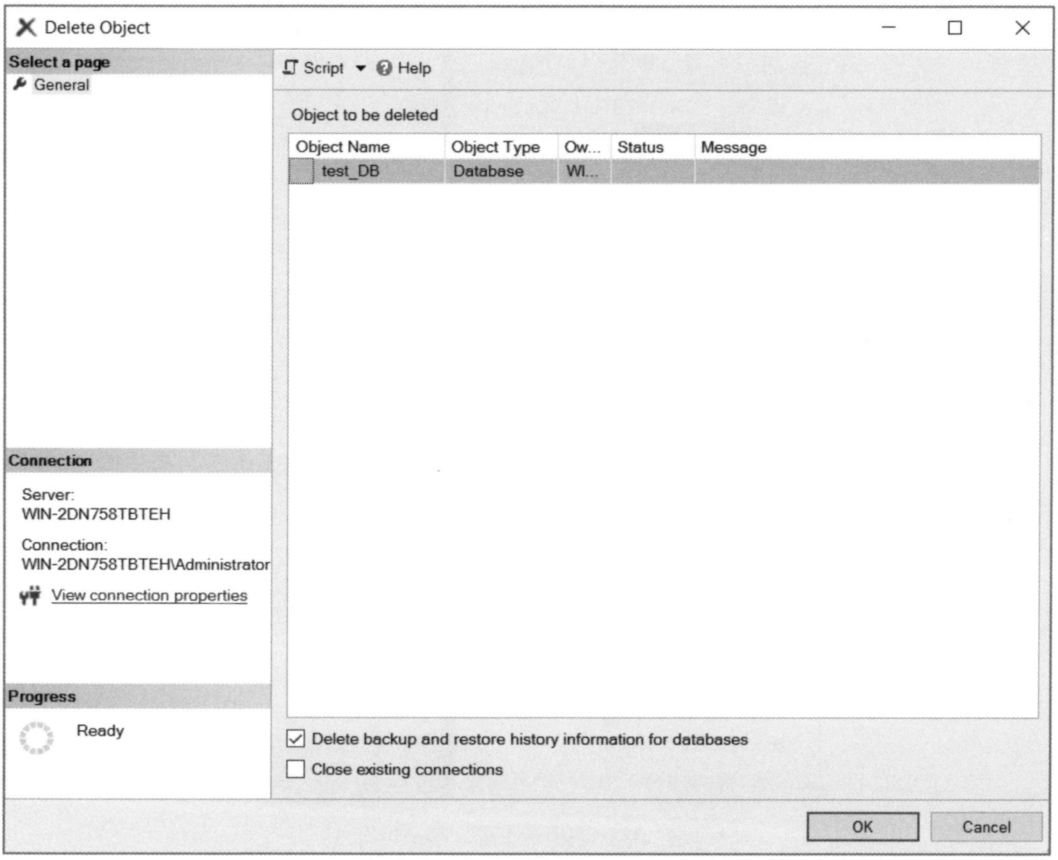

[그림 101] 데이터베이스 삭제하기 2

잠시 기다리면 Object Explorer에서 해당 데이터베이스가 삭제되었음을 확인할 수 있다.

[그림 102] 삭제된 데이터베이스 확인

이제 데이터베이스 복구를 시작해보자. [그림 103]과 같이 Object Explorer의 'Databases'를 오른쪽 마우스 클릭하여 나타나는 메뉴에서 'Restore Database...'를 클릭한다.

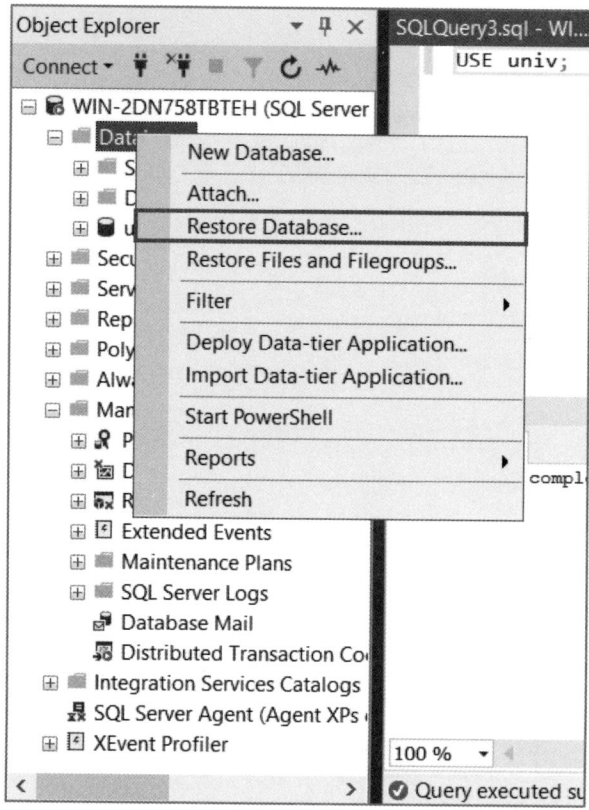

[그림 103] 데이터베이스 복구하기 1

Restore Database 창이 생성되면 Source란에서 'Device'에 체크 후 오른쪽의 '...' 버튼을 클릭한다.

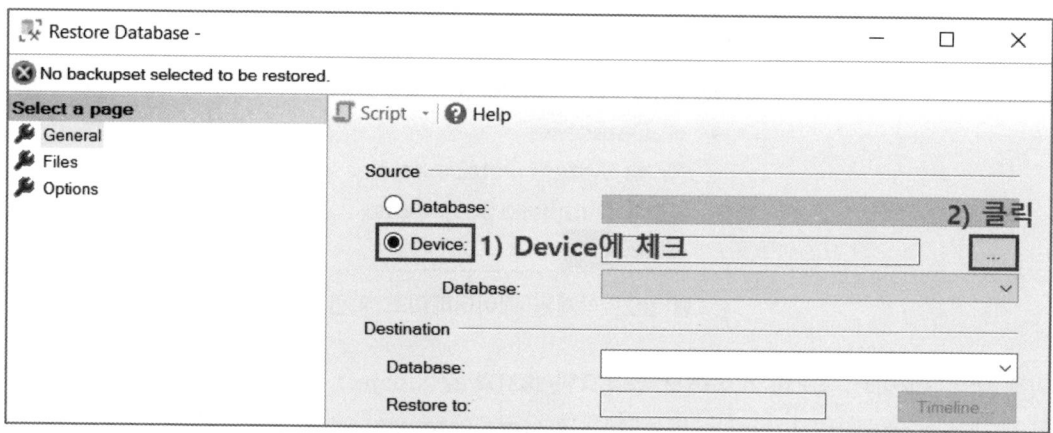

[그림 104] 데이터베이스 복구하기 2

Select Devices 창이 뜨면 오른쪽의 'Add'버튼을 클릭한다.

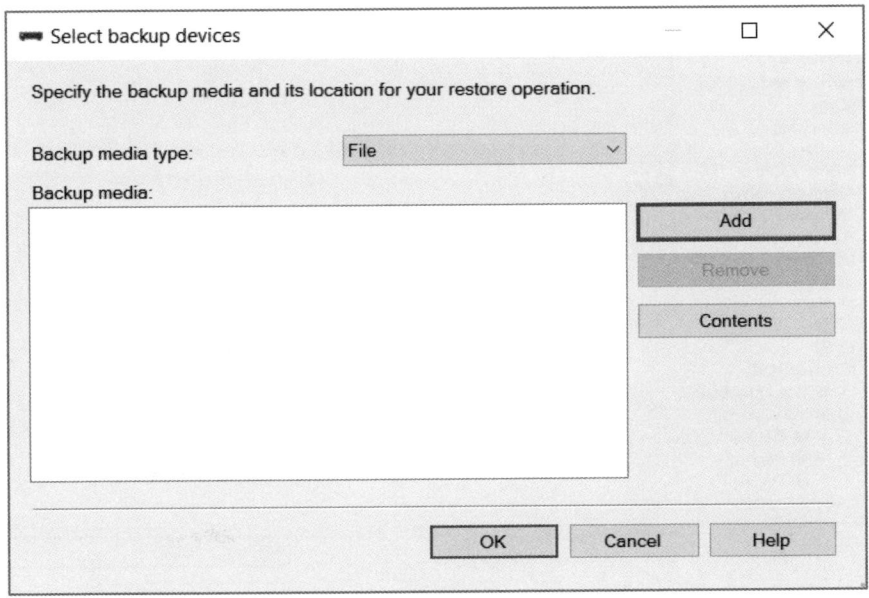

[그림 105] 데이터베이스 복구하기 3

Locate Backup File 창에서 백업 파일을 생성했던 경로로 들어간다. 만약 백업 파일이 보이지 않는다면 File name을 입력하는 칸 옆에 있는 것을 'All Files'로 변경해준다. 백업 파일을 선택한 후, OK버튼을 클릭한다. (트랜잭션 복구일 경우, trn 파일을 선택하고 전체 복구일 경우 bak 파일을 선택한다.)

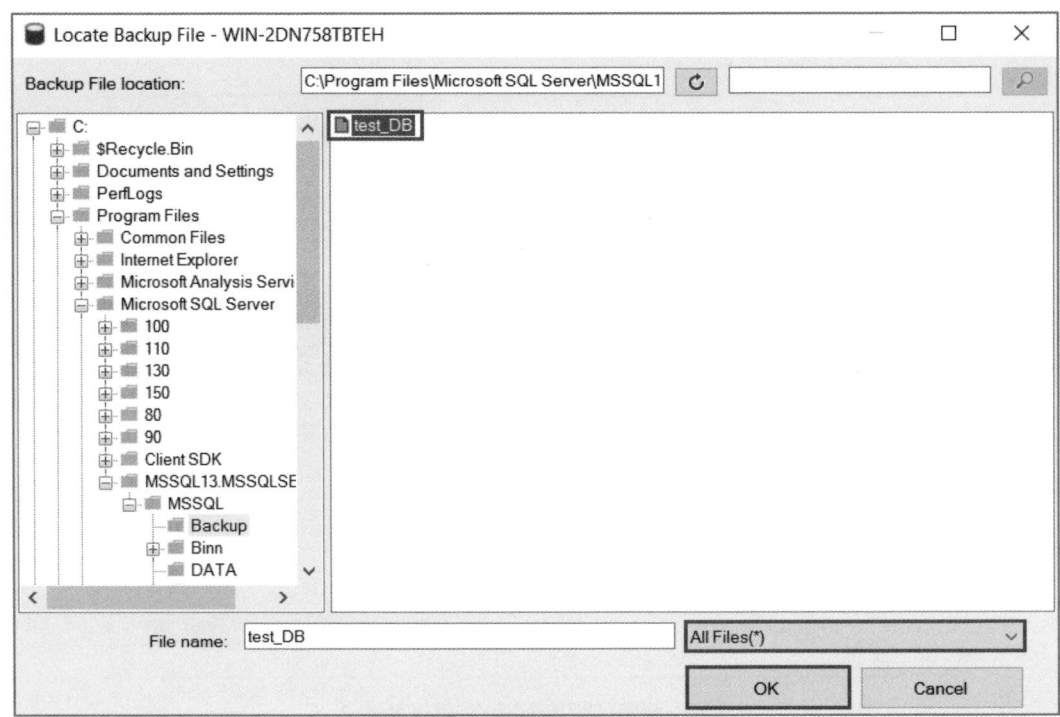

[그림 106] 데이터베이스 복구하기 4

Select Backup Devices 창으로 돌아오면 Backup media 칸에 파일이 추가된 것을 확인할 수 있다. 확인을 완료하였다면 'OK' 버튼을 클릭한다.

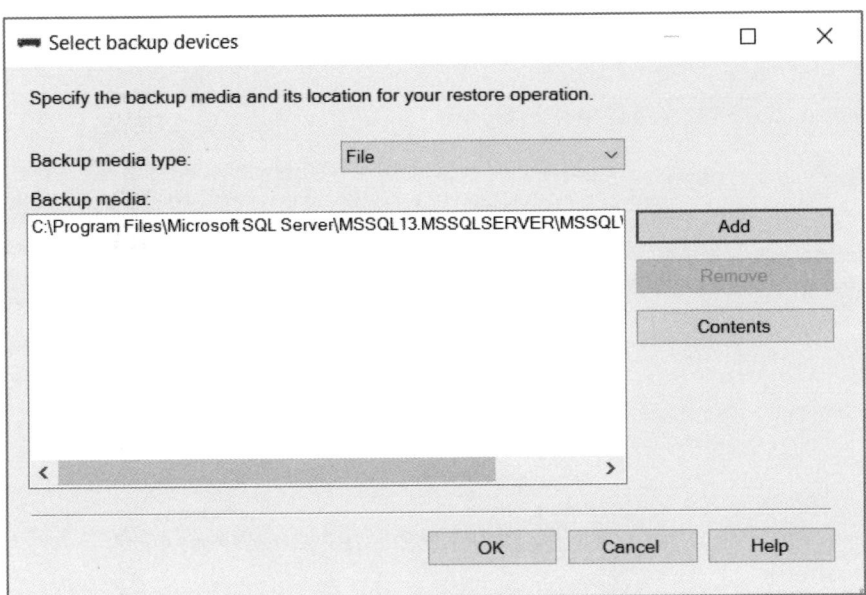

[그림 107] 데이터베이스 복구하기 5

Restore Database 창으로 돌아와 Backup sets to restore 칸을 보면 Database 백업 리스트가 추가된 것을 확인할 수 있다. Destination에서 Database 이름까지 지정하였다면 하단의 'OK' 버튼을 클릭한다.

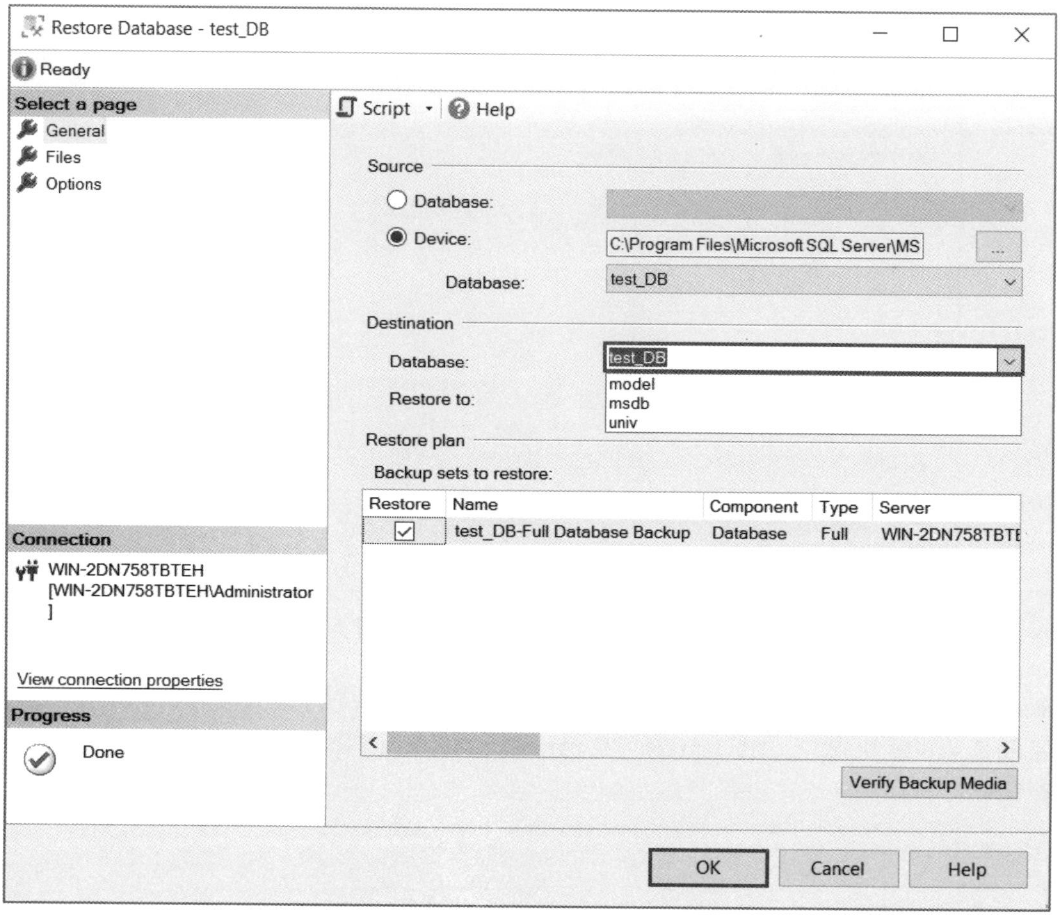

[그림 108] 데이터베이스 복구하기 6

데이터베이스 복구가 성공적으로 완료되면 [그림 109]와 같은 창이 뜬다.

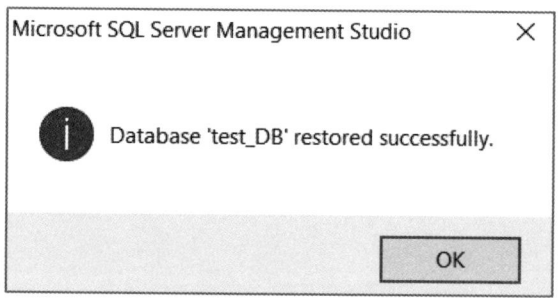

[그림 109] 데이터베이스 복구 완료

제대로 복구가 되었는지 확인하기 위해서 Object Explorer창의 목록을 확인해보고, SELECT 구문으로 데이터베이스에 저장되었던 테이블의 전체 내용을 출력해보자.

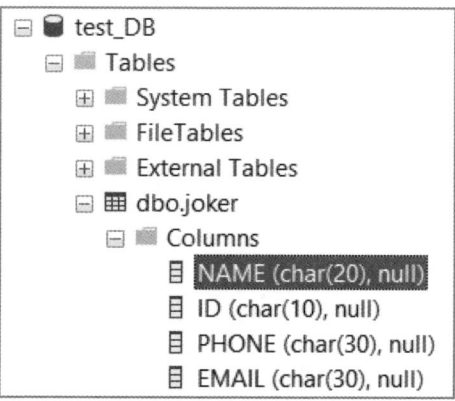

[그림 110] 복구 확인 1

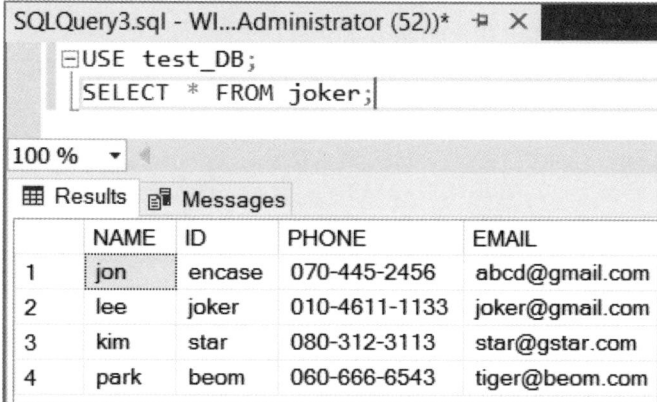

[그림 111] 복구 확인 2

2.5.2 데이터베이스 부분 복구

SQL Server 데이터베이스의 부분 복구는 LSN(Log Sequence Number)를 사용할 것이다. LSN은 트랜잭션 레코드마다 고유하게 부여되는 번호로 3파트로 구성되어 있다. 올바른 복원 수행과 ACID 속성을 만족시키기 위해 존재한다.

이전 실습과의 혼동을 피하기 위해서 먼저 기존의 데이터베이스를 삭제한 후에 새로운 데이터베이스와 테이블을 만들자. 필자는 test_DB 데이터베이스 안에 5개의 레코드가 포함된 joker 테이블을 생성하였다.

```
USE test_DB;
CREATE TABLE joker (NAME char(20), ID char(10),PHONE char(30), EMAIL
char(30));
// joker 테이블 생성

USE test_DB;
INSERT INTO joker (NAME, ID, PHONE, EMAIL)
VALUES ('jon', 'encase', '070-445-2456', 'abcd@gmail.com');
INSERT INTO joker (NAME, ID, PHONE, EMAIL)
VALUES ('lee', 'joker', '010-4611-1133', 'joker@gmail.com');
INSERT INTO joker (NAME, ID, PHONE, EMAIL)
VALUES ('kim', 'star', '080-312-3113', 'star7@gstar.com');
INSERT INTO joker (NAME, ID, PHONE, EMAIL)
VALUES ('park', 'beom', '060-666-6543', 'tiger@beom.com');
// 테이블에 레코드 채우기

SELECT * FROM joker;
// joker 테이블 전체 조회
```

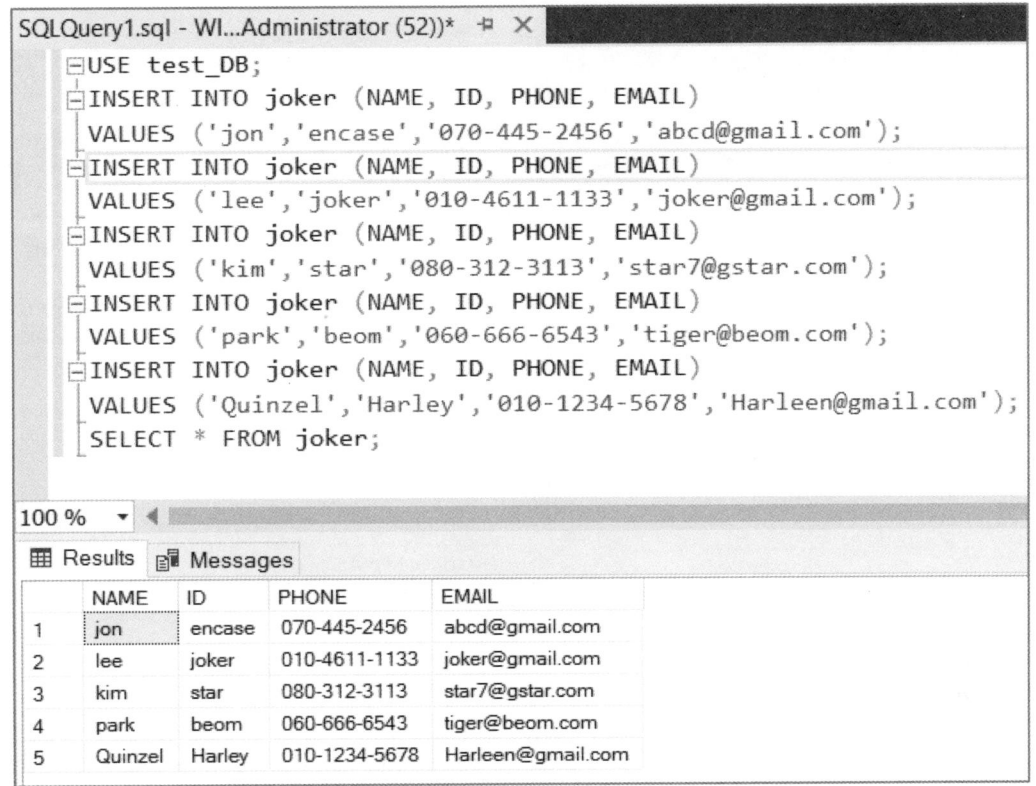

[그림 112] 부분 복구 실습용 테이블 생성

테이블 생성을 완료하였다면 데이터베이스를 백업한다. 백업하는 방법은 2.4의 복구 방법과 비슷하다. 다만 효율적인 쿼리문 작성을 위해서 경로를 달리 설정하자. 필자는 C드라이브 바로 아래에 .bak 파일, .trn 파일 등을 담기 위한 sql_back 폴더를 생성하였다.

> **bak파일**
> ▶ 실무 환경에서는 백업파일을 생성을 해놓기 때문에 본 실습에서도 백업파일이 있다는 가정하에 해당 백업본을 통해 원하는 데이터에 대한 정보를 부분 복구하는 실습을 진행할 것이다.

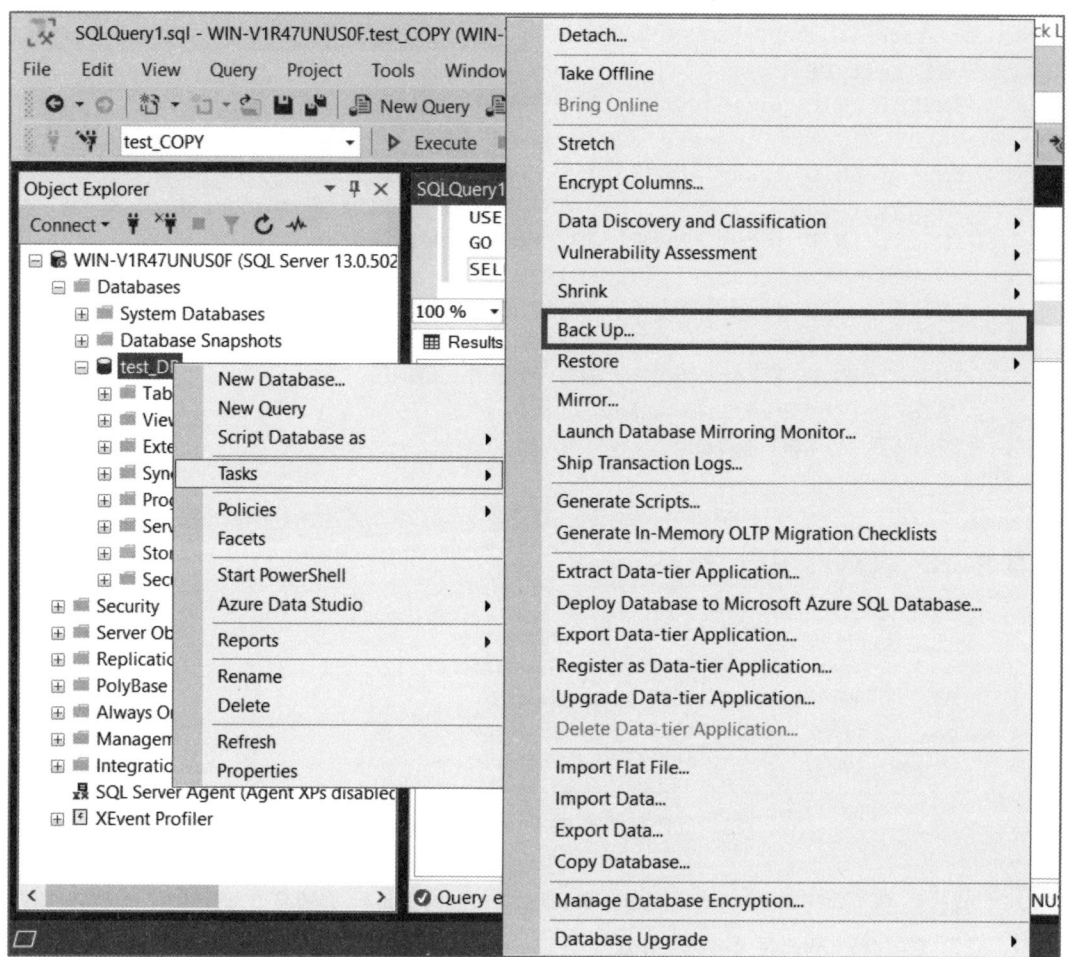

[그림 113] 데이터베이스 백업 방법

[그림 113]과 같이 백업 메뉴를 클릭하면 [그림 114]와 같은 창이 뜬다. Backup Type을 Full로, 백업 파일 저장 경로를 원하는 곳으로 설정한다.

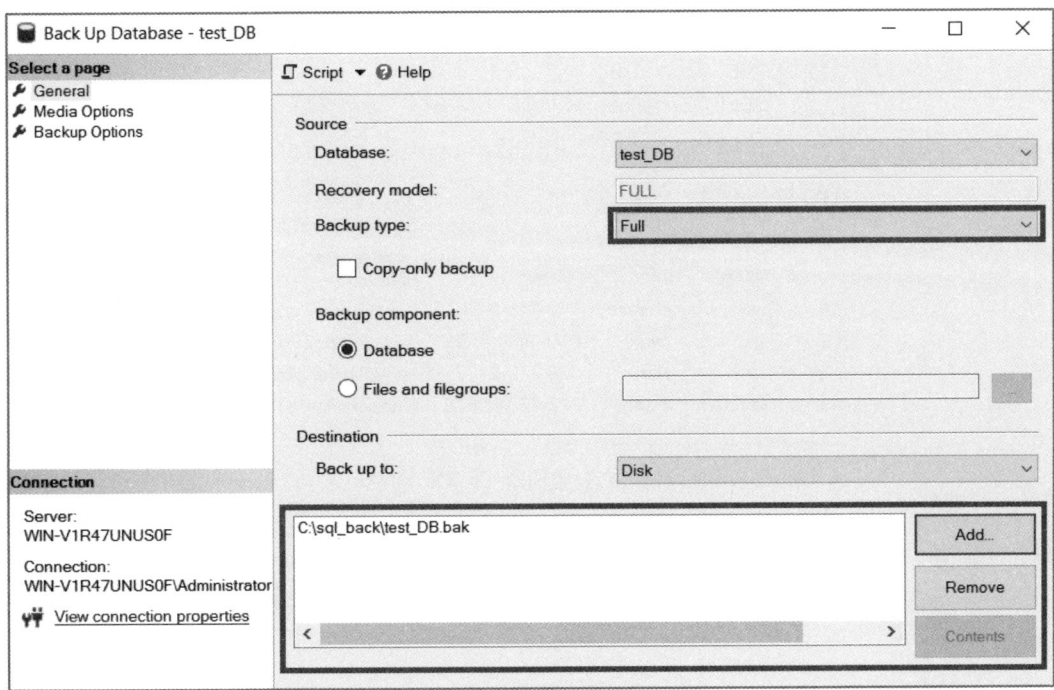

[그림 114] 데이터베이스 백업 설정

OK 버튼을 누르면 잠시 후에 백업이 성공적으로 수행되었다는 창이 뜬다. 백업 파일을 생성하는 이유는 기본적으로 백업 파일이 하나 이상은 존재하여야지만 트랜잭션 로그 파일 (.trn) 파일을 SSMS에서 생성할 수 있기 때문이다. 백업 작업까지 마쳤다면 본격적인 실습을 위해서 임의의 레코드를 지워보자.

```
DELETE joker WHERE NAME = 'park';
SELECT * FROM joker;
```

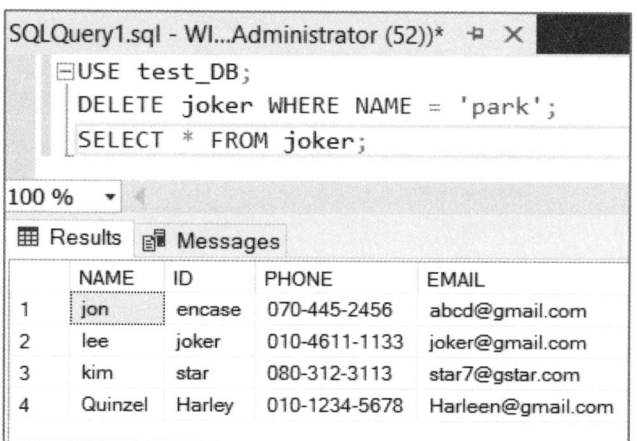

[그림 115] 임의의 레코드 삭제

트랜잭션 로그에서 삭제된 레코드에 대한 정보를 얻기 위해서 최근 LSN, 트랜잭션 ID, 수행된 쿼리문의 종류, 해당 쿼리문이 수행된 데이터베이스 이름을 다음 쿼리를 입력하여 확인한다.

```
SELECT [Current LSN], [Transaction ID], Operation, AllocUnitName
FROM fn_dblog(NULL, NULL)
WHERE Operation = 'LOP_DELTE_ROWS';
// LOP_DELETE_ROWS는 삭제 작업을 의미한다.
```

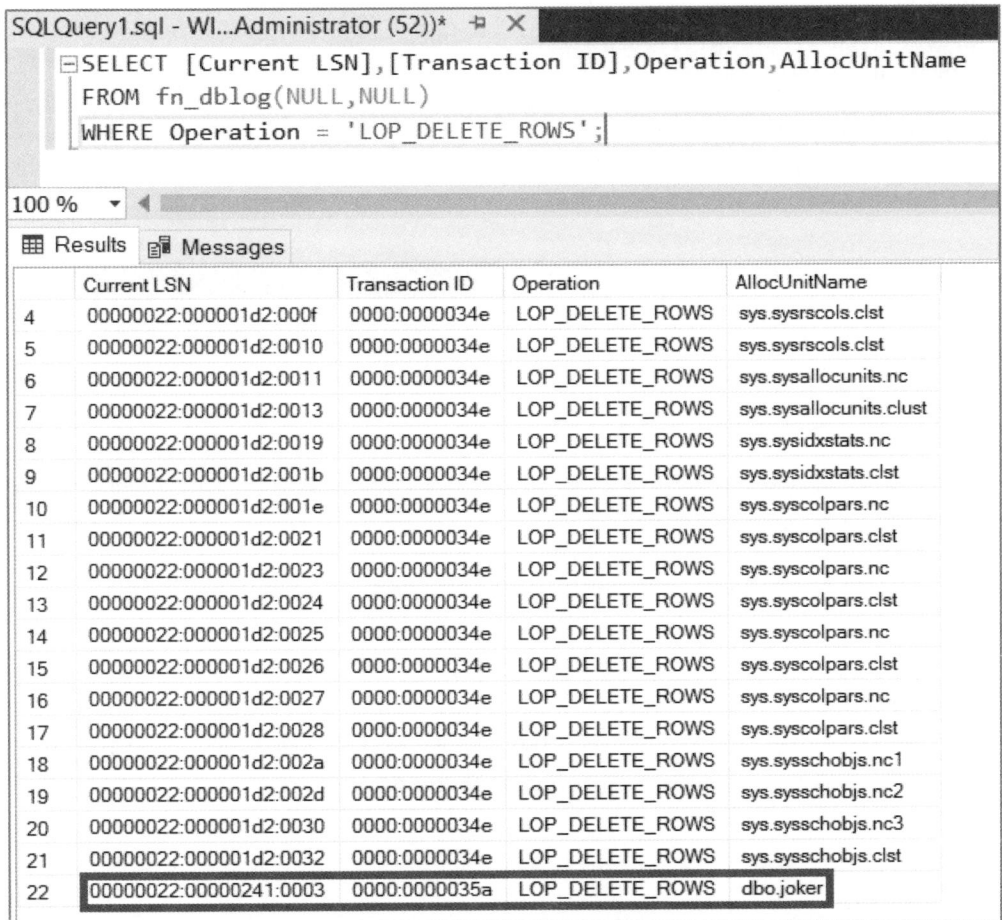

[그림 116] 삭제된 레코드의 LSN과 Transaction ID 확인하기

만약 [그림 116]처럼 삭제된 레코드에 대한 정보가 너무 많이 나올 경우, DELETE 작업이 수행되었던 테이블의 이름과 AllocUnitName Column 값을 확인한다. 필자의 경우, DELETE 작업이 수행되었던 테이블 이름이 joker이므로 AllocUnitName은 dbo.joker이다.

여기서 알아두어야 할 것은 트랜잭션의 ID이다. (동일한 트랜잭션 ID가 나올 E0도 있는데, 한번의 쿼리문 수행으로 여러 레코드가 지워진 경우이다.)

가) Transaction ID

0000 : 0000035a

트랜잭션 ID를 이용하여 트랜잭션 시작의 LSN을 확인한다.

```
SELECT [Current LSN],[Transaction ID],Operation
FROM fn_dblog(NULL,NULL)
WHERE [Transaction ID] = '0000:0000035a' AND Operation = 'LOP_BEGIN_XACT';
// LOP_BEGIN_XACT는 트랜잭션 시작을 의미한다. 위 쿼리는 Transaction ID가
0000:0000035a인 트랜잭션 (DELETE 트랜잭션)의 시작의 LSN에 대한 정보를 보여준다.
```

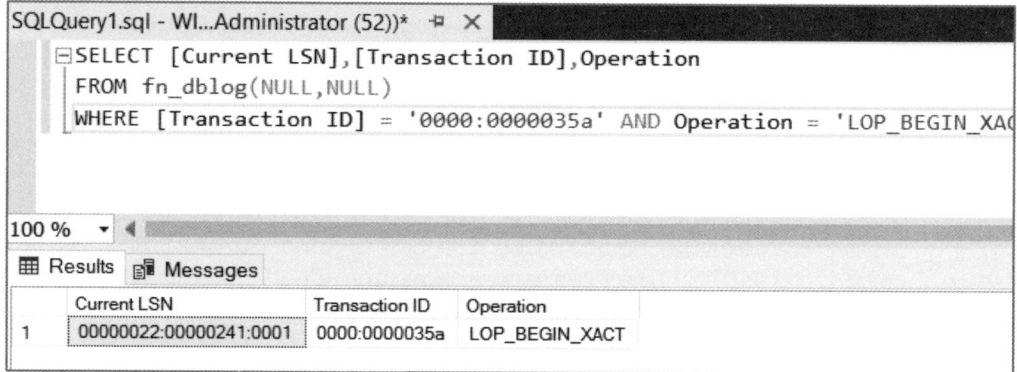

[그림 117] 트랜잭션 시작의 LSN

LSN 값을 확인했다면 변환 작업을 수행한다. LSN은 : 을 기준으로 세 파트로 구성되어 있다. 각 세 파트는 16진수로 표현되며 10진수로 바꾸면 [표 17]과 같다.

[표 17] LSN 필드 분석

구분	16진수 값	10진수 값
첫 번째 부분	000000022	34
두 번째 부분	00000241	577
세 번째 부분	0001	1

각 파트의 10 진수 값을 다음과 방법으로 조합한다.

첫 번째 부분 10 진수 + 두 번째 부분 10 진수 (10자리, 남은 공간은 0으로 채움) + 세 번째 부분 10 진수 (5자리, 남은 공간은 0으로 채움)

나) 조합 결과 : 34000000057700001

조합 결과까지 얻었다면 트랜잭션 로그 백업을 수행하도록 하자. Backup Type을 Transaction Log로 설정한다는 것을 제외하고는 이전의 데이터베이스 전체 백업 진행 방법과 같다.

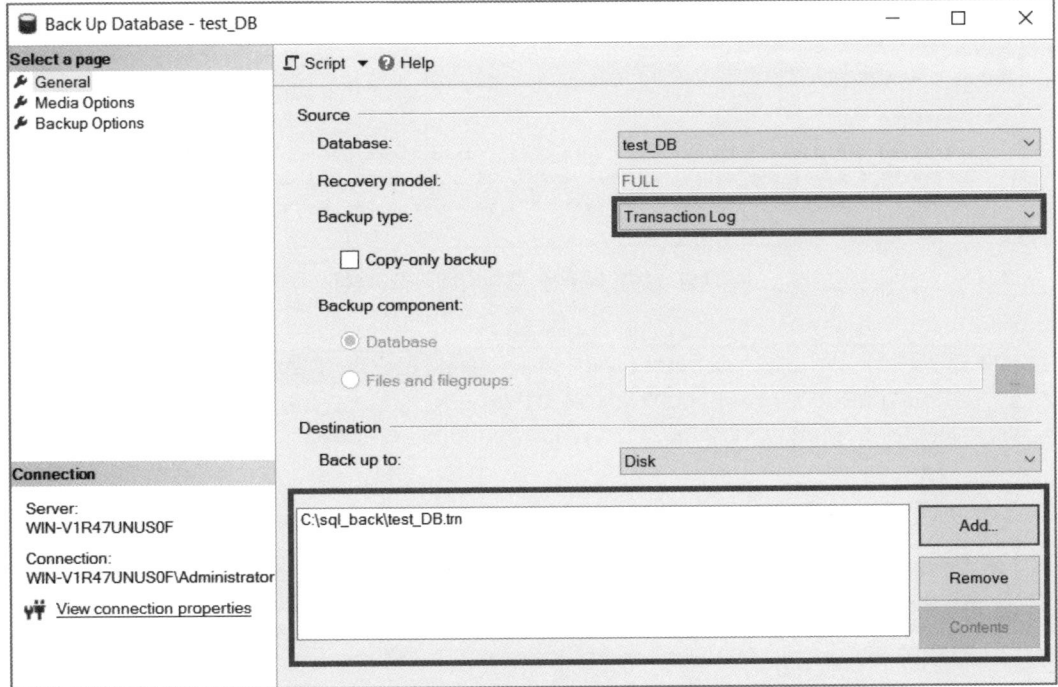

[그림 118] 트랜잭션 로그 백업

이제 데이터 복구를 위한 데이터베이스를 생성하여 해당 데이터베이스 파일로 .bak 파일과 .trn 파일을 읽어올 것이다.

```
RESTORE DATABASE test_COPY FROM DISK = 'C:\sql_back\test_DB.bak'
WITH MOVE 'test_DB' TO 'C:\sql_back\test_DB.mdf',
MOVE 'test_DB_log' TO 'C:\sql_back\test_DB.ldf',
REPLACE, NORECOVERY;
GO
// test_DB의 백업본을 읽어온 test_COPY라는 복구용 데이터베이스를 생성한다.

RESTORE LOG test_COPY FROM DISK = N'C:\sql_back\test_DB.trn'
WITH STOPBEFOREMARK = 'lsn:34000000057700001'
// LSN이 34000000057700001인 트랜잭션 이전까지 로그 복원을 수행한다.
```

```
RESTORE DATABASE test_COPY FROM DISK = 'C:\sql_back\test_DB.bak'
WITH MOVE 'test_DB' TO 'C:\sql_back\test_DB.mdf',
MOVE 'test_DB_log' TO 'C:\sql_back\test_DB_log.ldf',
REPLACE, NORECOVERY;
GO
```

```
Processed 368 pages for database 'test_COPY', file 'test_DB' on file 1.
Processed 6 pages for database 'test_COPY', file 'test_DB_log' on file 1.
RESTORE DATABASE successfully processed 374 pages in 0.036 seconds (81.013 MB/sec).
```

[그림 119] 복구용 데이터베이스 생성

```
RESTORE LOG test_COPY FROM DISK = N'C:\sql_back\test_DB.trn'
WITH STOPBEFOREMARK = 'lsn:340000000057700001'
```

```
Processed 0 pages for database 'test_COPY', file 'test_DB' on file 1.
Processed 10 pages for database 'test_COPY', file 'test_DB_log' on file 1.
RESTORE LOG successfully processed 10 pages in 0.007 seconds (10.323 MB/sec).
```

[그림 120] 트랜잭션 로그 복원 지점 지정

복원이 제대로 수행되었는지 마지막으로 확인한다.

```
USE test_COPY
GO
SELECT * FROM joker;
```

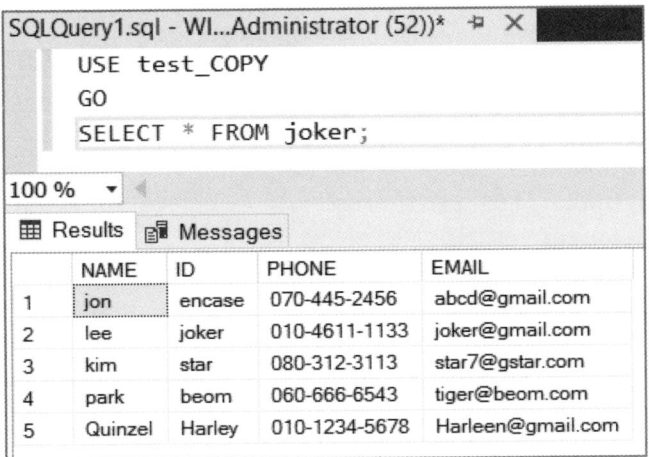

[그림 121] 복구 완료 확인

Update로 잘못 갱신된 데이터 복구하기
▶ Update로 갱신된 데이터 복구도 Delete로 삭제된 데이터 복구 방법과 동일하다. Operation 을 'LOP_MODIFY_ROW'로 변경해주기만 하면 된다.

2.5.3 Delete를 수행한 사용자 찾기

Delete를 수행한 사용자는 Transaction SID를 SUSER_SNAME()이라는 함수에 넣는 것으로 확인할 수 있다. Transaction SID를 얻기 위해서는 Delete 트랜잭션의 ID 정보가 필요하다. 필자는 앞선 실습에서 트랜잭션 ID인 0000:0000035a로 검색하였다.

```
USE test_DB;
SELECT Operation, [Transaction ID], [Transaction SID]
FROM fn_dblog(NULL, NULL)
WHERE [Transactino ID] = '0000:0000035a'
AND Operation = 'LOP_BEGIN_XACT';
```

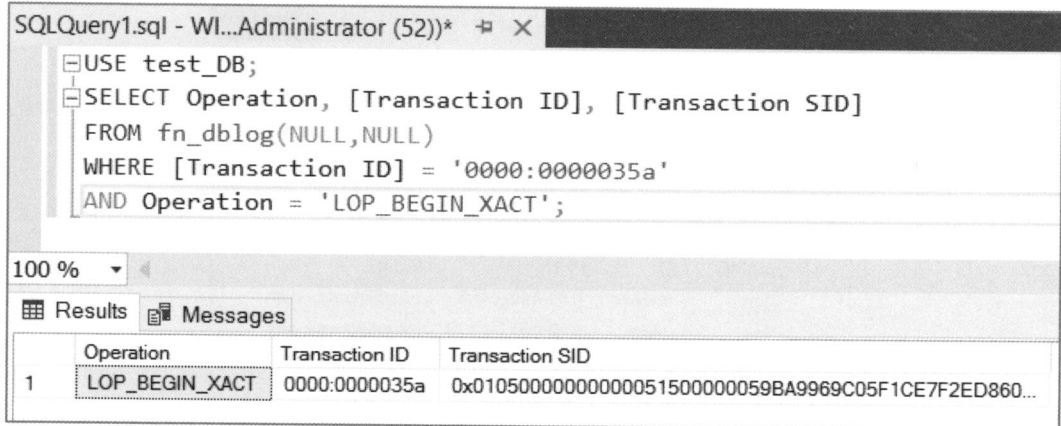

[그림 122] Delete 트랜잭션의 SID 확인

가) Transaction SID

0x010500000000000515000000059BA9969C05F1CE7F2ED860EF4010000

트랜잭션 SID 값을 마우스 우클릭-Copy를 누르면 복사할 수 있다. 값을 복사하여 SUSER_SNAME() 함수 안에 넣는다.

```
USE MASTER
GO
SELECT SUSER_SNAME(Transaction SID)
```

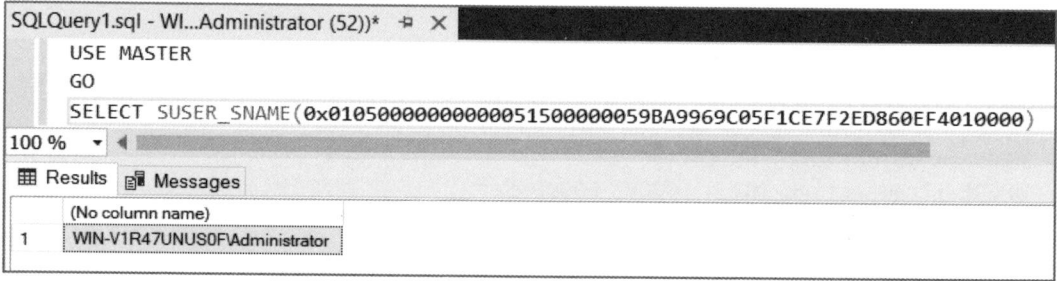

[그림 123] DELETE 트랜잭션을 수행한 사용자 확인

1. 트랜잭션 로그에서 데이터베이스 문제 발생 현황 확인
   (ex : 트랜잭션 ID, 수행된 쿼리, 수행시각, LSN 확인...)
2. LSN을 10진수로 변환
3. 트랜잭션 로그 백업
4. 백업한 트랜잭션 로그 파일로 복원 작업 수행

[그림 124] SQL Server 부분 복구 실습 절차 정리

지금까지 SQL Server 데이터베이스의 덤프방법과 복구 방법을 살펴보았다. 이제 SQL Server 로그를 살펴보도록 하자.

2.6 SQL Server 로그 분석

2.6.1 SSMS Log Viewer

SQL Server Management Studio에서는 로그 뷰어 기능을 제공하여 SQL Server의 로그는 물론, SQL Server Agent, Database Mail, Windows NT의 로그를 모두 보여준다. SSMS에서 로그 뷰어 창을 여는 방법은 다음과 같다.

1) SSMS를 실행하여 접속한다.

2) 왼쪽 Object Explorer 창에서 Management의 리스트를 전개한다.

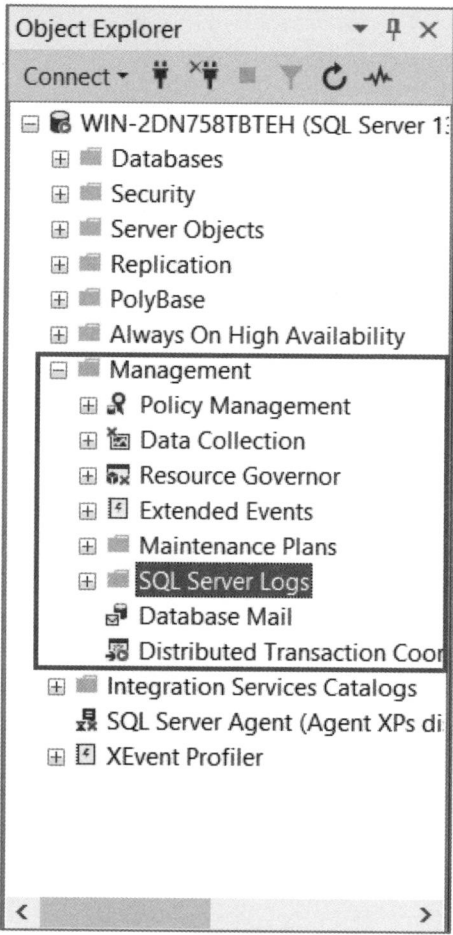

[그림 125] SSMS Management

3) 'SQL Server Logs'를 오른쪽 마우스 클릭한 후, View에서 'SQL Server Log' 또는 'SQL Server Log and Windows Log'를 클릭한다.

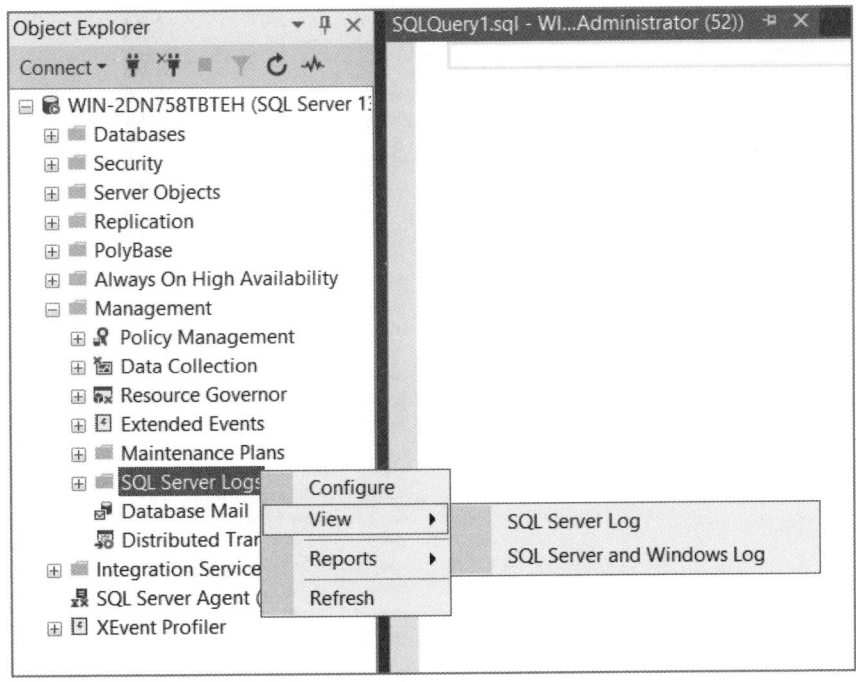

[그림 126] SSMS SQL Server Logs

4) 클릭하면 [그림 127]과 같이 로그 뷰어 창이 생성된다.

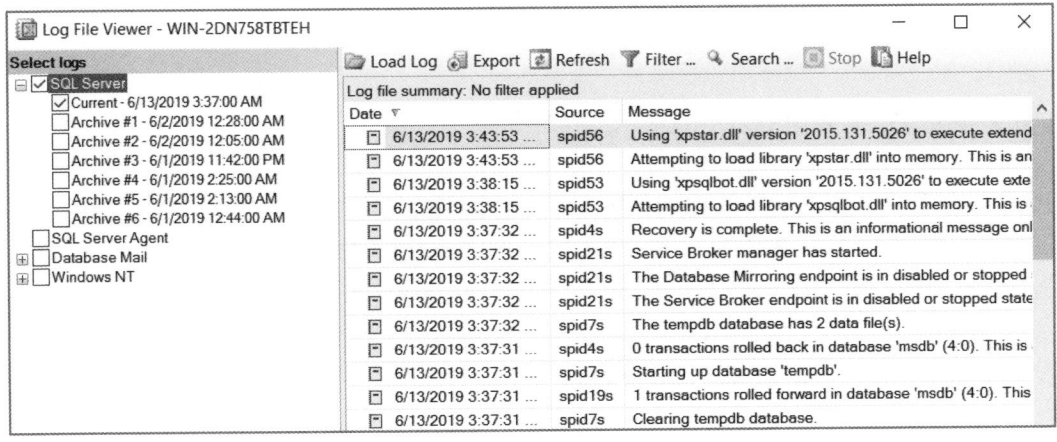

[그림 127] SSMS Log Viewer 창

Log Viewer 창에서는 데이터베이스가 시작된 시각, SSMS 연결을 할 때 선택한 인증 모드, 데이터베이스 서버 프로세스 ID 등과 함께 SSMS에서 수행한 관리 작업들을 확인할 수 있다.

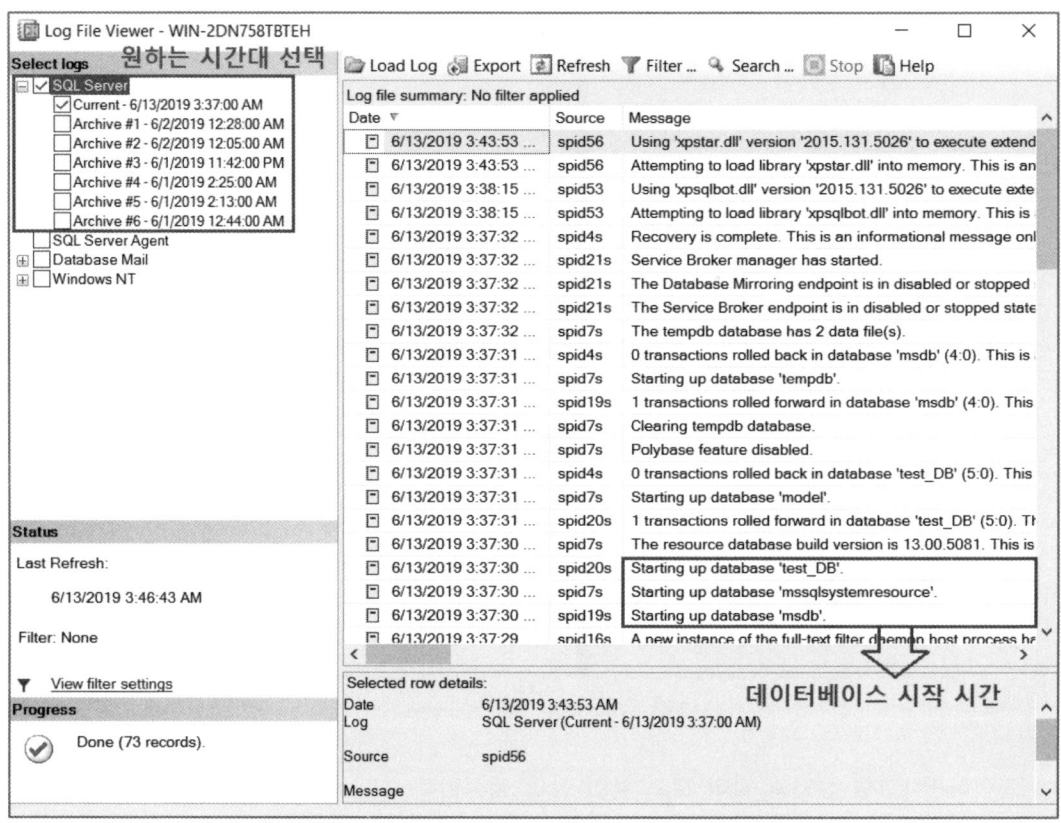

[그림 128] SSMS Log Viewer로 내용 확인하기

2.6.2 쿼리 이력 조회하기

SSMS는 기본적으로 쿼리 이력 조회 기능을 제공하지 않지만, 몇 가지 가능하게 하는 방법이 있다. 그 중에서도 Plan Cache에서 쿼리 히스토리를 읽어 출력하는 방법을 소개할 것이다. 캐시에서 읽어오기 때문에 SQL Server가 재시작되면 이전의 쿼리 데이터가 사라지는 특성을 지니고 있다.

> **SQL Server의 Plan Cache**
> ▶ Plan Cache는 일반적인 캐시의 목적과 비슷하다. 쿼리가 처음 수행되면 다음 번의 수행 속도 향상을 위해서 쿼리 계획이 Plan Cache에 저장된다. SQL Server는 쿼리문의 해시 값을 생성하여 쿼리 계획을 만드는 데 동일한 해시 값이 Plan Cache에 존재한다면 Plan Cache에 저장된 쿼리 계획이 실행된다. 자주 사용하는 것일수록 Plan Cache에 오래 머물며, 캐시의 특성상 컴퓨터가 꺼지면 쌓였던 데이터가 삭제[30]되는 휘발성이다.

Plan Cache에서 쿼리 이력을 조회하는 기본적인 쿼리문 형식은 다음과 같다.

```
SELECT t.[text]
FROM sys.dm_exec_cached_plans AS p
CROSS APPLY sys.dm_exec_sql_text(p.plan_handle) AS t
WHERE t.[text] LIKE N'%조회하고자 하는 쿼리의 특징적인 문자열%';
```

조회를 원하는 시간대를 조건문으로 넣거나 출력할 레코드 개수를 지정하는 등의 활용을 할 수 있다.

```
SELECT
    db_name(st.dbid) DBNanme,
    object_schema_name(objectid, st.dbid) SchemaName,
    object_name(objectid, st.dbid) SPName,
    qs.total_elapsed_time,
    creation_time,
    last_execution_time,
    text
FROM
    sys.dm_exec_query_stats qs
CROSS APPLY
    sys.dm_exec_sql_text(qs.plan_handle) st
JOIN
    sys.dm_exec_cached_plans cp
ON
    qs.plan_handle = cp.plan_handle
WHERE
    last_execution_time < getdate()
// 오늘자 로그를 확인한다. 특정 시간대만의 로그를보고 싶다면 last_execution_time 뒤에
원하는 시간데이터를 입력하면 된다.
OERDER BY
    last_execution_time desc;
```

---

[30] DBCC FREEPROCCAHCE 명령으로 Plan Cache를 비울 수 있다.

위 명령에서 last_execution_time으로 시간을 명시하는 대신 SELECT 뒤에 TOP 키워드와 숫자를 붙여 가장 최근에 생성된 로그를 명시한 숫자의 개수만큼 볼 수도 있다.

필자는 오늘자의 로그만을 확인하기 위해서 새로운 테이블을 생성하는 것으로 변경을 가하였다.

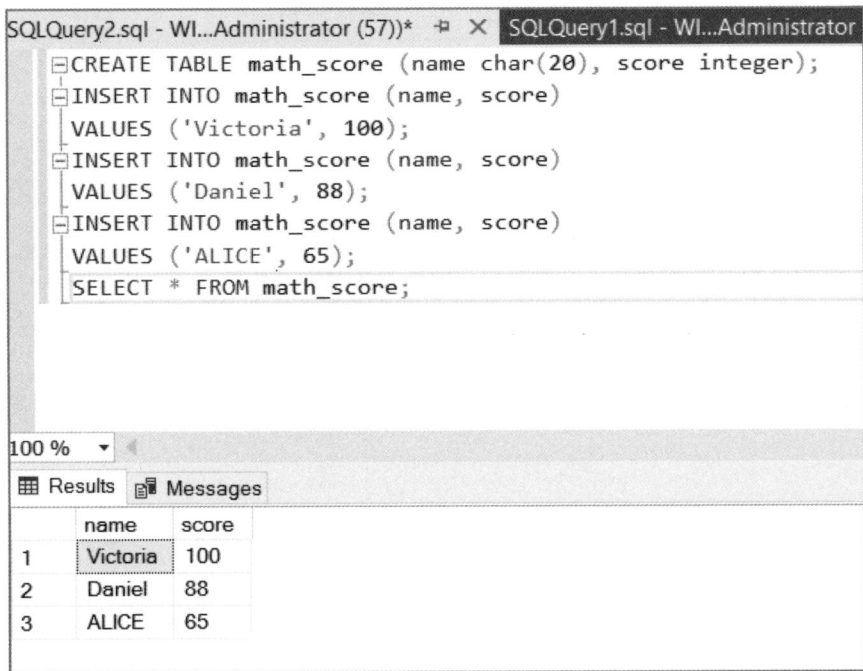

[그림 129] 로그를 확인하기 위한 테이블 생성

간단한 테이블을 생성하였다면 위의 명령어를 입력하여 결과를 확인해보도록 하자.

	DBNanme	SchemaName	SPName	total_elapsed_time	creation_time	last_execution_time	text
1	master	NULL	NULL	6543	2019-06-13 03:43:53.903	2019-06-13 04:53:01.533	SELE(
2	master	NULL	NULL	3507	2019-06-13 03:43:53.517	2019-06-13 04:53:01.527	(@_m
3	test_DB	NULL	NULL	67870	2019-06-13 04:49:05.247	2019-06-13 04:52:52.840	select
4	master	NULL	NULL	371	2019-06-13 04:52:47.357	2019-06-13 04:52:47.387	(@dbi
5	test_DB	NULL	NULL	2300	2019-06-13 04:52:47.270	2019-06-13 04:52:47.350	(@_m
6	test_DB	NULL	NULL	1935	2019-06-13 04:52:47.173	2019-06-13 04:52:47.250	(@_m
7	test_DB	NULL	NULL	2753	2019-06-13 04:52:47.043	2019-06-13 04:52:47.150	(@_m
8	test_DB	NULL	NULL	33518	2019-06-13 04:52:46.897	2019-06-13 04:52:46.990	(@_m
9	test_DB	NULL	NULL	565	2019-06-13 04:52:43.757	2019-06-13 04:52:43.760	IF OB.
10	test_DB	NULL	NULL	101	2019-06-13 04:52:43.760	2019-06-13 04:52:43.760	IF OB.
11	master	NULL	NULL	349	2019-06-13 04:52:43.727	2019-06-13 04:52:43.750	(@_m
12	test_DB	NULL	NULL	205	2019-06-13 04:52:43.577	2019-06-13 04:52:43.600	SELE(
13	master	NULL	NULL	671	2019-06-13 04:52:43.503	2019-06-13 04:52:43.540	(@dbi
14	master	NULL	NULL	423	2019-06-13 04:52:43.470	2019-06-13 04:52:43.500	(@_m
15	master	NULL	NULL	206	2019-06-13 04:52:43.470	2019-06-13 04:52:43.470	(@_m
16	test_DB	NULL	NULL	9562	2019-06-13 04:51:36.053	2019-06-13 04:51:36.067	(@1 v

[그림 130] SSMS 쿼리문 수행 내역

데이터베이스 이름과 로그 생성 시각, 마지막으로 쿼리문을 수행한 시각, 수행한 명령문 문자열 데이터 등에 대한 정보가 로그 생성 시각 순서대로 나열되어 있다. test_DB와 관련된 로그 위주로 살펴보면 [그림 131]과 같이 테이블을 생성할 때 입력하였던 쿼리문 텍스트를 확인할 수 있다.

creation_time	last_execution_time	text
2019-06-13 04:52:43.760	2019-06-13 04:52:43.760	IF OBJECT_ID (N'[sys].[database_query_store_options]') IS ...
2019-06-13 04:52:43.727	2019-06-13 04:52:43.750	(@_msparam_0 nvarchar(4000))SELECT CAST(has_dbacc...
2019-06-13 04:52:43.577	2019-06-13 04:52:43.600	SELECT db.name as HasMemoryOptimizedObjects from ma...
2019-06-13 04:52:43.503	2019-06-13 04:52:43.540	(@dbname nvarchar(6))SELECT COLLATIONPROPERTY((s...
2019-06-13 04:52:43.470	2019-06-13 04:52:43.500	(@_msparam_0 nvarchar(4000)) create table #tmp_d...
2019-06-13 04:52:43.470	2019-06-13 04:52:43.470	(@_msparam_0 nvarchar(4000)) create table #tmp_d...
2019-06-13 04:51:36.053	2019-06-13 04:51:36.067	(@1 varchar(8000),@2 int)INSERT INTO [math_score]([nam...
2019-06-13 04:51:36.067	2019-06-13 04:51:36.067	CREATE TABLE math_score (name char(20), score integer)...
2019-06-13 04:49:40.833	2019-06-13 04:49:40.850	(@database_name nvarchar(7)) if object_id('dbo.sysdac_in...
2019-06-13 04:48:43.717	2019-06-13 04:48:43.807	(@_msparam_0 nvarchar(4000),@_msparam_1 nvarchar(4...
2019-06-13 04:48:43.480	2019-06-13 04:48:43.697	(@_msparam_0 nvarchar(4000),@_msparam_1 nvarchar(4...
2019-06-13 04:48:43.007	2019-06-13 04:48:43.453	(@_msparam_0 nvarchar(4000),@_msparam_1 nvarchar(4...
2019-06-13 04:48:42.937	2019-06-13 04:48:42.990	(@_msparam_0 nvarchar(4000),@_msparam_1 nvarchar(4...
2019-06-13 04:48:42.533	2019-06-13 04:48:42.657	(@_msparam_0 nvarchar(4000),@_msparam_1 nvarchar(4...
2019-06-13 04:48:42.407	2019-06-13 04:48:42.420	(@_msparam_0 nvarchar(4000),@_msparam_1 nvarchar(4...
2019-06-13 04:38:51.193	2019-06-13 04:40:22.853	declare @tmp_sp_help_jobhistory table (instance_id int...

[그림 131] SSMS에서 로그 기록 확인

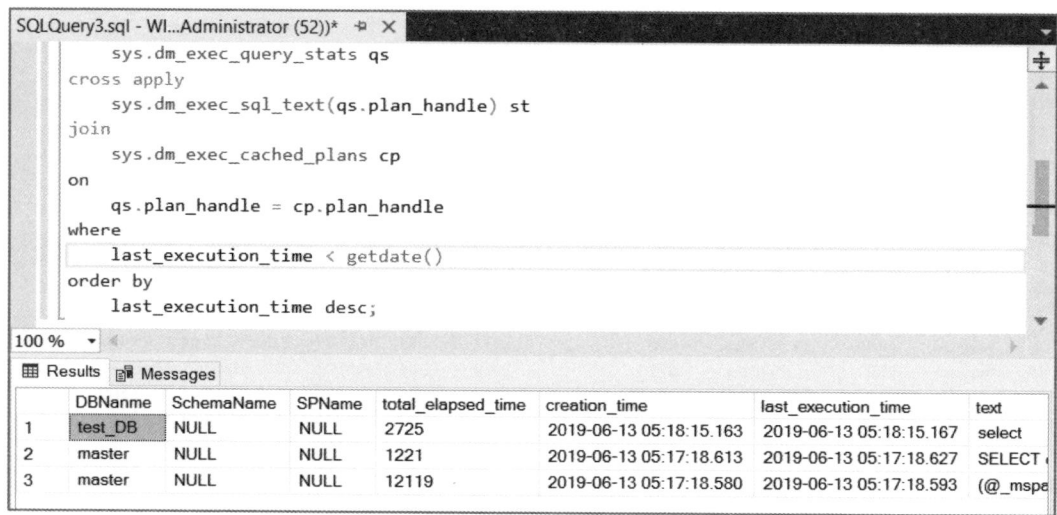

[그림 132] 휘발성 로그 데이터 사라짐

더 나은 쿼리문 조회를 위해 보조 도구를 사용하기도 한다. SQL Server 2012이상부터 쿼리 조회를 수행하는 SSMS Tools Pack, Apex SQL Log 등의 확장 도구가 있고, 무료이지만 SQL 2000에서만 사용되는 SQL Log Rescue 등이 있다.

지금까지 MS-SQL 데이터베이스의 환경 구축부터 기본정보 및 로그파일 확인 그리고 데이터 복구까지 살펴보았다. 이 책에서는 SSMS를 설치했을 때 제공되는 기본적인 기능들만 사용하였는데, SSMS를 조금 더 효율적으로 사용하고 싶거나 근무 환경에서 SSMS 데이터베이스를 사용하고 있다면 SSMS Tools Pack, Apex SQL Log 등을 설치하여 활용해보는 것을 추천한다.

SSMS Tools Pack 다운로드 및 기능 설명
▶ https://www.ssmstoolspack.com/

SSMS Apex SQL Log 다운로드 및 기능 설명
▶ https://www.apexsql.com/SSMS/

MySQL 데이터베이스 포렌식

STEP 03 ▶ MySQL 데이터베이스 포렌식

MySQL은 Oracle의 지원을 받아 개발된 오픈 소스 기반의 RDBMS이다. 배우기 쉽고 무료이기 때문에 많은 사용자들이 선택하는 데이터베이스 소프트웨어이다. 페이스북, 트위터, 유튜브, 구글 등 주로 웹 어플리케이션의 저장 목적으로 사용되고, MSSQL과 다르게 다양한 운영체제 플랫폼을 지원한다. (MSSQL의 경우 2017년부터 Linux 지원을 시작하였다.)

이번 챕터에서는 MySQL의 아키텍처와 어떻게 작동하는지 간단하게 살펴본 후에, Windows Server 2016과 CentOS 7.4 환경에서 MySQL을 실행하고 기본적으로 조작하는 방법과 데이터베이스 구조, 주요 히스토리 파일 분석 방법, 데이터 복구 방법을 알아볼 것이다.

3.1 MySQL 환경 구축

3.1.1 Windows 환경 구축

가상 머신 : VMWare Workstation Pro 15
운영체제 : Windows Server 2016[31]

가) MySQL 설치하기

Windows Server용 MySQL은 다음 사이트에서 받을 수 있다.

> **MySQL for Windows Server**
> ▶ https://dev.mysql.com/downloads/file/?id=485812

1) 위 사이트에 접속해서 ZIP 파일을 다운받을 수 있다. (다운로드를 위해서는 Oracle 계정이 필요하다. 다음 챕터의 Oracle 환경 구축에서도 마찬가지로 Oracle 계정이 필요하다. 없다면 회원가입을 하여 생성하도록 하자.)

---

[31] 2장 SQL Server 데이터베이스 포렌식 내용을 참고하여 설치한다.

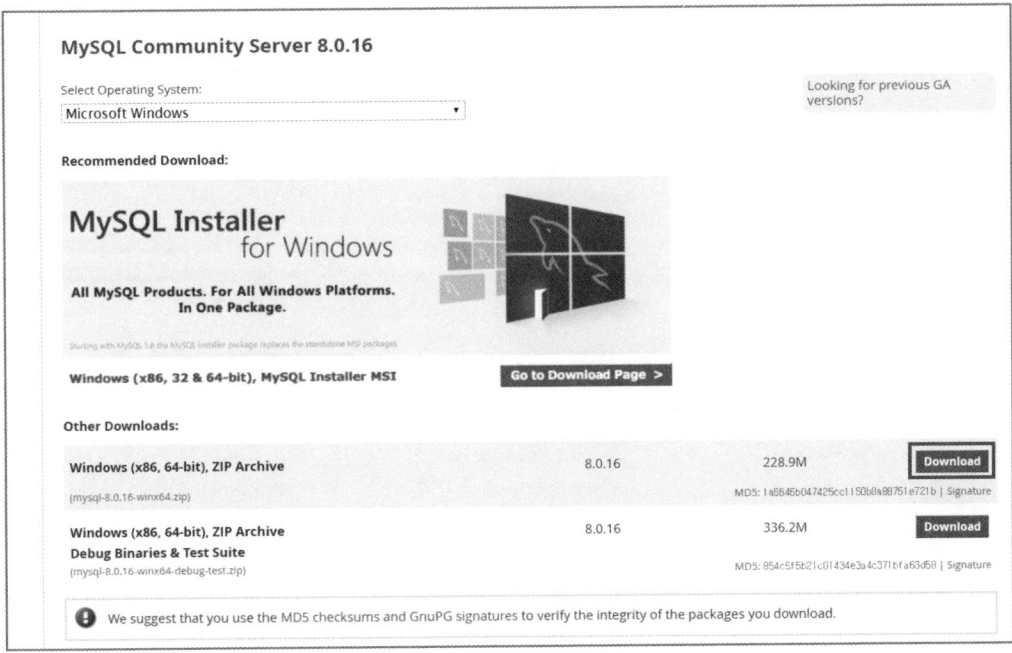

[그림 133] MySQL 다운로드 페이지

2) 다운로드한 mysql-8.0.16-winx64.zip 파일을 압축해제 한다. 압축해제가 완료된 폴더 이름을 mysql로 바꾸고 C드라이브 바로 아래에 넣는다.

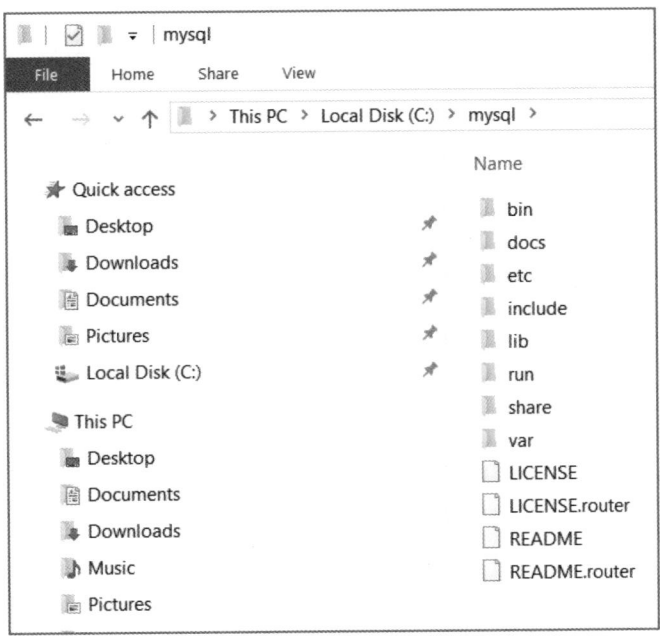

[그림 134] MySQL zip 파일 압축 해제

3) 편리한 사용을 위해서 환경변수를 설정한다. 제어판(윈도우키 + R으로 실행 창을 띄워서 'control' 입력 후 실행)을 열어 작은 아이콘 보기로 하여 System을 클릭한다.

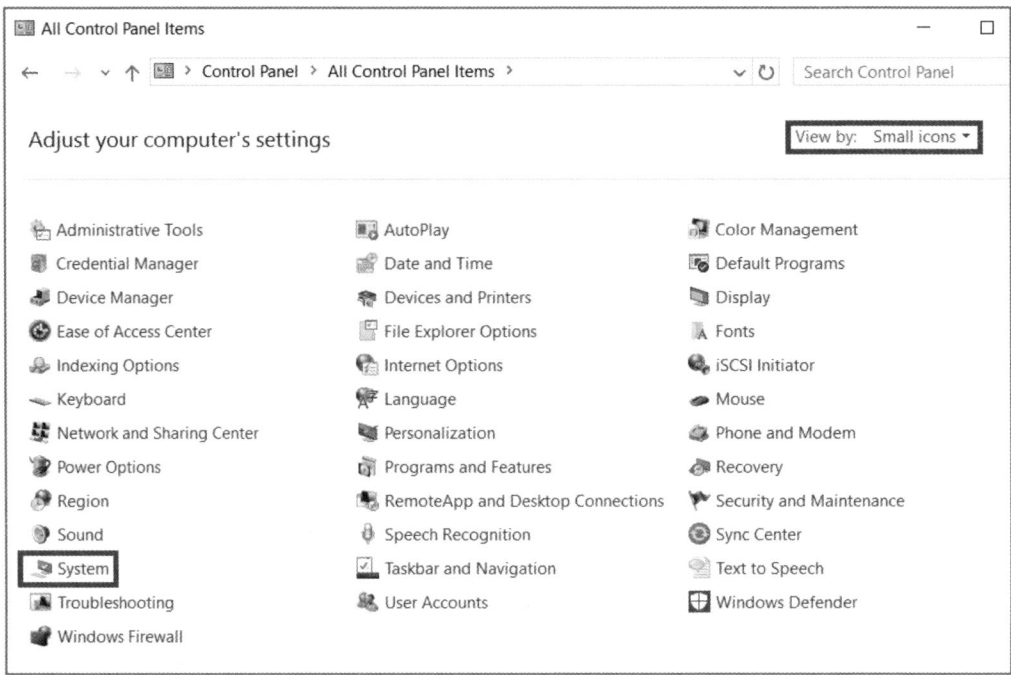

[그림 135] 제어판 모든 메뉴 보기

4) System창이 뜨면 [그림 136]과 같이 [Advanced system settings]를 클릭한다.

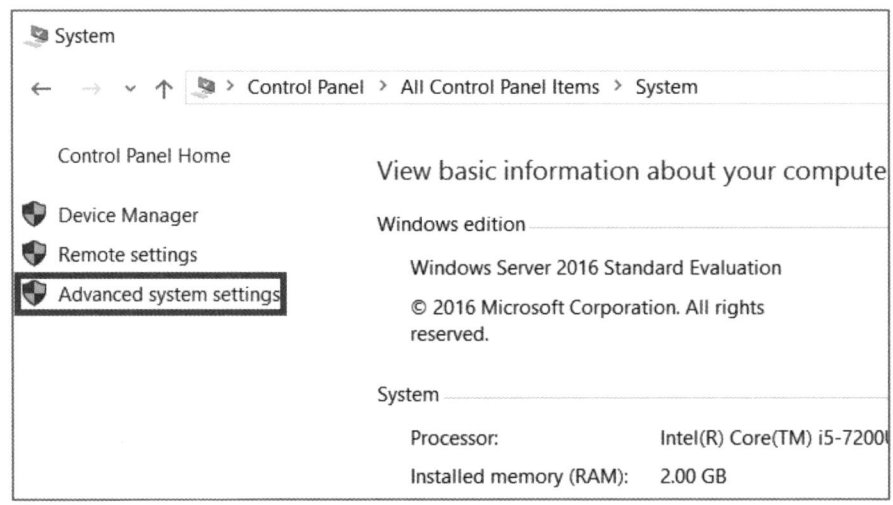

[그림 136] System-Advanced system settings

5) Advanced 탭에서 [Environment Variables...]를 클릭한다.

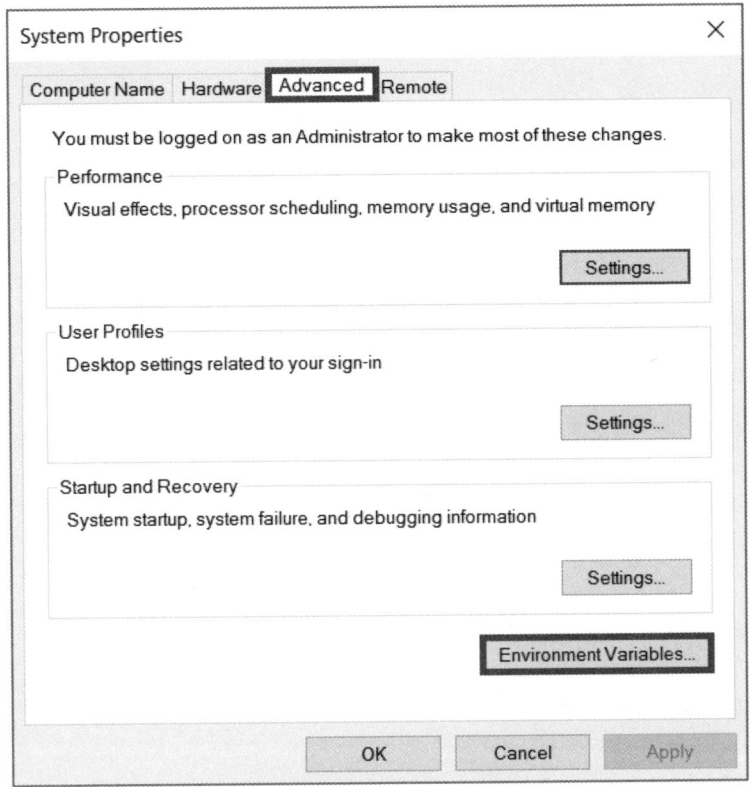

[그림 137] 환경변수 설정하기_1

6) Environment Variables 창의 상단에서 Path를 선택한 후 [Edit...]버튼을 클릭한다.

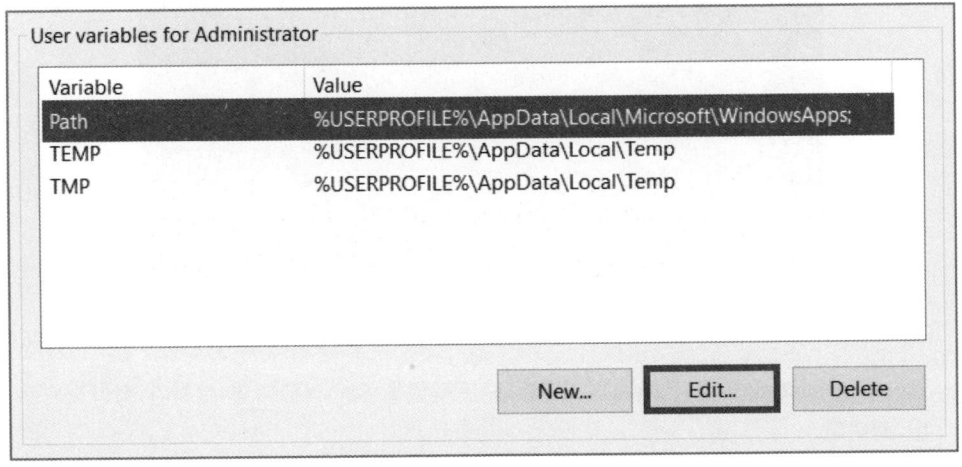

[그림 138] 환경변수 설정하기_2

7) 세미콜론(;)뒤에 C : \mysql\bin을 추가한다.

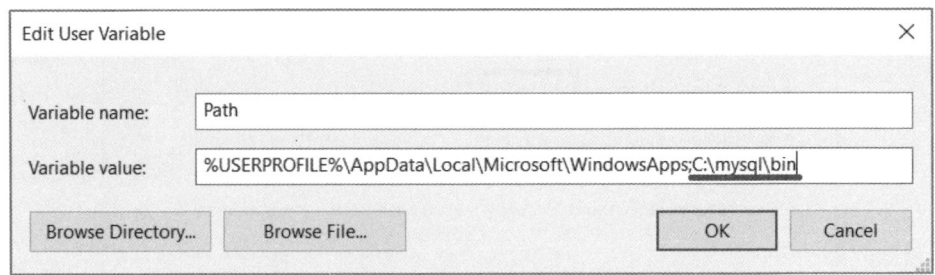

[그림 139] 환경변수 설정하기_3

8) 입력을 완료하였다면 창에서 OK버튼을 눌러준다. 그 후, CMD를 실행한다. (윈도우키 + R로 실행 창을 띄운 후, CMD 입력하고 실행)

9) C : \mysql\bin으로 이동하여 다음 명령을 차례로 입력하면 MySQL 설치가 완료된다.

```
C : \Users\Administrator> cd C : \mysql\bin
// C : \mysql\bin으로 이동

C : \mysql\bin> mysqld --install
// MySQL 설치

C : \mysql\bin> mysqld --initialize
// mysql 초기화
```

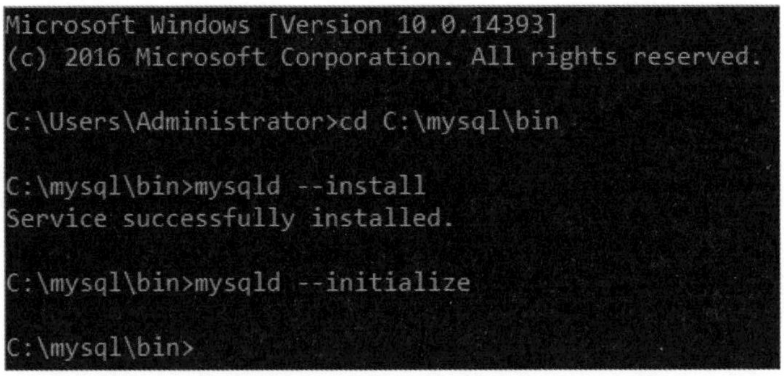

```
Microsoft Windows [Version 10.0.14393]
(c) 2016 Microsoft Corporation. All rights reserved.

C:\Users\Administrator>cd C:\mysql\bin

C:\mysql\bin>mysqld --install
Service successfully installed.

C:\mysql\bin>mysqld --initialize

C:\mysql\bin>
```

[그림 140] MySQL 설치과정

'Service successfully installed.'라는 문자열을 확인하였다면 설치가 정상적으로 완료된 것이다.

설치가 완료되면 계정이 자동으로 생성된다. C : \mysql\data 경로로 이동하여 .err 파일을 메모장으로 열어보면 패스워드를 볼 수 있다.

```
9] [Server] C:\mysql\bin\mysqld.exe (mysqld 8.0.16) initializing of server in progress as
 [Server] A temporary password is generated for root@localhost: Hkat3SH->o<6
0] [Server] C:\mysql\bin\mysqld.exe (mysqld 8.0.16) initializing of server has completed
```

[그림 141] .err에서 확인한 MySQL 기본 생성 계정 비밀번호

5) MySQL에 접속하여 비밀번호를 재 설정해준다. CMD 창에서 아래 명령을 입력하여 접속한다.

```
C : \Users\Administrator> mysql -u root -p
Enter Password :
```

만약 패스워드를 입력해도 접속이 되지 않고 ERROR 2003이 뜨면 아래 방법을 시도해본다.

윈도우 검색창에서 Services를 입력하여 서비스 앱을 실행한다.

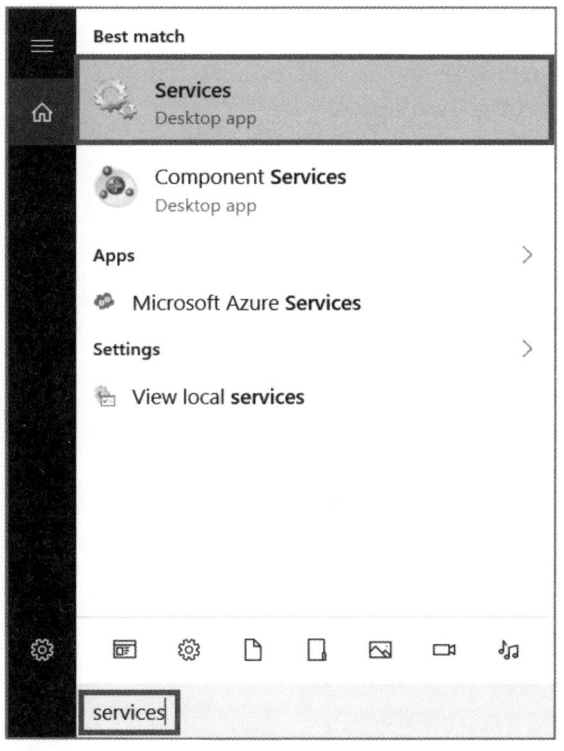

[그림 142] 서비스 앱 실행

PART 3. MySQL 데이터베이스 포렌식 157

다음 [그림 143]과 같이 창이 뜨면 MySQL을 찾아 더블클릭한다.

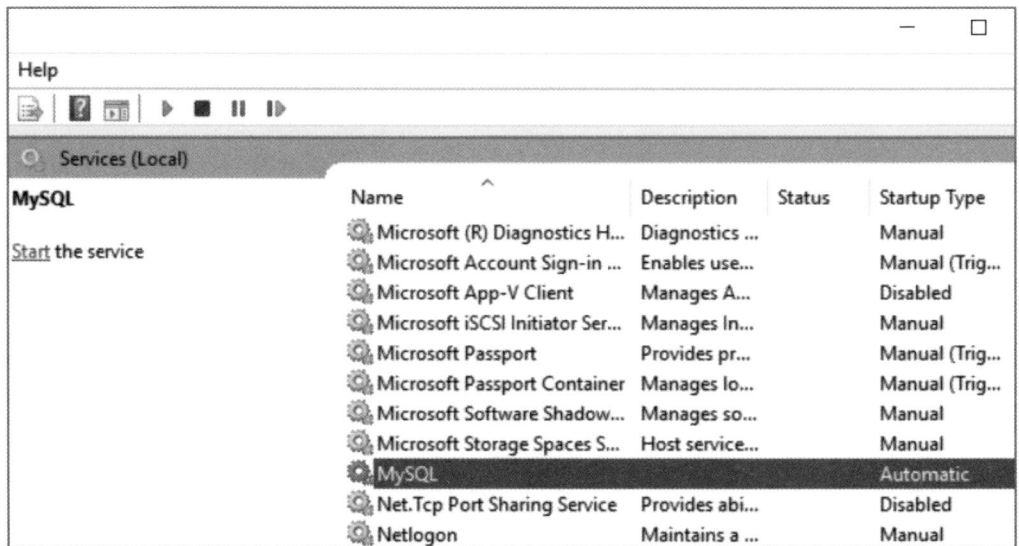

[그림 143] MySQL ERROR 2003 문제 해결하기_1

[그림 144]와 같은 창이 뜨면 Running 버튼을 클릭한다. Status가 Running으로 바뀌는 것을 확인하였다면 OK버튼을 누르고 다시 mysql에 접속한다. mysql 접속 유무는 CMD 창의 프롬프트가 'mysql>'과 같이 바뀐다.

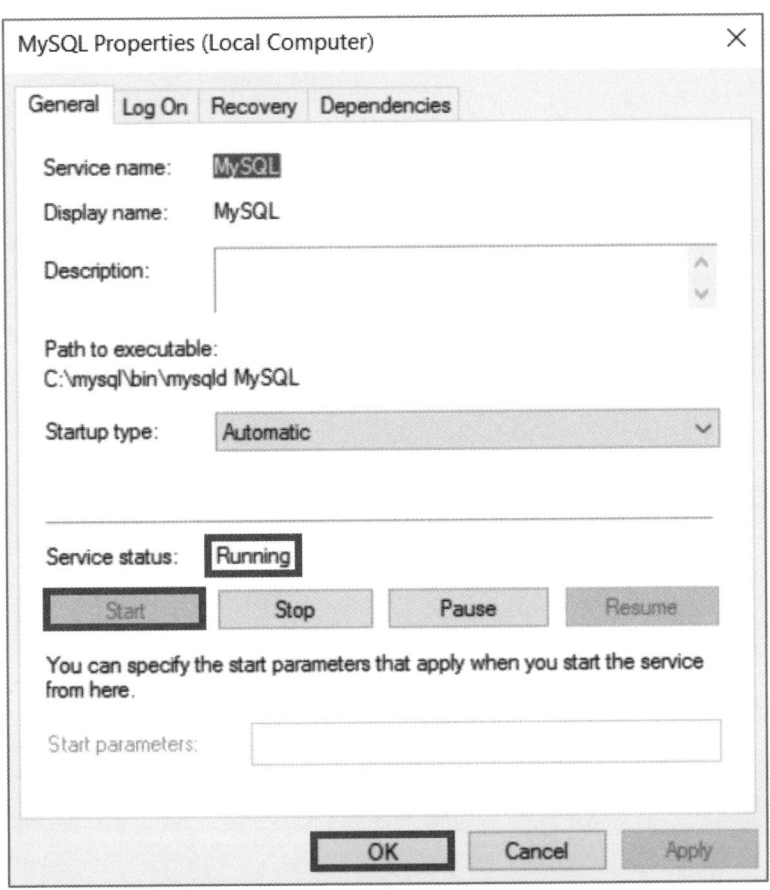

[그림 144] MySQL ERROR 2003 문제 해결하기_2

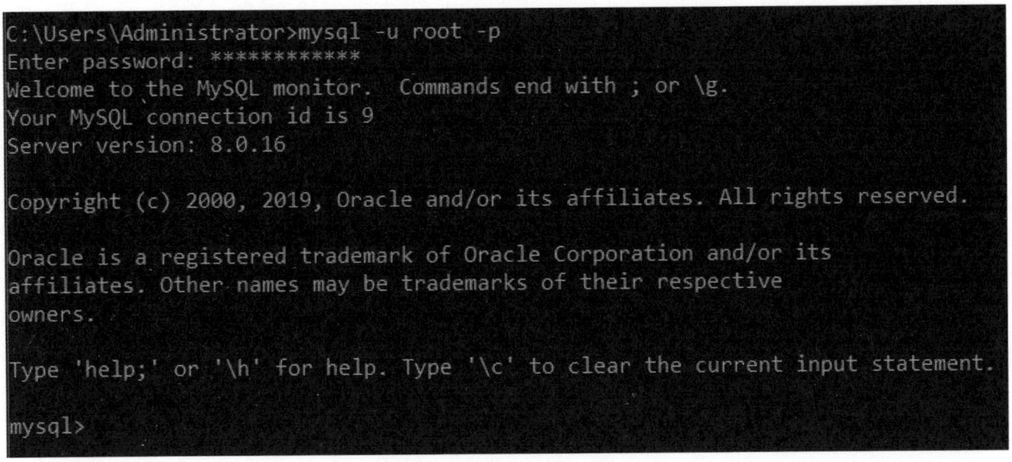

[그림 145] MySQL 접속 성공

추후 실습의 용이성을 위해서 비밀번호를 초기화 및 변경하자.

```
mysql> alter user user() identified by '';
// 비밀번호를 초기화한다.

mysql> use mysql;
// mysql 데이터베이스를 사용한다.

mysql> alter user 'root'@'localhost' identified by '원하는_비밀번호';
// root@localshot 계정의 비밀번호 변경
```

3.1.2 CentOS 환경 구축

가상 머신 : VMWare Workstation Pro 15
운영체제 : CentOS 7.6

가) 설치 전 과정

CentOS 이미지 파일은 다음 제시하는 사이트에서 다운로드할 수 있으며, 설치 과정은 카페 게시판에 올려두었으니 참고하여 설치를 하도록 하자.

CentOS 7.6
▶ http://ftp.kaist.ac.kr/CentOS/7.6.1810/isos/x86_64/CentOS-7-x86_64-DVD-1810.iso

CentOS 7.6 설치 과정
▶ https://cafe.naver.com/f0r3ns1c [데이터베이스 포렌식 게시판]

나) MySQL 설치하기

CentOS에서 터미널을 실행하여 다음 명령을 차례로 입력한다.

```
[root@localhost ~]# yum -y install
http://dev.mysql.com/get/mysql57-community-release-el7-11.noarch.rpm

[root@localhost ~]# yum -y install mysql-community-server

[root@localhost ~]# systemctl start mysqld
```

```
[root@localhost ~]# systemctl enable mysqld

[root@localhost ~]# mysql

mysql>
```

> **MySQL RPM 다운로드**
> ▶ http://dev.mysql.com/get/mysql57-community-release-el7-11.noarch.rpm

[그림 146]과 같은 에러가 발생하였다면 root계정 접속을 위해서 비밀번호를 입력해야 한다는 것이다. 앞선 Windows의 MySQL 환경 구축 때와 같이 MySQL은 설치 후 초기 비밀번호를 바꿔주어야 한다.

```
[root@localhost ~]# mysql
ERROR 1045 (28000): Access denied for user 'root'@'localhost' (using password: NO)
```

[그림 146] MySQL 패스워드 에러

초기 패스워드는 /var/log/mysqld.log 파일에 나와 있다. 터미널을 하나 더 열어 cat 명령어로 mysqld.log 파일 내부를 살펴보자.

```
[root@localhost ~]# cat /var/log/mysqld.log
```

상단부터 내용을 확인하면 'A temporary password is generated for root@localhost'라는 문자열 옆에 비밀번호를 발견할 수 있다.

```
[root@localhost ~]# cat /var/log/mysqld.log
2019-07-18T01:07:55.625514Z 0 [Warning] TIMESTAMP with implicit DEFAULT value is deprecated. Please use --explicit_defaults_for_timestamp server option (see documentation for more details).
2019-07-18T01:07:56.213674Z 0 [Warning] InnoDB: New log files created, LSN=45790
2019-07-18T01:07:56.460615Z 0 [Warning] InnoDB: Creating foreign key constraint system tables.
2019-07-18T01:07:56.518581Z 0 [Warning] No existing UUID has been found, so we assume that this is the first time that this server has been started. Generating a new UUID: 7a16de9b-a8f8-11e9-ac4b-000c2975c2e7.
2019-07-18T01:07:56.519264Z 0 [Warning] Gtid table is not ready to be used. Table 'mysql.gtid_executed' can
2019-07-18T01:07:56.519650Z 1 [Note] A temporary password is generated for root@localhost: )%0dfhc7cErk
2019-07-18T01:08:02.956140Z 0 [Warning] TIMESTAMP with implicit DEFAULT value is deprecated. Please use --explicit_defaults_for_timestamp server option (see documentation for more details).
```

[그림 147] MySQL 초기 비밀번호

해당 문자열을 복사하여(마우스 우클릭으로 복사하거나 Ctrl + Shift + C) mysql 접속에 사용한다. 올바르게 입력하였다면 프롬프트가 mysql>로 바뀔 것이다.

```
[root@localhost ~]# mysql -u root -p
Enter password:
Welcome to the MySQL monitor.  Commands end with ; or \g.
Your MySQL connection id is 9
Server version: 5.7.26

Copyright (c) 2000, 2019, Oracle and/or its affiliates. All rights reserved.

Oracle is a registered trademark of Oracle Corporation and/or its
affiliates. Other names may be trademarks of their respective
owners.

Type 'help;' or '\h' for help. Type '\c' to clear the current input statement.

mysql>
```

[그림 148] MySQL 접속 성공

이제 비밀번호를 바꾸는 작업을 수행해보자.

```
mysql> SET GLOBAL validate_password_policy=LOW;
// 수월한 패스워드 변경을 위해서 패스워드 정책을 낮은 수준으로 설정한다.

mysql> alter user user() identified by '원하는_비밀번호';
```

```
mysql> alter user user() identified by '        ';
Query OK, 0 rows affected (0.00 sec)
```

[그림 149] 패스워드 변경

패스워드 변경이 제대로 되었는지 확인하기 위해서 재접속을 해보도록 한다.

지금까지 MySQL 환경 구축에 대해서 살펴보았다. 이제 MySQL 아키텍처에 대해 살펴보도록 하자.

3.2 MySQL 아키텍처

3.2.1 물리적 계층

MySQL에서 물리적 계층은 저장 엔진(Storage Engine)을 포함하는 부분으로 실질적으로 데이터를 저장하거나 검색하는 작업이 이루어지는 곳이다. 다른 RDBMS와의 차이점은 플러그인 방식의 저장 엔진 기능이다. MySQL에서 사용할 수 있는 다양한 엔진에는 기본 설정으로 되어있는 InnoDB부터 시작해서 MyISAM, Archive, CSV, Memory 등 다양하다.

[표 18] MySQL 물리적 계층 구조

Physical Architecture	
Progaram Log Files	Data Directory

Progaram Log Files
   -Libraries
   -Documents
   -Supports Files(Unix)
   -Socket Files(Unix)
 	
Program Executable Files
  -mysql
  -mysqld
  -mysqladmin
  -mysqldump
  -mysqlupgrade
  -mysqlbinlog
  - ...
	Data Directory
	   -Server Log Files
	   -Status File
	   -InnoDB Log Files
	   -InnoDB System Tablespace
	   -InnoDB Log Buffer
	   -InnoDB General Table space
	   -InnoDB Undo Tablespace
	   -InnoDB Tmp Tablespace
	
	Data Sub-Directory
	   -Data and Index Files(.ibd)
	   -Obejct Structure FIles(.frm, .opt)

MySQL은 Data Directory 아래에 데이터베이스 이름으로 하위 폴더를 생성한다. 즉, 모든 생성된 데이터베이스는 자신들만의 Data Directory를 갖는다. 그리고 해당 데이터베이스에서 테이블을 생성하면, 테이블에 대한 정보를 담고 있는 .frm 파일이 테이블 이름으로 생성된다. 여기서 frm 파일은 데이터를 저장하는 파일이 아니라 단순히 테이블 구조에 대한 정의만 담고 있다.

```
[root@localhost ~]# cd /var/lib/mysql
[root@localhost mysql]# ls -l
합계 110604
-rw-rw----. 1 mysql mysql       56 11월  3  2017 auto.cnf
-rw-rw----. 1 mysql mysql 50331648  5월 15 10:40 ib_logfile0
-rw-rw----. 1 mysql mysql 50331648 11월  3  2017 ib_logfile1
-rw-rw----. 1 mysql mysql 12582912  5월 15 10:40 ibdata1
drwx------. 2 mysql mysql       54 11월  3  2017 joker
drwx------. 2 mysql mysql     4096 11월  3  2017 mysql
srwxrwxrwx. 1 mysql mysql        0  5월 15 10:40 mysql.sock
drwx------. 2 mysql mysql     4096 11월  3  2017 performance_schema
```

[그림 150] joker 데이터베이스의 Data Directory

```
[root@localhost mysql]# cd joker
[root@localhost joker]# ls -l
합계 112
-rw-rw----. 1 mysql mysql    61 11월  3  2017 db.opt
-rw-rw----. 1 mysql mysql  8650 11월  3  2017 joker.frm
-rw-rw----. 1 mysql mysql 98304 11월  3  2017 joker.ibd
```

[그림 151] joker 테이블의 frm파일

이제 MySQL의 설정파일 내용을 살펴보자. MySQL의 설정파일에서는 Base Directory와 Data Directory의 경로를 확인할 수 있고, 각종 로그 파일의 경로를 지정해줄 수 있다. Unix 계열에서 구동하는 MySQL의 경우 설정 파일이름은 my.cnf이며 제공된 실습환경에선 /etc/my.cnf경로에 존재한다. Windows Server에서는 my.ini이며, 제공된 실습 환경에선 C:\ProgramData\MySQL\MySQL Server 5.6\my.ini에 존재한다. my.cnf 또는 my.ini 파일의 내용은 다음과 같다.

[표 19] MySQL 설정파일 내용 (Unix계열 /etc/my.cnf)

```
# For advice on how to change settings please see
# http://dev.mysql.com/doc/refman/5.6/en/server-configuration-defaults.html

[client]
default-character-set = utf8

[mysql]
default-character-set=utf8

[mysqldump]
default-character-set=utf8

[mysqld]            // 각종 로그 경로를 설정하는 섹션
#
# Remove leading # and set to the amount of RAM for the most important data
# cache in MySQL. Start at 70% of total RAM for dedicated server, else 10%.
```

```
# innodb_buffer_pool_size = 128M
#
# Remove leading # to turn on a very important data integrity option : logging
# changes to the binary log between backups.
# log_bin                                        // Binary Log 설정하는 곳
#
# Remove leading # to set options mainly useful for reporting servers.
# The server defaults are faster for transactions and fast SELECTs.
# Adjust sizes as needed, experiment to find the optimal values.
# join_buffer_size = 128M
# sort_buffer_size = 2M
# read_rnd_buffer_size = 2M
datadir=/var/lib/mysql              // Data Directory 경로
socket=/var/lib/mysql/mysql.sock

character-set-server=utf8
collation-server=utf8_general_ci
init_connect=SET collation_connection = utf8_general_ci
init_connect=SET NAMES utf8

character-set-client-handshake = FALSE
skip-character-set-client-handshake

# Disabling symbolic-links is recommended to prevent assorted security risks
symbolic-links=0

# Recommended in standard MySQL setup
sql_mode=NO_ENGINE_SUBSTITUTION,STRICT_TRANS_TABLES

[mysqld_safe]
log-error=/var/log/mysqld.log            // Error Log 경로
pid-file=/var/run/mysqld/mysqld.pid
```

설정 파일 내용을 굳이 열어보지 않고 Base Directory나 Data Directory 경로를 확인할 수도 있다.

```
mysql> SHOW VARIABLES WHERE Variable_name LIKE 'basedir';
// Base Directory의 경로를 확인한다.

mysql> SHOW VARIABLES WHERE Variable_name LIKE 'datadir';
// Data Directory의 경로를 확인한다.
```

```
mysql> SHOW VARIABLES WHERE Variable_name LIKE 'basedir';
+---------------+-------+
| Variable_name | Value |
+---------------+-------+
| basedir       | /usr/ |
+---------------+-------+
1 row in set (0.00 sec)
mysql> SHOW VARIABLES WHERE Variable_name LIKE 'datadir';
+---------------+-----------------+
| Variable_name | Value           |
+---------------+-----------------+
| datadir       | /var/lib/mysql/ |
+---------------+-----------------+
1 row in set (0.00 sec)
```

[그림 152] Base Directory와 Data Directory 경로 확인

3.2.2 논리적 계층

논리적 계층은 어플리케이션 계층으로부터 데이터를 받아서 처리하는 역할을 한다. 쿼리 수행(Query Processor), 트랜잭션 관리(Transaction Management), 복구 관리(Recovery Management), 저장 관리(Storage Management)와 같은 서브시스템으로 구성되어 있다.

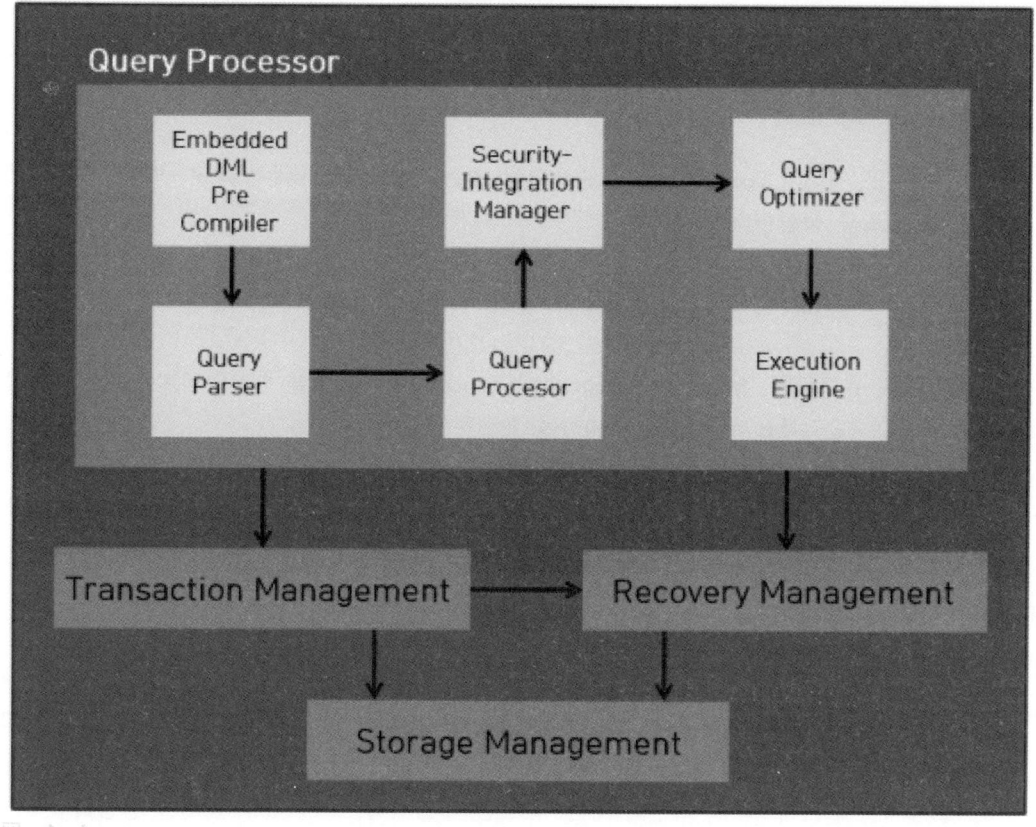

[그림 153] MySQL의 논리적 계층

가) Query Processor

사용자가 쿼리를 입력하고 MySQL 서버에서 해당 쿼리를 수행하는 데 몇 단계의 과정을 거친다.

1) 어플리케이션 계층으로부터 DML 구문(예를 들면 SELECT column_name FROM table_name;)을 요청받으면 SQL 구문으로 번역한다.

2) 클라이언트 세션이 설립되면 명령 수행을 위한 MySQL 스레드가 생성된다.

3) 로컬 혹은 원격에서 작동하는 MySQL 서버(mysqld)로 쿼리를 전송한다. 여기서 "mysqld"는 MySQL Server의 데몬 프로그램으로 백그라운드에서 실행되어 클라이언트로부터 들어오고 나가는 데이터베이스 수행 관련 요청을 처리하는 역할을 한다.

4) 쿼리가 서버 프로세스에 진입하면 MySQL DBMS에서 관리하는 Query Cache에 똑같은 쿼리가 수행된 적인 있는지 확인하는 작업에 들어간다. Query Cache는 빠른 작업을 위해 파싱(Parsing), 프리프로세싱(Preprocessing) 그리고 디스크나 메모리로부터 데이터를 회수하는 동안의 작업 수행 결과를 저장한다.

5) 만약 같은 쿼리가 Query Cache에 존재하지 않는다면, Parser에서 해당 쿼리를 기반으로 트리 구조를 생성한다.

6) 트리 구조가 준비된 후, Query Processor는 쿼리문의 유효성을 확인한다.

7) 쿼리문이 유효하면, Security-Integration Manager에서 쿼리를 통하여 데이터베이스에 접근하려고 하는 사용자의 권한(GRANT)을 확인한다.

8) Security-Integration Manager에서 사용자의 올바른 권한과 접근을 결정하면, 쿼리는 Query Processor에서 가장 중요한 구성요소인 Query Optimizer로 이동한다. Query Optimizer는 MySQL에서 데이터의 검색과 접근을 최대한 빠르게 하기 위한 수행 계획(Execution Plan)을 세우는 곳이다. Query Optimizer는 해당 테이블에서 인덱스의 존재를 찾는다. 만약 테이블에 인덱스가 존재한다면, 저장 엔진이 조금 더 빨리 데이터를 검색할 수 있도록 도와주기 때문이다. 챕터 1에서 SQL 구문 설명 때 잠시 쓴 든 student_info 테이블을 다시 예로 든다면, student_info 테이블에서 인덱스는 stud_id Column이 된다. 이렇게 테이블의 인덱스까지 확인이 되면 MySQL은 실행계획(Execution Plan)을 생성하여 저장 엔진에게 전달한다.

나) Transaction Manager

Transaction Manager는 Log Manager와 Concurrency-Control Manager의 도움을 받아 트랜잭션이 제대로 로그 파일에 기록되고 실행되었는지 확인하는 역할을 한다. 또한 COMMIT과 ROLLBACK 명령을 수행하는 역할을 한다.

다) Recovery Manager

Log Manager는 데이터베이스에서 수행된 모든 MySQL 명령을 이곳에 기록한다. 데이터베이스 시스템 충돌로 인한 데이터 손상으로부터 마지막으로 작업된 데이터를 복구하기 위해 존재한다. 데이터베이스는 Buffer Manager로부터 작업 수행 로그를 받아 시스템 충돌 이전의 마지막 상태로 복구한다.

라) Storage Manager

Storage Manager는 명령을 수행하는 엔진으로부터 요청을 받은 후, Buffer Manager에게 데이터의 메모리 주소와 같은 자세한 정보를 얻어 데이터를 상위 계층(여기서는 어플리케이션 계층)으로 보내는 역할을 한다.

3.2.3 어플리케이션 계층

어플리케이션 계층은 클라이언트가 MySQL RDBMS의 상호작용이 이루어지는 곳이다. MySQL Server 와의 연결 관리, 인증, 보안 서비스가 어플리케이션 계층에서 이루어진다. 주요 구성 요소는 관리자, 클라이언트, 쿼리 사용자이다.

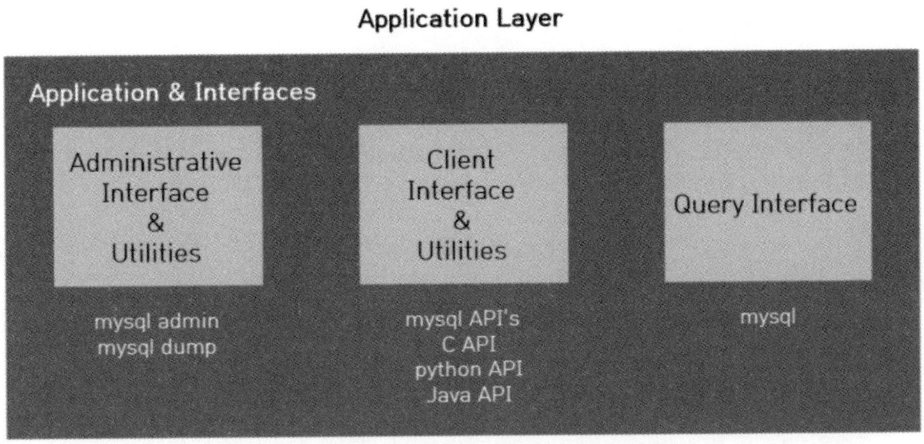

Application Layer

Application & Interfaces

- Administrative Interface & Utilities
  - mysql admin
  - mysql dump
- Client Interface & Utilities
  - mysql API's
  - C API
  - python API
  - Java API
- Query Interface
  - mysql

[그림 154] MySQL 어플리케이션 계층

가) 관리자

관리자 인터페이스나 유틸리티를 사용하는 사람이다. `mysqladmin`이나 `mysqldump`와 같은 관리 명령을 수행하고, MySQL 서버를 시작 또는 종료를 할 수 있으며, 데이터베이스를 생성 또는 삭제할 수 있다. 그리고 `mysqldump`로 만든 데이터베이스 복제 파일로 백업 작업을 수행한다.

나) 클라이언트

클라이언트는 MySQL API를 통하여 서버로 쿼리를 전송한다.

다) 쿼리 사용자

쿼리 사용자는 `mysql` 인터페이스로 MySQL RDBMS를 조작한다.

3.2.4 MySQL 파일 구조

MySQL은 데이터베이스에 대한 정보를 담기 위해 다양한 파일 형식을 사용한다. 이번에는 각각의 파일이 어떻게 읽고 써지는지 그리고 파일 내부에는 어떠한 내용이 들어가 있는지 알아볼 것이다. MySQL은 설정 파일이나 데이터베이스 관련 정보 파일 등을 Data Directory 안에 저장한다. 따라서 Data Directory 경로를 잘 알아두어야 한다.

Data Directory 경로 찾기 :

```
mysql> SHOW VARIABLES WHERE Variable_name LIKE "%dir";
// Variable_name이 "dir"로 끝나는 변수의 이름과 값을 확인한다.
```

Windows Data Directory 경로 :

[그림 155] Windows에서 Data Directory 경로 확인

Linux Data Directory 경로 :

```
mysql> SHOW VARIABLES WHERE Variable_name LIKE "%dir";
+--------------------------+----------------------------+
| Variable_name            | Value                      |
+--------------------------+----------------------------+
| basedir                  | /usr/                      |
| character_sets_dir       | /usr/share/mysql/charsets/ |
| datadir                  | /var/lib/mysql/            |
| innodb_data_home_dir     |                            |
| innodb_log_group_home_dir| ./                         |
| innodb_tmpdir            |                            |
| lc_messages_dir          | /usr/share/mysql/          |
| plugin_dir               | /usr/lib64/mysql/plugin/   |
| slave_load_tmpdir        | /tmp                       |
| tmpdir                   | /tmp                       |
+--------------------------+----------------------------+
```

[그림 156] Linux에서 Data Directory 경로 확인

가) FRM 파일

MySQL은 사용자가 선택한 저장 엔진에 상관없이 테이블을 생성하면 동일하게 .frm 파일을 생성한다. 테이블의 정의에 대한 정보를 담고 있으며 어떤 플랫폼이든 파일 형식이 같다. .frm파일 생성을 확인하기 위하여 joker 데이터베이스 안에 test 테이블을 생성해보자.

```
mysql> USE joker;
mysql> CREATE TABLE test (col1 char(25), col2 int);
Query OK, 0 rows affected (0.01 sec)
```

생성을 완료했다면 Data Directory로 들어가 해당 테이블명으로 생성된 .frm 파일의 존재를 확인해 보자.

Windows 환경 :

```
C:\Users\Administrator> cd C:\mysql\data\
// MySQL의 Data Directory로 이동

C:\Users\Administrator> cd joker
// joker 데이터베이스 디렉토리로 이동

C:\Users\Administrator> dir
// joker 데이터베이스 디렉토리 안의 파일 나열
```

```
C:\mysql\data\joker>dir
 Volume in drive C has no label.
 Volume Serial Number is 928C-9988

 Directory of C:\mysql\data\joker

2019-05-18  오전 09:28    <DIR>          .
2019-05-18  오전 09:28    <DIR>          ..
2017-11-03  오전 12:52                65 db.opt
2017-11-03  오전 12:55             8,650 joker.frm
2017-11-03  오전 01:00            98,304 joker.ibd
2019-05-18  오전 09:28             8,590 test.frm
2019-05-18  오전 09:28            98,304 test.ibd
               5 File(s)        213,913 bytes
               2 Dir(s)  18,405,318,656 bytes free
```

[그림 157] frm 파일 생성 확인

Linux 환경 :

```
[root@localhost ~]# cd /var/lib/mysql
// MySQL의 Data Directory로 이동

[root@localhost mysql]# cd joker
// joker 데이터베이스 디렉토리로 이동

[root@localhost joker]# ls -l
// joker 데이터베이스 디렉토리 안의 파일 나열
```

ls -l 명령으로 파일 목록을 확인하면 기존 테이블 joker의 frm파일과 함께 새로 생성된 test.frm 파일을 볼 수 있다.

```
[root@localhost joker]# ls -l
합계 220
-rw-rw----. 1 mysql mysql     61 11월  3  2017 db.opt
-rw-rw----. 1 mysql mysql   8650 11월  3  2017 joker.frm
-rw-rw----. 1 mysql mysql  98304 11월  3  2017 joker.ibd
-rw-rw----. 1 mysql mysql   8590  5월 15 18:56 test.frm
-rw-rw----. 1 mysql mysql  98304  5월 15 18:56 test.ibd
```

[그림 158] frm 파일 생성 확인

frm 파일 구조를 좀 더 자세히 이해하기 위하여 test.frm 파일을 호스트 컴퓨터로 드래그하여 복사한 후, HxD로 열어보자. 많은 널 값과 중간 중간에 알아볼 수 있는 문자열이 보인다. 책에서는 테이블 구조와 직접적으로 연관된 몇 가지 데이터의 오프셋 위치만 다루므로 좀 더 자세한 오프셋 분석을 보고 싶다면 다음 링크를 참조하자.

> **frm 파일 오프셋 분석**
> ▶ dev.mysql.com/doc/internals/en/frm-file-format.html
> 위 사이트에서도 언급이 되었지만, frm 파일은 바이너리 파일을 텍스트 파일로 변환시킨 것이기 때문에 데이터의 오프셋이 매번 일정하지 않다. 그리고 테이블의 구성에 따라서도 오프셋이 변하기 때문에 데이터의 대략적인 위치만 참고한다.

■ FRM File Header Section

```
Offset(h) 00 01 02 03 04 05 06 07 08 09 0A 0B 0C 0D 0E 0F  Decoded text
00000000  FE 01 09 0C 03 00 00 10 01 00 00 30 00 00 10 00  þ..........0....
00000010  50 00 00 00 00 00 00 00 00 00 00 02 08 00 08 00  P...............
00000020  00 05 00 00 00 00 21 00 00 00 00 00 00 00 00 10  ......!.........
00000030  00 00 00 00 CE C5 00 00 1B 00 00 00 00 00 00 00  ....ÎÅ..........
00000040  2F 2F 00 00 20 00 00 00 00 00 00 00 00 00 00 00  //..............
```

[그림 159] FRM File Header Section

■ FRM File Key Information Section

테이블의 키에 대한 정보가 저장되는 섹션이다.

```
00001000  00 00 00 00 02 00 FF 00 00 00 00 00 00 00 00 00  ......ÿ.........
00001010  FF 20 20 20 20 20 20 20 20 20 20 20 20 20 20 20  ÿ
00001020  20 20 20 20 20 20 20 20 20 20 20 20 20 20 20 20
00001030  20 20 20 20 20 20 20 20 20 20 20 20 20 20 20 20
00001040  20 20 20 20 20 20 20 20 20 20 20 20 20 20 20 20
00001050  20 20 20 20 20 20 20 20 20 20 20 20 00 00 00 00      ....
00001060  00 00 06 00 49 6E 6E 6F 44 42 00 00 00 00 00 00  ....InnoDB......
00001070  0B 00 00 00 00 00 00 00 00 00 00 00 00 00 00 00  ................
```

[그림 160] FRM File Key Information Section

[표 20] FRM File Key Information Offset

오프셋	길이	값	설명
1000	1Byte	00	키(또는 인덱스)가 없을 경우 00
1065	6Byte	"InnoDB"	저장 엔진 이름(파티셔닝 되어있다면 파티션 구문이 이곳에 온다.)

■ FRM File Column Information Section

```
00002100  01 00 02 00 40 00 56 00 00 00 50 00 0C 00 00 00   ....@.V...P.....
00002110  00 00 00 00 00 00 50 00 16 00 02 00 00 00 00 00   ......P.........
00002120  40 00 03 02 02 14 29 20 20 20 20 20 20 20 20 20   @.....)
00002130  20 20 20 20 20 20 20 20 20 20 20 20 20 20 20 20
00002140  20 20 20 20 20 20 20 20 20 20 20 20 20 20 20 00                  .
00002150  04 00 05 63 6F 6C 31 00 05 00 05 63 6F 6C 32 00   ...coll....col2.
00002160  04 05 4A 4B 00 02 00 00 00 80 00 00 00 FE 21 00   ..JK.....€...þ!.
00002170  00 05 05 0B 0B 00 4D 00 00 1B 80 00 00 00 03 21   ......M...€....!
00002180  00 00 FF 63 6F 6C 31 FF 63 6F 6C 32 FF 00         ..ÿcollÿcol2ÿ.
```

[그림 161] FRM File Column Information Section

[표 21] FRM File Column Information Offset

오프셋	길이	값	설명
2100	2Byte	01	항상 같은 값
2102	2Byte	0002	Column 개수
2152	1Byte	05	첫 번째 Column 이름의 길이 (문자열의 끝을 알리는 "\0"을 포함한 값이다. "\0"은 hex값으로 00이다.)
2153		"col1"	첫 번째 Column 이름
215A	1Byte	05	두 번째 Column 이름의 길이
215B		"col2"	두 번째 Column 이름
216D	1Byte	FE	첫 번째 Column의 데이터 타입 (문자열의 경우 FE)
217E	1Byte	03	두 번째 Column의 데이터 타입 (정수의 경우 03)

나) InnoDB 파일

InnoDB는 MySQL 테이블이 생성될 때마다 파일을 생성하는 "File Per Table"(정확히는 "Space Per Table") 방식으로 작동한다. IBD 파일은 앞서 살펴본 FRM 파일처럼 각 테이블마다 하나씩 생성이 된다. 또한 FRM과 같은 경로에 저장되어 FRM 파일과 함께 IBD 파일의 존재를 확인할 수 있다.

Windows계열 IBD 파일 존재 :

```
C:\mysql\data\joker>dir
 Volume in drive C has no label.
 Volume Serial Number is 928C-9988

 Directory of C:\mysql\data\joker

2019-05-18  오전 09:28    <DIR>          .
2019-05-18  오전 09:28    <DIR>          ..
2017-11-03  오전 12:52                65 db.opt
2017-11-03  오전 12:55             8,650 joker.frm
2017-11-03  오전 01:00            98,304 joker.ibd
2019-05-18  오전 09:28             8,590 test.frm
2019-05-18  오전 09:28            98,304 test.ibd
               5 File(s)        213,913 bytes
               2 Dir(s)  18,405,318,656 bytes free
```

[그림 162] Windows에서 IBD 파일 확인

Linux계열 IBD 파일 존재 :

```
[root@localhost joker]# ls -l
합계 220
-rw-rw----. 1 mysql mysql    61 5월 17 22:29 db.opt
-rw-rw----. 1 mysql mysql  8650 5월 17 23:08 joker.frm
-rw-rw----. 1 mysql mysql 98304 5월 17 23:08 joker.ibd
-rw-rw----. 1 mysql mysql  8590 5월 17 22:33 test.frm
-rw-rw----. 1 mysql mysql 98304 5월 17 22:33 test.ibd
```

[그림 163] CentOS에서 IBD 파일 확인

■ InnoDB의 INDEX 구조

FIL Header (FILE Header)
INDEX Header
FSEG Header
FSEG Header
System Records
User Records
Free Space
Page Directory
FIL Trailer (FILE Trailer)

■ **FIL Header (FILE Header)**

모든 페이지마다 들어가 있는 부분으로 다음 페이지와 이전 페이지에 대한 포인터 정보를 담고 있다.

■ **INDEX Header**

INDEX 페이지에 대한 정보와 레코드 관리 데이터를 담고 있다.

■ **FSEG Header**

File Segment에 대한 포인터 정보를 담고 있다.

■ **System Records**

System Records에는 Infimum과 Supremum이 있다. 페이지의 지정된 장소에 저장되므로 직접 오프셋으로 찾을 수 있다.

■ **User Records**

사용자의 데이터가 저장되는 공간이다.

■ **Page Directory**

매 4 또는 8페이지마다의 레코드에 대한 정보를 담고 있다.

■ **IBD 파일의 구조**

IBD 파일의 전체적인 페이지 구조는 다음과 같다.

```
┌─────────────────────────────────────────────────────┐
│     FSR_HDR : Filespace Header/ Extent Descriptor   │
├─────────────────────────────────────────────────────┤
│     IBUF_BITMAP : INSERT Buffer Bookkeeping         │
├─────────────────────────────────────────────────────┤
│          INODE : Index Node Information             │
├─────────────────────────────────────────────────────┤
│          INDEX : Root page of first index           │
├─────────────────────────────────────────────────────┤
│         INDEX : Root page of second index           │
├─────────────────────────────────────────────────────┤
│              INDEX : Node pages ...                 │
├─────────────────────────────────────────────────────┤
│              INDEX : Leaf pages ...                 │
├─────────────────────────────────────────────────────┤
│      ALLOCATED : Reserved but unused pages ...      │
├─────────────────────────────────────────────────────┤
│                                                     │
│                  More pages ...                     │
│                                                     │
└─────────────────────────────────────────────────────┘
```

처음 3페이지 FSR_HDR, IBUF_BIMAP, INODE는 고정적으로 할당되는 필수적인 페이지들이다. 그 다음으로 나오는 INDEX : Root page of first index는 테이블이 생성된 시간 순으로 각각의 인덱스를 담고 있는 루트 페이지이다. 사용자의 데이터는 3번 페이지(INDEX : Root page of first index)를 기반으로 한 B+ 트리 구조[32]로 관리된다. 트리 구조의 시작점인 루트 페이지는 InnoDB의 Data Directory에 위치하고 있다. 트리는 루트 페이지 하나만 존재하는 매우 작은 크기일 수도 있고, 많은 페이지 레벨이 존재하고 엄청난 양의 페이지들을 담고 있을 수도 있다.

페이지는 leaf 페이지와 non-leaf 페이지로 구분한다. (non-leaf 페이지는 internal 또는 node 페이지라고 부르기도 한다.) leaf 페이지는 데이터베이스 레코드를 저장하고 있다. non-leaf 페이지는 다른 non-leaf 페이지나 leaf 페이지로 가는 주소 값을 저장하는 포인터 역할을 한다.

InnoDB는 각 페이지마다 레벨을 지정한다. leaf 페이지가 레벨 0을 지정받고, 레벨은 트리 구조의 상단에 갈수록 올라간다. 따라서 루트 페이지의 레벨은 트리 구조의 크기에 따라 결정된다.

---

32) B+ 트리란 트리형식의 자료구조의 일종으로 키에 의해 식별되는 레코드의 효율적인 삽입, 검색, 삭제로 정렬된 데이터를 표현한다.

■ InnoDB의 B+ 트리 구조

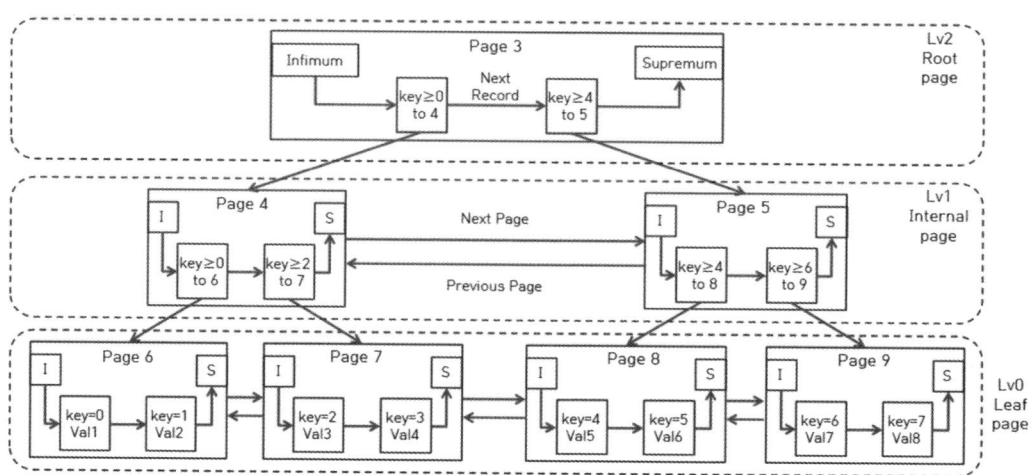

[그림 164] InnoDB의 B+ 트리 구조

[그림 164]를 보면서 InnoDB의 트리 구조 개념을 다시 알아보자. 사용자 데이터 관리는 페이지 3번부터 시작한다. InnoDB는 페이지의 계층별로 레벨을 부여하는데, 가장 하위 계층에 속한 페이지들은 레벨0으로 leaf 페이지라고 부른다. 상단으로 갈수록 높은 레벨을 부여받으며 트리 구조가 커질수록 최상단인 Root 페이지의 레벨이 커진다. Leaf도 Root도 아닌 최고 레벨과 최저 레벨 사이의 페이지는 non-leaf또는 internal 페이지라고 한다.

각 페이지는 Infimum, 레코드 그리고 Supremum으로 구성되며 내부의 오프셋 링크는 Infimum에서 시작하여 Supremum에서 끝난다. leaf 페이지는 레코드에 키 값과 키 값이 아닌 데이터를 저장한다. non-leaf 페이지는 레코드에 자식 페이지의 키 값과 다음 페이지로의 링크를 저장한다.

■ 사용자 데이터 확인하기

레코드 정보가 들어 있는 joker 테이블의 IBD 파일을 호스트 컴퓨터로 드래그 복사하여 HxD 프로그램으로 열어보자. Ctrl+F로 찾기 창을 열어 텍스트 문자열 탭에서 'infimum' 또는 'supremum' 문자열을 검색해보자.

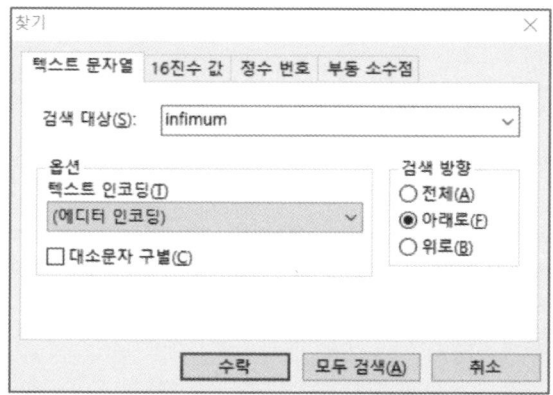

[그림 165] HxD 문자열 검색

수락 버튼을 누르면 사용자의 데이터가 왼쪽에 문자열로 보인다.

```
02 00 1F 69 6E 66 69 6D 75 6D 00 05 00 0B 00 00   ...infimum......
73 75 70 72 65 6D 75 6D 0E 0C 03 06 00 00 00 10   supremum........
00 40 00 00 00 00 03 04 00 00 00 00 1B 35 A5 00   .@...........5¥.
00 01 5B 01 10 65 6E 63 61 73 65 6A 6F 6E 30 37   ..[..encasejon07
30 2D 34 34 35 2D 32 34 35 36 61 62 63 64 40 67   0-445-2456abcd@g
6D 61 69 6C 2E 63 6F 6D 0F 0D 03 05 00 00 00 18   mail.com........
00 41 00 00 00 00 03 05 00 00 00 00 1B 35 A5 00   .A...........5¥.
00 01 5B 01 1E 6A 6F 6B 65 72 6C 65 65 30 31 30   ..[..jokerlee010
2D 34 36 31 31 2D 31 31 33 33 6A 6F 6B 65 72 40   -4611-1133joker@
67 6D 61 69 6C 2E 63 6F 6D 0F 0C 03 04 00 00 00   gmail.com.......
20 00 3F 00 00 00 00 03 06 00 00 00 00 1B 35 A5    .?...........5¥
00 00 01 5B 01 2C 73 74 61 72 6B 69 6D 30 38 30   ...[.,starkim080
2D 33 31 32 2D 33 31 31 33 73 74 61 72 37 40 67   -312-3113star7@g
73 74 61 72 2E 63 6F 6D 0E 0C 04 04 00 00 00 28   star.com.......(
FF 2E 00 00 00 03 07 00 00 00 00 1B 35 A5 00      ÿ............5¥.
00 01 5B 01 3A 62 65 6F 6D 70 61 72 6B 30 36 30   ..[.:beompark060
2D 36 36 36 2D 36 35 34 33 74 69 67 65 72 40 62   -666-6543tiger@b
65 6F 6D 2E 63 6F 6D 00 00 00 00 00 00 00 00 00   eom.com.........
```

[그림 166] IBD 파일의 사용자 데이터 부분

여기까지 간략하게 IBD 파일의 구조에 대해서 알아보았다. 다음 제공하는 링크는 전문가의 관점에서 InnoDB의 작동방식과 파일의 구조 및 오프셋 등을 세세하게 분석하였으므로 보다 InnoDB에 대하여 더 자세하게 알고 싶다면 해당 블로그의 링크를 참고하는 것을 추천한다.

> **InnoDB에 대한 상세한 분석**
> ▶ blog.jcole.us/innodb/

지금까지 MySQL의 아키텍처에 대해 살펴보았으며, 다음절에서는 MySQL의 기본 조작에 대해 살펴보도록 하자.

3.3 MySQL 기본 조작

3.3.1 Windows Server 2016에서 MySQL 실행하기

1) 앞서 설치한 MySQL이 설치된 Windows Server 2016을 가상머신을 통해 실행하여 시작 잠금 화면에서 Alt+Delete+Insert 누른 후, Administrator 계정으로 접속한다.
　　패스워드 : joker12#$ (필자가 구축한 환경의 패스워드이다.)

2) CMD[33])에서 MySQL을 실행한다.

```
C:\Users\Administrator> mysql -u root -p        // 호스트에서 root로 접속
Enter password :                                 // 패스워드 joker12#$ 입력
C:\Users\joker>
```

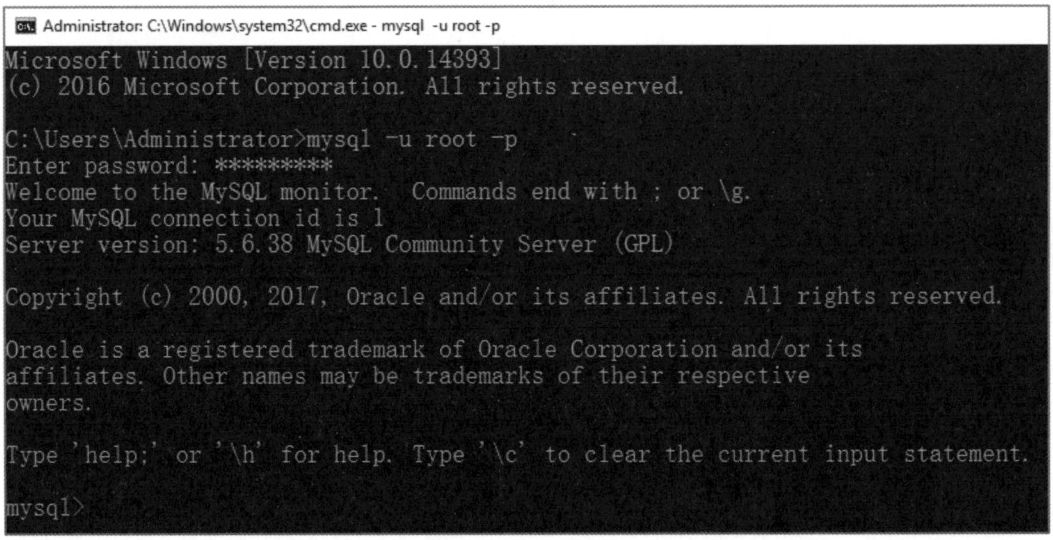

[그림 167] Windows Server에서 MySQL 실행 첫 화면

접속을 끊는 명령은 exit이다.

3) 생성된 데이터베이스 목록을 확인한다.

---

33) Window키 + R로 CMD를 입력하여 실행한다.

```
mysql> show databases;
//데이터베이스 목록을 확인한다. 여기서 SHOW명령은 대소문자를 구분하지 않는다.
```

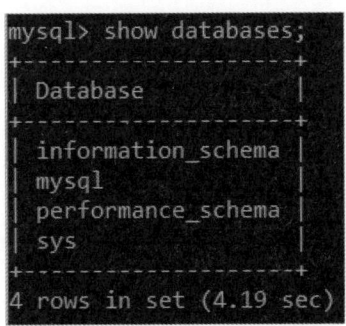

[그림 168] 데이터베이스 목록

Windows Server의 MySQL 데이터베이스 목록에는 information_schema, joker, mysql, performance_schema, test가 있다. information_schema는 메타데이터를 종류별로 묶은 테이블의 집합이다. performance_schema는 MySQL 5.5버전부터 제공하는 강력한 서버 모니터링 기능으로 데이터베이스의 전체적인 상황을 살피는 데에 유용하다. 해당 기능을 활성화하면 오버헤드로 인해 성능이 약 1~3%정도 하락한다.

3.3.2 CentOS 7.6에서 MySQL 실행하기

1) CentOS에서 터미널을 실행한다.
   바탕화면 맨 위 프로그램 메뉴를 클릭하면 오른쪽에 터미널 아이콘을 확인할 수 있다. 클릭하여 실행한다.

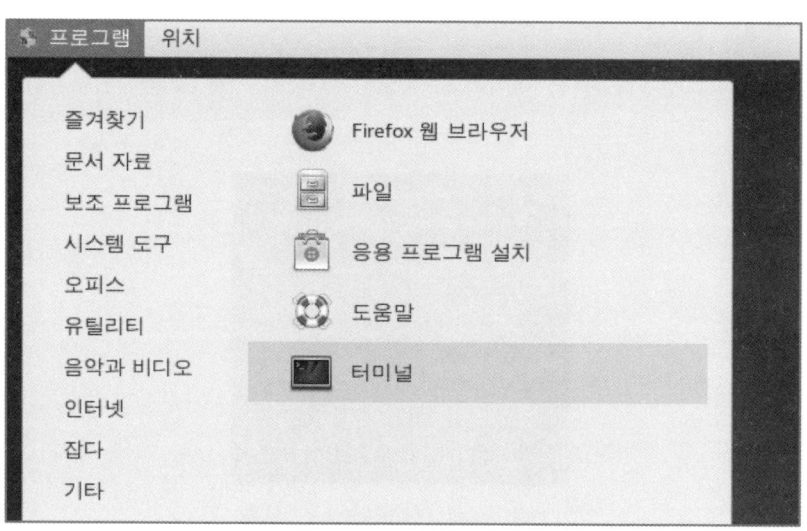

[그림 169] CentOS에서 터미널 실행하기

CentOS는 터미널을 실행하는 단축키가 기본으로 지정되어 있지 않기 때문에 단축키 사용을 원한다면 사용자가 직접 설정을 해주어야 한다. 방법은 다음과 같다.

먼저 [프로그램] -> [시스템 도구] -> [설정]에 들어간다.

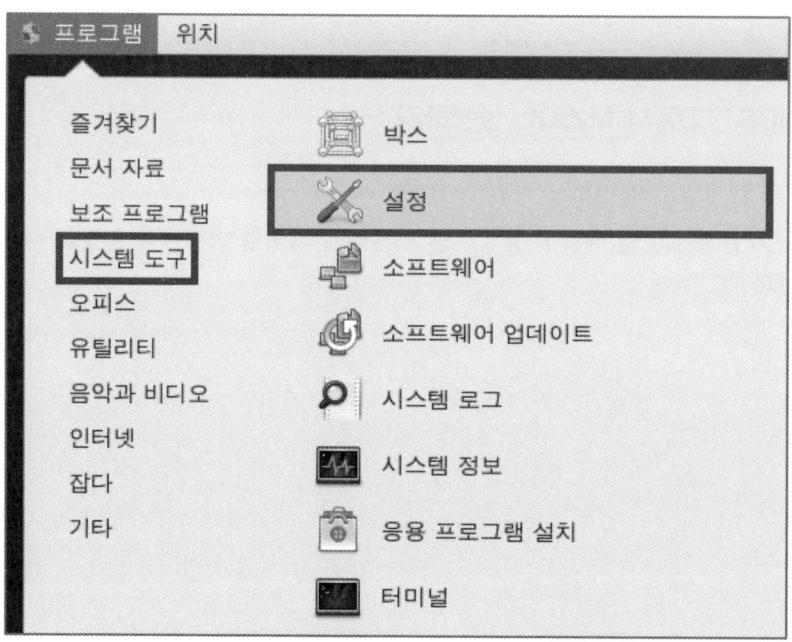

[그림 170] CentOS 키보드 단축키 설정하기_1

전체 설정 창에서 키보드 아이콘을 클릭한다.

[그림 171] CentOS 키보드 단축키 설정하기_2

아이콘을 클릭하면 여러 단축키 목록이 보인다. 맨 아래로 내리면 사용자 지정 바로가기를 설정할 수 있는 + 기호가 보인다.

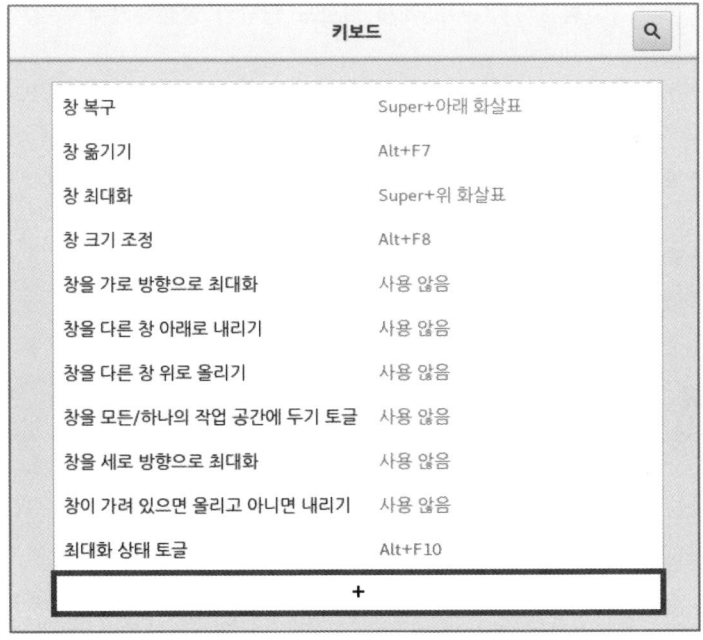

[그림 172] CentOS 키보드 단축키 설정하기_3

[그림 173]과 같은 창이 뜨면 바로가기 이름과 실행할 명령을 입력하고 편집을 클릭한다. 편집을 클릭 후에 바로가기를 실행할 Ctrl+Alt+T를 눌러준다.

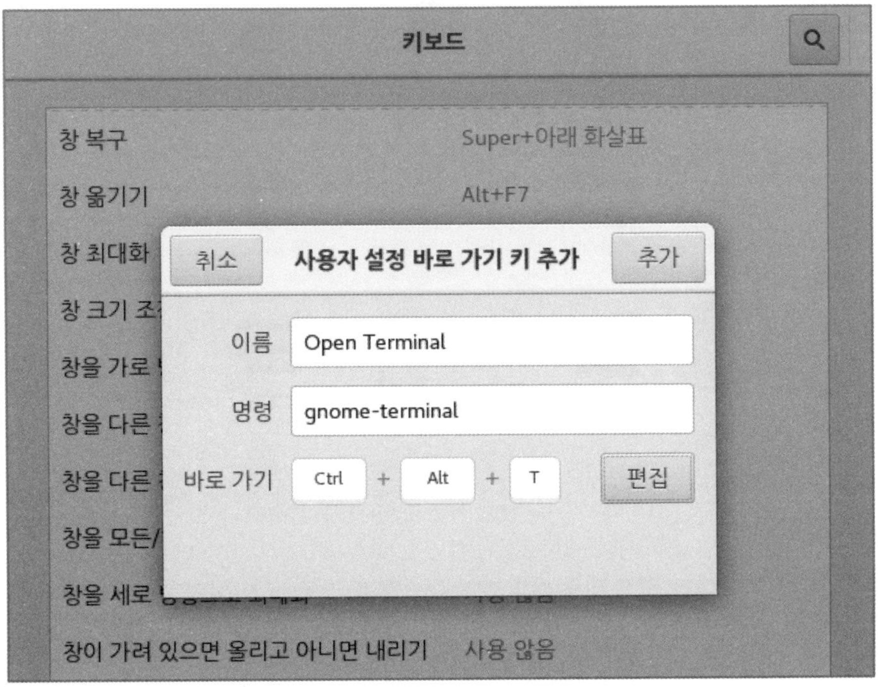

[그림 173] CentOS에서 키보드 단축키 설정하기_4

마지막으로 추가를 클릭하면 사용자 설정 바로가기 아래에 위에서 지정한 Open Terminal 이라는 이름의 바로가기가 생성된 것을 확인할 수 있다. 이제 언제든 터미널을 실행하고자 할 때, 프로그램 메뉴를 클릭하지 않고 Ctrl+Alt+T만으로 터미널 창을 실행 할 수 있다.

2) 터미널에서 MySQL을 실행한다.
　　MySQL을 실행하는 명령은 Windows Server의 실행방법과 같다.

```
[root@localhost ~]# mysql -u root -p
// MySQL에 root로 접속
```

```
root@localhost:~
파일(F)  편집(E)  보기(V)  검색(S)  터미널(T)  도움말(H)
[root@localhost ~]# mysql -u root -p
Enter password:
Welcome to the MySQL monitor.  Commands end with ; or \g.
Your MySQL connection id is 2
Server version: 5.6.38 MySQL Community Server (GPL)

Copyright (c) 2000, 2017, Oracle and/or its affiliates. All rights reserved.

Oracle is a registered trademark of Oracle Corporation and/or its
affiliates. Other names may be trademarks of their respective
owners.

Type 'help;' or '\h' for help. Type '\c' to clear the current input statement.

mysql>
```

[그림 174] CentOS에서 root로 MySQL 실행 첫 화면

3) 데이터베이스 목록을 확인한다.

　　SHOW 명령어로 데이터베이스 목록을 확인할 수 있다.

```
mysql> SHOW databases;
// 데이터베이스 목록을 확인한다.
```

```
mysql> show databases;
+--------------------+
| Database           |
+--------------------+
| information_schema |
| mysql              |
| performance_schema |
+--------------------+
3 rows in set (0.00 sec)
```

[그림 175] 데이터베이스 목록

3.3.3 원격 접속하기

1) 정상적으로 설치가 되었는지 확인하기 위하여 MySQL이 설치된 두 개의 가상머신 CentOS7과 Windows Server 2016을 모두 실행시킨다.

2) 둘 중 하나의 IP주소를 획득한다. CentOS의 경우 ifconfig 명령을, Windows 경우 ipconfig 명령을 수행한다.

3) IP주소를 획득하지 않은 가상머신에 들어가 터미널 또는 CMD 창을 열어서 다음 명령을 입력한다.

```
mysql -h <접속할 서버 ip> -u root -p
```

```
C:\Users\Administrator>mysql -h            -u root -p
Enter password: *********
Welcome to the MySQL monitor.  Commands end with ; or \g.
Your MySQL connection id is 3
Server version: 5.6.44-log MySQL Community Server (GPL)

Copyright (c) 2000, 2019, Oracle and/or its affiliates. All rights reserved.

Oracle is a registered trademark of Oracle Corporation and/or its
affiliates. Other names may be trademarks of their respective
owners.

Type 'help;' or '\h' for help. Type '\c' to clear the current input statement.

mysql>
```

[그림 176] Windows에서 MySQL 접속 화면

```
[root@localhost ~]# mysql -u root -p
Enter password:
Welcome to the MySQL monitor.  Commands end with ; or \g.
Your MySQL connection id is 2
Server version: 5.7.26 MySQL Community Server (GPL)

Copyright (c) 2000, 2019, Oracle and/or its affiliates. All rights reserved.

Oracle is a registered trademark of Oracle Corporation and/or its
affiliates. Other names may be trademarks of their respective
owners.

Type 'help;' or '\h' for help. Type '\c' to clear the current input statement
mysql>
```

[그림 177] CentOS에서 MySQL 접속 화면

3.3.4 MySQL에서 테이블 및 Column 살펴보기

앞서 간단하게 데이터베이스 목록까지 확인해 보았다. 이제 각각 데이터베이스가 어떤 테이블을 포함하고 있고, 테이블들은 어떤 Column을 가지고 있는지 살펴보자.

가) 데이터베이스와 테이블 생성하기

MySQL 실습을 위하여 데이터베이스와 테이블을 생성해보자. CentOS의 경우 터미널로, Windows Server의 경우 CMD로 MySQL에 접속하여 다음 명령을 입력한다.

```
mysql> CREATE DATABASE joker;
// joker 데이터베이스를 생성한다.
```

```
mysql> CREATE DATABASE joker;
Query OK, 1 row affected (0.00 sec)

mysql> show databases;
+--------------------+
| Database           |
+--------------------+
| information_schema |
| joker              |
| mysql              |
| performance_schema |
+--------------------+
4 rows in set (0.00 sec)
```

[그림 178] 데이터베이스 생성

show databases 명령으로 데이터베이스가 제대로 생성되었는지 확인한다. 테이블을 생성하기 위해서는 USE [데이터베이스 이름] 명령으로 해당 데이터베이스 내부에 들어가야 한다.

```
mysql> USE joker;
Database changed
// joker 데이터베이스를 사용한다.
```

Database changed 라는 문자열이 보이면 성공적으로 데이터베이스 내부에 들어온 것이다. 이제 실습용 테이블을 생성해보도록 하자.

```
mysql> CREATE TABLE joker (ID char(10), NAME char(10), PHONE char(15), EMAIL
char(30));

mysql> INSERT INTO joker (ID,NAME,PHONE,EMAIL) VALUES
('encase','jon','070-445-2456','abcd@gmail.com');
mysql> INSERT INTO joker (ID,NAME,PHONE,EMAIL) VALUES
('joker','lee','010-4611-1133','joker@gmail.com');
mysql> INSERT INTO joker (ID,NAME,PHONE,EMAIL) VALUES
('star','kim','080-312-3113','star7@gstar.com');
mysql> INSERT INTO joker (ID,NAME,PHONE,EMAIL) VALUES
('beom','park','080-666-6543','tiger@beom.com');

mysql> commit;
```

```
mysql> insert into joker (ID, NAME, PHONE, EMAIL) values ('encase','jon','070-445-2
456','abcd@gmail.com');
Query OK, 1 row affected (0.01 sec)

mysql> insert into joker (ID, NAME, PHONE, EMAIL) values ('joker','lee','010-4611-1
133','joker@gmail.com');
Query OK, 1 row affected (0.00 sec)

mysql> insert into joker (ID, NAME, PHONE, EMAIL) values ('star','kim','080-312-311
3','star7@gstar.com');
Query OK, 1 row affected (0.01 sec)

mysql> insert into joker (ID, NAME, PHONE, EMAIL) values ('beom','park','080-666-65
43','tiger@beom.com');
Query OK, 1 row affected (0.00 sec)

mysql> select * from joker;
+--------+------+---------------+-----------------+
| ID     | NAME | PHONE         | EMAIL           |
+--------+------+---------------+-----------------+
| encase | jon  | 070-445-2456  | abcd@gmail.com  |
| joker  | lee  | 010-4611-1133 | joker@gmail.com |
| star   | kim  | 080-312-3113  | star7@gstar.com |
| beom   | park | 080-666-6543  | tiger@beom.com  |
+--------+------+---------------+-----------------+
4 rows in set (0.00 sec)
```

[그림 179] MySQL에서 실습용 테이블 생성하기

나) information_schema

MySQL 5.02버전 이상부터 존재하는 information_schema는 데이터베이스의 메타데이터를 종류별로 구분한 테이블들을 모아놓은 데이터베이스이다. 데이터베이스나 테이블 이름, Column의 데이터 타입, 접근 권한 등에 대한 민감한 정보가 여기에 저장되어 있어 SQL Injection 공격에 이용되기도 한다. 데이터베이스 자체에 정보를 제공하는 것으로 MySQL서버에서 자동으로 테이블 안에 데이터를 채운다. 사용자가 쿼리문을 사용하여 데이터를 읽을 수는 있지만, 구조를 변경하거나 데이터를 수정할 수는 없다.

information_schema가 담고 있는 메타데이터 중 하나는 MySQL의 버전 정보이다. 다음 명령으로 MySQL의 버전을 확인할 수 있다.

```
mysql> SELECT @@version;
```

```
mysql> SELECT @@version;
+-----------+
| @@version |
+-----------+
| 5.7.26    |
+-----------+
1 row in set (0.00 sec)
```

[그림 180] MySQL 버전 정보

information_schema내부의 테이블 목록을 살펴보자. USE명령어와 SHOW명령어는 대소문자를 구분하지 않는다.

```
mysql> USE information_schema;   // 테이블 목록을 확인할 데이터베이스를 선택
Database changed
mysql> SHOW tables;                               // 테이블 목록 확인
```

show tables 명령을 입력하면 다음과 같이 긴 테이블 목록을 확인할 수 있다.

```
mysql> USE information_schema;
Reading table information for completion of table and column names
You can turn off this feature to get a quicker startup with -A

Database changed
mysql> Show tables;
+---------------------------------------+
| Tables_in_information_schema          |
+---------------------------------------+
| CHARACTER_SETS                        |
| COLLATIONS                            |
| COLLATION_CHARACTER_SET_APPLICABILITY |
| COLUMNS                               |
| COLUMN_PRIVILEGES                     |
| ENGINES                               |
| EVENTS                                |
```

[그림 181] Information_schema의 테이블 목록 보기

Information_schema의 tables를 이용하여 위에서 테이블 목록을 확인했던 명령인 USE 데이터베이스_이름; SHOW tables;와 같은 결과를 얻어낼 수 있다. 즉, tables는 각 데이터베이스들의 테이블 목록에 대한 정보를 저장하고 있다.

```
mysql> SELECT table_schema, table_name FROM information_schema.tables
WHERE table_schema = '데이터베이스_이름';
// 사용자가 선택한 데이터베이스의 이름, 그 안에 들어있는 테이블들의 이름을
information_schema의 tables를 통하여 보여준다.
```

```
mysql> SELECT table_schema, table_name FROM information_schema.tables WHERE tabl
e_schema = 'joker';
+--------------+------------+
| table_schema | table_name |
+--------------+------------+
| joker        | joker      |
+--------------+------------+
1 row in set (0.00 sec)
```

[그림 182] 데이터베이스 안의 테이블 목록 확인

위에서는 joker 데이터베이스 안에 저장되어 있는 테이블의 목록을 확인하였다. joker 데이터베이스에는 동일한 이름의 테이블 하나가 존재한다는 것을 알 수 있다.

Information_schema의 COLUMNS에서는 테이블에 어떤 Column들이 존재하는지 확인할 수 있다.

```
mysql> SELECT table_schema, table_name, column_name FROM
information_schema.columns WHERE table_schema = '데이터베이스_이름';
//사용자가 선택한 데이터베이스의 이름, 데이터베이스 안의 테이블들의 이름, 각 테이블의
Column 이름을 information_schema의 columns를 통하여 보여준다.
```

```
mysql> SELECT table_schema, table_name, column_name FROM information_schema.colu
mns WHERE table_schema = 'joker';
+--------------+------------+-------------+
| table_schema | table_name | column_name |
+--------------+------------+-------------+
| joker        | joker      | ID          |
| joker        | joker      | NAME        |
| joker        | joker      | PHONE       |
| joker        | joker      | EMAIL       |
+--------------+------------+-------------+
4 rows in set (0.03 sec)
```

[그림 183] 데이터베이스 안의 테이블 스키마 확인

Information_schema에서 확인할 수 있는 또 다른 정보에는 사용자와 권한 정보가 있다. 다음 명령을 입력하여 접속한 사용자나 쿼리문에 대한 사용자의 권한을 확인할 수 있다.

```
mysql> SELECT user();
// MySQL에 접속한 현재 사용자 계정을 확인한다.

mysql> SELECT system_user();
// MySQL의 시스템 계정을 확인한다.

mysql> SELECT current_user;
// 현재 MySQL 서버에 접속한 사용자 목록을 확인한다.
```

위의 명령을 통해서 어떤 사용자가 쿼리문 사용이 가능한지 확인할 수 있다.

```
mysql> SELECT user();
+----------------+
| user()         |
+----------------+
| root@localhost |
+----------------+
1 row in set (0.00 sec)

mysql> SELECT system_user();
+----------------+
| system_user()  |
+----------------+
| root@localhost |
+----------------+
1 row in set (0.00 sec)

mysql> SELECT current_user;
+----------------+
| current_user   |
+----------------+
| root@localhost |
+----------------+
1 row in set (0.00 sec)
```

[그림 184] 쿼리문 권한 확인

데이터베이스 사용자 정보

```
mysql> SHOW processlist;
```

▶ 위 명령어로도 사용자 정보를 확인할 수 있다.

구체적으로 사용자가 어떠한 권한을 가지는지 확인하는 것은 다음 명령 입력으로 가능하다.

```
mysql> SELECT grantee, privilege_type, is_grantable FROM
information_schema.user_privileges;
// information_schema의 user_privileges 정보로 권한을 가진 사용자와 권한을 가진
명령어, 해당 명령어를 다른 사용자가 사용할 수 있도록 권한을 부여할 수 있는지를 확인한다.
```

```
mysql> SELECT grantee, privilege_type, is_grantable FROM information_schema.user
_privileges;
+------------------------+----------------+--------------+
| grantee                | privilege_type | is_grantable |
+------------------------+----------------+--------------+
| 'root'@'localhost'     | SELECT         | YES          |
| 'root'@'localhost'     | INSERT         | YES          |
| 'root'@'localhost'     | UPDATE         | YES          |
| 'root'@'localhost'     | DELETE         | YES          |
| 'root'@'localhost'     | CREATE         | YES          |
| 'root'@'localhost'     | DROP           | YES          |
| 'root'@'localhost'     | RELOAD         | YES          |
| 'root'@'localhost'     | SHUTDOWN       | YES          |
| 'root'@'localhost'     | PROCESS        | YES          |
| 'root'@'localhost'     | FILE           | YES          |
| 'root'@'localhost'     | REFERENCES     | YES          |
| 'root'@'localhost'     | INDEX          | YES          |
```

[그림 185] Information_schema를 이용하여 권한 정보 확인

다) 데이터베이스 테이블 살펴보기

이제 실습을 위하여 만든 데이터베이스 joker를 사용하여 테이블 내부에 어떠한 데이터가 있는지 살펴보자. joker 테이블을 조작하기에 앞서 사용하려는 데이터베이스를 변경하여 준다.

```
mysql> USE joker;
// joker 데이터베이스를 사용한다.
Database changed
mysql>
```

먼저 joker 데이터베이스 안에 있는 테이블을 확인해 보자.

```
mysql> USE joker;
mysql> SHOW tables;
// joker 데이터베이스 내부의 테이블 목록을 보여준다.
```

```
mysql> USE joker;
Reading table information for completion of table and column names
You can turn off this feature to get a quicker startup with -A

Database changed
mysql> SHOW tables;
+------------------+
| Tables_in_joker  |
+------------------+
| joker            |
+------------------+
1 row in set (0.00 sec)
```

[그림 186] joker 데이터베이스 테이블 확인

joker 데이터베이스 내부에는 joker라는 테이블 하나가 존재한다. 다음으로 테이블의 Column 과 각 Column에 들어가는 데이터 유형, 키 값, 기본 값 등을 확인한다.

```
mysql> SHOW columns FROM joker;
// joker 테이블의 Column에 대한 정보를 보여준다.
```

```
mysql> show columns from joker;
+-------+----------+------+-----+---------+-------+
| Field | Type     | Null | Key | Default | Extra |
+-------+----------+------+-----+---------+-------+
| ID    | char(10) | YES  |     | NULL    |       |
| NAME  | char(10) | YES  |     | NULL    |       |
| PHONE | char(15) | YES  |     | NULL    |       |
| EMAIL | char(30) | YES  |     | NULL    |       |
+-------+----------+------+-----+---------+-------+
4 rows in set (0.00 sec)
```

[그림 187] joker 테이블의 Column 정보

joker 테이블에는 ID, NAME, Phone, email 이라는 Column들이 존재하고 모두 문자열 데이터를 담으며 NULL 값을 허용하고 기본값이 NULL으로 설정되어 있다.

SHOW 구문에 WHERE이나 LIKE 구문을 추가하여 정보를 원하는 Column만 명시할 수 있다.

```
mysql> SHOW columns FROM joker LIKE 'ID';
// joker 테이블의 'ID'라는 문자열 Column 정보만 출력한다.
```

```
mysql> show columns from joker like 'id';
+-------+----------+------+-----+---------+-------+
| Field | Type     | Null | Key | Default | Extra |
+-------+----------+------+-----+---------+-------+
| ID    | char(10) | YES  |     | NULL    |       |
+-------+----------+------+-----+---------+-------+
1 row in set (0.00 sec)
```

[그림 188] 원하는 Column 정보만 보기

SHOW 명령으로 Column에 대해 좀 더 자세한 정보를 얻기를 원한다면 FULL 키워드를 사용한다.

```
mysql> SHOW FULL columns FROM joker;
```

```
mysql> show full columns from joker;
+-------+----------+-------------------+------+-----+---------+-------+---------------------------------+
| Field | Type     | Collation         | Null | Key | Default | Extra | Privileges                      |
+-------+----------+-------------------+------+-----+---------+-------+---------------------------------+
| ID    | char(10) | latin1_swedish_ci | YES  |     | NULL    |       | select, insert, update, references |
| NAME  | char(10) | latin1_swedish_ci | YES  |     | NULL    |       | select, insert, update, references |
| PHONE | char(15) | latin1_swedish_ci | YES  |     | NULL    |       | select, insert, update, references |
| EMAIL | char(30) | latin1_swedish_ci | YES  |     | NULL    |       | select, insert, update, references |
+-------+----------+-------------------+------+-----+---------+-------+---------------------------------+
4 rows in set (0.00 sec)
```

[그림 189] SHOW FULL로 테이블 구조 확인

SHOW columns FROM table_name과 같은 결과 값을 출력하는 명령으로는 DESC(Describe)가 있다.

```
mysql> DESC joker;
// joker 테이블의 구조를 보여준다.
```

```
mysql> desc joker;
+-------+----------+------+-----+---------+-------+
| Field | Type     | Null | Key | Default | Extra |
+-------+----------+------+-----+---------+-------+
| ID    | char(10) | YES  |     | NULL    |       |
| NAME  | char(10) | YES  |     | NULL    |       |
| PHONE | char(15) | YES  |     | NULL    |       |
| EMAIL | char(30) | YES  |     | NULL    |       |
+-------+----------+------+-----+---------+-------+
4 rows in set (0.00 sec)
```

[그림 190] DESC로 테이블 구조 확인

만약 다른 데이터베이스를 사용하고 있는 경우 USE로 데이터베이스를 변경하지 않고, SHOW 명령으로 다른 데이터베이스의 테이블을 확인하고 싶다면 SHOW 명령과 IN 키워드를 조합한다.

새로운 데이터베이스 test를 생성하여 임의의 테이블 test_t를 생성하여 joker 데이터베이스를 사용 중에 test_t 테이블을 확인해 보자.

```
mysql> CREATE DATABASE test;
// test 데이터베이스 생성

mysql> USE test;
// test 데이터베이스 사용

mysql> CREATE TABLE test_t (col1 char(5), col2 int);
// test 데이터베이스 안에 test_t 테이블 생성

mysql> INSERT INTO test_t (col1, col2) VALUES ('aaa',1);
mysql> INSERT INTO test_t (col1, col2) VALUES ('bbb',2);
// test_t 테이블 완성
```

```
mysql> CREATE DATABASE test;
Query OK, 1 row affected (0.00 sec)

mysql> show databases;
+--------------------+
| Database           |
+--------------------+
| information_schema |
| joker              |
| mysql              |
| performance_schema |
| sys                |
| test               |
+--------------------+
6 rows in set (0.00 sec)

mysql> USE test;
Database changed
mysql> CREATE TABLE test_t (col1 char(5), col2 int);
Query OK, 0 rows affected (0.05 sec)

mysql> INSERT INTO test_t (col1,col2) VALUES ('aaa',1);
Query OK, 1 row affected (0.00 sec)

mysql> INSERT INTO test_t (col1,col2) VALUEs ('bbb',2);
Query OK, 1 row affected (0.00 sec)

mysql> SELECT * from test_t;
+------+------+
| col1 | col2 |
+------+------+
| aaa  |    1 |
| bbb  |    2 |
+------+------+
2 rows in set (0.00 sec)
```

[그림 191] 실습용 데이터베이스와 테이블 생성 후 확인

```
mysql> USE joker;
Database changed
// joker 데이터베이스로 돌아옴

mysql> SHOW columns FROM table_name IN database_name;
// 다른 데이터베이스 테이블 확인

mysql> SHOW columns FROM test_t IN test;
// joker 데이터베이스 사용 중에 test 데이터베이스의 test_t 테이블 Column 정보 확인
```

```
mysql> USE joker;
Reading table information for completion of table and column names
You can turn off this feature to get a quicker startup with -A

Database changed
mysql> SHOW columns FROM test_t IN test;
+-------+--------+------+-----+---------+-------+
| Field | Type   | Null | Key | Default | Extra |
+-------+--------+------+-----+---------+-------+
| col1  | char(5)| YES  |     | NULL    |       |
| col2  | int(11)| YES  |     | NULL    |       |
+-------+--------+------+-----+---------+-------+
2 rows in set (0.00 sec)
```

[그림 192] 다른 데이터베이스의 테이블 정보 확인

Select *로 joker 테이블의 전체를 확인해보자.

```
mysql> SELECT * FROM joker;
// joker 테이블의 모든 Column 데이터를 보여준다.
```

```
mysql> SELECT * FROM joker;
+--------+------+--------------+------------------+
| ID     | NAME | PHONE        | EMAIL            |
+--------+------+--------------+------------------+
| encase | jon  | 070-445-2456 | abcd@gmail.com   |
| joker  | lee  | 010-4611-1133| joker@gmail.com  |
| star   | kim  | 080-312-3113 | star7@gstar.com  |
| beom   | park | 080-666-6543 | tiger@beom.com   |
+--------+------+--------------+------------------+
4 rows in set (0.00 sec)
```

[그림 193] joker 테이블 전체 조회

레코드가 4개 밖에 없는 작은 테이블이지만 실제 환경에서의 데이터베이스는 많은 테이블을 가지고 있고 각각의 테이블은 대량의 레코드를 담고 있다. 따라서 원하는 정보를 빠르게 찾기 위해서는 Column을 선택해야 하고, 조건식을 추가해야 한다. 먼저 원하는 Column만 출력해 보자.

```
mysql> SELECT NAME, EMAIL FROM joker;
// joker 테이블에서 NAME Column과 email Column에 대한 데이터만 보여준다.
```

```
mysql> SELECT NAME, EMAIL FROM joker;
+------+------------------+
| NAME | EMAIL            |
+------+------------------+
| jon  | abcd@gmail.com   |
| lee  | joker@gmail.com  |
| kim  | star7@gstar.com  |
| park | tiger@beom.com   |
+------+------------------+
4 rows in set (0.00 sec)
```

[그림 194] 원하는 Column만 출력

데이터 범위를 조금 더 줄여보자. 이제 이름이 kim인 사람의 email에 관한 정보만 출력해보자. 조건을 추가하기 위해서는 SELECT 구문 뒤에 WHERE 구문을 덧붙여준다.

```
mysql> SELECT NAME, EMAIL FROM joker WHERE NAME LIKE 'kim';
// joker 테이블에서 NAME이 'kim'인 것의 NAME, email 정보를 보여준다.
```

```
mysql> SELECT NAME, EMAIL FROM joker WHERE NAME like 'kim';
+------+------------------+
| NAME | EMAIL            |
+------+------------------+
| kim  | star7@gstar.com  |
+------+------------------+
1 row in set (0.00 sec)
```

[그림 195] WHERE로 선별 출력_1

조건과 Column을 추가하여 ID가 encase인 사람과 beom인 사람의 ID와 NAME, email에 대한 정보를 출력해보자.

```
mysql> SELECT ID, NAME, EMAIL FROM joker WHERE ID LIKE 'encase' OR ID LIKE 'park';
// joker 테이블에서 ID가 'encase'인 것과 'beom'인 것의 ID, NAME, email 정보를 보여준다.
```

```
mysql> SELECT ID, NAME, EMAIL FROM joker WHERE ID LIKE 'encase' OR NAME LIKE 'park';
+--------+------+------------------+
| ID     | NAME | EMAIL            |
+--------+------+------------------+
| encase | jon  | abcd@gmail.com   |
| beom   | park | tiger@beom.com   |
+--------+------+------------------+
2 rows in set (0.00 sec)
```

[그림 196] WHERE로 선별 출력_2

위 두 가지 예시처럼 LIKE를 쓰지 않고 = 기호를 사용하여 문자열에 대한 조건을 명시할 수도 있다.

```
mysql> SELECT ID, NAME, EMAIL FROM joker WHERE NAME = 'encase';
// joker 테이블에서 NAME이 'encase'인 것의 ID, NAME, email 정보를 보여준다.
```

```
mysql> SELECT ID, NAME, EMAIL FROM joker WHERE ID = 'encase';
+--------+------+------------------+
| ID     | NAME | EMAIL            |
+--------+------+------------------+
| encase | jon  | abcd@gmail.com   |
+--------+------+------------------+
1 row in set (0.00 sec)
```

[그림 197] WHERE로 선별 출력_3

지금까지 MySQL의 쿼리를 이용하여 데이터베이스를 생성하고 쿼리를 이용하여 정보를 수집하는 방법에 대해 살펴보았다. 이제 생성된 데이터베이스를 덤프하는 방법과 덤프한 데이터를 가지고 복구하는 방법에 대해서 살펴보도록 하자.

3.4 MySQL 데이터베이스 덤프

데이터베이스 덤프는 테이블의 구조 또는 데이터를 SQL 구문 형식으로 파일에 기록한다. 데이터베이스 덤프 파일은 주로 의도치 않은 데이터 손실로 인한 데이터 복구를 수행할 때 쓰인다. 이번 절에서는 mysqldump[34])로 데이터베이스를 전체 그리고 부분적으로 덤프하는 방법에 대해서 배울 것이다.

3.4.1 전체 덤프하기

MySQL 데이터베이스 덤프 파일의 확장자는 .sql이며, mysqldump 명령과 u 옵션, p 옵션을 사용해 덤프 한다.

```
#mysqldump -u 사용자계정 -p DB이름 > 덤프파일이름.sql

[root@localhost ~]# mysqldump -u root -p joker > ./joker_db.sql
```

```
[root@localhost ~]# mysqldump -u root -p joker > ./joker_db.sql
Enter password:
[root@localhost ~]#
```

[그림 198] MySQL 덤프 수행

덤프 파일을 생성한 경로로 들어가면 [그림 199]처럼 파일의 존재를 확인할 수 있다.

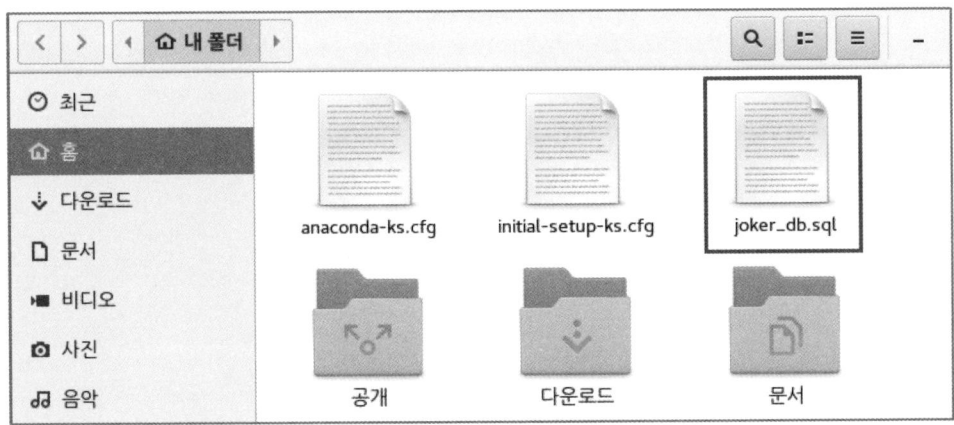

[그림 199] 덤프 파일 확인

---

34) mysqldump의 사용법은 윈도우 환경과 리눅스 환경에서 똑같다.

해당 덤프 파일은 다른 DBMS의 덤프 파일과 동일하게 text 형식으로 되어 있다. 호스트 컴퓨터로 드래그하여 복사한 후, Sublime Text나 메모장으로 내용을 확인해 보자.

[표 22] joker_db.sql 내용

```
-- MySQL dump 10.13  Distrib 5.6.38, for Linux (x86_64)
--
-- Host: localhost    Database: joker
-- ------------------------------------------------------
-- Server version   5.6.38

/*!40101 SET @OLD_CHARACTER_SET_CLIENT=@@CHARACTER_SET_CLIENT */;
/*!40101 SET @OLD_CHARACTER_SET_RESULTS=@@CHARACTER_SET_RESULTS */;
/*!40101 SET @OLD_COLLATION_CONNECTION=@@COLLATION_CONNECTION */;
/*!40101 SET NAMES utf8 */;
/*!40103 SET @OLD_TIME_ZONE=@@TIME_ZONE */;
/*!40103 SET TIME_ZONE='+00:00' */;
/*!40014 SET @OLD_UNIQUE_CHECKS=@@UNIQUE_CHECKS, UNIQUE_CHECKS=0 */;
/*!40014 SET @OLD_FOREIGN_KEY_CHECKS=@@FOREIGN_KEY_CHECKS, FOREIGN_KEY_CHECKS=0 */;
/*!40101 SET @OLD_SQL_MODE=@@SQL_MODE, SQL_MODE='NO_AUTO_VALUE_ON_ZERO' */;
/*!40111 SET @OLD_SQL_NOTES=@@SQL_NOTES, SQL_NOTES=0 */;

--
-- Table structure for table `joker`
--

DROP TABLE IF EXISTS `joker`;
/*!40101 SET @saved_cs_client     = @@character_set_client */;
/*!40101 SET character_set_client = utf8 */;
CREATE TABLE `joker` (
  `ID` varchar(10) DEFAULT NULL,
  `NAME` varchar(10) DEFAULT NULL,
  `Phone` varchar(15) DEFAULT NULL,
  `email` varchar(20) DEFAULT NULL
) ENGINE=InnoDB DEFAULT CHARSET=utf8;
/*!40101 SET character_set_client = @saved_cs_client */;

--
-- Dumping data for table `joker`
--

LOCK TABLES `joker` WRITE;
/*!40000 ALTER TABLE `joker` DISABLE KEYS */;
INSERT INTO `joker` VALUES
  ('encase','jon','070-445-2456','abcd@gmail.com'),('joker','lee','010-4611-1133','joke
  r@gmail.com'),('star','kim','080-312-3113','star7@gstar.com'),('beom','park','060-666
  -6543','tiger@beom.com');
/*!40000 ALTER TABLE `joker` ENABLE KEYS */;
```

```
UNLOCK TABLES;

--
-- Table structure for table `test`
--

DROP TABLE IF EXISTS `test`;
/*!40101 SET @saved_cs_client     = @@character_set_client */;
/*!40101 SET character_set_client = utf8 */;
CREATE TABLE `test` (
  `col1` char(25) DEFAULT NULL,
  `col2` int(11) DEFAULT NULL
) ENGINE=InnoDB DEFAULT CHARSET=utf8;
/*!40101 SET character_set_client = @saved_cs_client */;

--
-- Dumping data for table `test`
--

LOCK TABLES `test` WRITE;
/*!40000 ALTER TABLE `test` DISABLE KEYS */;
/*!40000 ALTER TABLE `test` ENABLE KEYS */;
UNLOCK TABLES;
/*!40103 SET TIME_ZONE=@OLD_TIME_ZONE */;

/*!40101 SET SQL_MODE=@OLD_SQL_MODE */;
/*!40014 SET FOREIGN_KEY_CHECKS=@OLD_FOREIGN_KEY_CHECKS */;
/*!40014 SET UNIQUE_CHECKS=@OLD_UNIQUE_CHECKS */;
/*!40101 SET CHARACTER_SET_CLIENT=@OLD_CHARACTER_SET_CLIENT */;
/*!40101 SET CHARACTER_SET_RESULTS=@OLD_CHARACTER_SET_RESULTS */;
/*!40101 SET COLLATION_CONNECTION=@OLD_COLLATION_CONNECTION */;
/*!40111 SET SQL_NOTES=@OLD_SQL_NOTES */;

-- Dump completed on 2019-05-17 19 : 29 : 29
```

맨 앞부분에서 덤프를 수행한 호스트 컴퓨터의 이름, 데이터베이스 이름, 데이터베이스 서버 버전을 확인할 수 있다. 아래로 joker 테이블의 Column 정보와 앞서 생성해 놓았던 joker 테이블의 Column 정보가 보인다. 그리고 레코드들이 존재하는 joker테이블의 경우, CREATE TABLE 'joker' 명령 단락 밑에 INSERT 명령으로 테이블에 데이터를 넣는 문자열을 볼 수 있다. 가장 하단에는 덤프가 완료된 날짜와 시각이 표시되어 있다.

3.4.2 부분 덤프하기

앞서 간단한 명령으로 데이터베이스 전체를 덤프하는 방법을 알아보았지만, 실무환경에서 데이터베이스 용량은 매우 크기 때문에 전체 덤프를 하는 경우는 드물다. 주로 조건에 맞는 데이터만을 뽑아 덤프한다.

가) 특정 테이블만 덤프

현재 joker 데이터베이스에는 joker 테이블과 앞서 실습하면서 만들었던 test 테이블이 존재한다.

```
mysql> SHOW tables FROM joker;
+-----------------+
| Tables_in_joker |
+-----------------+
| joker           |
| test            |
+-----------------+
2 rows in set (0.00 sec)
```

[그림 200] joker 데이터베이스 테이블 조회

두 개의 테이블 중 joker 테이블만 덤프해보자.

```
[root@localhost ~]# mysqldump –u 사용자계정 –p DB명 테이블명 > 덤프파일명

[root@localhost ~]# mysqldump –u root –p joker joker > joker_table.sql
Enter Password :
// joker 데이터베이스의 joker 테이블만 joker_table.sql 파일로 덤프 작업 수행
```

```
[root@localhost ~]# mysqldump -u root -p joker joker > ./joker_table.sql
Enter password:
```

[그림 201] 특정 테이블만 덤프 작업

덤프 파일이 생성된 경로로 가서 파일을 호스트 컴퓨터로 드래그 복사 후에 메모장이나 Sublime Text 프로그램 등으로 내용을 확인해 보자.

[표 23] joker_table.sql 내용

```
-- MySQL dump 10.13  Distrib 5.6.38, for Linux (x86_64)
```

```
--
-- Host : localhost    Database : joker
-- ------------------------------------------------------
-- Server version   5.6.38

/*!40101 SET @OLD_CHARACTER_SET_CLIENT=@@CHARACTER_SET_CLIENT */;
/*!40101 SET @OLD_CHARACTER_SET_RESULTS=@@CHARACTER_SET_RESULTS */;
/*!40101 SET @OLD_COLLATION_CONNECTION=@@COLLATION_CONNECTION */;
/*!40101 SET NAMES utf8 */;
/*!40103 SET @OLD_TIME_ZONE=@@TIME_ZONE */;
/*!40103 SET TIME_ZONE='+00 : 00' */;
/*!40014 SET @OLD_UNIQUE_CHECKS=@@UNIQUE_CHECKS, UNIQUE_CHECKS=0 */;
/*!40014 SET @OLD_FOREIGN_KEY_CHECKS=@@FOREIGN_KEY_CHECKS, FOREIGN_KEY_CHECKS=0 */;
/*!40101 SET @OLD_SQL_MODE=@@SQL_MODE, SQL_MODE='NO_AUTO_VALUE_ON_ZERO' */;
/*!40111 SET @OLD_SQL_NOTES=@@SQL_NOTES, SQL_NOTES=0 */;

--
-- Table structure for table `joker`
--

DROP TABLE IF EXISTS `joker`;
/*!40101 SET @saved_cs_client     = @@character_set_client */;
/*!40101 SET character_set_client = utf8 */;
CREATE TABLE `joker` (
  `ID` varchar(10) DEFAULT NULL,
  `NAME` varchar(10) DEFAULT NULL,
  `Phone` varchar(15) DEFAULT NULL,
  `email` varchar(20) DEFAULT NULL
) ENGINE=InnoDB DEFAULT CHARSET=utf8;
/*!40101 SET character_set_client = @saved_cs_client */;

--
-- Dumping data for table `joker`
--

LOCK TABLES `joker` WRITE;
/*!40000 ALTER TABLE `joker` DISABLE KEYS */;
INSERT INTO `joker` VALUES
 ('encase','jon','070-445-2456','abcd@gmail.com'),('joker','lee','010-4611-1133','j
oker@gmail.com'),('star','kim','080-312-3113','star7@gstar.com'),('beom','park','0
60-666-6543','tiger@beom.com');
/*!40000 ALTER TABLE `joker` ENABLE KEYS */;
UNLOCK TABLES;
/*!40103 SET TIME_ZONE=@OLD_TIME_ZONE */;

/*!40101 SET SQL_MODE=@OLD_SQL_MODE */;
/*!40014 SET FOREIGN_KEY_CHECKS=@OLD_FOREIGN_KEY_CHECKS */;
/*!40014 SET UNIQUE_CHECKS=@OLD_UNIQUE_CHECKS */;
/*!40101 SET CHARACTER_SET_CLIENT=@OLD_CHARACTER_SET_CLIENT */;
/*!40101 SET CHARACTER_SET_RESULTS=@OLD_CHARACTER_SET_RESULTS */;
```

```
/*!40101 SET COLLATION_CONNECTION=@OLD_COLLATION_CONNECTION */;
/*!40111 SET SQL_NOTES=@OLD_SQL_NOTES */;

-- Dump completed on 2019-05-17 19:37:27
```

전체 덤프로 생성한 sql 파일 내용과 다르게 joker 테이블에 대한 정보만 있다는 것을 알 수 있다.

나) 조건에 부합하는 레코드만 덤프

테이블 내에서도 조건에 부합하는 레코드만 선별하여 덤프하는 것도 가능하다. --where이나 -w 옵션을 주고 그 뒤에 조건을 명시하면 된다.

```
[root@localhost ~]# mysqldump -u 사용자계정 -p DB명 테이블명 -w="조건" > 덤프파일명
또는
[root@localhost ~]# mysqldump -u 사용자계정 -p DB명 테이블명 --where="조건" > 덤프파일명

[root@localhost ~]# mysqldump -u root -p joker joker
--where="email='%gmail.com'" > ./gmail_user.sql
Enter Password :
// joker데이터베이스의 joker 테이블에서 email이 "gmail.com"으로 끝나는 문자열을
담은 레코드만 추출하여 덤프
```

덤프가 완료된 gmail_user.sql 파일 내용은 앞서 joker테이블만 덤프한 파일 내용과 비슷하다. 다만 다른 점은 "Dumping data for table 'joker'" 아래에 WHERE 조건 구문 문자열이 보인다는 것이다.

[표 24] gmail_user.sql 파일 내용

```
-- MySQL dump 10.13  Distrib 5.6.38, for Linux (x86_64)
--
-- Host: localhost    Database: joker
-- ------------------------------------------------------
-- Server version  5.6.38

/*!40101 SET @OLD_CHARACTER_SET_CLIENT=@@CHARACTER_SET_CLIENT */;
/*!40101 SET @OLD_CHARACTER_SET_RESULTS=@@CHARACTER_SET_RESULTS */;
/*!40101 SET @OLD_COLLATION_CONNECTION=@@COLLATION_CONNECTION */;
/*!40101 SET NAMES utf8 */;
```

```
/*!40103 SET @OLD_TIME_ZONE=@@TIME_ZONE */;
/*!40103 SET TIME_ZONE='+00 : 00' */;
/*!40014 SET @OLD_UNIQUE_CHECKS=@@UNIQUE_CHECKS, UNIQUE_CHECKS=0 */;
/*!40014 SET @OLD_FOREIGN_KEY_CHECKS=@@FOREIGN_KEY_CHECKS, FOREIGN_KEY_CHECKS=0 */;
/*!40101 SET @OLD_SQL_MODE=@@SQL_MODE, SQL_MODE='NO_AUTO_VALUE_ON_ZERO' */;
/*!40111 SET @OLD_SQL_NOTES=@@SQL_NOTES, SQL_NOTES=0 */;

--
-- Table structure for table `joker`
--

DROP TABLE IF EXISTS `joker`;
/*!40101 SET @saved_cs_client     = @@character_set_client */;
/*!40101 SET character_set_client = utf8 */;
CREATE TABLE `joker` (
  `ID` varchar(10) DEFAULT NULL,
  `NAME` varchar(10) DEFAULT NULL,
  `Phone` varchar(15) DEFAULT NULL,
  `email` varchar(20) DEFAULT NULL
) ENGINE=InnoDB DEFAULT CHARSET=utf8;
/*!40101 SET character_set_client = @saved_cs_client */;

--
-- Dumping data for table `joker`
--
-- WHERE :  email LIKE %gmail.com
```

다) 데이터베이스 스키마만 덤프

테이블의 복구를 위한 스키마만 덤프를 할 때 DESC(Describe) 명령으로 하나하나 작성할 수도 있지만, 테이블의 개수가 많다면 작업은 굉장히 힘들어진다. mysqldump로 특정 테이블 또는 데이터베이스 내부에 있는 전체 테이블의 스키마를 덤프 할 수 있다.

```
[root@localhost ~]# mysqldump –u 사용자계정 –p –d DB명 > 덤프파일명
// 데이터베이스의 전체 테이블의 스키마를 덤프한다.

[root@localhost ~]# mysqldump –u 사용자계정 –p –d DB명 테이블명 > 덤프파일명
// 데이터베이스의 특정 테이블의 스키마를 덤프한다.

[root@localhost ~]# mysqldump –u root –p –d joker > joker_all_schema.sql
// joker 데이터베이스의 모든 테이블의 스키마를 덤프한다.

[root@localhost ~]# mysqldump –u root –p –d joker joker >
joker_table_schema.sql
// joker 데이터베이스의 joker테이블의 스키마만을 덤프한다.
```

스키마 덤프는 데이터베이스 전체 덤프 파일이나 테이블 덤프 파일과 다르게 CREATE 'tabe_name'으로 테이블 구조만 명시하였고, INSERT로 데이터를 넣는 문자열은 보이지 않는다.

[표 25] joker_all_schema.sql 파일 내용

```
-- MySQL dump 10.13  Distrib 5.6.38, for Linux (x86_64)
--
-- Host : localhost    Database : joker
-- ------------------------------------------------------
-- Server version  5.6.38

/*!40101 SET @OLD_CHARACTER_SET_CLIENT=@@CHARACTER_SET_CLIENT */;
/*!40101 SET @OLD_CHARACTER_SET_RESULTS=@@CHARACTER_SET_RESULTS */;
/*!40101 SET @OLD_COLLATION_CONNECTION=@@COLLATION_CONNECTION */;
/*!40101 SET NAMES utf8 */;
/*!40103 SET @OLD_TIME_ZONE=@@TIME_ZONE */;
/*!40103 SET TIME_ZONE='+00 : 00' */;
/*!40014 SET @OLD_UNIQUE_CHECKS=@@UNIQUE_CHECKS, UNIQUE_CHECKS=0 */;
/*!40014 SET @OLD_FOREIGN_KEY_CHECKS=@@FOREIGN_KEY_CHECKS, FOREIGN_KEY_CHECKS=0 */;
/*!40101 SET @OLD_SQL_MODE=@@SQL_MODE, SQL_MODE='NO_AUTO_VALUE_ON_ZERO' */;
/*!40111 SET @OLD_SQL_NOTES=@@SQL_NOTES, SQL_NOTES=0 */;

--
-- Table structure for table `joker`
--

DROP TABLE IF EXISTS `joker`;
/*!40101 SET @saved_cs_client     = @@character_set_client */;
/*!40101 SET character_set_client = utf8 */;
CREATE TABLE `joker` (
  `ID` varchar(10) DEFAULT NULL,
  `NAME` varchar(10) DEFAULT NULL,
  `Phone` varchar(15) DEFAULT NULL,
  `email` varchar(20) DEFAULT NULL
) ENGINE=InnoDB DEFAULT CHARSET=utf8;
/*!40101 SET character_set_client = @saved_cs_client */;


--
-- Table structure for table `test`
--

DROP TABLE IF EXISTS `test`;
/*!40101 SET @saved_cs_client     = @@character_set_client */;
/*!40101 SET character_set_client = utf8 */;
CREATE TABLE `test` (
  `col1` char(25) DEFAULT NULL,
  `col2` int(11) DEFAULT NULL
) ENGINE=InnoDB DEFAULT CHARSET=utf8;
/*!40101 SET character_set_client = @saved_cs_client */;
```

```
/*!40103 SET TIME_ZONE=@OLD_TIME_ZONE */;

/*!40101 SET SQL_MODE=@OLD_SQL_MODE */;
/*!40014 SET FOREIGN_KEY_CHECKS=@OLD_FOREIGN_KEY_CHECKS */;
/*!40014 SET UNIQUE_CHECKS=@OLD_UNIQUE_CHECKS */;
/*!40101 SET CHARACTER_SET_CLIENT=@OLD_CHARACTER_SET_CLIENT */;
/*!40101 SET CHARACTER_SET_RESULTS=@OLD_CHARACTER_SET_RESULTS */;
/*!40101 SET COLLATION_CONNECTION=@OLD_COLLATION_CONNECTION */;
/*!40111 SET SQL_NOTES=@OLD_SQL_NOTES */;

-- Dump completed on 2019-05-17 20:07:19
```

[표 26] joker_table_schema.sql 파일 내용

```
-- MySQL dump 10.13  Distrib 5.6.38, for Linux (x86_64)
--
-- Host : localhost     Database : joker
-- ------------------------------------------------------
-- Server version  5.6.38

/*!40101 SET @OLD_CHARACTER_SET_CLIENT=@@CHARACTER_SET_CLIENT */;
/*!40101 SET @OLD_CHARACTER_SET_RESULTS=@@CHARACTER_SET_RESULTS */;
/*!40101 SET @OLD_COLLATION_CONNECTION=@@COLLATION_CONNECTION */;
/*!40101 SET NAMES utf8 */;
/*!40103 SET @OLD_TIME_ZONE=@@TIME_ZONE */;
/*!40103 SET TIME_ZONE='+00:00' */;
/*!40014 SET @OLD_UNIQUE_CHECKS=@@UNIQUE_CHECKS, UNIQUE_CHECKS=0 */;
/*!40014 SET @OLD_FOREIGN_KEY_CHECKS=@@FOREIGN_KEY_CHECKS, FOREIGN_KEY_CHECKS=0 */;
/*!40101 SET @OLD_SQL_MODE=@@SQL_MODE, SQL_MODE='NO_AUTO_VALUE_ON_ZERO' */;
/*!40111 SET @OLD_SQL_NOTES=@@SQL_NOTES, SQL_NOTES=0 */;

--
-- Table structure for table `joker`
--

DROP TABLE IF EXISTS `joker`;
/*!40101 SET @saved_cs_client     = @@character_set_client */;
/*!40101 SET character_set_client = utf8 */;
CREATE TABLE `joker` (
  `ID` varchar(10) DEFAULT NULL,
  `NAME` varchar(10) DEFAULT NULL,
  `Phone` varchar(15) DEFAULT NULL,
  `email` varchar(20) DEFAULT NULL
) ENGINE=InnoDB DEFAULT CHARSET=utf8;
/*!40101 SET character_set_client = @saved_cs_client */;
/*!40103 SET TIME_ZONE=@OLD_TIME_ZONE */;
```

```
/*!40101 SET SQL_MODE=@OLD_SQL_MODE */;
/*!40014 SET FOREIGN_KEY_CHECKS=@OLD_FOREIGN_KEY_CHECKS */;
/*!40014 SET UNIQUE_CHECKS=@OLD_UNIQUE_CHECKS */;
/*!40101 SET CHARACTER_SET_CLIENT=@OLD_CHARACTER_SET_CLIENT */;
/*!40101 SET CHARACTER_SET_RESULTS=@OLD_CHARACTER_SET_RESULTS */;
/*!40101 SET COLLATION_CONNECTION=@OLD_COLLATION_CONNECTION */;
/*!40111 SET SQL_NOTES=@OLD_SQL_NOTES */;

-- Dump completed on 2019-05-17 20 : 07 : 37
```

이렇게 mysqldump로 덤프한 데이터베이스 또는 테이블은 나중에 데이터 복구에서 유용하게 쓰인다.

3.5 MySQL 데이터베이스 복구

이번 장에서는 앞서 실습한 백업 파일을 가지고 데이터베이스 복구를 해볼 것이다. mysql 복원 명령을 입력하여 기존의 데이터베이스 상태로 되돌려보자.

3.5.1 데이터베이스 전체 복구

먼저 원활한 복구 실습을 위해서 joker 데이터베이스를 DROP 명령으로 제거한다.

```
mysql> DROP DATABASE joker;
Query OK, 2 rows affected (0.10 sec)

mysql> SHOW databases;
```

```
mysql> DROP DATABASE joker;
Query OK, 2 rows affected (0.10 sec)

mysql> SHOW databases;
+--------------------+
| Database           |
+--------------------+
| information_schema |
| mysql              |
| performance_schema |
+--------------------+
3 rows in set (0.00 sec)
```

[그림 202] DROP DATABASE joker 수행 결과

SHOW databases로 데이터베이스 목록을 확인하면 joker 데이터베이스가 삭제된 것을 확인할 수 있다. 지웠던 joker 데이터베이스를 3.4.1에서 생성한 joker_db.sql 파일을 사용하여 복구해보자. 먼저 복구할 데이터베이스 joker를 CREATE DATABASE 명령으로 생성한다.

```
mysql> CREATE DATABASE joker;
Query OK, 1 row affected (0.00sec)

mysql> SHOW databases;
```

```
mysql> CREATE DATABASE joker;
Query OK, 1 row affected (0.00 sec)

mysql> SHOW databases;
+--------------------+
| Database           |
+--------------------+
| information_schema |
| joker              |
| mysql              |
| performance_schema |
+--------------------+
4 rows in set (0.00 sec)
```

[그림 203] CREATE DATABASE joker 수행 결과

위 명령을 차례로 수행하면 [그림 203]처럼 새로운 joker 데이터베이스가 생성된 것을 확인할 수 있다. 여기까지 데이터베이스 복구를 위한 준비가 끝나면 파일이 있는 경로로 이동을 한 후, 다음 명령을 수행한다.

```
[root@localhost ~]# mysql -u 사용자계정 -p DB명 < 덤프파일명
[root@localhost ~]# mysql -u root -p joker < ./joker_db.sql
```

데이터베이스 복구가 성공적으로 완료되면 [그림 207]과 같이 처음에 삭제하였던 joker 데이터베이스 내용이 그대로 들어있음을 확인할 수 있다.

테이블 목록 :

```
mysql> SHOW tables;
+-----------------+
| Tables_in_joker |
+-----------------+
| joker           |
| test            |
+-----------------+
2 rows in set (0.00 sec)
```

[그림 204] 복구한 테이블 목록

joker 테이블의 Column 목록 :

```
mysql> SHOW columns FROM joker;
+-------+-------------+------+-----+---------+-------+
| Field | Type        | Null | Key | Default | Extra |
+-------+-------------+------+-----+---------+-------+
| ID    | varchar(10) | YES  |     | NULL    |       |
| NAME  | varchar(10) | YES  |     | NULL    |       |
| Phone | varchar(15) | YES  |     | NULL    |       |
| email | varchar(20) | YES  |     | NULL    |       |
+-------+-------------+------+-----+---------+-------+
4 rows in set (0.01 sec)
```

[그림 205] 복구한 joker 테이블의 Column 목록

test 테이블의 Column 목록 :

```
mysql> SHOW columns FROM test;
+-------+----------+------+-----+---------+-------+
| Field | Type     | Null | Key | Default | Extra |
+-------+----------+------+-----+---------+-------+
| col1  | char(25) | YES  |     | NULL    |       |
| col2  | int(11)  | YES  |     | NULL    |       |
+-------+----------+------+-----+---------+-------+
2 rows in set (0.00 sec)
```

[그림 206] 복구한 test 테이블의 Column 목록

joker 테이블 전체 출력 :

```
mysql> SELECT * FROM joker;
+--------+------+---------------+------------------+
| ID     | NAME | Phone         | email            |
+--------+------+---------------+------------------+
| encase | jon  | 070-445-2456  | abcd@gmail.com   |
| joker  | lee  | 010-4611-1133 | joker@gmail.com  |
| star   | kim  | 080-312-3113  | star7@gstar.com  |
| beom   | park | 060-666-6543  | tiger@beom.com   |
+--------+------+---------------+------------------+
4 rows in set (0.00 sec)
```

[그림 207] 복구한 joker 테이블의 전체 내용

3.5.2 데이터베이스 부분 복구

가) 테이블 스키마 복구[35]

테이블 스키마 복구 실습을 위해서 joker 테이블을 DROP 명령으로 삭제하자.

```
mysql> DROP TABLE joker;
Query OK, 0 rows affected (0.09 sec)

mysql> SHOW tables;
```

```
mysql> DROP TABLE joker;
Query OK, 0 rows affected (0.09 sec)

mysql> SHOW tables;
+----------------+
| Tables_in_joker |
+----------------+
| test           |
+----------------+
1 row in set (0.00 sec)
```

[그림 208] DROP TABLE joker 수행 결과

```
[root@localhost ~]# mysql -u 사용자계정 -p DB명 < 덤프파일명

[root@localhosst ~]# mysql -u root -p joker < joker_table_schema.sql
```

테이블 스키마 복구는 테이블 구조만 복구해주는 것뿐 내부의 데이터까지 복구해주는 것은 아니다. 성공적으로 복구가 되었다면 [그림 209]처럼 테이블 목록에서 joker를 확인할 수 있고, SHOW columns로 삭제되었던 테이블의 구조가 완전히 복구되었음을 알 수 있다.

테이블 목록 :

```
mysql> SHOW tables;
+----------------+
| Tables_in_joker |
+----------------+
| joker          |
| test           |
+----------------+
2 rows in set (0.00 sec)
```

[그림 209] 복구한 테이블 확인

---

35) 윈도우 환경에서도 절차가 동일하다.

joker 테이블의 Column 목록 :

```
mysql> SHOW columns FROM joker;
+-------+-------------+------+-----+---------+-------+
| Field | Type        | Null | Key | Default | Extra |
+-------+-------------+------+-----+---------+-------+
| ID    | varchar(10) | YES  |     | NULL    |       |
| NAME  | varchar(10) | YES  |     | NULL    |       |
| Phone | varchar(15) | YES  |     | NULL    |       |
| email | varchar(20) | YES  |     | NULL    |       |
+-------+-------------+------+-----+---------+-------+
4 rows in set (0.29 sec)
```

[그림 210] 복구한 joker 테이블의 Column 목록

joker 테이블 전체 출력 :

스키마 복구는 테이블 내부의 데이터까지 복구하지는 않으므로 테이블이 비어있다는 문자열을 볼 수 있다.

```
mysql> SELECT * FROM joker;
Empty set (0.00 sec)
```

[그림 211] 비어있는 joker 테이블

나) 특정 테이블 복구

스키마만 복구한 joker 테이블을 다시 삭제하고 이제 테이블을 스키마부터 내부 데이터까지 완전하게 복구하여보자.

```
mysql> USE joker;
Database changed
mysql> DROP TABLE joker;
Query OK, 0 rows affected (0.00 sec)

mysql> quit;
Bye
```

```
[root@localhost ~]# mysql -u 사용자계정 -p DB명 < 덤프파일명

[root@localhost ~]# mysql -u root -p joker < joker_table.sql
Enter Password :
```

성공적으로 복구를 수행하였다면 [그림 214]와 같이 처음에 삭제하였던 joker 테이블의 모습이 완전하게 복구된 것을 볼 수 있다.

joker 데이터베이스의 테이블 목록 :

```
mysql> SHOW tables;
+-----------------+
| Tables_in_joker |
+-----------------+
| joker           |
| test            |
+-----------------+
2 rows in set (0.00 sec)
```

[그림 212] 복구한 테이블 목록

joker 테이블의 Column 목록 :

```
mysql> SHOW columns FROM joker;
+-------+-------------+------+-----+---------+-------+
| Field | Type        | Null | Key | Default | Extra |
+-------+-------------+------+-----+---------+-------+
| ID    | varchar(10) | YES  |     | NULL    |       |
| NAME  | varchar(10) | YES  |     | NULL    |       |
| Phone | varchar(15) | YES  |     | NULL    |       |
| email | varchar(20) | YES  |     | NULL    |       |
+-------+-------------+------+-----+---------+-------+
4 rows in set (0.00 sec)
```

[그림 213] 복구한 joker 테이블의 Column 목록

joker 테이블 전체 출력 :

```
mysql> SELECT * FROM joker;
+--------+------+---------------+------------------+
| ID     | NAME | Phone         | email            |
+--------+------+---------------+------------------+
| encase | jon  | 070-445-2456  | abcd@gmail.com   |
| joker  | lee  | 010-4611-1133 | joker@gmail.com  |
| star   | kim  | 080-312-3113  | star7@gstar.com  |
| beom   | park | 060-666-6543  | tiger@beom.com   |
+--------+------+---------------+------------------+
4 rows in set (0.00 sec)
```

[그림 214] 복구한 joker 테이블의 전체 내용 출력

다) Binary Log로 삭제한 데이터 복구하기

MySQL은 사용자가 실행한 SQL에 대한 로그를 Binary Log에 저장한다. /var/lib/mysql 폴더 아래에 mysqld-bin.######(#은 숫자. 000001부터 시작해서 숫자가 증가한다.)이라는 이름으로 존재한다. 실습하기 전에 실습용 테이블을 새롭게 만들자. INSERT로 데이터를 넣을 때, 엔터를 입력하지 않고 한 줄로 입력해야 함에 주의한다.

```
mysql> use joker
Reading table information for completion of table and column names
You can turn off this feature to get a quicker startup with -A

Database changed
mysql> CREATE TABLE for_testing (one char(3), two char(3), three char(3));
Query OK, 0 rows affected (0.04 sec)

mysql> INSERT INTO for_testing (one, two, three) VALUES ('a','b','c');
Query OK, 1 row affected (0.00 sec)

mysql> INSERT INTO for_testing (one, two, three) VALUES ('d','e','f');
Query OK, 1 row affected (0.00 sec)

mysql> INSERT INTO for_testing (one, two, three) VALUES ('g','h','i');
Query OK, 1 row affected (0.00 sec)

mysql> INSERT INTO for_testing (one, two, three) VALUES ('j','k','l');
Query OK, 1 row affected (0.01 sec)
```

[그림 215] 실습용 테이블 만들기

```
mysql> SELECT * FROM for_testing;
+-----+-----+-------+
| one | two | three |
+-----+-----+-------+
| a   | b   | c     |
| d   | e   | f     |
| g   | h   | i     |
| j   | k   | l     |
+-----+-----+-------+
4 rows in set (0.00 sec)
```

[그림 216] 삭제 전 테이블 상태

실습용 테이블을 완성하였다면, 임의의 레코드를 삭제한다.

```
SQL> DELETE FROM for_testing WHERE one = 'j';
SQL> COMMIT;
```

```
mysql> DELETE FROM for_testing WHERE one = 'j';
Query OK, 1 row affected (0.00 sec)

mysql> SELECT * FROM for_testing;
+-----+-----+-------+
| one | two | three |
+-----+-----+-------+
| a   | b   | c     |
| d   | e   | f     |
| g   | h   | i     |
+-----+-----+-------+
3 rows in set (0.00 sec)

mysql> commit;
Query OK, 0 rows affected (0.00 sec)
```

[그림 217] 삭제 후 테이블 상태

삭제를 하였다면 exit 명령으로 MySQL을 나와 Binary Log가 있는 곳으로 이동한다. 필자는 가장 최근에 생성된 바이너리 로그가 mysqld-bin.000021이므로 해당 파일을 .sql 파일로 변경하였다.

```
[root@localhost ~]# cd /var/lib/mysql
[root@localhost mysql]# mysqlbinlog mysqld-bin.000021 > recov.sql
```

recov.sql 파일을 더블클릭하여 내부를 살펴보면, CRATE로 테이블을 생성한 쿼리와 INSERT로 데이터를 입력하고, DELETE로 삭제한 쿼리를 모두 볼 수 있다.

```
/*!*/;
# at 120
#190928 19:15:27 server id 1  end_log_pos 262 CRC32 0x8ec08192  Query  thread_id=2  exec_time=0  error_code=0
use `joker`/*!*/;
SET TIMESTAMP=1569665727/*!*/;
SET @@session.pseudo_thread_id=2/*!*/;
SET @@session.foreign_key_checks=1, @@session.sql_auto_is_null=0, @@session.unique_checks=1, @@session.autocommit=1/*!*/;
SET @@session.sql_mode=1075838976/*!*/;
SET @@session.auto_increment_increment=1, @@session.auto_increment_offset=1/*!*/;
/*!\C utf8 *//*!*/;
SET @@session.character_set_client=33,@@session.collation_connection=33,@@session.collation_server=33/*!*/;
SET @@session.lc_time_names=0/*!*/;
SET @@session.collation_database=DEFAULT/*!*/;
CREATE TABLE for_testing (one char(3), two char(3), three char(3))
/*!*/;
# at 262
#190928 19:15:49 server id 1  end_log_pos 343 CRC32 0x79effffe  Query  thread_id=2  exec_time=0  error_code=0
SET TIMESTAMP=1569665749/*!*/;
BEGIN
/*!*/;
```

[그림 218] recov.sql 파일 내용

삭제한 데이터를 복구하는 것이 목적이므로 sql 파일 내용 중 "INSERT"가 들어간 줄만 뽑아낸다.

```
[root@localhost mysql]# grep "INSERT" recov.sql > recov1.sql
```

recov1.sql이 생성된 후, 더블클릭하여 내용을 확인하면 [그림 219]와 같다.

```
INSERT INTO for_testing (one, two, three) VALUES ('a','b','c')
INSERT INTO for_testing (one, two, three) VALUES ('d','e','f')
INSERT INTO for_testing (one, two, three) VALUES ('g','h','i')
INSERT INTO for_testing (one, two, three) VALUES ('j','k','l')
```

[그림 219] recov1.sql 파일 내용

이 중 삭제된 데이터는 첫 번째 Column이 'j'인 것이므로 나머지는 삭제하고 마지막에 ;을 붙여준다.

```
INSERT INTO for_testing (one, two, three) VALUES ('j','k','l');
```

[그림 220] 필요한 쿼리만 남기기

mysql 명령으로 삭제된 레코드를 본격적으로 복구하여보자.

```
[root@localhost mysql]# mysql -u root -p [데이터베이스_이름] < 복구 진행할 sql 파일

[root@localhost mysql]# mysql -u root -p joker < recov1.sql
```

```
[root@localhost mysql]# mysql -u root -p joker < recov1.sql
Enter password:
```

[그림 221] 삭제된 레코드 복구 작업

위 명령을 입력하면 MySQL 패스워드를 입력을 요구한다. 패스워드 입력까지 마치고 복구 작업이 성공적으로 수행되었다면 별다른 문자열 없이 프롬프트가 새로 출력된다.

다시 MySQL을 실행하여 SELECT구문으로 테이블을 확인해 보자.

```
mysql> SELECT * FROM for_testing;
+------+------+-------+
| one  | two  | three |
+------+------+-------+
| a    | b    | c     |
| d    | e    | f     |
| g    | h    | i     |
| j    | k    | l     |
+------+------+-------+
4 rows in set (0.00 sec)
```

[그림 222] 데이터베이스 복구 확인

1. 데이터베이스/테이블 덤프
   (데이터베이스 덤프는 시간이 많이 소요됨)
   -WHERE 절로 원하는 부분만 덤프 가능

2. 덤프 파일에서 필요한 부분만 복원
   -WHERE절로 원하는 부분만 복원

[그림 223] MySQL 부분 복구 실습 절차 정리

지금까지 MySQL 데이터베이스의 덤프방법과 복구 방법을 살펴보았으며, 이제 MySQL 로그를 살펴보도록 하자.

3.6 MySQL 로그 분석36), 37)

MySQL은 데이터베이스에서 일어난 행위들을 기록하고 데이터베이스 시스템 오류로 데이터가 손상되었을 때 복구를 위한 방법으로 다양한 로그 파일을 가지고 있다. 이번 절에서는 MySQL에서 생성하는 각종 로그 파일들과 경로, 내용을 확인한다.

[표 27] 로그파일명 및 파일경로

파일명	파일 경로	내용
mysqld.log 또는 [host_name].err	/var/log/mysqld.log 또는 Data_Directory_Path/[host_name].err	• MySQL 서버 시작/종료 • 오류/경고 메시지 • 테이블 업데이트 • 테이블 오류
[host_name].log	Data_Directory_Path/[host_name].log	• 수행한 쿼리문 • 쿼리문 수행 시각 • 실시간으로 쿼리문 기록(에러가 발생한 쿼리문도 기록)
[host_name]-slow.log	Data_Directory_Path/[host_name]-slow.log	• 일정 시간이 지나 수행 완료된 쿼리문 • 수행 시각(에러가 발생한 쿼리문은 기록하지 않음)

Data_Directory_Path는 보통 [표 28]과 같다.

[표 28] MySQL 설치 경로

OS	Base Directory 경로	Data Directory 경로
Windows 10	C : \mysql\	C : \mysql\data\
CentOS	/usr/	/var/lib/mysql/

환경에 따라 Data Directory Path가 달라 위의 설치 경로에 로그 파일들이 존재하지 않을 수도 있다. 그럴 경우에는 Show Variables 명령으로 경로를 찾아야 한다. MySQL은 데이터베이스 관련 파일을 주로 Data Directory에 저장하므로 경로를 알아두는 것이 좋다.

---

36) 로그분석에서는 Linux 환경위주로 로그를 살펴 볼 것이다.(Windows의 로그 또한 리눅스와 동일하게 저장되며, 사용되는 명령어도 동일하며, 로그가 저장되는 경로만 다르다.)
37) MySQL은 별도의 접속 로그를 저장하지 않는다. 별도의 모니터 툴 등을 구축하여 확인하여야 한다.

```
mysql> SHOW VARIABLES LIKE 'datadir';
```

```
mysql> show variables like 'datadir';
+---------------+---------------+
| Variable_name | Value         |
+---------------+---------------+
| datadir       | /var/lib/mysql/ |
+---------------+---------------+
1 row in set (0.00 sec)
```

[그림 224] MySQL 디렉토리 경로 조회_Linux

```
mysql> show variables like 'datadir';
+---------------+---------------+
| Variable_name | Value         |
+---------------+---------------+
| datadir       | C:\mysql\data\ |
+---------------+---------------+
1 row in set (0.67 sec)
```

[그림 225] MySQL 디렉토리 경로 조회_Windows

- Variable_name : 디렉토리 종류 및 이름
- Value : 해당 디렉토리 경로

3.6.1 Error Log

Error Log는 mysqld의 시작과 종료 시간에 대한 기록을 담고 있다. 또한 오류, 경고 그리고 서버 시작과 종료, 서버가 실행되는 동안의 기록을 저장한다. mysqld에서 자체적으로 테이블을 확인하 거나 고쳤을 때 그리고 테이블이 깨졌을 때 Error Log에 기록이 남는다.

기본적으로 활성화되어 있고, Error Log가 기록될 파일 경로명을 지정해주지 않는다면 [host_name].err 파일에 저장된다. 기본 경로는 Windodws 계열의 경우 my.ini에서, Unix 계열의 경우 my.cnf에서 확인할 수 있고, 경로 변경도 해당 파일을 수정하는 것으로 가능하다.

가) Windows에서 Error Log

Windows 환경에서 mysqld가 Error Log를 기록할 장소를 지정하는 옵션에는 --log-error, --pid-file, --console 옵션이 주어지면 mysqld는 Error Log를 콘솔창에 기록한다. --log-error는 에러 로그 위치를 저장한다. Windows의 경우 my,ini에서, Linux의 경우 my.cnf 에서 사용자가 직접 수정할 수 있다.

나) Linux에서 Error Log

Linux 환경에서는 --log-error 옵션으로 mysqld가 Error Log를 출력할 장소 (콘솔 또는 파일)를 지정한다. 위에서 확인한 my.cnf에 의하면 Error Log의 기본 파일 경로는 /var/log/mysqld.log이다. 해당 폴더로 이동하여 tail 명령으로 로그의 끝 10 줄을 확인하면 [그림 226]과 같은 로그 기록을 볼 수 있다. (윈도우 환경도 같은 에러를 기록한다.)

■ 경로 : /var/log/mysqld.log

```
[root@localhost log]# tail -f mysqld.log
2019-05-14 11:16:58 1835 [Note] InnoDB: 128 rollback segment(s) are active.
2019-05-14 11:16:58 1835 [Note] InnoDB: Waiting for purge to start
2019-05-14 11:16:58 1835 [Note] InnoDB: 5.6.38 started; log sequence number 1639554
2019-05-14 11:16:58 1835 [Note] Server hostname (bind-address): '*'; port: 3306
2019-05-14 11:16:58 1835 [Note] IPv6 is available.
2019-05-14 11:16:58 1835 [Note]   - '::' resolves to '::';
2019-05-14 11:16:58 1835 [Note] Server socket created on IP: '::'.
2019-05-14 11:16:58 1835 [Note] Event Scheduler: Loaded 0 events
2019-05-14 11:16:58 1835 [Note] /usr/sbin/mysqld: ready for connections.
Version: '5.6.38'  socket: '/var/lib/mysql/mysql.sock'  port: 3306  MySQL Community Server (GPL)
```

[그림 226] mysqld.log 내용

3.6.2 General Log[38]

General Log는 MySQL에서 수행한 모든 쿼리들을 기록한다. 해당 로그파일은 포렌식 관점에서 매우 중요한 로그 파일이다. 사용자가 사용한 쿼리문에 대한 정보를 담고 있으므로, 사후를 위해 꼭 설정을 하여 로그를 보관하는 것이 좋다. 일반적으로 MySQL은 삭제된 레코드 단위에 대해서는 복구하는 쿼리문이 따로 있지 않기 때문에 해당 로그를 확인하여 삭제된 데이터를 확인하여 복구 작업을 하여야 한다.

해당 로그는 일반적으로 데이터베이스의 성능에 영향을 주지 않기 위해서 보통 기본 값은 OFF로 설정되어 있다.(실무 환경에서 데이터베이스 관리자는 꼭 해당 로그가 활성화되어 있는지를 확인하여, 로그를 꼭 남기도록 하여야 한다. 그래야만 언제 일어날지 모르는 사고에 대비할 수 있다.)

가) General Log 활성 여부 확인하기

mysql> SHOW VARIABLES LIKE 'general_log';

---

38) MySQL 데이터베이스 포렌식 관점에서 매우 중요한 로그파일이다.

```
mysql> SHOW VARIABLES LIKE 'general_log';
+---------------+-------+
| Variable_name | Value |
+---------------+-------+
| general_log   | OFF   |
+---------------+-------+
1 row in set (0.00 sec)
```

[그림 227] General Log 활성 여부 확인

- Variable_name : 로그 종류 및 이름
- Value : 로그 활성 상태 (ON/OFF)

로그 출력 형식이 어떤 식으로 지정되어 있는지도 확인한다.

```
mysql> SHOW VARIABLES LIKE 'log_output';
```

```
mysql> SHOW VARIABLES LIKE 'log_output';
+---------------+-------+
| Variable_name | Value |
+---------------+-------+
| log_output    | FILE  |
+---------------+-------+
1 row in set (0.00 sec)
```

[그림 228] Log Output 형식 확인

- Variable_name (log_output) : 로그 출력 형식에 대한 정보를 담는 레코드
- Value : 로그 출력 형식

General Log를 활성화하여 쿼리에 대한 기록을 얻기 위해선 SET GLOBAL 명령을 입력한다.

```
mysql> SET GLOBAL general_log = 1;
또는
mysql> SET GLOBAL general_log = ON;
```

```
mysql> SET GLOBAL general_log = ON;
Query OK, 0 rows affected (0.05 sec)
```

[그림 229] General Log On 수행 후

제대로 활성화가 되었는지 확인해 보자.

```
mysql> SHOW VARIABLES WHERE Variable_name LIKE 'general_log';
```

```
mysql> SHOW VARIABLES WHERE Variable_name LIKE 'general_log';
+---------------+-------+
| Variable_name | Value |
+---------------+-------+
| general_log   | ON    |
+---------------+-------+
1 row in set (0.00 sec)
```

[그림 230] General Log 활성 확인

활성화가 되어있는 것을 확인 후에 몇 가지 쿼리문을 시험 삼아 입력해보자. 앞서 살펴본 my.cnf 내용에 General Log 파일에 대한 경로가 설정되어 있지 않았으므로 MySQL의 Data Directory인 /var/lib/mysql 폴더 안에 localhost.log 파일이 생성되어 그 안에 쿼리 로그가 기록된다.

```
[root@localhost ~]# cd /var/lib/mysql
// MySQL의 Data Directory로 이동한다.

[root@localhost mysql]# ls
// localhost.log 파일을 확인한다.

[root@localhost mysql]# tail -f localhost.log
// localhost.log의 마지막 10줄의 내용을 확인한다.
```

• 경로 : /var/lib/mysql/localhost.log

```
[root@localhost log]# cd /var/lib/mysql
[root@localhost mysql]# ls
auto.cnf  ib_logfile0  ib_logfile1  ibdata1  joker  localhost.log  mysql  mysql.sock
[root@localhost mysql]# tail -f localhost.log
190514 12:04:42      4 Query      SHOW VARIABLES WHERE Variable_name LIKE 'general_log'
190514 12:06:46      4 Query      SELECT DATABASE()
190514 12:06:47      4 Init DB    joker
                     4 Query      show databases
                     4 Query      show tables
                     4 Field List     joker
190514 12:07:14      4 Query      SHOW columns FROM joker
190514 12:07:29      4 Query      SELECT ID FROM joker
190514 12:07:58      4 Query      SELECT ID, PHONE FROM joker WHERE NAME LIKE 'kim'
190514 12:11:06      4 Quit
```

[그림 231] localhost.log 파일 내용 확인

localhost.log 파일 내용을 확인하면 [그림 231]처럼 사용자가 입력한 쿼리문과 해당 쿼리문을 날린 시각 정보 등을 볼 수 있다. 실시간으로 쿼리문 기록이 쌓이는 파일이므로 Ctrl+C를 눌러 빠져나올 수 있다.

General Log를 비활성화 하는 방법은 활성화 방법에서 ON을 OFF로 변경해주기만 하면 된다. (또는 0으로 설정)

```
mysql> SET GLOBAL general_log = OFF;
또는
mysql> SET GLOBAL general_log = 0;
```

```
mysql> SET GLOBAL general_log = OFF;
Query OK, 0 rows affected (0.00 sec)

mysql> SHOW VARIABLES WHERE Variable_name LIKE 'general_log';
+---------------+-------+
| Variable_name | Value |
+---------------+-------+
| general_log   | OFF   |
+---------------+-------+
1 row in set (0.00 sec)
```

[그림 232] General Log 비활성화

만약 General Log가 원하는 파일 경로와 서비스 재시작 후에도 기록되길 원한다면, [표 29]와 같이 my.cnf의 General Log 관련 설정을 해주어야 한다.

[표 29] my.cnf에서 General Log 설정

```
general_log_file = 원하는_경로/[파일이름].log
general_log = 1
```

my.cnf 설정을 변경하였다면 mysqld를 재시작해야 한다.

```
[root@localhost ~]# /etc/init.d/mysqld restart;
또는
[root@localhost ~]# service mysqld restart;
// MySQL을 재시작한다.
```

3.6.3 Slow Query Log

Slow Query Log는 `long_query_time` 변수에 설정된 시간보다 더 많은 시간이 걸려서 완료된 쿼리를 기록한다. General Log는 사용자가 입력한 쿼리문을 받아 바로 파일에 기록하여 에러가 발생한 쿼리문도 기록되지만, Slow Query는 완료된 쿼리만을 기록하기 때문에 에러가 발생한 쿼리문은 기록되지 않는다.

먼저 Slow Query Log가 활성화되어 있는지 확인해 보자.

```
mysql> SHOW VARIABLES LIKE 'slow%';
// 'slow'로 시작하는 변수의 이름과 값을 확인한다.
```

```
mysql> SHOW VARIABLES LIKE 'slow%';
+-------------------+--------------------------------+
| Variable_name     | Value                          |
+-------------------+--------------------------------+
| slow_launch_time  | 2                              |
| slow_query_log    | OFF                            |
| slow_query_log_file | /var/lib/mysql/localhost-slow.log |
+-------------------+--------------------------------+
3 rows in set (0.00 sec)
```

[그림 233] Slow Query Log 활성 여부 확인

- slow_query_log : Slow Query Log 활성화 여부 (ON/OFF)
- slow_query_log_file : Slow Query Log 파일 경로

[그림 233]에서 보면 Slow Query는 현재 비활성화되어 있고, Slow Query Log는 /var/lib mysql/localhost-slow.log 파일에 기록된다.

`slow_query_log`의 값과 `long_query_time`의 값을 변경하여 Slow Query Log 활성화/비활성화 및 Long Query Time을 설정한다.

```
-활성화 :
mysql> SET GLOBAL slow_query_log = ON;
또는
mysql> SET GLOBAL slow_query_log = 1;

-비활성화 :
mysql> SET GLOBAL slow_query_log = OFF;
```

또는
```
mysql> SET GLOBAL slow_query_log = 0;
```

-몇 초 이상의 쿼리를 기록할 것인지 설정 :
```
mysql> SET GLOBAL long_query_time = 원하는_시간(초 단위);
```

```
mysql> SET GLOBAL slow_query_log = ON;
Query OK, 0 rows affected (0.30 sec)

mysql> SET GLOBAL long_query_time = 3;
Query OK, 0 rows affected (0.00 sec)
```

[그림 234] Slow Query 설정

3초 이상 걸려 완수한 쿼리문을 로그에 남기기 위해 sleep을 사용한다.

```
mysql> SELECT sleep(5);
// 의도적으로 쿼리 수행을 5초 지연시킨다.
```

```
mysql> SELECT sleep(5);
+----------+
| sleep(5) |
+----------+
|        0 |
+----------+
1 row in set (5.00 sec)
```

[그림 235] SELECT sleep 수행

Slow Query Log는 위에서 확인한 slow_query_log_file 경로로 찾아 들어가 cat 명령으로 내용을 볼 수 있다.

```
[root@localhost mysql]# ls -l
합계 110608
-rw-rw----. 1 mysql mysql       56 11월  3  2017 auto.cnf
-rw-rw----. 1 mysql mysql 50331648  5월 18 12:31 ib_logfile0
-rw-rw----. 1 mysql mysql 50331648 11월  3  2017 ib_logfile1
-rw-rw----. 1 mysql mysql 12582912  5월 18 12:31 ibdata1
drwx------. 2 mysql mysql       86  5월 17 23:08 joker
-rw-rw----. 1 mysql mysql      179  5월 18 12:39 localhost-slow.log
drwx------. 2 mysql mysql     4096 11월  3  2017 mysql
srwxrwxrwx. 1 mysql mysql        0  5월 18 12:31 mysql.sock
drwx------. 2 mysql mysql     4096 11월  3  2017 performance_schema
```

[그림 236] localhost-slow.log 파일 확인

```
[root@localhost ~]# cd /var/lib/mysql
// MySQL의 Data Directory로 이동한다.

[root@localhost ~]# ls -l
// Slow Query Log 파일이 생성되었는지 확인한다.

[root@localhost ~]# cat localhost-slow.log
// localhost-slow.log의 파일 내용을 확인한다.
```

Slow Query Log의 내용은 [표 30]과 같다.

[표 30] localhost-slow.log 파일 내용

```
/usr/sbin/mysqld, Version : 5.6.38 (MySQL Community Server (GPL)). started with :
Tcp port : 3306   Unix socket : /var/lib/mysql/mysql.sock
Time                 Id Command    Argument
# Time : 190518 12:45:08
# User@Host : root[root] @ localhost []  Id :      4
# Query_time : 5.001013  Lock_time : 0.000000 Rows_sent : 1  Rows_examined : 0
SET timestamp=1558151108;
SELECT sleep(5);
```

- Time : 쿼리문을 수행한 시각
- User@Host : MySQL에 접속한 계정과 호스트 정보
- Query_time : 쿼리문을 수행하는 데 걸린 시각
- SELECT sleep(5); : 사용자가 입력한 쿼리

3.6.4 Binary Log

Binary Log는 데이터베이스를 업데이트하는 모든 쿼리에 대한 로그를 이벤트(event) 형태로 저장한다. 주기적으로 지우지 않으면 파일 용량이 매우 커지기 때문에 초기 설정은 OFF로 되어있다. my.cnf(my.ini)에서 Binary Log와 관련된 변수는 log-bin, binlog_cahce_size, max_binlog_size, expire_log_days이다.

실습환경의 my.cnf에서 변경해야 할 부분은 [그림 237]과 같다.

```
# Remove leading # to turn on a very important data integrity option: logging
# changes to the binary log between backups.
# log_bin
```

[그림 237] my.cnf에서 Binary Log 설정 부분

log_bin 앞 주석 #을 제거 한 후 MySQL을 재실행하면 Binary Log 설정이 ON으로 된다. Binary Log ON/OFF와 경로를 보기 위해 log_bin과 log_bin_basename의 값을 확인한다.

```
mysql> SHOW VARIABLES WHERE Variable_name LIKE 'log_bin%';
// Variable_name이 'log_bin'으로 시작하는 변수의 이름과 값을 확인한다.
```

```
mysql> SHOW VARIABLES WHERE Variable_name LIKE 'log_bin%;
+---------------------------------+---------------------------------+
| Variable_name                   | Value                           |
+---------------------------------+---------------------------------+
| log_bin                         | ON                              |
| log_bin_basename                | /var/lib/mysql/mysqld-bin       |
| log_bin_index                   | /var/lib/mysql/mysqld-bin.index |
| log_bin_trust_function_creators | OFF                             |
| log_bin_use_v1_row_events       | OFF                             |
+---------------------------------+---------------------------------+
5 rows in set (0.00 sec)
```

[그림 238] Binary Log 활성화 상태와 경로 정보

- log_bin : Binary Log 활성화 여부 (ON/OFF)
- log_bin_basename : Binary Log 파일 경로

Binary Log의 기록을 살펴보기 위하여 joker 데이터베이스에 student_info테이블을 생성하여 ADD, INSERT, UPDATE, DELETE 등으로 조작하는 실습을 해보도록 하자.

먼저 student_info 테이블을 생성하고 수행이 잘 되었는지 확인해 보자.

```
mysql> CREATE TABLE student_info (Name char(25), ID char(10),
    -> Major char(25), GPA decimal(3,2));
Query OK, 0 rows affected (0.01 sec)

mysql> SHOW tables;
```

```
mysql> SHOW tables;
+-----------------+
| Tables_in_joker |
+-----------------+
| joker           |
| student_info    |
| test            |
+-----------------+
3 rows in set (0.00 sec)
```

[그림 239] 테이블 목록 확인

```
mysql> SHOW columns FROM student_info;
+-------+-------------+------+-----+---------+-------+
| Field | Type        | Null | Key | Default | Extra |
+-------+-------------+------+-----+---------+-------+
| Name  | char(25)    | YES  |     | NULL    |       |
| ID    | char(10)    | YES  |     | NULL    |       |
| Major | char(25)    | YES  |     | NULL    |       |
| GPA   | decimal(3,2)| YES  |     | NULL    |       |
+-------+-------------+------+-----+---------+-------+
4 rows in set (0.00 sec)
```

[그림 240] Student_info 테이블 Column 조회

student_info 테이블 생성한 후 INSERT INTO로 데이터를 넣는다.

```
mysql> INSERT INTO student_info (Name, ID, Major, GPA)
    -> VALUES ('Alice', '001', 'Physics', 3.85);
Query OK, 1 rows affected (0.00 sec)

mysql> INSERT INTO student_info (Name, ID, Major, GPA)
    -> VALUES ('James', '002', 'Anthropology', 4.10);
Query OK, 1 rows affected (0.00 sec)
```

student_info 테이블에 위 데이터가 잘 들어갔다면 테이블 전체 내용을 출력하였을 때 [그림 241]과 같은 결과가 나온다.

```
mysql> SELECT * FROM student_info;
+-------+-----+--------------+------+
| Name  | ID  | Major        | GPA  |
+-------+-----+--------------+------+
| Alice | 001 | Physics      | 3.85 |
| James | 002 | Anthropology | 4.10 |
+-------+-----+--------------+------+
2 rows in set (0.00 sec)
```

[그림 241] Student_info 테이블 Row 조회

ADD 명령으로 테이블에 Column 하나를 더 추가해보자.

```
mysql> ALTER TABLE student_info
    -> ADD Birth_date date;
Query OK, 0 rows affected (0.01 sec)
Records: 0    Duplicates: 0    Warnings: 0
```

```
mysql> ALTER TABLE student_info
    -> ADD Birth_date date;
Query OK, 0 rows affected (0.01 sec)
Records: 0  Duplicates: 0  Warnings: 0

mysql> SELECT * FROM student_info;
+-------+-----+--------------+------+------------+
| Name  | ID  | Major        | GPA  | Birth_date |
+-------+-----+--------------+------+------------+
| Alice | 001 | Physics      | 3.85 | NULL       |
| James | 002 | Anthropology | 4.10 | NULL       |
+-------+-----+--------------+------+------------+
2 rows in set (0.00 sec)
```

[그림 242] Student_info 테이블 Row 추가

새로 생성된 Column에 UPDATE 키워드로 데이터를 채워 넣을 수 있다.

```
mysql> UPDATE student_info
    -> SET Birth_date="1997-03-06"
    -> WHERE Name LIKE "Alice";
Query OK, 1 row affected (0.00 sec)
Rows matched: 1  Changed: 1    Warnings: 0
```

```
mysql> UPDATE student_info
    -> SET Birth_date="1997-03-06"
    -> WHERE Name LIKE "Alice";
Query OK, 1 row affected (0.00 sec)
Rows matched: 1  Changed: 1  Warnings: 0

mysql> SELECT * FROM student_info;
+-------+------+--------------+------+------------+
| Name  | ID   | Major        | GPA  | Birth_date |
+-------+------+--------------+------+------------+
| Alice | 001  | Physics      | 3.85 | 1997-03-06 |
| James | 002  | Anthropology | 4.10 | NULL       |
+-------+------+--------------+------+------------+
2 rows in set (0.00 sec)
```

[그림 243] student_info 테이블의 추가된 Column에 데이터 넣기

마지막으로 Name이 "James"인 레코드를 삭제해보자.

```
mysql> DELETE FROM student_info
    -> WHERE Name LIKE "James";
Query OK, 1 row affected (0.00sec)
```

```
mysql> DELETE FROM student_info
    -> WHERE Name LIKE "James";
Query OK, 1 row affected (0.00 sec)

mysql> SELECT * FROM student_info;
+-------+------+---------+------+------------+
| Name  | ID   | Major   | GPA  | Birth_date |
+-------+------+---------+------+------------+
| Alice | 001  | Physics | 3.85 | 1997-03-06 |
+-------+------+---------+------+------------+
1 row in set (0.00 sec)
```

[그림 244] student_info 테이블에서 특정 레코드 삭제하기

여기까지 테이블에 대한 간단한 조작을 해보았다. 위에서 수행한 INSERT, ADD, UPDATE, DELETE 모두 테이블에 영향을 주는 명령으로 Binary Log에 수행 기록이 저장된다. Binary Log 경로로 이동하면 mysqld-bin.000001이라는 파일을 볼 수 있다.

```
[root@localhost mysql]# ls -l
합계 110616
-rw-rw----. 1 mysql mysql       56 11월  3  2017 auto.cnf
-rw-rw----. 1 mysql mysql 50331648  5월 18 14:14 ib_logfile0
-rw-rw----. 1 mysql mysql 50331648 11월  3  2017 ib_logfile1
-rw-rw----. 1 mysql mysql 12582912  5월 18 14:14 ibdata1
drwx------. 2 mysql mysql      134  5월 18 14:04 joker
-rw-rw----. 1 mysql mysql      371  5월 18 12:45 localhost-slow.log
drwx------. 2 mysql mysql     4096 11월  3  2017 mysql
srwxrwxrwx. 1 mysql mysql        0  5월 18 13:33 mysql.sock
-rw-rw----. 1 mysql mysql     1456  5월 18 14:14 mysqld-bin.000001
-rw-rw----. 1 mysql mysql       20  5월 18 13:33 mysqld-bin.index
drwx------. 2 mysql mysql     4096 11월  3  2017 performance_schema
```

[그림 245] MySQL 바이너리 로그 파일 찾기

Binary Log 파일은 일반적인 방법으로는 자세한 확인이 불가능하다. 따라서 분석관이 읽을 수 있는 텍스트 형식으로 변환을 해주어야 한다.

```
[root@localhost ~]# mysqlbinlog binary로그경로 > 저장경로/파일이름.sql

-기간 및 날짜를 지정하여 변환
[root@localhost ~]# mysqlbinlog --database=DB이름 --start-date="시작날짜"
                --stop-date="종료날짜" binary로그경로 > 저장경로/파일이름.sql
```

위 명령어 수행 시 간헐적으로 mysqlbinlog 명령을 하면 default-character-set을 설정을 인식하지 못하는 오류가 발생한다. 이때 해결 방법으로는 /etc/my.cnf에서 [client] 섹션의 default-character-set=utf8 맨 앞에 #문자를 넣어 주석처리를 한 후 Binary Log 변환을 수행하도록 하자.

```
[client]
# default-character-set = utf8
```

[그림 246] default-charater-set

```
[root@localhost ~]# mysqlbinlog /var/lib/mysql/mysqld-bin.000001 >
./binlog.sql
// mysqld-bin.000001을 텍스트로 변환하여 현재 폴더에 binlog.sql로 저장한다.
```

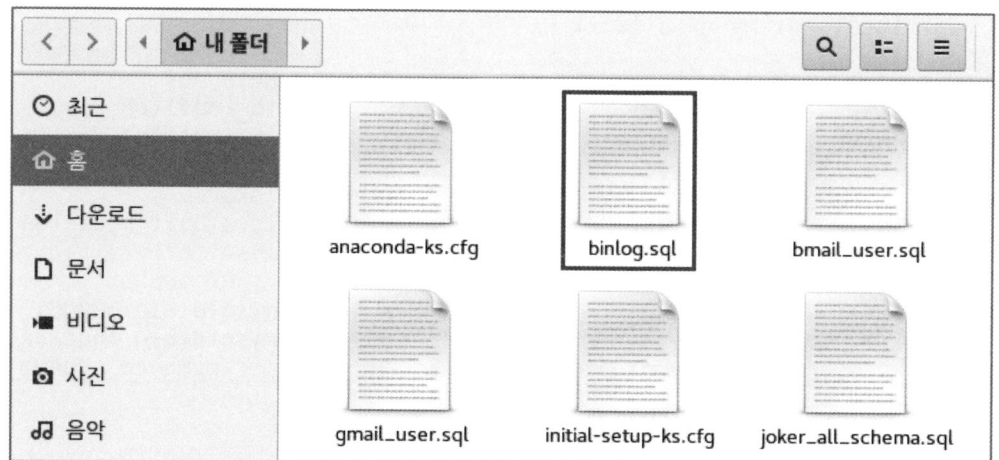

[그림 247] Binary Log를 텍스트 형식의 SQL 파일로 변환 후

생성된 sql 파일을 호스트로 드래그 복사하여 메모장이나 Sublime Text 프로그램으로 내용을 확인하자.

[표 31] binlog.sql 파일 내용

```
/*!50530 SET @@SESSION.PSEUDO_SLAVE_MODE=1*/;
/*!40019 SET @@session.max_insert_delayed_threads=0*/;
/*!50003 SET @OLD_COMPLETION_TYPE=@@COMPLETION_TYPE,COMPLETION_TYPE=0*/;
DELIMITER /*!*/;
# at 4
#190518 13:33:40 server id 1  end_log_pos 120 CRC32 0xab65d7ce  Start: binlog v 4,
 server v 5.6.38-log created 190518 13:33:40 at startup
ROLLBACK/*!*/;
BINLOG '
JIvfXA8BAAAAdAAAAHgAAAAAAQANS42LjM4LWxvZwAAAAAAAAAAAAAAAAAAAAAAAAAA
AAAAAAAAAAAAAAAAAAAki99cEzgNAAgAEgAEBAQEEgAAXAAEGggAAAAICAgCAAAACgoKGRkAAc7X
Zas=
'/*!*/;
# at 120
#190518 13:46:18 server id 1  end_log_pos 284 CRC32 0x35d01933  Query    thread_id=2
         exec_time=0        error_code=0
use `joker`/*!*/;
SET TIMESTAMP=1558154778/*!*/;
SET @@session.pseudo_thread_id=2/*!*/;
SET @@session.foreign_key_checks=1, @@session.sql_auto_is_null=0,
 @@session.unique_checks=1, @@session.autocommit=1/*!*/;
SET @@session.sql_mode=1075838976/*!*/;
SET @@session.auto_increment_increment=1, @@session.auto_increment_offset=1/*!*/;
/*!\C utf8 *//*!*/;
SET
```

```
    @@session.character_set_client=33,@@session.collation_connection=33,@@session.collati
    on_server=33/*!*/;
SET @@session.lc_time_names=0/*!*/;
SET @@session.collation_database=DEFAULT/*!*/;
CREATE TABLE student_info (Name char(25), ID char(10),
Major char(25), GPA decimal(3,2))
/*!*/;
# at 284
#190518 13 : 54 : 39 server id 1  end_log_pos 365 CRC32 0xf02946d9  Query      thread_id=3
         exec_time=0       error_code=0
SET TIMESTAMP=1558155279/*!*/;
BEGIN
/*!*/;
# at 365
#190518 13 : 54 : 39 server id 1  end_log_pos 529 CRC32 0x4dd2d290  Query      thread_id=3
         exec_time=0       error_code=0
SET TIMESTAMP=1558155279/*!*/;
INSERT INTO student_info (Name, ID, Major, GPA)
VALUES ('Alice', '001', 'Physics', 3.85)
/*!*/;
# at 529
#190518 13 : 54 : 39 server id 1  end_log_pos 560 CRC32 0xd0705c88  Xid = 30
COMMIT/*!*/;
# at 560
#190518 13 : 55 : 19 server id 1  end_log_pos 641 CRC32 0xb26207cf  Query      thread_id=3
         exec_time=0       error_code=0
SET TIMESTAMP=1558155319/*!*/;
BEGIN
/*!*/;
# at 641
#190518 13 : 55 : 19 server id 1  end_log_pos 810 CRC32 0x89e08332  Query      thread_id=3
         exec_time=0       error_code=0
SET TIMESTAMP=1558155319/*!*/;
INSERT INTO student_info (Name, ID, Major, GPA)
VALUES ('James', '002', 'Anthropology', 4.10)
/*!*/;
# at 810
#190518 13 : 55 : 19 server id 1  end_log_pos 841 CRC32 0xa56ae2e3  Xid = 31
COMMIT/*!*/;
# at 841
#190518 14 : 04 : 46 server id 1  end_log_pos 961 CRC32 0xa3c44500  Query      thread_id=3
         exec_time=0       error_code=0
SET TIMESTAMP=1558155886/*!*/;
ALTER TABLE student_info
ADD Birth_date date
/*!*/;
# at 961
#190518 14 : 06 : 03 server id 1  end_log_pos 1042 CRC32 0xfee5e516 Query      thread_id=3
         exec_time=0       error_code=0
SET TIMESTAMP=1558155963/*!*/;
```

```
BEGIN
/*!*/;
# at 1042
#190518 14:06:03 server id 1  end_log_pos 1189 CRC32 0xea05a89f Query     thread_id=3
        exec_time=0      error_code=0
SET TIMESTAMP=1558155963/*!*/;
UPDATE student_info
SET Birth_date="1997-03-06"
WHERE Name LIKE "Alice"
/*!*/;
# at 1189
#190518 14:06:03 server id 1  end_log_pos 1220 CRC32 0x164d9bfb Xid = 35
COMMIT/*!*/;
# at 1220
#190518 14:14:24 server id 1  end_log_pos 1301 CRC32 0x06dde95f Query     thread_id=3
        exec_time=0      error_code=0
SET TIMESTAMP=1558156464/*!*/;
BEGIN
/*!*/;
# at 1301
#190518 14:14:24 server id 1  end_log_pos 1425 CRC32 0xb8ade3f8 Query     thread_id=3
        exec_time=0      error_code=0
SET TIMESTAMP=1558156464/*!*/;
DELETE FROM student_info
WHERE Name LIKE "James"
/*!*/;
# at 1425
#190518 14:14:24 server id 1  end_log_pos 1456 CRC32 0xb0bf515f Xid = 37
COMMIT/*!*/;
DELIMITER ;
# End of log file
ROLLBACK /* added by mysqlbinlog */;
/*!50003 SET COMPLETION_TYPE=@OLD_COMPLETION_TYPE*/;
/*!50530 SET @@SESSION.PSEUDO_SLAVE_MODE=0*/;
```

binlog.sql 파일 내용을 보면 테이블을 업데이트 했던 쿼리문 기록과 쿼리문 수행 시각 등을 알 수 있다. 해당 로그를 통해 사용자가 사용한 쿼리문에 대한 추적을 할 수 있으며, 해당 쿼리를 통해 삭제된 데이터 또는 수정된 데이터를 알 수 있다. 포렌식 관점에서 해당 로그는 매우 중요하므로 꼭 백업을 받아 분석을 수행해야 한다.

지금까지 MySQL 데이터베이스의 환경 구축부터 기본정보 및 로그파일 확인 그리고 데이터 복구까지 알아보았다. MySQL은 레코드 복구 시 별도의 쿼리문을 제공하고 있지 않기 때문에 로그파일을 확인하여 사용된 쿼리문을 확인 후에 복구를 진행하여야 한다.

Oracle 데이터베이스 포렌식

STEP 04 ▶ Oracle 데이터베이스 포렌식

Oracle 데이터베이스는 Oracle Corporation에서 개발한 RDBMS로 데이터베이스 시장에서 Microsoft의 SQL Server와 점유율을 경쟁하고 있다. 전반적인 구조는 SQL Server와 비슷하다.

Windows, Unix, Linux, Mac 등 주요 플랫폼을 지원하고 사용자의 용도에 따라 맞는 Edition이 제공된다. 제공하는 기능에 따라 Enterprise Edition, Standard Edition, Express Edition이 있고 많은 기능을 제공할수록 가격 또한 높아진다.

기본으로 지원하는 기능들 외에도 다양한 애드온 옵션이나 관리 팩이 있으며 가용성, 확장성, 수행, 보안, 분석 성능을 개선하여 활용할 수 있다.

이번 4장에서는 Oracle 데이터베이스의 전체적인 구조와 Oracle 데이터베이스가 생성하는 파일의 구조를 배우고, 기본적인 조작법과 덤프 및 복구하는 방법, 마지막으로 로그를 분석하는 방법을 알아볼 것이다.

4.1 Oralce 환경 구축

4.1.1 Windows Server 2016에 Oracle 설치하기

실습환경 : VMWare Workstation Pro 15
운영체제 : Windows Server 2016
Oracle 버전 : Oracle 12c R2

1) Windows Server 2016을 실행하여 인터넷 브라우저를 실행한다.

2) 오라클 사이트에 접속하여 설치를 위한 파일을 다운로드한다.

> **Oracle 12c R2**
> ▶ https://download.oracle.com/otn/nt/oracle12c/122010/winx64_12201_database.zip

다운로드 페이지에서 파일 다운로드를 진행시 오라클 사이트에서 로그인을 해야 다운로드가 가능하다.(로그인을 위한 계정이 없다면 회원가입을 진행하도록 한다.)

3) 파일을 다운받으면 winx63_12201_database.zip 파일의 압축을 해제한다.

4) winx64_12201_database.zip 파일의 압축을 해제하면 [그림 248]과 같은 파일들이 보인다. 이들 중 setup.exe를 더블클릭하여 실행한다.

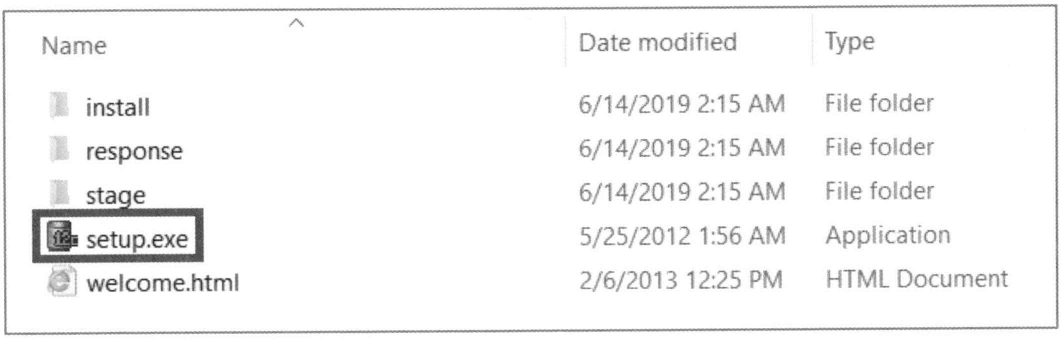

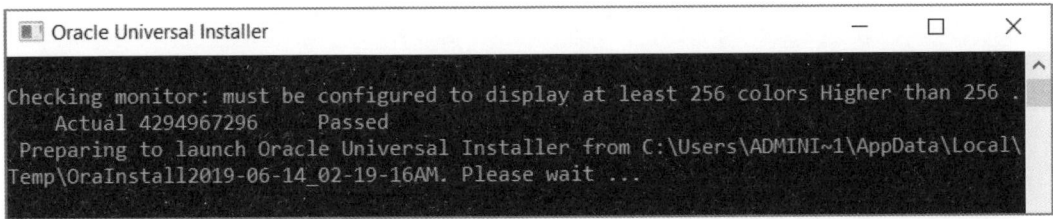

[그림 248] 다운로드한 파일 압축 해제

4) setup.exe를 실행하여 [그림 249]와 같은 창이 생성되면 잠시 기다린다.

[그림 249] Oracle Database Installer 준비

5) 조금 기다리면 Oracle Database Installer 창이 뜬다. Configure Security Updates 단계에서는 보안 업데이트에 대한 알림 설정 여부를 묻는다. Next 버튼을 눌러 다음으로 넘어가자.

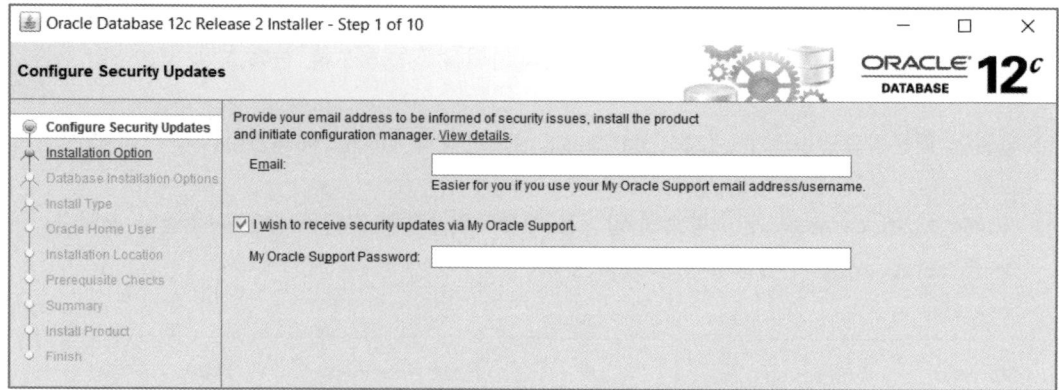

[그림 250] Windows Server 2016 Oracle 데이터베이스 설치 1

[그림 251]과 같은 경고 창이 뜨더라도 'Yes'를 눌러 다음으로 넘어간다.

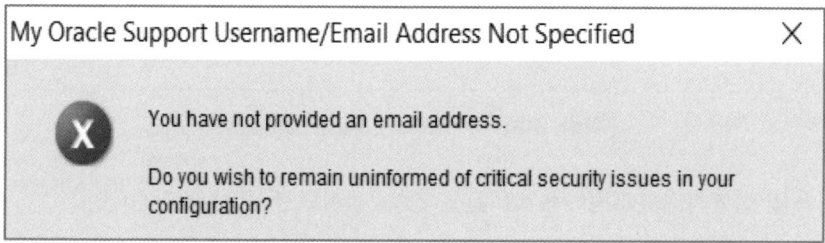

[그림 251] Configure Security Updates 경고 창

6) Installation Option 단계에서는 'Create and configure a database'에 체크한 후, 'Next' 버튼을 클릭한다.

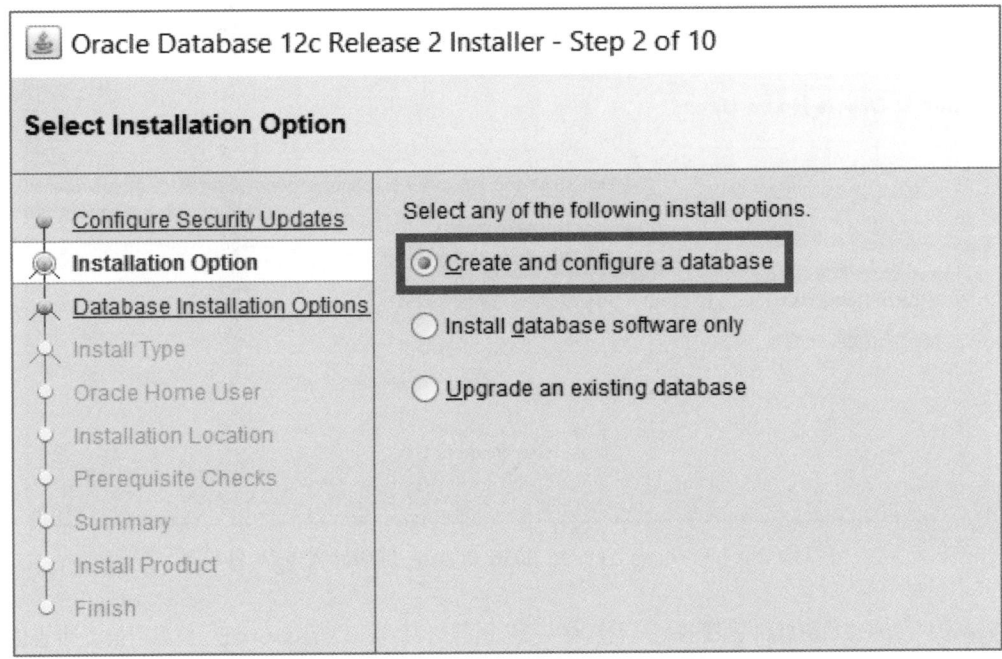

[그림 252] Windows Server 2016 Oracle 데이터베이스 설치 2

7) System Class 단계에서는 'Desktop class'를 선택한 후, 'Next' 버튼을 클릭한다. 운영체제가 Server용이므로 'Server class'를 선택해도 돼지만 세부 설정사항이 좀 더 많다.

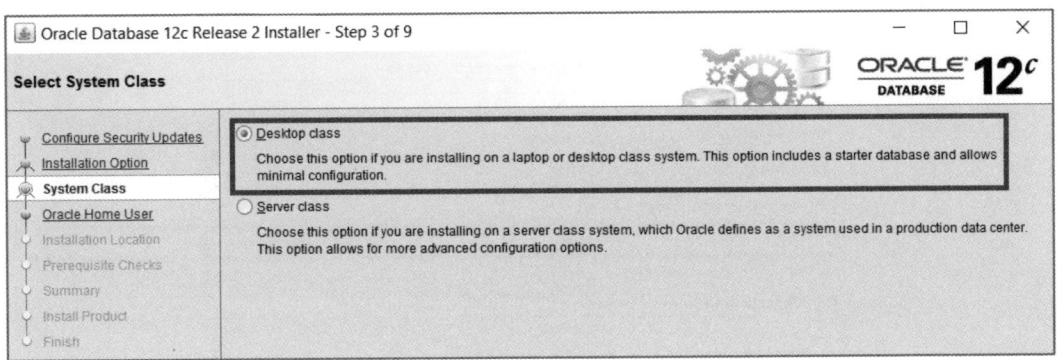

[그림 253] Windows Server 2016 Oracle Database 설치 3

8) Oracle Home User 설정 단계에서는 'Use Virtual Account'에 선택한 후, 'Next' 버튼을 클릭한다.

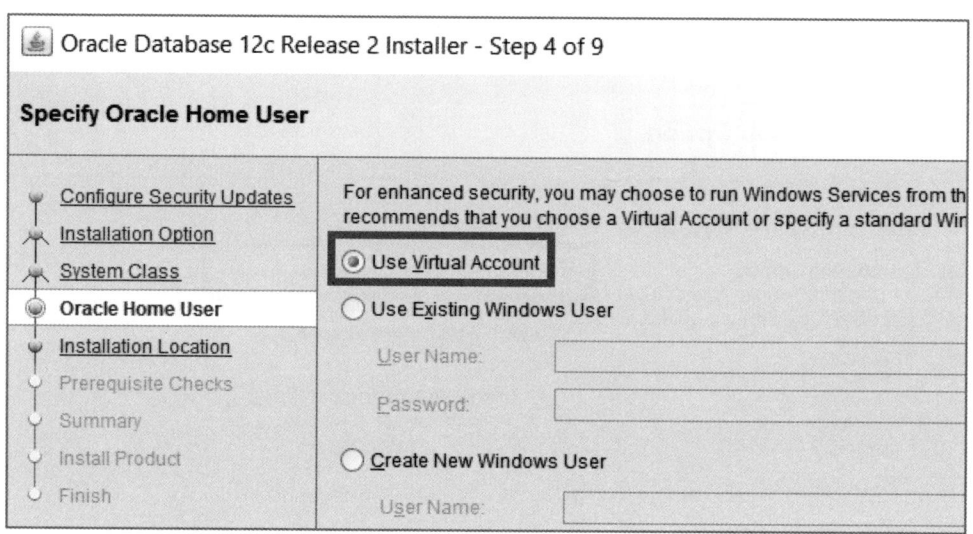

[그림 254] Windows Server 2016 Oracle 데이터베이스 설치 4

9) Typical Installation 단계에선 다른 부분은 변경하지 않고 Password만 설정한다. 비밀번호 설정이 완료되면 'Next' 버튼을 클릭한다.

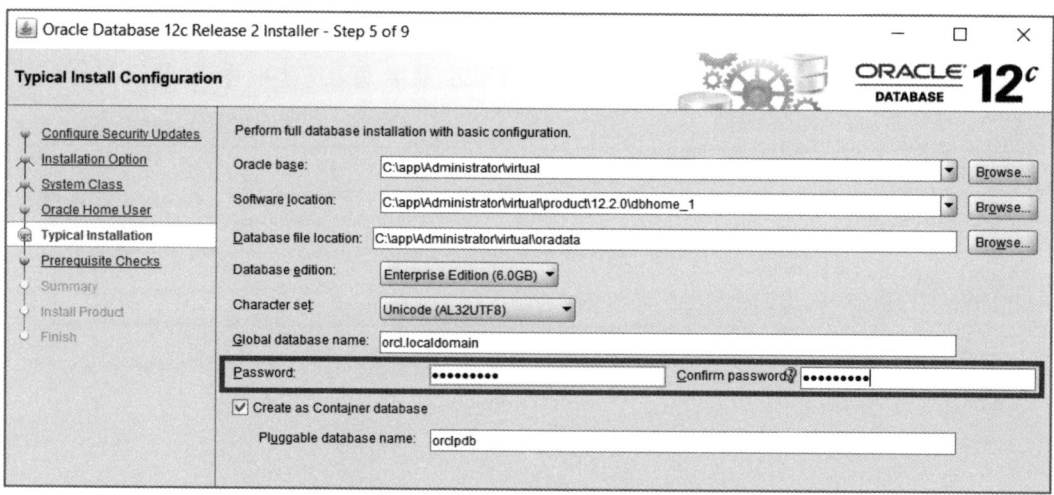

[그림 255] Windows Server 2016 Oracle 데이터베이스 설치 5

만약 설정한 패스워드가 취약하다면 [그림 256]과 같은 경고 창이 생성된다. 단순히 실습을 위한 환경 구축이므로 'Yes' 버튼을 눌러 넘어간다.

[그림 256] Typical Installation Password 설정 경고 창

10) Prerequisite Checks에서 간단한 확인 작업을 시작한다.

11) Prerequisite Checks가 완료되면 자동으로 Summary 단계로 넘어온다. Summary에서는 위에서 설정했던 것들을 요약해서 보여준다. 확인한 후, 'Install' 버튼을 클릭한다.

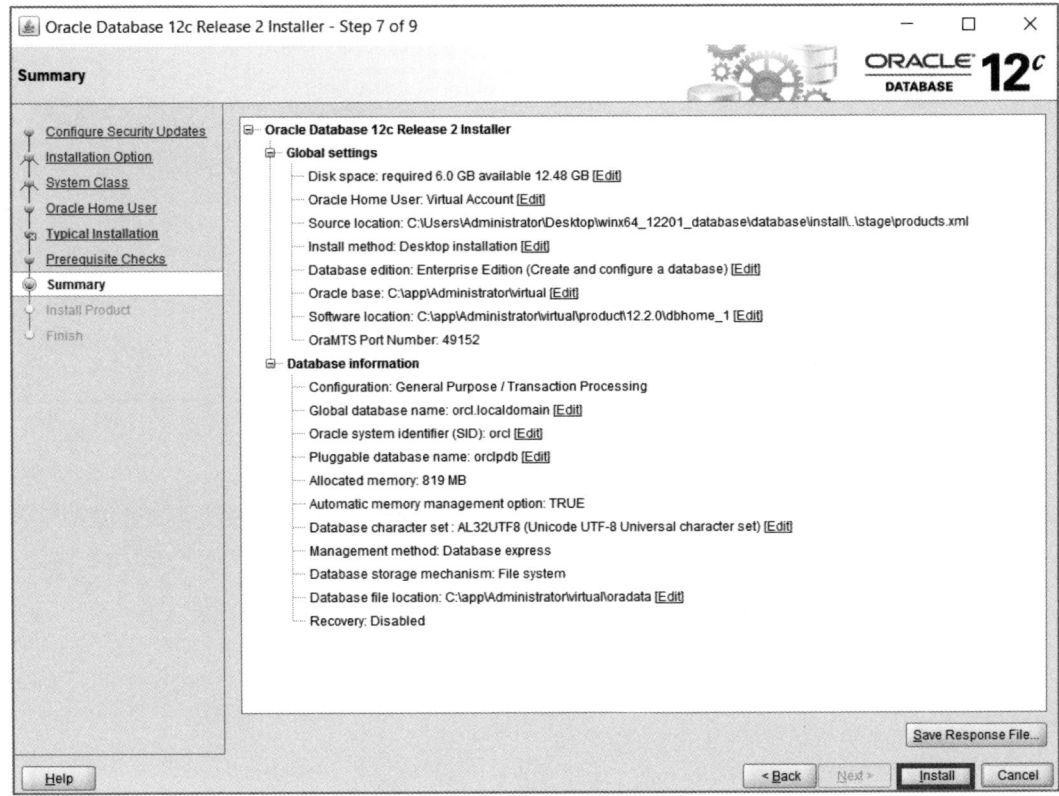

[그림 257] Windows Server 2016 Oracle 데이터베이스 설치 6

12) Install Product에서는 설치 진행 상황을 보여준다.

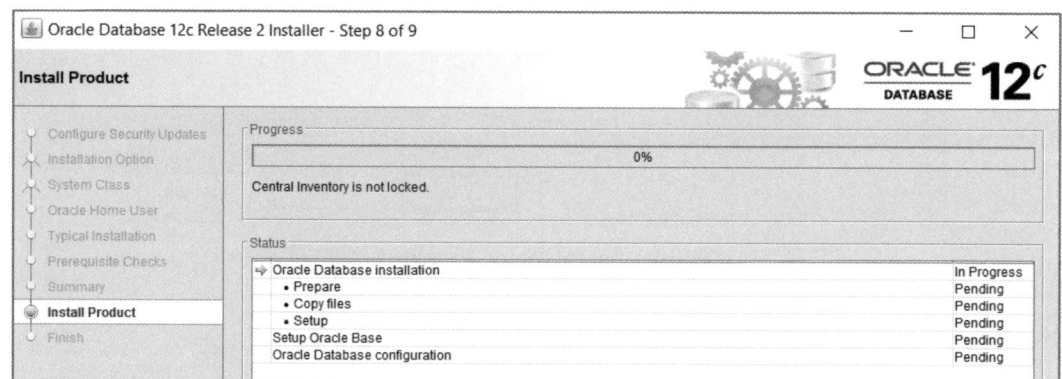

[그림 258] Windows Server 2016 Oracle 데이터베이스 설치 7

13) 설치가 완료되면 'Close' 버튼을 눌러 창을 닫는다.

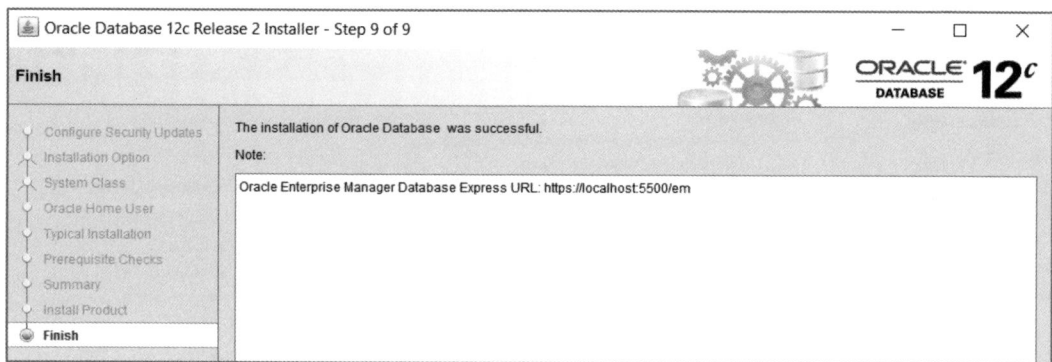

[그림 259] Windows Server 2016 Oracle 데이터베이스 설치 완료

14) 시작 메뉴에 보면 Recently added 란에서 SQL Plus를 찾을 수 있다. 해당 파일을 클릭하여 실행한다.

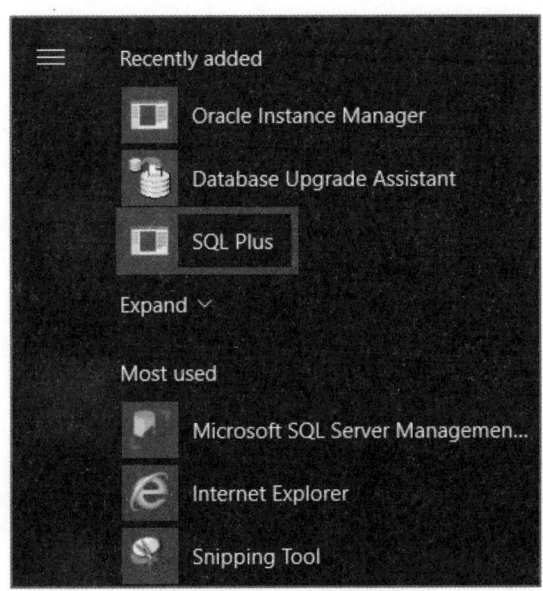

[그림 260] Oracle 실행하기

15) SQL Plus를 실행하면 커맨드 창이 생성된다. Enter user-name에 'system'을 입력하고, Enter password에 앞에서 설정한 패스워드를 입력한다. 성공적으로 접속이 되면 'SQL>'로 Oracle 데이터베이스 SQL 셸을 확인할 수 있다.

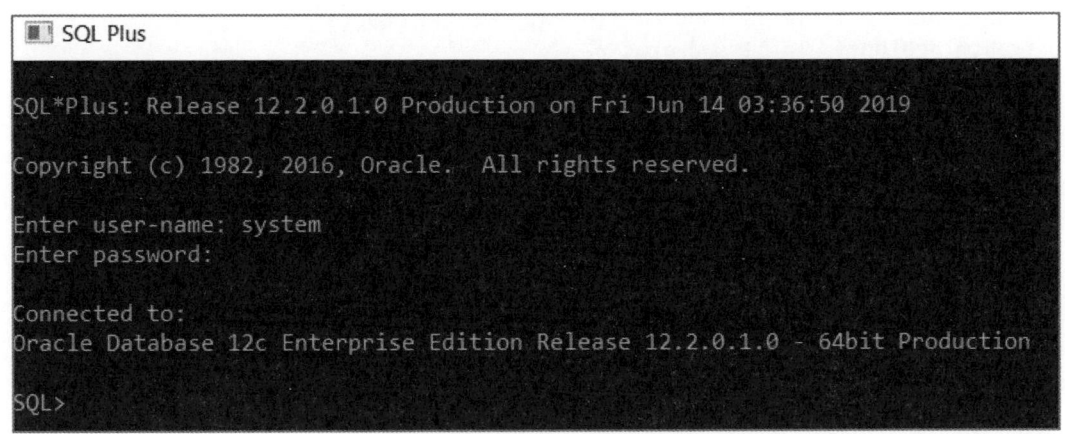

[그림 261] Oracle 데이터베이스 접속

4.1.2 CentOS 7에 Oracle 설치하기

실습환경 : VMWare Workstation Pro 15
운영체제 : CentOS 7.6 64bit
Oracle 버전 : Oracle 12c R2

1) CentOS 7 가상머신을 실행하여 터미널을 실행한다.

2) Oracle 설치를 하기 전에 업데이트를 수행하고 필요한 패키지들을 받는다.

```
[root@localhost ~]# yum update
[root@localhost ~]# yum install -y binutils compat-libcap1 gcc gcc-c++ glibc
glibc glibc-devel glibc-devel ksh compat-libstdc++-33 libaio libaio
libaio-devel libaio-devel libgcc libgcc libstdc++ libstdc++ libstdc++-devel
libstdc++-devel libXi libXi libXtst libXtst make sysstat xorg-x11-apps
```

3) Oracle 설치에 필요한 그룹과 계정을 생성한다.

```
[root@localhost ~]# groupadd oinstall
[root@localhost ~]# groupadd dba
[root@localhost ~]# useradd –g oinstall –G dba oracle
[root@localhost ~]# passwd oracle
```

```
[root@localhost ~]#
[root@localhost ~]# groupadd oinstall
[root@localhost ~]# groupadd dba
[root@localhost ~]# useradd -g oinstall -G dba oracle
[root@localhost ~]# passwd oracle
oracle 사용자의 비밀 번호 변경 중
새  암호:
새  암호 재입력:
passwd: 모든 인증 토큰이 성공적으로 업데이트 되었습니다.
```

[그림 262] Oracle 설치를 위한 사용자 그룹, 계정 추가

4) Oracle의 Base 디렉토리를 생성하고 권한을 부여한다.

```
[root@localhost ~]# cd /home/oracle
[root@localhost oracle]# mkdir orcldb
[root@localhost oracle]# chown –R oracle:oinstall orcldb
[root@localhost oracle]# chmod –R 775 orcldb
[root@localhost oracle]# chmod g+s orcldb
```

5) .bash_profile을 열어 환경변수를 설정한다.

```
[root@localhost ~]# vi /home/oracle/.bash_profile

#.bash_profile의 맨 아래에 다음 내용을 추가한다.
export TMP=/tmp
export TMPDIR=/tmp
export ORACLE_BASE=/home/oracle/db
export ORACLE_SID=orcl
export ORACLE_HOME=$ORACLE_BASE/product/12.1.0/dbhome_1
export ORACLE_HOME_LISTNER=$ORACLE_HOME/bin/lsnrctl
export LD_LIBRARY_PATH=$ORACLE_HOME/lib:/lib:/usr/lib
PATH=$PATH:$HOME/.local/bin:$HOME/bin
export PATH=$ORACLE_HOME/bin:$PATH
```

```
# .bash_profile

# Get the aliases and functions
if [ -f ~/.bashrc ]; then
        . ~/.bashrc
fi

# User specific environment and startup programs

PATH=$PATH:$HOME/.local/bin:$HOME/bin

export TMP=/tmp
export TMPDIR=/tmp
export ORACLE_BASE=/home/oracle/db
export ORACLE_SID=orcl
export ORACLE_HOME=$ORACLE_BASE/product/12.1.0/dbhome_1
export ORACLE_HOME_LISTNER=$ORACLE_HOME/bin/lsnrctl
export LD_LIBRARY_PATH=$ORACLE_HOME/lib:/lib:/usr/lib
PATH=$PATH:$HOME/.local/bin:$HOME/bin
export PATH=$ORACLE_HOME/bin:$PATH
```

[그림 263] .bash_profile 편집

6) 커널 설정을 수정하기 위해서 sysctl.conf를 편집한다.

```
[root@localhost ~]# vi /etc/sysctl.conf

#sysctl.conf 맨 아래에 다음 내용을 추가한다.
fs.aio-max-nr = 1048576
fs.file-max = 6815744
kernel.shmall = 2097152
kernel.shmmax = 1987162112
kernel.shmmni = 4096
kernel.sem = 250 32000 100 128
net.ipv4.ip_local_port_range = 9000 65500
net.core.rmem_default = 262144
net.core.rmem_max = 4194304
net.core.wmem_default = 262144
net.core.wmem_max = 1048586
```

```
# sysctl settings are defined through files in
# /usr/lib/sysctl.d/, /run/sysctl.d/, and /etc/sysctl.d/.
#
# Vendors settings live in /usr/lib/sysctl.d/.
# To override a whole file, create a new file with the same in
# /etc/sysctl.d/ and put new settings there. To override
# only specific settings, add a file with a lexically later
# name in /etc/sysctl.d/ and put new settings there.
#
# For more information, see sysctl.conf(5) and sysctl.d(5).

fs.aio-max-nr = 1048576
fs.file-max = 6815744
kernel.shmall = 2097152
kernel.shmmax = 1987162112
kernel.shmmni = 4096
kernel.sem = 250 32000 100 128
net.ipv4.ip_local_port_range = 9000 65500
net.core.rmem_default = 262144
net.core.rmem_max = 4194304
net.core.wmem_default = 262144
net.core.wmem_max = 1048586
```

[그림 264] sysctl.conf 편집

7) 위에서 수정한 커널 설정을 적용한다.

```
[root@localhost ~]# sysctl -p
```

```
[root@localhost oracle]# sysctl -p
fs.aio-max-nr = 1048576
fs.file-max = 6815744
kernel.shmall = 2097152
kernel.shmmax = 1987162112
kernel.shmmni = 4096
kernel.sem = 250 32000 100 128
net.ipv4.ip_local_port_range = 9000 65500
net.core.rmem_default = 262144
net.core.rmem_max = 4194304
net.core.wmem_default = 262144
net.core.wmem_max = 1048586
```

[그림 265] 변경된 sysctl.conf 적용

8) Oracle 설치하기

Oracle 사이트에서 설치 파일을 다운로드해 unzip으로 압축 해제를 한다.

가) Oracle 설치파일 다운로드

Oracle
▶ https : //download.oracle.com/otn/linux/oracle12c/122010/linuxx64_12201_database.zip

파일 다운로드는 로그인이 필요하다. 만약 계정이 없다면 만들어 로그인한 후에 파일을 다운로드한다. 로그인 후 정상적으로 다운이 진행되면 [그림 266]과 같이 창이 생성되며, '파일 저장'을 선택한 후 '확인' 버튼을 클릭한다.

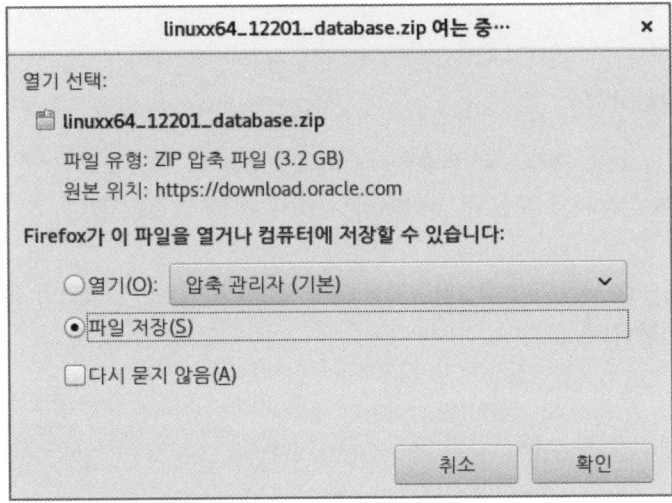

[그림 266] Oracle 데이터베이스 설치파일 다운로드 3

홈의 다운로드 폴더에 들어가면 다운로드한 zip 파일을 확인할 수 있다.

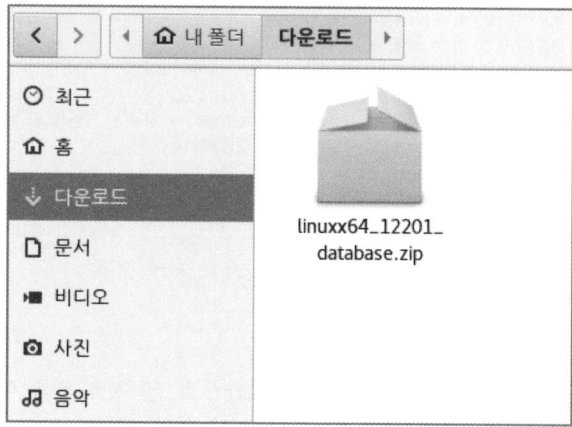

[그림 267] 다운로드 받은 zip 파일 확인

필자는 터미널 창에서 타이핑 편의를 위하여 해당 파일을 홈으로 이동시켰다. zip 파일 다운을 완료하였다면 이제 터미널로 돌아가 unzip 명령으로 압축을 해제한다.

```
[root@localhost ~]# unzip linuxx64_12201_database.zip
```

압축을 해제하여 생성된 database폴더를 /home/oracle/ 안으로 옮겨준다.

```
[root@localhost ~]# mv ./database /home/oracle/database
```

나) Oracle 설치하기

1) 생성하였던 oracle 계정으로 접속한다. 터미널에서 su 명령으로 계정 변경을 하는 것이 아닌 CentOS 시작화면 오른쪽 상단에서 사용자 계정 변경을 한다.

2) oracle 계정으로 재접속한 후, 터미널을 열어 xclock 명령을 입력하여 터미널이 정상 동작 하는지 확인한다.

```
[oracle@localhost ~]$ xclock
```

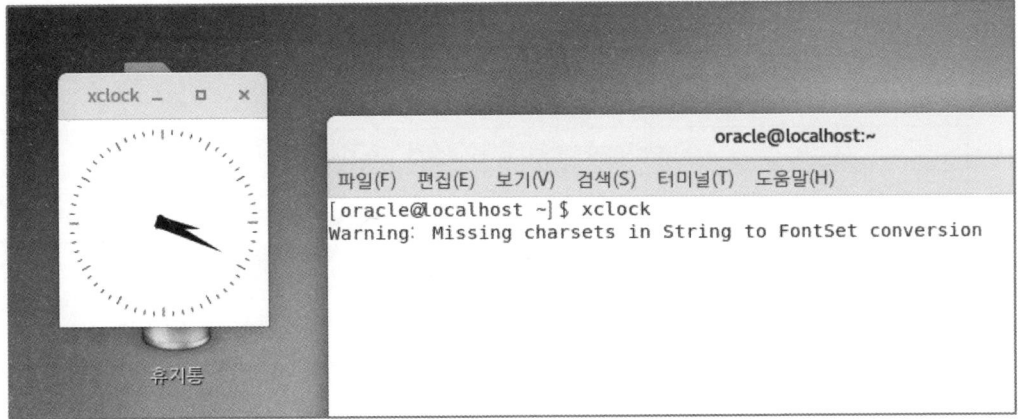

[그림 268] xclock으로 Oracle 설치 전 작업환경 확인

3) xclock을 닫고 설치파일 압축 해제하여 생성된 'database'폴더로 이동한다. 그리고 'runInstaller' 파일이 존재하는지 확인한다.

```
[oracle@localhost ~]$ cd database
[oracle@localhost database]$ ls
```

```
[oracle@localhost ~]$ cd database
[oracle@localhost database]$ ls
install  response  rpm  runInstaller  sshsetup  stage  welcome.html
```

[그림 269] 설치 파일 확인

4) runInstaller를 실행한다.

```
[oracle@localhost database]$ ./runInstaller
```

```
[oracle@localhost database]$ ./runInstaller
Oracle Universal Installer 시작 중...

임시 공간 확인 중: 500MB 이상이어야 합니다..    실제 22348MB     성공
스왑 공간 확인 중: 150MB 이상이어야 합니다..    실제 5100MB      성공
모니터 확인 중: 최소 256 색상을 표시하도록 구성되어 있어야 합니다..    실제 1677
7216    성공
다음에서 Oracle Universal Installer의 시작을 준비하는 중 /tmp/OraInstall2019-06-
15_03-20-22PM. 기다리십시오.
```

[그림 270] runInstaller 실행

5) runInstaller를 실행하고 잠시 기다리면 [그림 271]과 같은 설치 창이 나타난다. 첫 번째 단계는 '보안 갱신 구성' 단계로 Oracle 보안 관련 소식을 메일로 받을 것인지를 묻는다.

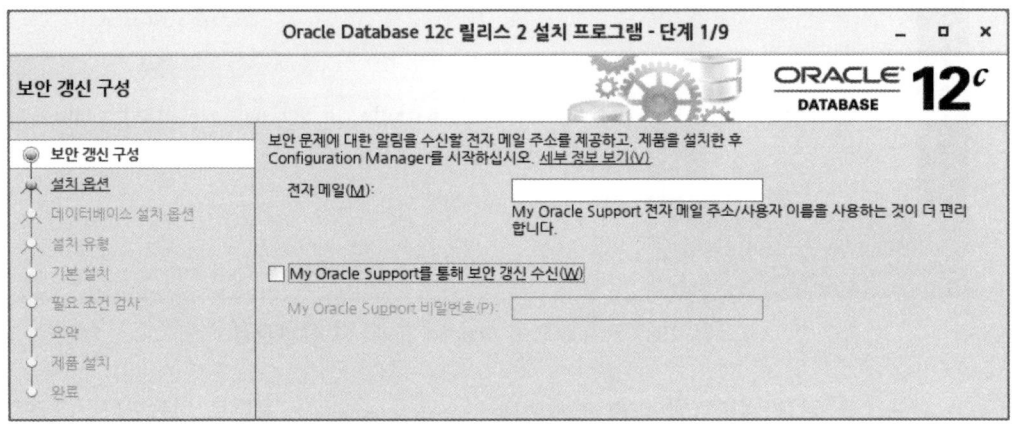

[그림 271] CentOS 7 Oracle 데이터베이스 설치 1

[그림 272]와 같은 경고 창이 뜨면 '예' 버튼을 클릭하고 넘어가도록 한다.

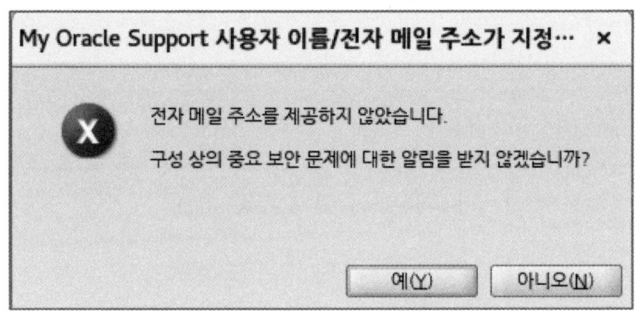

[그림 272] 보안 갱신 구성 경고 메시지

6) 설치 옵션 단계에서는 '데이터베이스 생성 및 구성'에 체크하고 '다음'을 클릭한다.

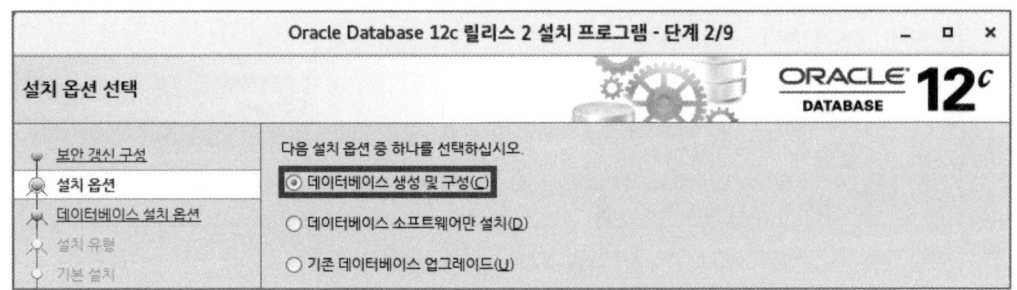

[그림 273] CentOS 7 Oracle 데이터베이스 설치 2

7) 시스템 클래스 단계에서는 Windows Server 2016 설치과정과는 다르게 '서버 클래스'를 선택하여 설치를 진행할 것이다.

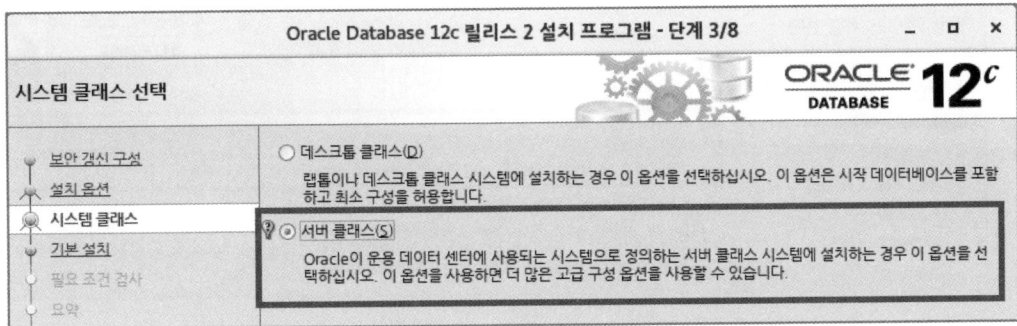

[그림 274] CentOS 7 Oracle 데이터베이스 설치 3

8) 데이터베이스 설치 옵션 단계에서는 '단일 데이터베이스 설치'를 선택한 후 '다음' 버튼을 클릭한다.

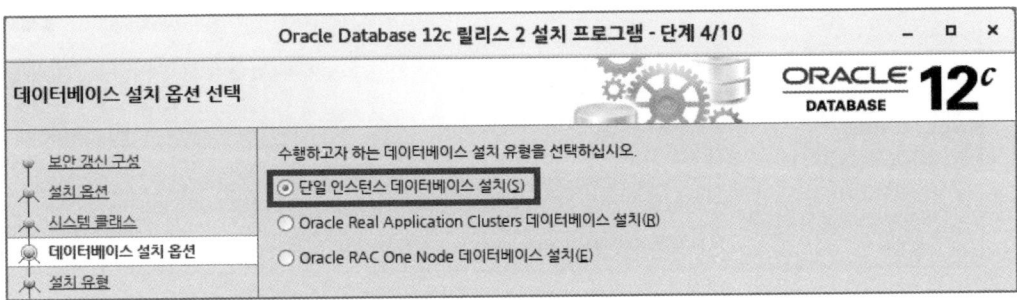

[그림 275] CentOS 7 Oracle 데이터베이스 설치 4

9) 설치 유형에서는 '고급 설치'를 선택한 후 '다음'을 클릭한다.

[그림 276] CentOS 7 Oracle 데이터베이스 설치 5

10) 데이터베이스 버전으로는 'Enterprise Edition'을 선택한다.

[그림 277] CentOS 7 Oracle 데이터베이스 설치 6

11) 설치 위치는 기본 값을 변경하지 않는다.

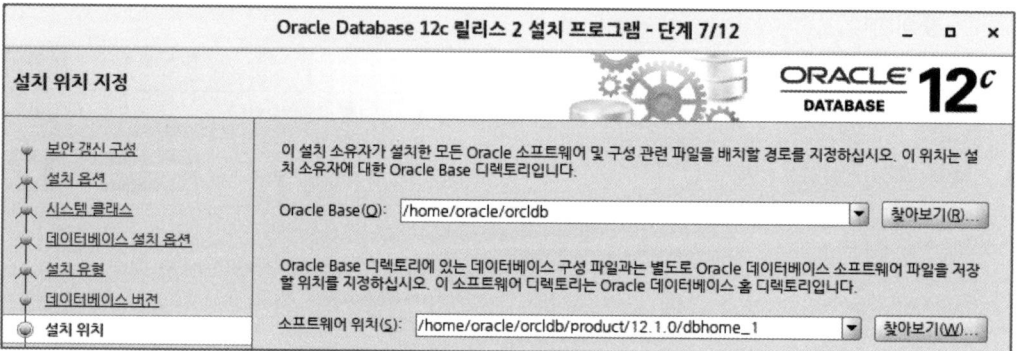

[그림 278] CentOS 7 Oracle 데이터베이스 설치 7

12) 인벤토리 설정 또한 기본 값을 변경하지 않는다.

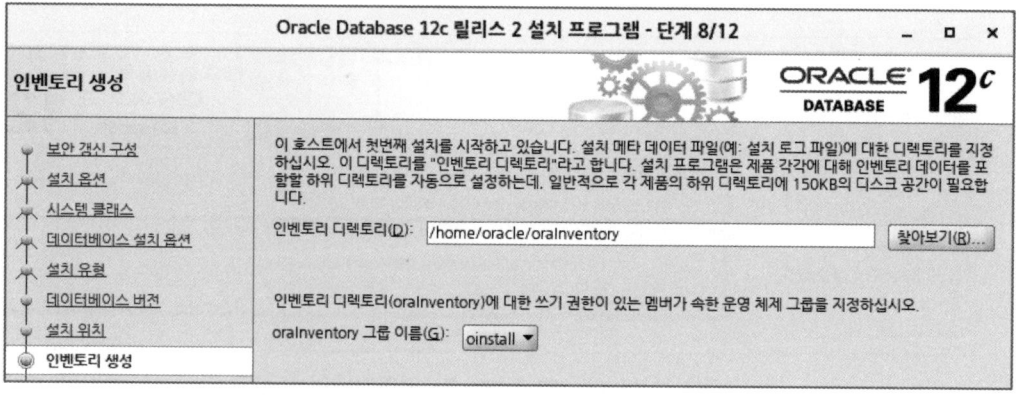

[그림 279] CentOS 7 Oracle 데이터베이스 설치 8

13) 구성 유형에서는 '일반용/트랜잭션 처리'를 선택한다.

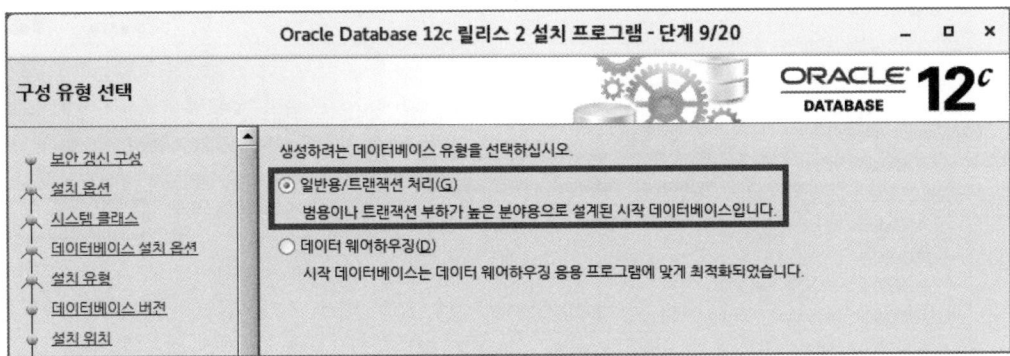

[그림 280] CentOS 7 Oracle 데이터베이스 설치 9

14) 데이터베이스 식별자는 기본 값을 변경하지 않는다.

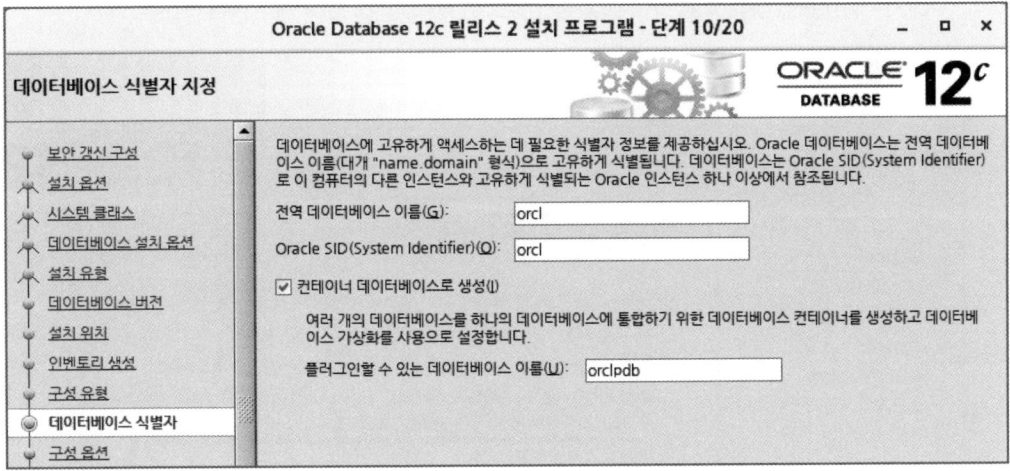

[그림 281] CentOS 7 Oracle 데이터베이스 설치 10

15) 구성 옵션의 메모리 탭에서는 '자동 메모리 관리를 사용으로 설정'의 체크를 해제한 후, 오른쪽 입력칸에서 원하는 메모리 크기를 설정한다.(분석 환경의 PC의 사양에 따라 4GB 이상의 메모리를 할당하면 원활한 실습이 가능하다. 참고로 가상머신의 경우 운영체제 설치 이전에 초기 메모리를 그만큼 높게 설정 해놓아야만 오라클 설치 시에도 높은 메모리 할당이 가능하다.)

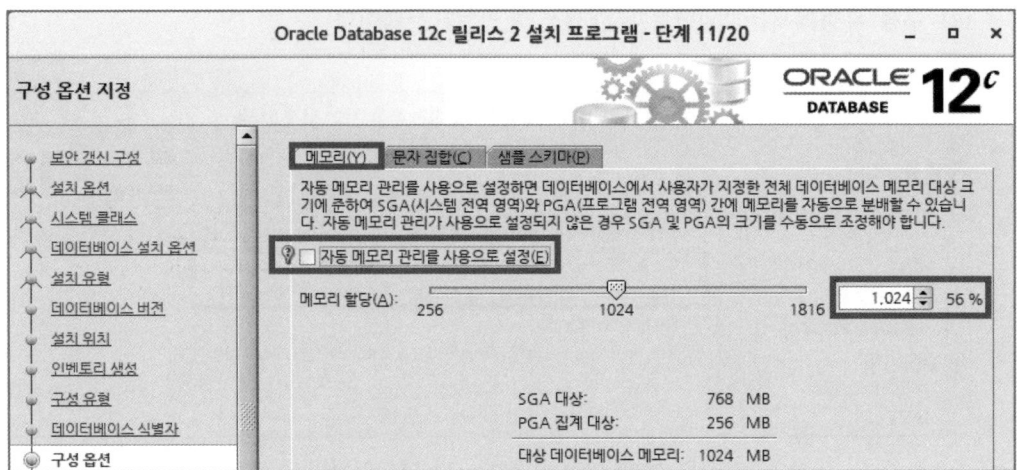

[그림 282] CentOS 7 Oracle 데이터베이스 설치 11_1

이후 '문자 집합' 탭으로 들어가 '다른 문자 집합 목록에서 선택'을 선택한 후, 아래 목록에서 'KO16MSWIN949-MS Windows 코드 페이지 949 한국어'를 선택한다.

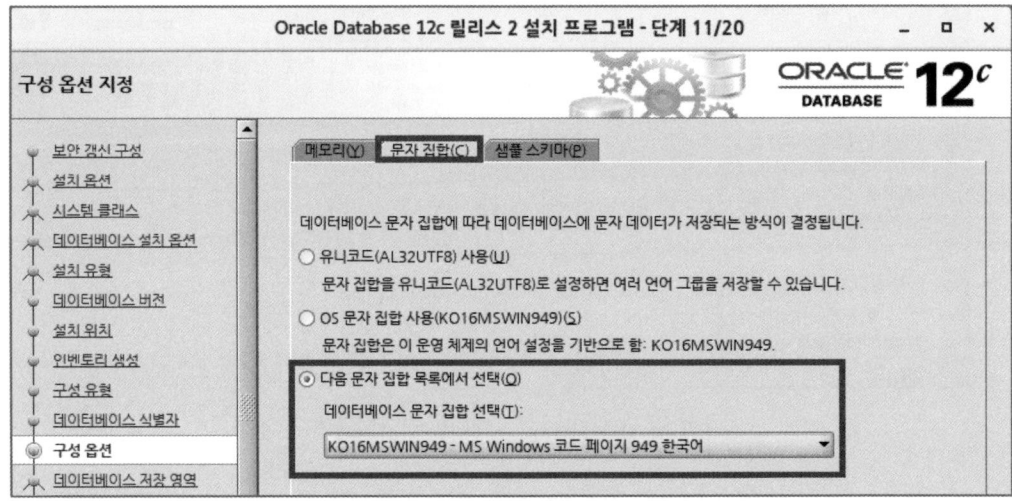

[그림 283] CentOS 7 Oracle 데이터베이스 설치 11_2

16) 데이터베이스 저장 영역은 기본 값을 변경하지 않는다.

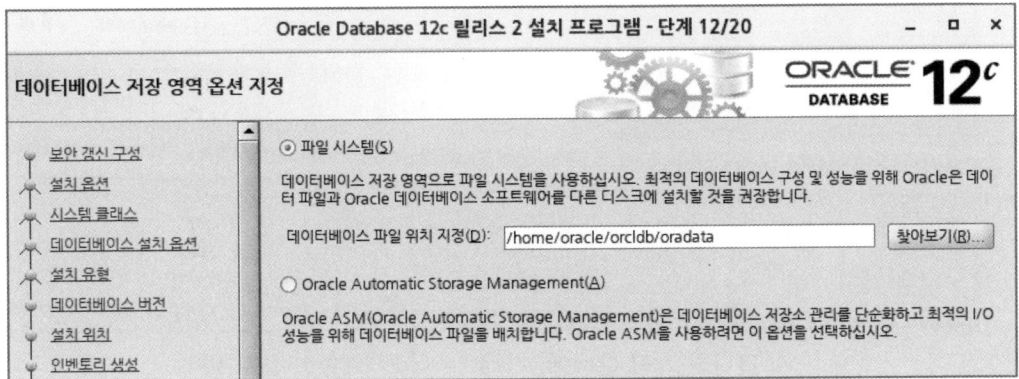

[그림 284] CentOS 7 Oracle 데이터베이스 설치 12

17) 관리 옵션에서는 따로 등록을 하지 않고 넘어간다.

[그림 285] CentOS 7 Oracle 데이터베이스 설치 13

18) 복구 설정도 하지 않고 넘어간다.

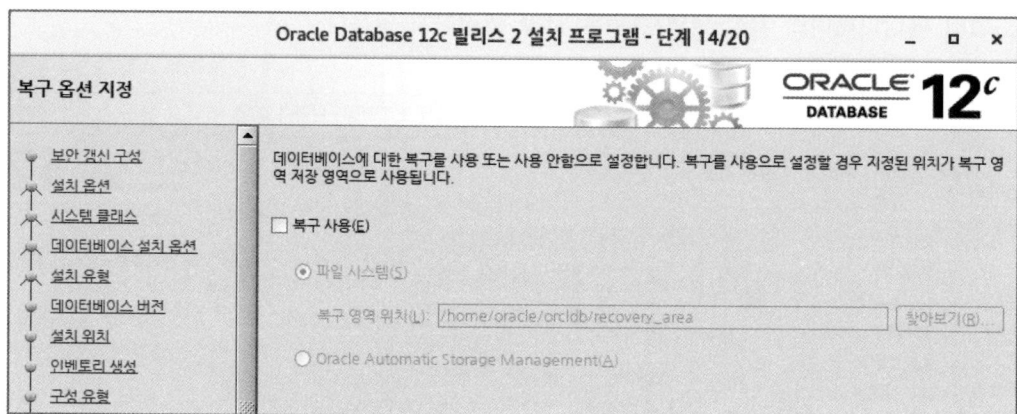

[그림 286] CentOs 7 Oracle 데이터베이스 설치 14

19) 스키마 비밀번호 단계에서는 '모든 계정에 동일한 비밀번호 사용'을 선택하고 원하는 비밀번호를 두 번 입력한다.

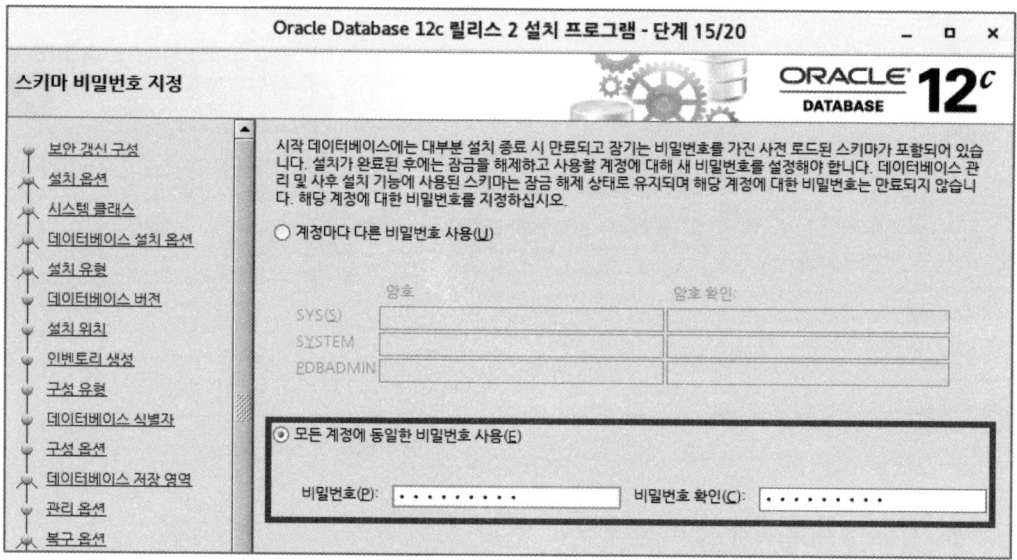

[그림 287] CentOS 7 Oracle 데이터베이스 설치 15

만약 비밀번호가 취약하다면 [그림 288]과 같은 경고 창이 생성된다. '예'를 클릭하여 다음으로 넘어간다.

[그림 288] 비밀번호 설정 경고 창

20) 운영체제 그룹에서는 기본 값을 변경하지 않고 넘어간다.

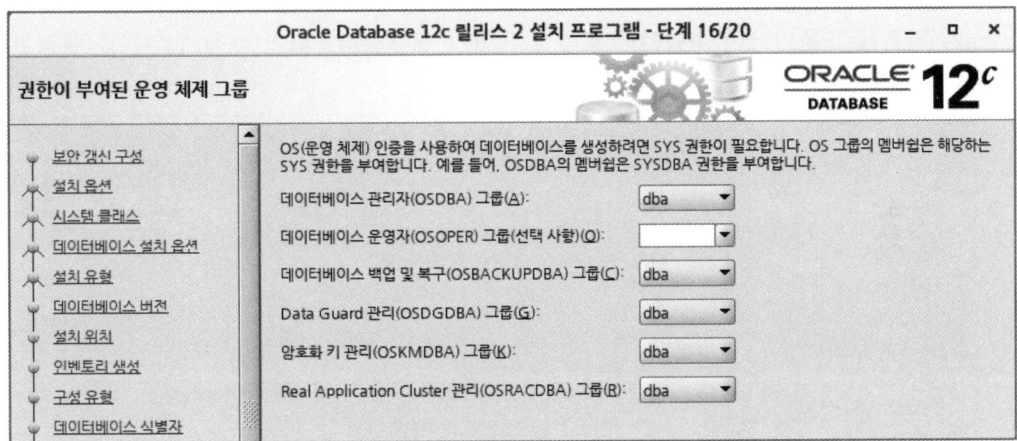

[그림 289] CentOS 7 Oracle 데이터베이스 설치 16

21) 필요조건 검사는 우측 체크 박스에 '모두 무시'에 체크하고 다음으로 넘어간다.

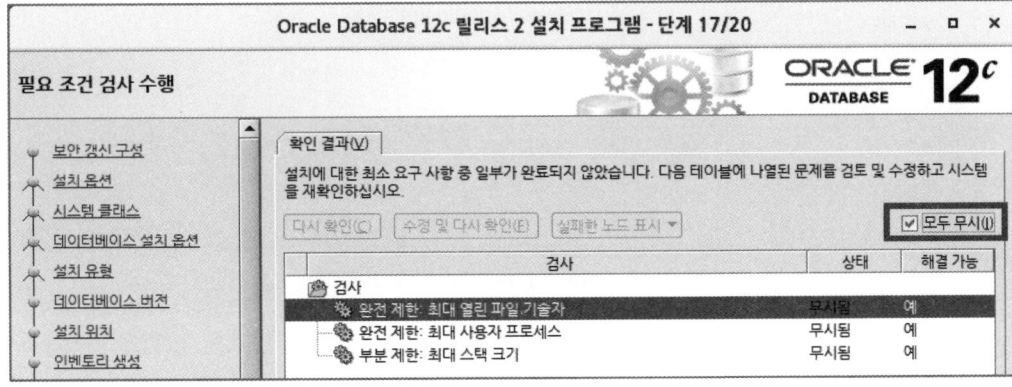

[그림 290] CentOS 7 Oracle 데이터베이스 설치 17

[그림 291]과 같은 경고 창이 떠도 '예'를 클릭하고 설치를 진행한다.

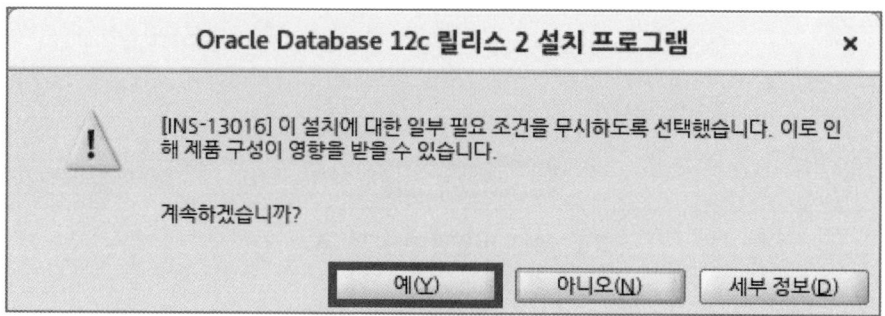

[그림 291] 필요 조건 검사 경고 창

22) 다음은 그동안 설정하였던 것들을 요약해서 보여준다. 확인 후에 '설치'를 클릭한다.

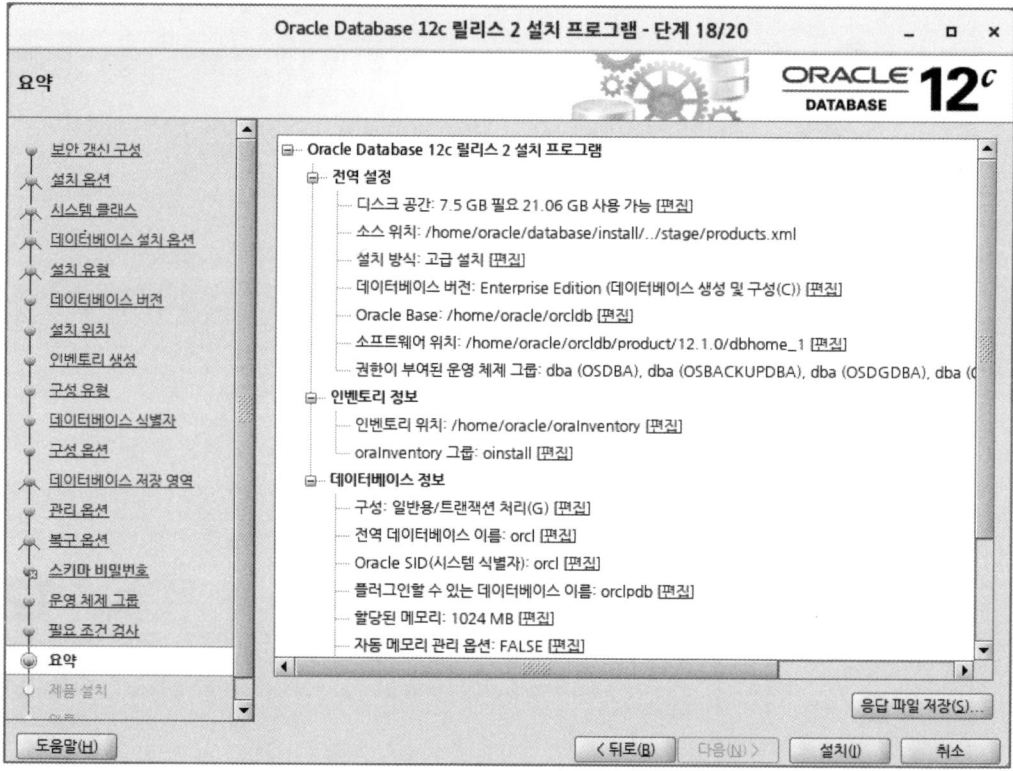

[그림 292] CentOS 7 Oracle 데이터베이스 설치 18

23) 설치 과정이 진행되면 설치 도중에 [그림 294]와 같은 구성 스크립트 실행 안내창이 하나 더 뜬다.

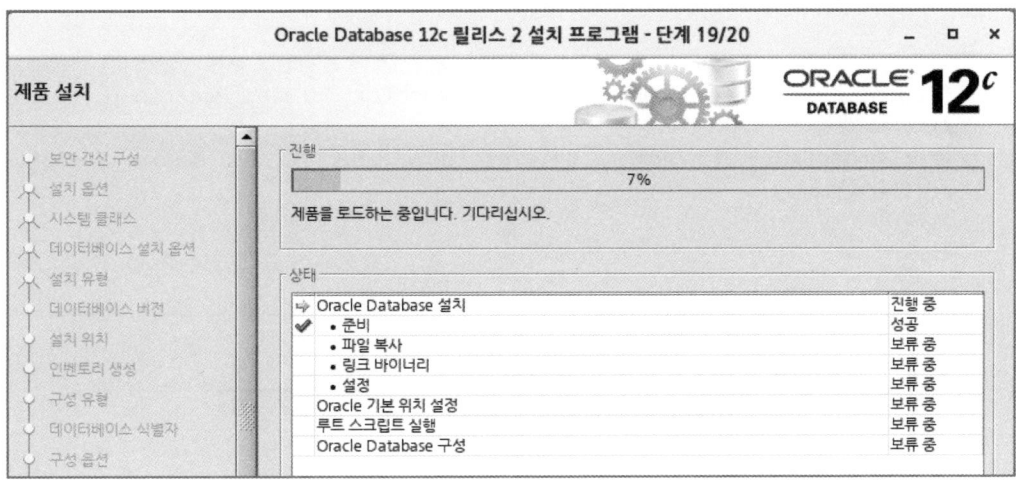

[그림 293] Oracle 데이터베이스 설치 진행 창_1

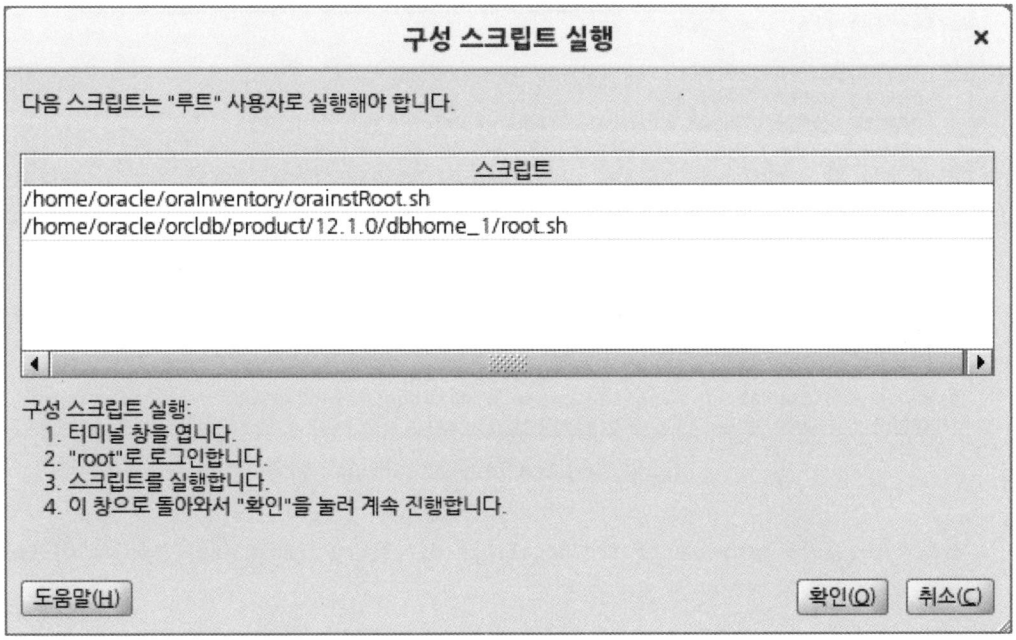

[그림 294] Oracle 데이터베이스 설치 진행 창_2

'구성 스크립트 실행' 창이 나타나면 적혀진 순서대로 작업을 수행하면 된다.

```
[oracle@localhost ~]$ su - root
암호 입력

[root@localhost ~]# /home/oracle/oraInventory/orainstRoot.sh
// 설치 진행
[root@localhost ~]# /home/oracle/orcldb/product/12.1.0/dbhome_1/root.sh
// 설치 진행
```

[그림 295] Oracle 구성 스크립트 실행

'Enter the full pathname of the local bin directory : [/usr/local/bin] : '이 Emmaus /usr/local/bin을 입력하고 엔터를 친다.

도중에 'Do you want to setup Oracle Trace File Analyzer (TFA) now?'라는 문자열이 나타나 옆에 커서가 깜빡이면 'y'를 입력한 후 엔터를 눌러 설치를 진행한다.
모든 설치가 완료되면 [root@localhost ~]#로 돌아온다. 터미널을 닫고 구성 스크립트 실행창으로 돌아와 '확인'을 클릭한다.

```
Creating /etc/oratab file...
Entries will be added to the /etc/oratab file as needed by
Database Configuration Assistant when a database is created
Finished running generic part of root script.
Now product-specific root actions will be performed.
Do you want to setup Oracle Trace File Analyzer (TFA) now ? yes|[no] :
y
Installing Oracle Trace File Analyzer (TFA).
Log File: /home/oracle/orcldb/product/12.1.0/dbhome_1/install/root_localhost.loc
aldomain_2019-06-15_15-43-33-863132725.log
Finished installing Oracle Trace File Analyzer (TFA)
[root@localhost ~]#
```

[그림 296] Oracle 구성 스크립트 실행 완료

24) 설치가 완료되면 Installer 창을 닫는다.

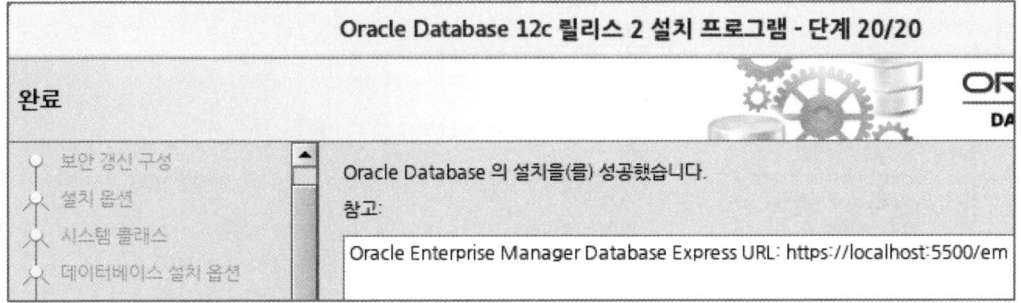

[그림 297] CentOS 7 Oracle 데이터베이스 설치 완료

다) Oracle 데이터베이스 실행하기

설치한 직후에는 바로 Oracle을 실행할 수 있지만, 가상머신을 재부팅 이후 실행할 경우 리스너[39]를 먼저 실행해야 한다. 하단에 'The command completed successfully' 문자열이 보이면 성공적으로 실행된 것이다.

```
[oracle@localhost ~]$ lsnrctl start
```

---

[39] 네트워크를 이용하여 클라이언트에서 오라클 서버로 연결하기 위한 오라클 네트워크 관리자이다.

```
[oracle@localhost ~]$ lsnrctl start

LSNRCTL for Linux: Version 12.2.0.1.0 - Production on 17-JUN-2019 21:48:11

Copyright (c) 1991, 2016, Oracle.  All rights reserved.

Starting /home/oracle/orcldb/product/12.1.0/dbhome_1/bin/tnslsnr: please wait...

TNSLSNR for Linux: Version 12.2.0.1.0 - Production
System parameter file is /home/oracle/orcldb/product/12.1.0/dbhome_1/network/adm
in/listener.ora
Log messages written to /home/oracle/orcldb/diag/tnslsnr/localhost/listener/aler
t/log.xml
Listening on: (DESCRIPTION=(ADDRESS=(PROTOCOL=tcp)(HOST=localhost)(PORT=1521)))
Listening on: (DESCRIPTION=(ADDRESS=(PROTOCOL=ipc)(KEY=EXTPROC1521)))

Connecting to (DESCRIPTION=(ADDRESS=(PROTOCOL=TCP)(HOST=localhost)(PORT=1521)))
STATUS of the LISTENER
------------------------
Alias                     LISTENER
Version                   TNSLSNR for Linux: Version 12.2.0.1.0 - Production
Start Date                17-JUN-2019 21:48:13
Uptime                    0 days 0 hr. 0 min. 0 sec
Trace Level               off
Security                  ON: Local OS Authentication
SNMP                      OFF
Listener Parameter File   /home/oracle/orcldb/product/12.1.0/dbhome_1/network/ad
min/listener.ora
Listener Log File         /home/oracle/orcldb/diag/tnslsnr/localhost/listener/al
ert/log.xml
Listening Endpoints Summary...
  (DESCRIPTION=(ADDRESS=(PROTOCOL=tcp)(HOST=localhost)(PORT=1521)))
  (DESCRIPTION=(ADDRESS=(PROTOCOL=ipc)(KEY=EXTPROC1521)))
The listener supports no services
The command completed successfully
```

[그림 298] Oracle 리스너 실행

리스너가 실행되었다면 이제 다음 명령을 입력하여 Oracle 데이터베이스를 작동시킨다.

```
[oracle@localhost ~]$ sqlplus / as sysdba
```

sysdba로 접속이 성공적으로 되었다면 'Connected to an idle instance'라는 문자열을 볼 수 있다.

```
[oracle@localhost ~]$ sqlplus / as sysdba

SQL*Plus: Release 12.2.0.1.0 Production on Sat Sep 21 14:42:46 2019

Copyright (c) 1982, 2016, Oracle.  All rights reserved.

Connected to an idle instance.

SQL>
```

[그림 299] Oracle sysdba로 접속

라) startup으로 데이터베이스 마운트 및 열기

3번에서 성공적으로 인스턴스를 실행했다고 해서 끝난 것이 아니다. 오라클의 작동은 SHUTDOWN, NOMOUNT, MOUNT, OPEN 순으로 진행된다.

SHUTDOWN은 말 그대로 완전히 종료된 상태이다. NOMOUNT는 인스턴스만 실행된 상태로 PARAMETER 파일을 읽을 수 있고 프로세스를 띄운다. sqlplus / as sysdba로 접속하면 NOMOUNT 상태로 시스템 테이블 일부는 수 있지만 사용자가 만든 테이블은 읽을 수 없다. MOUNT는 제어 파일을 읽을 수 있는 상태이고 OPEN은 모든 파일을 읽을 수 있는 상태이다.

명령어를 쳐서 'Database mounted'와 'Database opened' 문자열을 확인해야지 Oracle이 완전히 실행 가능한 상태로 된 것이다.

```
SQL> startup
```

```
SQL> startup
ORA-32004: obsolete or deprecated parameter(s) specified for RDBMS instance
ORACLE instance started.

Total System Global Area  805306368 bytes
Fixed Size                  8797928 bytes
Variable Size             314573080 bytes
Database Buffers          478150656 bytes
Redo Buffers                3784704 bytes
Database mounted.
Database opened.
SQL>
```

[그림 300] Oracle 시작하기

지금까지 Oracle 데이터베이스를 사용하기 위한 환경 구축에 대해서 살펴보았다. 다음 절에서는 Oracle의 아키텍처에 대해서 살펴보도록 하자.

4.2 Oracle 아키텍처

오라클 데이터베이스는 [그림 301]과 같이 Table Space, Segment, Extent, Data Block으로 구성된다.

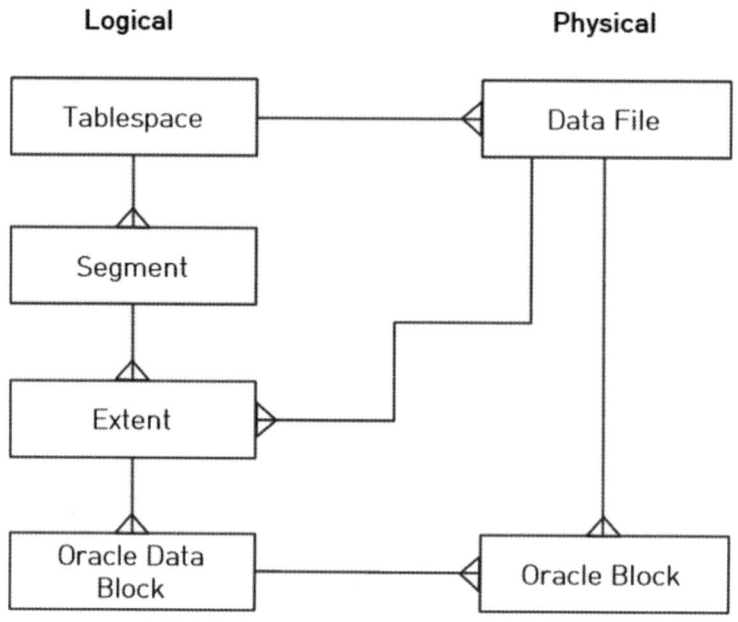

[그림 301] Oracle 데이터베이스 논리적/물리적 저장 단위

4.2.1 Oracle 프로세스

Oracle 데이터베이스 서버는 Oracle 데이터베이스와 Oracle 인스턴스로 구성된다. 데이터베이스가 시작할 때마다 SGA(System Global Area)가 할당되며 Oracle 백그라운드 프로세스들도 실행된다. 백그라운드 프로세스와 메모리 버퍼를 묶어 Oracle 인스턴스라고 한다. 다시 말해, Oracle 인스턴스는 Oralce 데이터베이스에 접근하는 방법이라고 할 수 있다.

아키텍처의 전체적인 구조는 [그림 302]와 같다. 쓰레드 기반의 아키텍처인 MSSQL과 달리 Oracle은 Linux에서 프로세스 단위로 생성 및 실행된다. Window에서는 프로세스의 역할을 쓰레드가 대체한다. [그림 302]를 보면서 구성 요소 하나하나에 대하여 알아보자.

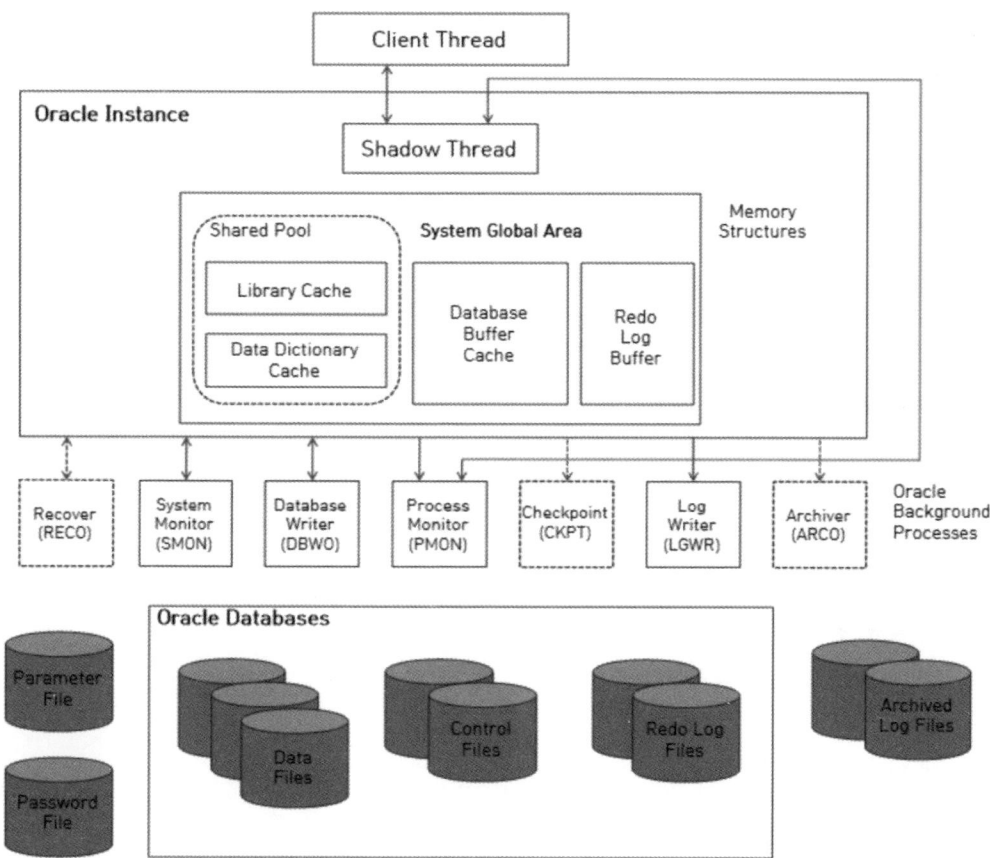

[그림 302] Oracle 데이터베이스 아키텍처

데이터베이스에서 프로세스는 서버 프로세스와 백그라운드 프로세스가 있다.

백그라운드 프로세스는 데이터 파일을 읽어서 버퍼 캐시에 넣거나 Redo 로그 버퍼를 비우거나 free 블록을 확보하는 등 DB 시스템의 수행을 도와주는 역할을 한다. 필수적인 5가지는 SMON, PMON, DBWR, LGWR, CKPT이다.

가) 메모리 버퍼

■ Database Buffer Cache

데이터 파일로부터 받은 데이터 블록의 복사본을 저장하는 곳이다.

■ Redo Log Buffer

데이터베이스에 영향을 준 수행에 대해 기록한다. Redo Log 버퍼 안에서 변경된 기록을 Redo Entry라 부른다. Redo Entry는 재구성 또는 변경된 기록에 대한 정보를 저장한다.

나) 라운드 프로세스

■ System Monitor (SMON)

시스템에 장애가 발생하여 데이터베이스 서버를 다시 시동하였을 때 복구를 수행한다. 또한 임시 세그먼트와 익스텐트를 모니터링한다.

■ Process Monitor (PMON)

프로세스에 이상이 생겼을 때 해당 프로세스가 사용하던 리소스를 복구한다.

■ Database Writer (DBWR)

버퍼 캐시에 있는 Drity 블록(또는 Drity 버퍼)을 데이터 파일에 기록한다.

■ Log Writer (LGWR)

다음과 같은 상황에서 Redo 로그 파일에 로그 버퍼 엔트리를 기록한다.
- COMMIT 수행 시
- 용량의 3분의 1이 찾을 때
- 1MB의 Redo Log가 쌓였을 때
- 매 3초마다

■ Archiver (ARCN)

ARCHIVELOG 모드가 활성화되어 있을 경우, 온라인 Redo Log를 자동으로 저장한다. 데이터베이스에 변경을 가한 모든 기록들을 저장한다. ARCN의 동작 흐름은 [그림 303]과 같다.

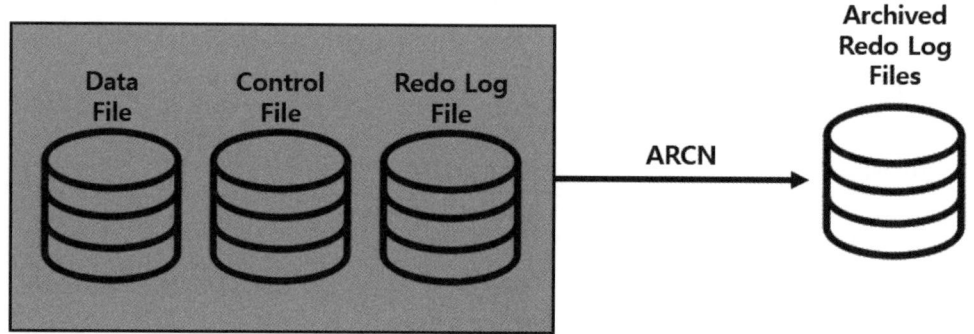

[그림 303] ARCN 흐름

■ Checkpoint (CKPT)

Oracle 데이터베이스는 Redo 로그에 버퍼 블록의 변화를 기록하는데 어디까지 데이터 파일에 기록하였는지를 checkpoint로 관리한다. 마지막 checkpoint 이후의 로그만 디스크에 기록을 하여 인스턴스를 복구할 때 사용한다.

■ Recover (RECO)

분산 트랜잭션 중에 발생한 문제를 해결한다.

4.2.2 Oracle 파일 구조

Oracle은 확장자명이 .dbf인 파일로 Tablespace를 관리한다. 어떤 데이터를 담고 있느냐에 따라 Tablespace 종류가 달라진다. [표 32]는 Oracle의 대표적인 Tablespace 목록과 역할이다.

[표 32] Oracle Tablespace

Tablespace	역할
TEMP	• SQL 명령 수행 시 사용되는 임시 테이블
USER	• 사용자가 생성한 객체를 저장하는 공간
SYSAUX	• 시스템 정보를 저장하는 곳
SYSTEM	• Data Directory를 담는 공간으로 데이터베이스를 운용할 때 필요한 시스템 테이블과 사용자가 생성한 테이블을 저장하는 곳
EXAMPLE	• 샘플 스키마를 저장하는 곳
UNDOTBS	• Undo 정보를 저장하는 곳

각 Tablespace마다 Tablespace이름으로 dbf파일이 생성되며 Windows Server의 경우 C : \app\Administrator\virtual\oradata\orc에서, Cent OS의 경우 /home/oracle/orcldb/oradata/ orcl/orclpdb에서 확인할 수 있다.

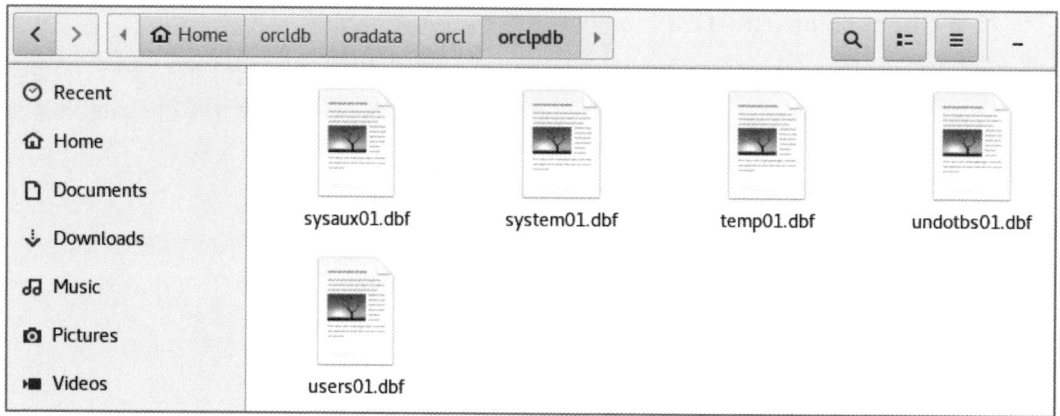

[그림 304] Oracle dbf 파일_CentOS

Name	Date modified	Type	Size
orclpdb	6/14/2019 3:33 AM	File folder	
pdbseed	6/14/2019 3:18 AM	File folder	
CONTROL01.CTL	7/16/2019 10:09 PM	CTL File	18,288 KB
CONTROL02.CTL	7/16/2019 10:09 PM	CTL File	18,288 KB
REDO01.LOG	7/6/2019 1:49 AM	Text Document	204,801 KB
REDO02.LOG	7/16/2019 10:07 PM	Text Document	204,801 KB
REDO03.LOG	7/4/2019 5:20 AM	Text Document	204,801 KB
SYSAUX01.DBF	7/16/2019 10:09 PM	DBF File	512,008 KB
SYSTEM01.DBF	7/16/2019 10:09 PM	DBF File	839,688 KB
TEMP01.DBF	6/14/2019 10:17 PM	DBF File	33,800 KB
UNDOTBS01.DBF	7/16/2019 10:09 PM	DBF File	547,848 KB
USERS01.DBF	7/16/2019 10:09 PM	DBF File	5,128 KB

[그림 305] Oracle dbf 파일_Windows Server

지금까지 Oracle의 아키텍처에 대해 살펴보았으며, 다음절에서는 Oracle의 기본 조작에 대해 살펴보도록 하자.

4.3 Oracle 기본 조작

Oracle의 아키텍처를 살펴보았으니 이제 Oracle을 다양한 환경에서 실행하여 여러 기본적인 조작을 실습해보자. 실습 파일로 제공되는 Windows Server 2016과 CentOS 7.4 환경에서 Oracle을 실행하고 버전이나 테이블 목록 등 Oracle 서버의 기본적인 정보를 확인하고 저장된 테이블에서 원하는 레코드를 검색해 볼 것이다.

4.3.1 테이블 생성하기

1) Windows Server라면 SQL Plus를 실행하여 system 계정으로 접속하고, Linux라면 터미널 창에서 sqlplus 명령으로 접속을 한다.

2) 실습용 테이블을 생성한다.

```
SQL> CREATE TABLE joker (ID char(20), NAME char(20), PHONE char(30), EMAIL char(30));
```

```
SQL> CREATE TABLE joker (ID char(20), NAME char(20), PHONE char(30), EMAIL char(30));
Table created.
```

[그림 306] 실습용 테이블 생성

3) 데이터를 채워 테이블을 완성한다.

```
SQL> INSERT INTO joker (ID, NAME, PHONE, EMAIL) VALUES ('encase', 'jon',
'070-445-2456', 'abcd@gmail.com');

SQL> INSERT INTO joker (ID, NAME, PHONE, EMAIL) VALUES ('joker', 'lee',
'010-6411-1133', 'joker@gmail.com');

SQL> INSERT INTO joker (ID, NAME, PHONE, EMAIL) VALUES ('star', 'kim',
'080-312-3113', 'star7@gstar.com');

SQL> INSERT INTO joker (ID, NAME, PHONE, EMAIL) VALUES ('beom', 'park',
'060-666-6543', 'tiger@beom.com');
```

```
SQL> INSERT INTO joker (ID, NAME, PHONE, EMAIL)
  2  VALUES ('encase', 'jon', '070-445-2456', 'abcd@gmail.com');

1 row created.

SQL> INSERT INTO joker (ID, NAME,PHONE, EMAIL)
  2  VALUES ('joker', 'lee', '010-6411-1133', 'joker@gmail.com');

1 row created.

SQL> INSERT INTo joker (ID, NAME, PHONE, EMAIL)
  2  VALUES ('star', 'kim', '080-312-3113', 'star7@gstar.com');

1 row created.

SQL> INSERT INTO joker (ID, NAME, PHONE, EMAIL)
  2  VALUEs ('beom', 'park', '060-666-6543', 'tiger@beom.com');

1 row created.
```

[그림 307] 테이블 완성

4) Select명령어로 생성된 테이블의 레코드를 확인한다.

```
SQL> SELECT * FROM joker;
```

```
SQL> SELECT * FROM joker;
ID                   NAME                 PHONE
-------------------- -------------------- ------------------------------
EMAIL
------------------------------
encase               jon                  070-445-2456
abcd@gmail.com

joker                lee                  010-6411-1133
joker@gmail.com

star                 kim                  080-312-3113
star7@gstar.com


ID                   NAME                 PHONE
-------------------- -------------------- ------------------------------
EMAIL
------------------------------
beom                 park                 060-666-6543
tiger@beom.com
```

[그림 308] joker 테이블 전체 조회

```
SQL> SELECT NAME, PHONE FROM joker WHERE ID = 'beom';
```

```
SQL> SELECT NAME, PHONE FROM joker WHERE ID = 'beom';
NAME                PHONE
------------------- -------------------------------
park                060-666-6543
```

[그림 309] joker 테이블 부분 조회

출력결과 설정

```
SQL> set line 350 pages 5000;
//화면에 출력되는 가로와 세로 크기를 변경한다.
SQL> col NAME for a10;
//NAME 컬럼의 출력 길이를 10으로 변경한다.
```

4.3.2 데이터베이스 구조 및 접속 계정 확인하기

가) 데이터베이스 이름 확인

```
SQL> SELECT name FROM v$database;
```

```
SQL> SELECT name FROM v$database;
NAME
---------
ORCL
```

[그림 310] Oracle 데이터베이스

나) 사용자 확인

```
SQL> SELECT username FROM ALL_USERS;
```

```
SQL> SELECT username FROM ALL_USERS;

USERNAME
----------------------------------------
SYS
AUDSYS
SYSTEM
SYSBACKUP
SYSDG
SYSKM
SYSRAC
```

[그림 311] 전체 사용자 확인

다) 소유한 테이블 확인

```
SQL> SELECT table_name FROM USER_TABLES;
```

```
SQL> SELECT table_name FROM USER_TABLES;

TABLE_NAME
----------------------------------------
TESTTALBE
JOKER2

SQL>
```

[그림 312] 테이블 목록 확인

라) 현재 접속 중인 계정

```
SQL> SHOW user;
```

```
SQL> SHOW user;
USER is "SYSTEM"
```

[그림 313] 접속 계정 확인

데이터베이스 사용자 정보

```
SQL>SELECT sid, serial# FROM v$session;
```

▶ 현재 SESSION을 맺고 있는 로그인 정보를 확인할 수 있다.

마) 디렉토리 조회하기

디렉토리 목록 조회는 로그 파일 위치를 찾을 때 유용하다.

```
SQL> SELECT * FROM dba_directories;
```

[표 33] Oracle 디렉토리 목록_Windows

DIRECTORY_NAME	DIRECTORY_PATH
ORACLECLRDIR	C : \app\Administrator\virtual\product\12.2.0\dbhome_1\bin\clr
XMLDIR	C : \app\Administrator\virtual\product\12.2.0\dbhome_1\rdbms\xml
XSDDIR	C : \app\Administrator\virtual\product\12.2.0\dbhome_1\rdbms\xml\schema
ORA_DBMS_FCP_LOGDIR	C : \app\Administrator\virtual\product\12.2.0\dbhome_1\cfgtoollogs
ORA_DBMS_FCP_ADMINDIR	C : \app\Administrator\virtual\product\12.2.0\dbhome_1\rdbms\admin
OPATCH_INST_DIR	C : \app\Administrator\virtual\product\12.2.0\dbhome_1\OPatch
ORACLE_OCM_CONFIG_DIR	C : \app\Administrator\virtual\product\12.2.0\dbhome_1\ccr\state
DATA_PUMP_DIR	C : \app\Administrator\virtual\admin\orcl\dpdump\
ORACLE_OCM_CONFIG_DIR2	C : \app\Administrator\virtual\product\12.2.0\dbhome_1\ccr\state
OPATCH_SCRIPT_DIR	C : \app\Administrator\virtual\product\12.2.0\dbhome_1\QOpatch
OPATCH_LOG_DIR	C : \app\Administrator\virtual\product\12.2.0\dbhome_1\rdbms\log
ORACLE_BASE	C : \app\Administrator\virtual
ORACLE_HOME	C : \app\Administrator\virtual\product\12.2.0\dbhome_1

[표 34] Oracle 디렉토리 목록_Linux

DIRECTORY_NAME	DIRECTORY_PATH
DIRECTORY	/home/oracle/logmnr
DICT	/home/oracle/logmnr
XML_DIR	/home/oracle/db/product/12.1.0/dbhome_1/rdbms/xml
XSDDIR	/home/oracle/db/prodcut/12.1.0/dbhome_1/cfgtoollogs

DIRECTORY_NAME	DIRECTORY_PATH
ORA_DBMS_FCP_ADMINDIR	/home/oracle/db/product/12.1.0/dbhome_1/rdbms/admin
OPATCH_INST_DIR	/home/oracle/db/product/12.1.0/dbhome_1/OPatch
ORACLE_OCM_CONFIG_DIR	/home/oracle/db/product/12.1.0/dbhome_1/ccr/stat
DATA_PUMP_DIR	/home/oracle/db/admin/orcl/dpdump
ORACLE_OCM_CONFIG_DIR2	/home/oracle/db/product/12.1.0/dbhome_1/ccr/state
OPATCH_SCRIPT_DIR	/home/oracle/db/product/12.1.0/dbhome_1/QOpatch
OPATCH_LOG_DIR	/home/oracle/db/prodcut/12.1.0/dbhome_1/rdbms/log
ORACLE_BASE	/home/oracle/db
ORACLE_HOME	/home/oracle/db/prdocut/12.1.0/dbhome_1

지금까지 Oracle SQL쿼리를 이용하여 데이터베이스를 생성하고 기본정보를 수집하는 방법에 대해 살펴보았다. 이제 생성된 데이터베이스를 덤프하는 방법과 덤프한 데이터를 가지고 복구하는 방법에 대해서 살펴보도록 하자.

4.4 Oracle 데이터베이스 덤프[40]

Oracle 데이터베이스도 마찬가지로 원하는 데이터를 다른 곳으로 옮기고 싶을 때를 위하여 데이터베이스 덤프(또는 익스포트) 기능을 제공한다. 오라클 데이터베이스 전체를 덤프 할 수도 있고, 특정 계정의 데이터베이스만을 덤프 할 수도 있고, 특정 데이터베이스의 특정 테이블만 덤프 할 수도 있다. 실무 환경에서는 전체적인 덤프보다는 필요한 부분 덤프 기술이 더 자주 사용된다. 이번 절에서는 범위별로 덤프를 하는 방법에 대해서 알아볼 것이다.

4.4.1 전체 덤프

Oracle의 전체 덤프는 윈도우 환경과 리눅스 환경 모두 명령어 구문이 동일하다. 명령프롬프트(리눅스에서는 터미널)을 열어 명령을 실행한다. Oracle를 설치 시 자동으로 명령어 사용이 가능하므로 명령 프롬프트 또는 터미널 어느 경로에서든지 사용이 가능하다. 또한 전체 덤프 시 범위가 전체이므로 시간 소모가 매우 많다. 실무 환경에서 데이터베이스 전체를 덤프하는 경우는 매우 드물다.

```
> exp userid=계정명/비밀번호 file='원하는 덤프파일 경로' full=y
```

---

[40] 덤프 작업 시 기본 계정 system이 아닌 새로 추가한 계정으로 실습해야 원활한 실습이 진행된다.

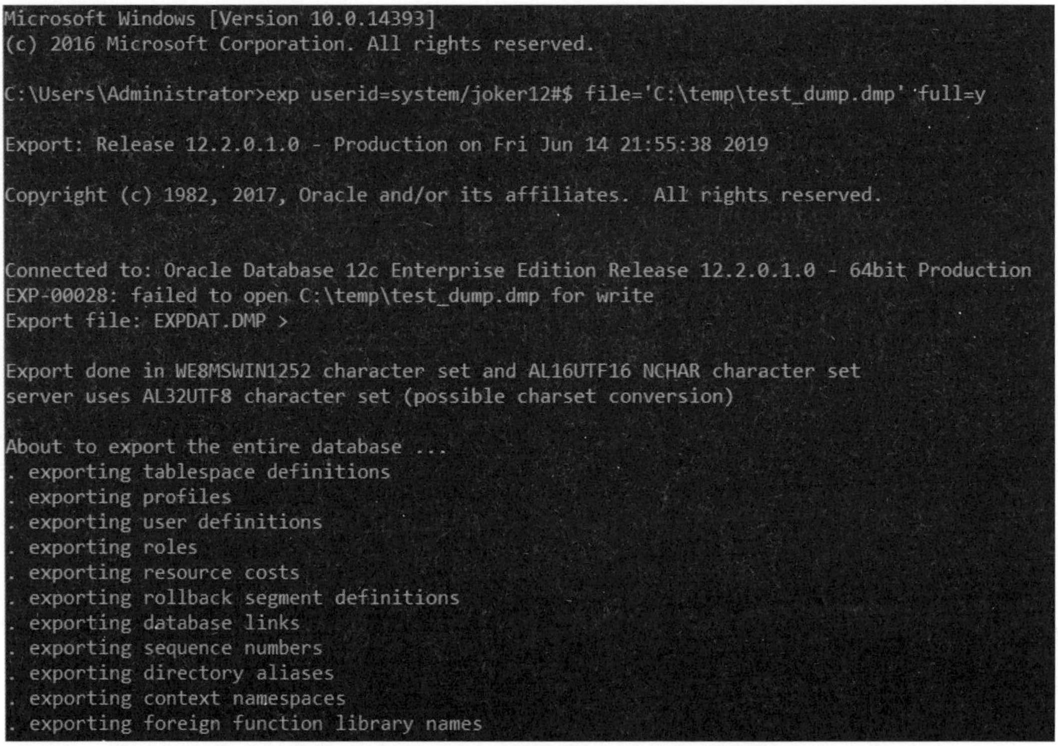

```
Microsoft Windows [Version 10.0.14393]
(c) 2016 Microsoft Corporation. All rights reserved.

C:\Users\Administrator>exp userid=system/joker12#$ file='C:\temp\test_dump.dmp' full=y

Export: Release 12.2.0.1.0 - Production on Fri Jun 14 21:55:38 2019

Copyright (c) 1982, 2017, Oracle and/or its affiliates.  All rights reserved.


Connected to: Oracle Database 12c Enterprise Edition Release 12.2.0.1.0 - 64bit Production
EXP-00028: failed to open C:\temp\test_dump.dmp for write
Export file: EXPDAT.DMP >

Export done in WE8MSWIN1252 character set and AL16UTF16 NCHAR character set
server uses AL32UTF8 character set (possible charset conversion)

About to export the entire database ...
. exporting tablespace definitions
. exporting profiles
. exporting user definitions
. exporting roles
. exporting resource costs
. exporting rollback segment definitions
. exporting database links
. exporting sequence numbers
. exporting directory aliases
. exporting context namespaces
. exporting foreign function library names
```

[그림 314] Windows Server에서 Oracle 전체 덤프

또한 전체 덤프의 사용자 계정 및 비밀번호를 일반 사용자의 아이디와 비밀번호를 넣을 경우 사용자 단위의 전체 덤프가 수행된다.

리눅스 덤프
▶ 리눅스의 경우 관리자가 생성한 계정으로 진행을 해주어야 한다. 다음과 같은 명령어로 사용자를 생성하고 DBA 권한을 할당할 수 있다.

```
SQL> CREATE USER C##계정명 IDENTIFIED BY 비밀번호;
// Oracle 12 버전 이후 계정 생성 시 C##을 붙여야 한다.
```

```
SQL> CREATE USER C##test IDENTIFIED BY joker12#$;
User created.
SQL>
```

```
SQL> GRANT 권한 to C##계정명;
```

```
SQL> GRANT connect, resource, dba to C##test;
Grant succeeded.
SQL>
```

```
oracle@localhost ~ $exp userid=C##test/joker12#$ file='./test.dmp' tables=joker2
```

```
[oracle@localhost ~]$ exp userid=C##test/joker12#$ file='./test.dmp' tables=joker2

Export: Release 12.2.0.1.0 - Production on Sun Oct 20 22:16:13 2019

Copyright (c) 1982, 2017, Oracle and/or its affiliates.  All rights reserved.

Connected to: Oracle Database 12c Enterprise Edition Release 12.2.0.1.0 - 64bit Production
Export done in KO16KSC5601 character set and AL16UTF16 NCHAR character set
server uses KO16MSWIN949 character set (possible charset conversion)

About to export specified tables via Conventional Path ...
. . exporting table                       JOKER2             0 rows exported
Export terminated successfully without warnings.
```

4.4.2 테이블 단위 덤프

테이블 단위 또한 윈도우 환경과 리눅스 환경에서 사용하는 명령어 구문은 동일하다. 전체 덤프와 마찬가지로 명령어를 실행 해주면 되며, 차이점은 테이블을 명시하여 원하는 테이블만을 덤프가 가능하다는 점이다.

> exp userid=계정명/비밀번호 file='원하는 덤프파일 경로' tables=덤프할테이블명

[그림 318] Windows Server에서 테이블 단위 덤프

생성된 덤프 파일을 Hex Editor를 통해 살펴보면 테이블 스키마와 테이블에 담긴 데이터 등을 텍스트 형식으로 확인할 수 있다.

[그림 319] Export 정보와 덤프 파일 생성 시각과 경로

```
000008C0  00 00 00 00 00 00 00 00 00 00 00 00 06 00 2B 30  ..............+0
000008D0  30 3A 30 30 00 00 04 00 42 59 54 45 06 00 55 4E  0:00....BYTE..UN
000008E0  55 53 45 44 01 00 32 0B 00 49 4E 54 45 52 50 52  USED..2..INTERPR
000008F0  45 54 45 44 0B 00 44 49 53 41 42 4C 45 3A 41 4C  ETED..DISABLE:AL
00000900  4C 00 00 0A 4D 45 54 52 49 43 53 54 0A 54 41 42  L...METRICST.TAB
00000910  4C 45 20 22 4A 4F 4B 45 52 22 0A 43 52 45 41 54  LE "JOKER".CREAT
00000920  45 20 54 41 42 4C 45 20 22 4A 4F 4B 45 52 22 20  E TABLE "JOKER"
00000930  28 22 49 44 22 20 43 48 41 52 28 32 30 29 2C 20  ("ID" CHAR(20),
00000940  22 4E 41 4D 45 22 20 43 48 41 52 28 32 30 29 2C  "NAME" CHAR(20),
00000950  20 22 50 48 4F 4E 45 22 20 43 48 41 52 28 33 30  "PHONE" CHAR(30
00000960  29 2C 20 22 45 4D 41 49 4C 22 20 43 48 41 52 28  ), "EMAIL" CHAR(
00000970  33 30 29 29 20 20 50 43 54 46 52 45 45 20 31 30  30))  PCTFREE 10
00000980  20 50 43 54 55 53 45 44 20 34 30 20 49 4E 49 54  PCTUSED 40 INIT
00000990  52 41 4E 53 20 31 20 4D 41 58 54 52 41 4E 53 20  RANS 1 MAXTRANS
```

[그림 320] 테이블 스키마 정보

```
00000AA0  00 14 00 65 6E 63 61 73 65 20 20 20 20 20 20 20  ...encase
00000AB0  20 20 20 20 20 20 20 14 00 6A 6F 6E 20 20 20 20  .......jon
00000AC0  20 20 20 20 20 20 20 20 20 20 20 20 1E 00 30     ..0
00000AD0  37 30 2D 34 34 35 2D 32 34 35 36 20 20 20 20 20  70-445-2456
00000AE0  20 20 20 20 20 20 20 20 20 20 20 20 1E 00 61     ..a
00000AF0  62 63 64 40 67 6D 61 69 6C 2E 63 6F 6D 20 20 20  bcd@gmail.com
00000B00  20 20 20 20 20 20 20 20 20 20 20 20 00 00 14     ...
00000B10  00 6A 6F 6B 65 72 20 20 20 20 20 20 20 20 20 20  .joker
00000B20  20 20 20 20 20 14 00 6C 65 65 20 20 20 20 20 20  .....lee
00000B30  20 20 20 20 20 20 20 20 20 20 20 1E 00 30 31 30  ..010
00000B40  2D 34 36 31 31 2D 31 31 33 33 20 20 20 20 20 20  -4611-1133
00000B50  20 20 20 20 20 20 20 20 20 1E 00 6A 6F 6B        ..jok
00000B60  65 72 40 67 6D 61 69 6C 2E 63 6F 6D 20 20 20 20  er@gmail.com
00000B70  20 20 20 20 20 20 20 20 20 00 00 14 00 73        ....s
00000B80  74 61 72 20 20 20 20 20 20 20 20 20 20 20 20 20  tar
00000B90  20 20 20 14 00 6B 69 6D 20 20 20 20 20 20 20 20  ..kim
00000BA0  20 20 20 20 20 20 20 20 20 1E 00 30 38 30 2D 33  ..080-3
00000BB0  31 32 2D 33 31 31 33 20 20 20 20 20 20 20 20 20  12-3113
00000BC0  20 20 20 20 20 20 20 20 1E 00 73 74 61 72 37     ..star7
00000BD0  40 67 73 74 61 72 2E 63 6F 6D 20 20 20 20 20 20  @gstar.com
00000BE0  20 20 20 20 20 20 20 20 00 00 14 00 62 65 6F     ....beo
00000BF0  6D 20 20 20 20 20 20 20 20 20 20 20 20 20 20 20  m
00000C00  20 14 00 70 61 72 6B 20 20 20 20 20 20 20 20 20  ..park
00000C10  20 20 20 20 20 20 20 1E 00 30 36 30 2D 36 36 36  ..060-666
00000C20  2D 36 35 34 33 20 20 20 20 20 20 20 20 20 20 20  -6543
00000C30  20 20 20 20 20 20 20 1E 00 74 69 67 65 72 40 62  ..tiger@b
00000C40  65 6F 6D 2E 63 6F 6D 20 20 20 20 20 20 20 20 20  eom.com
00000C50  20 20 20 20 20 20 20 00 00 FF FF 0A 41 4E 41 4C  .......ÿÿ.ANAL
```

[그림 321] 레코드 데이터

4.5 Oracle 데이터베이스 복구

Oracle 데이터베이스 복구는 명령어가 imp로 바뀌는 것 외에 크게 다른 것은 없다. 덤프 할 때와 마찬가지로 Windows Server는 CMD 창에서, Linux(CentOS)는 터미널에서 수행한다.

4.5.1 전체 복구하기

덤프 복구도 마찬가지로 윈도우 환경과 리눅스 환경에서 사용하는 명령어 구문은 동일하다. 전체 덤프에서 생성한 파일을 사용하여 데이터베이스 전체를 복구한다.

```
> imp userid=계정명/비밀번호 file='덤프파일 경로' full=y
```

4.5.2 부분 복구하기

필요한 내용만 덤프 한 테이블 덤프 파일을 사용할 것이다. 복구를 하기 전에 DROP 명령으로 복구할 테이블을 데이터베이스에서 삭제하자.

```
SQL> DROP TABLE 복구할_테이블명;
```

```
SQL> DROP TABLE joker;
Table dropped.
```

[그림 322] 테이블 삭제

DROP 명령을 수행하였다면 이후에 SELECT 명령으로 joker 테이블을 조회하면 [그림 323]과 같이 에러 메시지를 확인할 수 있다.

```
SQL> SELECT * FROM joker;
SELECT * FROM joker
              *
ERROR at line 1:
ORA-00942: table or view does not exist
```

[그림 323] 테이블 삭제 확인

이제 joker 테이블을 이전 상태로 복구해보자.

```
> imp userid=계정명/비밀번호 file='덤프파일 경로' tables=테이블명
```

```
C:\Users\Administrator>imp userid=system/joker12#$ file='C:\Users\Administrator\Desktop\joker.dmp' tables=joker

Import: Release 12.2.0.1.0 - Production on Fri Jun 14 22:44:37 2019

Copyright (c) 1982, 2017, Oracle and/or its affiliates.  All rights reserved.


Connected to: Oracle Database 12c Enterprise Edition Release 12.2.0.1.0 - 64bit Production

Export file created by EXPORT:V12.02.00 via conventional path
import done in WE8MSWIN1252 character set and AL16UTF16 NCHAR character set
import server uses AL32UTF8 character set (possible charset conversion)
IMP-00403:

Warning: This import generated a separate SQL file "import_sys" which contains DDL that failed due to a privilege issue.


. importing SYSTEM's objects into SYSTEM
. importing SYSTEM's objects into SYSTEM
. . importing table                    "JOKER"          4 rows imported
Import terminated successfully with warnings.
```

[그림 324] 테이블 복구

복구가 완료되었다면 SQL Plus를 실행하여 SELECT로 joker 테이블을 조회해보자. [그림 325]와 같이 테이블을 삭제하기 이전, 덤프를 수행하였을 때의 상태로 복구되었음을 확인할 수 있다.

```
Last Successful login time: Fri Jun 14 2019 22:44:37 -07:00

Connected to:
Oracle Database 12c Enterprise Edition Release 12.2.0.1.0 - 64bit Production

SQL> SELECT * FROM joker;
ID                   NAME                 PHONE
-------------------- -------------------- ------------------------------
EMAIL
--------------------------------------------
encase               jon                  070-445-2456
abcd@gmail.com

joker                lee                  010-4611-1133
joker@gmail.com

star                 kim                  080-312-3113
star7@gstar.com


ID                   NAME                 PHONE
-------------------- -------------------- ------------------------------
EMAIL
--------------------------------------------
beom                 park                 060-666-6543
tiger@beom.com
```

[그림 325] 테이블 복구 확인

가) TIMESTAMP를 활용한 데이터 복구

Delete 등의 작업과 Commit까지 수행하였지만 과거의 데이터를 다시 복원해야 할 때, TIMESTAMP를 사용하여 간단하게 복구할 수 있다. 먼저 만들어놓았던 테이블에서 임의의 레코드를 삭제한다.(TIMESTAMP는 데이터베이스 서버의 트랜잭션 용량에 영향을 받기 때문에 영향을 받는 시간을 가늠하기 어렵다.)

```
NAME                    ID                    PHONE
-------------------     -------------------   ---------------------------
EMAIL
-------------------------------------------------
jon                     encase                070-445-2456
abcd@gmail.com

lee                     joker                 010-4611-1133
joker@gmail.com

kim                     star                  080-312-3113
star7@gstar.com


NAME                    ID                    PHONE
-------------------     -------------------   ---------------------------
EMAIL
-------------------------------------------------
park                    beom                  060-666-6543
tiger@beom.com
```

[그림 326] 레코드 삭제 전 테이블 상태

```
SQL> DELETE joker WHERE ID = 'beom';

1 row deleted.

SQL> SELECT * FROM joker;

NAME                    ID                    PHONE
-------------------     -------------------   ---------------------------
EMAIL
-------------------------------------------------
jon                     encase                070-445-2456
abcd@gmail.com

lee                     joker                 010-4611-1133
joker@gmail.com

kim                     star                  080-312-3113
star7@gstar.com
```

[그림 327] 레코드 삭제 후의 테이블 상태

이후 COMMIT 명령을 수행하여 데이터베이스에 결과를 반영시킨다.

```
SQL> Commit;
Commit complete.
```

[그림 328] 레코드 삭제 후 COMMIT

Timestamp를 가지고 n분 전의 상태의 테이블을 조회해보자. 필자는 레코드를 삭제한 이후로 시간이 약 1분 정도 흘렀으므로 timestamp의 interval을 1분으로 주었다.

```
SQL> SELECT * FROM joker AS OF timestamp(systimestamp-interval '1' minute);
// 1분 전의 테이블 데이터를 조회한다.
```

```
SQL> SELECT * FROM joker AS OF timestamp(systimestamp-interval '1' minute);
NAME                 ID                   PHONE
-------------------- -------------------- ------------------------------
EMAIL
--------------------------------------------------
jon                  encase               070-445-2456
abcd@gmail.com

lee                  joker                010-4611-1133
joker@gmail.com

kim                  star                 080-312-3113
star7@gstar.com


NAME                 ID                   PHONE
-------------------- -------------------- ------------------------------
EMAIL
--------------------------------------------------
park                 beom                 060-666-6543
tiger@beom.com
```

[그림 329] timestamp로 과거 데이터 조회하기

systimestamp-interval
▶ systimestamp-interval의 옵션은 minute 단위뿐만이 아닌 다양한 시간 단위를 조건으로 주고 사용할 수 있다.(systimestamp는 Oracle 9 버전 이후 사용이 가능하다.)

SECOND, HOUR, DAY

```
SQL> SELECT * FROM joker AS OF timestamp(systimestamp-interval '5' second);
// 5초 전의 테이블 데이터를 조회한다.

SQL> SELECT * FROM joker AS OF timestamp(systimestamp-interval '5' hour);
// 5시간 이전의 테이블 데이터를 조회한다.

SQL> SELECT * FROM joker AS OF timestamp(systimestamp-interval '5' day);
// 5일 전의 테이블 데이터를 조회한다.
```

이제 과거의 테이블을 복구해보자. 필자는 약 1분의 시간이 더 흘렀으므로 interval을 2분으로 조정하여 timestamp 복구 작업을 수행하였다.

```
SQL> INSERT INTO joker
  2> (SELECT * FROM joker
  3> AS OF timestamp(systimestamp-interval '2' minute)
  4> WHERE ID = 'beom');
// 2분전의 테이블 데이터 중 ID가 'beom'인 레코드를 현재의 joker 테이블에 넣는다.
```

```
SQL> INSERT INTO joker
  2  (SELECT * FROM joker AS OF timestamp(systimestamp-interval '2' minute)
  3  WHERE ID = 'beom');
```

[그림 330] 삭제된 레코드 복구하기

데이터 복구가 제대로 되었는지 SELECT 구문으로 확인한다.

```
SQL> SELECT * FROM joker;
NAME                  ID                   PHONE
--------------------  -------------------  ------------------------------
EMAIL
----------------------------------------------------
jon                   encase               070-445-2456
abcd@gmail.com

lee                   joker                010-4611-1133
joker@gmail.com

kim                   star                 080-312-3113
star7@gstar.com


NAME                  ID                   PHONE
--------------------  -------------------  ------------------------------
EMAIL
----------------------------------------------------
park                  beom                 060-666-6543
tiger@beom.com
```

[그림 331] 데이터 복구 상태 확인

확인해보면 삭제된 레코드의 데이터가 정상적으로 복구된 것을 확인할 수 있다. 지금까지 Oracle 데이터베이스의 덤프 방법과 복구 방법을 각각 살펴보았으며, 이제 Oracle 로그를 살펴보도록 하자.

4.6 Oracle 로그 분석[41]

4.6.1 Alert Log

Alert Log는 에러 관련 메시지나 CREATE, ALTER, DROP, SHUTDOWN, STARTUP 등 SQL 쿼리 관리 작업 등의 이벤트를 기록한다. 해당 로그는 특정 레코드에 대한 쿼리 실행 기록을 저장하고 있기 때문에 삭제된 레코드나, 수정된 레코드에 대한 추적에 활용할 수 있으므로 매우 중요한 로그이다.

- 데이터베이스 시작/종료 시각
- 백그라운드 프로세스 시작
- 인스턴스에서 사용 중인 스레드
- 실행된 명령문
- startup 시에 초기화되는 기본 값이 아닌 파라미터 목록
- LGWR이 기록하는 로그 시퀀스 번호
- 내부 에러(ora-600), 블록 훼손 에러(ora-1578), 데드락 에러(ora-60)와 같은 에러 메시지

▶ 경로 :

CentOS 7	/home/oracle/db/diag/rdbms/orcl/orcl/trace
Windows Server 2016	C:\app\Administrator\virtual\diag\rdbms\orcl\orcl\trace

경로는 설치 환경에 따라 다를 수 있으니 위의 경로에 존재하지 않는다면 cmd 명령으로 파일을 찾아보자.

```
[oracle@localhost ~]$ find /home/oracle/* -name alert*

C:\Users\Administrator> dir /s /b | find /i "alert"
```

alert log는 파일명이 "alert"으로 시작하며, 더블 클릭으로 열어서 내용을 확인해 볼 수 있다. [그림 332]는 alert log 내용의 일부이다.

---

[41] 로그 분석에서는 Linux 환경 위주로 로그를 살펴볼 것이다.(Windows의 로그 또한 리눅스와 동일하게 저장되며, 사용되는 명령어도 동일하며, 로그가 저장되는 경로만 다르다.)

```
Closing scheduler window
Closing Resource Manager plan via scheduler window
Clearing Resource Manager CDB plan via parameter
2019-07-17T14:43:54.586702+09:00
Shared IO Pool defaulting to 36MB. Trying to get it from Buffer Cache for process 23777.
2019-07-17T14:44:01.369902+09:00
===========================================================
Dumping current patch information
===========================================================
No patches have been applied
===========================================================
2019-07-17T14:52:00.134075+09:00
TABLE SYS.WRI$_OPTSTAT_HISTHEAD_HISTORY: ADDED INTERVAL PARTITION SYS_P401 (43662) VALUES LESS
THAN (TO_DATE(' 2019-07-18 00:00:00', 'SYYYY-MM-DD HH24:MI:SS', 'NLS_CALENDAR=GREGORIAN'))
TABLE SYS.WRI$_OPTSTAT_HISTGRM_HISTORY: ADDED INTERVAL PARTITION SYS_P421 (43662) VALUES LESS THAN
(TO_DATE(' 2019-07-18 00:00:00', 'SYYYY-MM-DD HH24:MI:SS', 'NLS_CALENDAR=GREGORIAN'))
2019-07-17T14:59:11.820999+09:00
Resize operation completed for file# 3, old size 501760K, new size 512000K
2019-07-17T15:05:05.252050+09:00
TABLE SYS.WRP$_REPORTS: ADDED INTERVAL PARTITION SYS_P441 (3485) VALUES LESS THAN (TO_DATE('
2019-07-18 01:00:00', 'SYYYY-MM-DD HH24:MI:SS', 'NLS_CALENDAR=GREGORIAN'))
TABLE SYS.WRP$_REPORTS_DETAILS: ADDED INTERVAL PARTITION SYS_P442 (3485) VALUES LESS THAN
(TO_DATE(' 2019-07-18 01:00:00', 'SYYYY-MM-DD HH24:MI:SS', 'NLS_CALENDAR=GREGORIAN'))
TABLE SYS.WRP$_REPORTS_TIME_BANDS: ADDED INTERVAL PARTITION SYS_P445 (3484) VALUES LESS THAN
(TO_DATE(' 2019-07-17 01:00:00', 'SYYYY-MM-DD HH24:MI:SS', 'NLS_CALENDAR=GREGORIAN'))
```

[그림 332] Alert Log 내용

```
Using parameter settings in server-side spfile /home/oracle/db/product/12.1.0/dbhome_1/dbs/
spfileorcl.ora
System parameters with non-default values:
  processes                = 300
  nls_language             = "KOREAN"
  nls_territory            = "KOREA"
  sga_target               = 768M
  control_files            = "/home/oracle/db/oradata/orcl/control01.ctl"
  control_files            = "/home/oracle/db/oradata/orcl/control02.ctl"
  db_block_size            = 8192
  compatible               = "12.2.0"
  undo_tablespace          = "UNDOTBS1"
  remote_login_passwordfile= "EXCLUSIVE"
  dispatchers              = "(PROTOCOL=TCP) (SERVICE=orclXDB)"
  local_listener           = "LISTENER_ORCL"
  audit_file_dest          = "/home/oracle/db/admin/orcl/adump"
  audit_trail              = "DB"
  db_name                  = "orcl"
  open_cursors             = 300
  sql_trace                = TRUE
  pga_aggregate_target     = 256M
  diagnostic_dest          = "/home/oracle/db"
  enable_pluggable_database= TRUE
Deprecated system parameters with specified values:
```

[그림 333] Alert Log가 기록한 Oracle 데이터베이스 시스템 변수 목록

4.6.2 Listener Log

오라클 데이터베이스를 실행하기 전에 lsnrctl start라는 명령을 입력하여 리스너를 먼저 실행하였다. 여기서 리스너는 클라이언트에서 오라클 서버로 연결하기 위한 오라클의 네트워크 관리자이다. 리스너는 리스너 로그 파일에 오라클에 접속한 정보를 기록한다. 기본 경로는 lsnrctl 프로세스를 시작할 때 나온다.

```
Alias                     LISTENER
Version                   TNSLSNR for Linux: Version 12.2.0.1.0 - Production
Start Date                04-JUL-2019 11:38:50
Uptime                    0 days 0 hr. 0 min. 0 sec
Trace Level               off
Security                  ON: Local OS Authentication
SNMP                      OFF
Listener Parameter File   /home/oracle/db/product/12.1.0/dbhome_1/network/admin/listener.ora
Listener Log File         /home/oracle/db/diag/tnslsnr/localhost/listener/alert/log.xml
Listening Endpoints Summary...
  (DESCRIPTION=(ADDRESS=(PROTOCOL=tcp)(HOST=localhost)(PORT=1521)))
  (DESCRIPTION=(ADDRESS=(PROTOCOL=ipc)(KEY=EXTPROC1521)))
The listener supports no services
The command completed successfully
[oracle@localhost ~]$
```

[그림 334] 리스너 로그 위치

▶ 경로 :

CentOS 7	/home/oracle/db/diag/tnslsnr/localhost/listener/alert/log.xml
Windows Server 2016	C:\app\Administrator\virtual\product\12.2.0\dbhome_1\rdbms\log

[그림 335] 리스너 로그 확인

log.xml 파일을 더블클릭하여 인터넷 브라우저를 통해 내용을 확인할 수 있다.

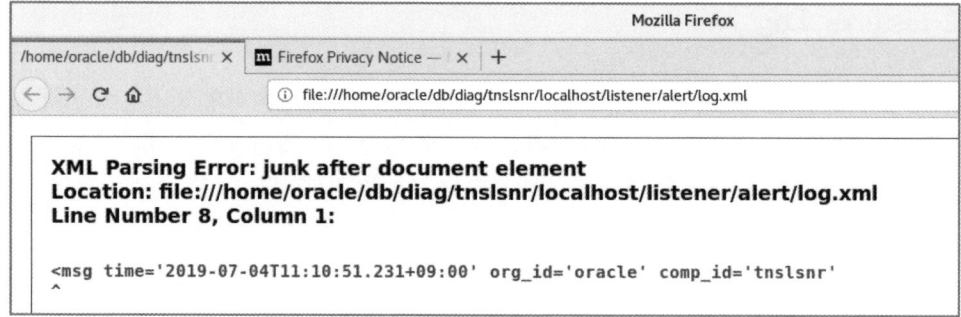

[그림 336] Oracle 접속 기록 확인

4.6.3 Redo Log[42]

Redo Log 파일은 Redo Record로 구성된다. Redo Record는 Redo Entry라고도 한다. Redo Entry는 Redo Log 파일에 undo 영역을 포함한 데이터베이스를 변경 내역을 기록한다. 따라서 수정/삭제된 데이터베이스를 복구하는데 사용된다.

가) Redo Log 원리

데이터베이스의 Redo Log는 두개 이상으로 구성된다. 최소 두개 이상의 파일을 요구하는 이유는 Redo Log 파일이 데이터베이스에 기록되는 동안 다른 Redo Log 파일을 언제든 사용할 수 있도록 하기 위해서이다. LGWR은 Redo Log 파일을 순환 형태로 기록한다. 작업하고 있는 Redo Log 파일이 꽉 차면 LGWR은 다른 Redo Log 파일에 기록을 수행한다. 마지막 Redo Log 파일까지 꽉 차게 되면, LGWR은 다시 첫 번째 Redo Log 파일로 돌아가 기록한다.(덮어씀)

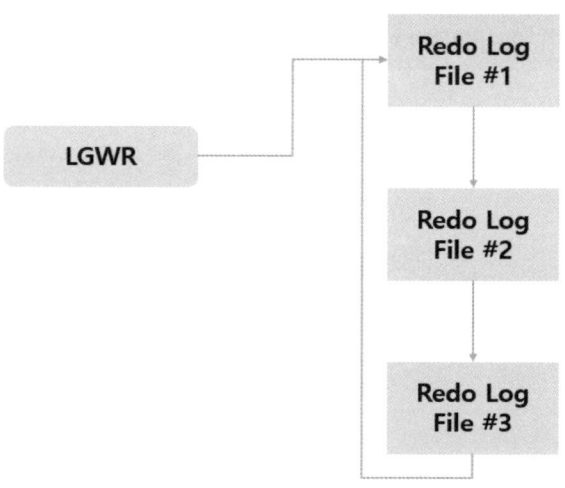

[그림 337] Redo Log 기록 원리

---

42) Oracle 데이터베이스 포렌식 관점에서 매우 중요한 로그파일이다.

나) Redo Log 파일 조회

```
SQL> SELECT * FROM v$logfile;
```

```
SQL> SELECT * FROM v$logfile;
    GROUP# STATUS  TYPE
---------- ------- -------
MEMBER
--------------------------------------------------
IS_     CON_ID
--- ----------
         3         ONLINE
/home/oracle/orcldb/oradata/orcl/redo03.log
NO           0

         2         ONLINE
/home/oracle/orcldb/oradata/orcl/redo02.log
NO           0

    GROUP# STATUS  TYPE
---------- ------- -------
MEMBER
--------------------------------------------------
IS_     CON_ID
--- ----------
         1         ONLINE
/home/oracle/orcldb/oradata/orcl/redo01.log
NO           0
```

[그림 338] Redo Log 파일 조회

[표 35] Redo Log 파일 조회

GROUP#	STATUS	TYPE	MEMBER	IS_ (IS_RECOVERY _DEST_FILE)
3		ONLINE	/home/oracle/orcldb/oradata/orcl/redo03.log	NO
2		ONLINE	/home/oracle/orcldb/oradata/orcl/redo02.log	NO
1		ONLINE	/home/oracle/orcldb/oradata/orcl/redo01.log	NO

- GROUP# : Redo Log 그룹 식별 번호
- STATUS : .log 파일 멤버의 상태
  - INVALID - 파일 접근 불가
  - STALE - 파일 내용이 불완전

```
              DELETED - 사용하지 않는 파일
              NULL - 사용 중인 파일
```
- TYPE : 로그 파일 유형 (ONLINE/STANDBY)
- MEMBER : Redo Log 멤버 이름
- IS_RECOVERY_DEST_FILE : Flash Recovery 영역에 파일이 생성되었는지 여부

▶ 경로

CentOS 7	/home/oracle/orcldb/oradata/orcl
Windows Server 2016	C : \app\Administrator\virtual\oradata\orcl

다) Redo Log 파일 상태 조회

어떤 로그 파일이 활성화되어 로깅 작업을 진행하는지 쿼리를 통해 확인한다.

```
SQL> SELECT GROUP#, SEQUENCE#, MEMBERS, STATUS FROM  v$log;
```

```
SQL> SELECT GROUP#, SEQUENCE#, MEMBERS, STATUS FROM v$log;
    GROUP#  SEQUENCE#    MEMBERS STATUS
---------- ---------- ---------- ----------------
         1          1          1 INACTIVE
         2          2          1 CURRENT
         3          0          1 UNUSED
```

[그림 339] Redo Log 파일 상태 조회

- GROUP# : 로그 그룹 번호
- SEQUENCE# : 로그 시퀀스 번호
- MEMBERS : 로그 그룹 내에 포함 된 로그 멤버 수
- STATUS : 로그 상태

  UNUSED : Online Redo Log가 한 번도 쓰이지 않은 상태로 막 추가되거나 RESETLOGS를 한 이후에 나타남

  CURRENT : 현재 활성화된 Redo Log 파일로 최근 로그 기록을 저장하고 있음

  ACTIVE : 현재 활성화된 Redo Log 파일이지만 최근 로그 기록이 없음. 주로 복원에 사용됨

  CLEARING : 빈 로그 파일로서 로그가 재 생성되는 상태로 로그가 완전히 삭제되면 UNSUED 상태로 변함

  CLEARING_CURRENT : 최근 로그가 지워지고 있는 상태

  INACTIVE : 즉각 복구에는 사용하지 않는 로그 파일

Redo Log 파일의 STATUS는 CURRENT, ACTIVE, INACTIVE 중 하나로 나타난다. CURRENT는 현재 LGWR이 기록하고 있는 로그 파일이고, ACTIVE는 현재 기록되지 않고 있으며 인스턴스 복구가 필요한 로그 파일이고, INACTIVE는 현재 기록되지 않고 있으며 인스턴스 복구가 필요하지 않은 로그 파일이다.

2번 그룹에 해당하는 로그 파일이 'CURRENT' 상태이므로 해당 파일에서 로깅 작업이 수행된다는 것을 알 수 있다. SELECT * FROM v$logfile; 명령으로 살펴보았을 때, 2번 그룹은 redo2.log 이다.

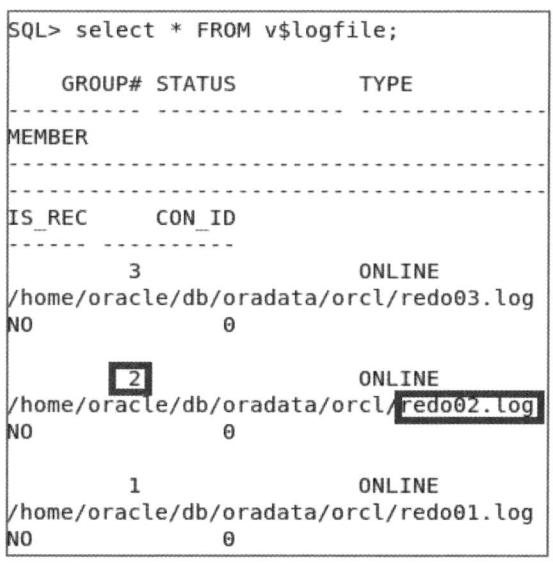

[그림 340] GROUP과 Redo Log 파일 매치

Redo Log 파일을 복사해서 Hex Editor 또는 다른 메모장 프로그램으로 열어보면 사람이 이해할 수 없는 형식으로 되어있다. 다행히도 Oracle은 Redo Log 파일의 내용을 SQL 구문으로 변환하여 기록을 조회할 수 있도록 하는 분석 도구인 Log Miner가 제공되고 있다.

4.6.4 Trace Log

Trace Log는 Oracle 데이터베이스를 사용하는 어플리케이션에서 어떤 SQL 구문을 실행하였는지 확인하는 데에 사용된다. Trace Log는 Alert Log와 동일한 경로에 동일한 파일명의 trm파일과 함께 존재한다. Trace Log 파일의 확장자명은 trc이다.

▶ 경로

CentOS 7	/home/oracle/db/diag/rdbms/orcl/orcl/trace
Windows Server 2016	C : \app\Administrator\virtual\diag\rdbms\orcl\orcl\trace

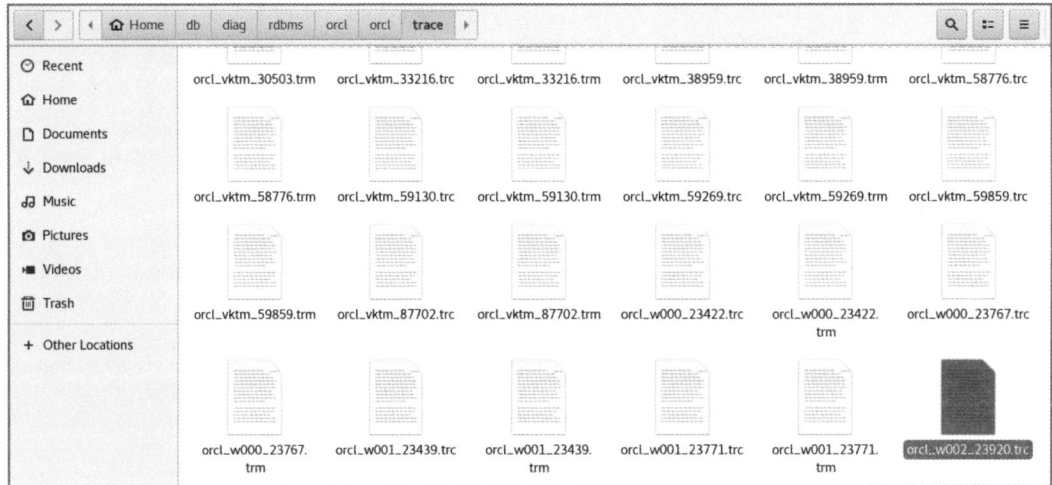

[그림 341] Trace Log 파일 목록_Linux

[그림 342] Trace Log 파일 목록_Windows

가) Trace Log 설정

```
SQL> ALTER SYSTEM SET SQL_TRACE = TRUE;
```

```
SQL> alter system set sql_trace = TRUE;

System altered.

SQL> show parameter sql_trace;

NAME                                    TYPE
-----------------------------------     -----------
VALUE
-----------------------------------
sql_trace                               boolean
TRUE
```

[그림 343] Trace Log 활성화

Trace Log는 Database 정보, 실제 데이터베이스 접속을 위한 서비스 정보, 세션 정보, 오류 메시지, 오류 발생 시점에 실행된 작업, 오류코드 정보 Oracle 데이터베이스를 사용하는 프로그램을 디버깅할 때 유용하게 사용된다. [표 36]은 Trace Log 내용의 일부이다.

[표 36] Trace Log 내용

```
Trace file /home/oracle/db/diag/rdbms/orcl/orcl/trace/orcl_w002_23920.trc
Oracle Database 12c Enterprise Edition Release 12.2.0.1.0 - 64bit Production
Build label:    RDBMS_12.2.0.1.0_LINUX.X64_170125
ORACLE_HOME :   /home/oracle/db/product/12.1.0/dbhome_1
System name :       Linux
Node name :         localhost.localdomain
Release : 3.10.0-957.21.3.el7.x86_64
Version : #1 SMP Tue Jun 18 16 : 35 : 19 UTC 2019
Machine : x86_64
Instance name : orcl
Redo thread mounted by this instance : 1
Oracle process number : 42
Unix process pid : 23920, image : oracle@localhost.localdomain (W002)


*** 2019-07-06T18 : 06 : 06.651950+09 : 00 (CDB$ROOT(1))
*** SESSION ID : (47.27229) 2019-07-06T18 : 06 : 06.652006+09 : 00
*** CLIENT ID : () 2019-07-06T18 : 06 : 06.652015+09 : 00
*** SERVICE NAME : (SYS$BACKGROUND) 2019-07-06T18 : 06 : 06.652022+09 : 00
*** MODULE NAME : (KTSJ) 2019-07-06T18 : 06 : 06.652030+09 : 00
*** ACTION NAME : (KTSJ Slave) 2019-07-06T18 : 06 : 06.652038+09 : 00
*** CLIENT DRIVER : () 2019-07-06T18 : 06 : 06.652045+09 : 00
*** CONTAINER ID : (1) 2019-07-06T18 : 06 : 06.652053+09 : 00
```

```
====================
PARSING IN CURSOR #140567101229520 len=76 dep=2 uid=0 oct=3 lid=0 tim=1451388113
  hv=1052578227 ad='73b5cf10' sqlid='04kug40zbu4dm'
select policy#, action# from aud_object_opt$ where object# = :1 and type = 2
END OF STMT
PARSE                                                           #140567101229520 :
  c=0,e=108,p=0,cr=0,cu=0,mis=0,r=0,dep=2,og=4,plh=4006480256,tim=1451388108
EXEC                                                            #140567101229520 :
  c=0,e=157,p=0,cr=0,cu=0,mis=0,r=0,dep=2,og=4,plh=4006480256,tim=1451389161
FETCH                                                           #140567101229520 :
  c=0,e=233,p=0,cr=9,cu=0,mis=0,r=0,dep=2,og=4,plh=4006480256,tim=1451389426
STAT   #140567101229520  id=1  cnt=0  pid=0  pos=1  obj=516  op='TABLE ACCESS FULL
  AUD_OBJECT_OPT$ (cr=9 pr=0 pw=0 str=1 time=241 us cost=4 size=114 card=1)'
CLOSE #140567101229520 : c=0,e=6,dep=2,type=3,tim=1451389669
====================
```

Oracle의 경우 실제 중요한 로그는 Oracle에서 제공해주는 LogMiner를 통해 분석해야한다. 다음절에서는 LogMiner를 통해 사용자가 사용한 쿼리를 살펴보고 조작된 레코드를 복구하는 방법에 대해서 살펴보도록 하자.

4.7 Oracle LogMiner

Oracle은 대규모 기업이나 기관에서 가장 많이 쓰이는 RDBMS 중 하나이므로 관리 작업과 포렌식 분석을 수월하게 하는 다양한 도구가 존재한다. 4.7에서는 Oracle의 대표적인 로그 분석 도구인 Log Miner의 사용방법을 익혀 Redo Log 파일을 분석 실습을 해볼 것이다. Log Miner는 Oracle에 내장되어 있는 기능이므로 설치 과정이 필요하지 않다.

4.7.1 LogMiner 이해

Oracle은 데이터베이스 사용 기록을 Redo Log 파일에 담는다. 따라서 데이터베이스 포렌식 관점에서 Redo Log 파일 분석은 필수이다. 하지만 Redo Log 파일을 바로 읽을 수는 없다. 내용을 해석하여 알맞은 SQL문으로 변형하여야만 사람이 이해할 수 있는데, Oralce 데이터베이스에 갖춰진 기능인 Log Miner가 이 역할을 수행한다.

가) LogMiner의 대표적인 기능

데이터베이스 Corruption Error가 언제 일어났는지 알려준다.
최적의 복구 작업을 위해서 사용자가 행해야 할 일을 트랜잭션 수준에서 알려준다.
내부 데이터들의 경향을 보고 튜닝 작업 및 용량 관리 작업을 수행한다. (예를 들면 어떤 테이블에서 가장 insert, update 작업이 많이 일어났는지를 보고 튜닝 작업을 수행한다.)
데이터베이스에서 수행된 DML, DDL 구문을 추적하여 수행 시간과 해당 명령을 수행한 사용자를 보여준다.

나) LogMiner의 구성

Source Database : 사용자가 분석을 원하는 모든 Redo Log 파일을 생성한다.
Mining Database : Log Miner가 분석 작업을 수행할 때 사용하는 데이터베이스이다.
LogMiner Dictionary : Log Miner가 Redo Log로부터 쿼리문을 보여줄 때, 내부 오브젝트 ID를 사용하지 않고 테이블과 Column으로 변환하는 데 필요하다
Redo Log File : 데이터베이스에 가해진 변경 작업 기록이 남아있는 파일이다.

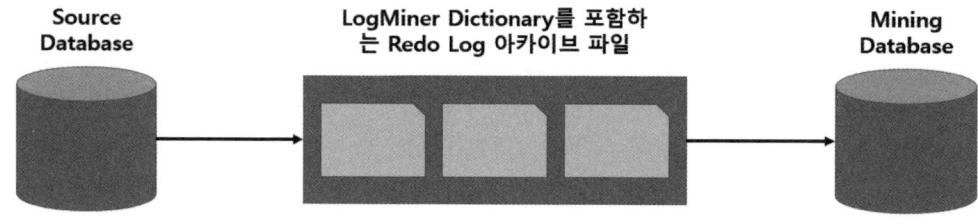

[그림 344] Oracle LogMiner 흐름

4.7.2 LogMiner를 이용한 레코드 복구

가) 실습하기 전 - PDB의 OPEN_MODE 확인

Log Miner의 PL/SQL 함수가 제대로 실행되지 않을 수도 있으니 Pluggable Database[43])가 열려 있는지 확인하도록 하자. Oracle 데이터베이스 mount와 open까지 마친 상태에서(startup 명령을 실행하면 mount와 open까지 완료됨) 수행하도록 한다.

1) 접속 중인 컨테이너 확인

```
SQL> show con_name;
```

```
CON_NAME
--------------------------------
CDB$ROOT
```

[그림 345] CON_NAME 테이블

2) 테이블을 좀 더 편하게 보기 위한 명령을 수행한다.

```
SQL> set line 250 pages 5000;
SQL> col NAME for a10;
```

---

43) Oracle 12c 버전부터 CDB, PDB라는 개념이 생겼다. 11g 이전 버전에서는 1개의 인스턴스와 한 개의 데이터베이스로 구성되었지만, 버전이 올라가면서 Multi-Tenant DB 기능이 추가되었다. Multi-Tenant DB란 하나의 큰 DB에 다른 DB들이 들어올 수 있는 기능이다. 즉 CDB는 PDB라는 조금 더 작은 DB를 담는 컨테이너라고 보면 된다.

3) 모든 데이터베이스 컨테이너 상태를 확인한다.

```
SQL> select CON_ID, DBID, NAME, OPEN_MODE from v$containers order by 1;
```

```
SQL> set line 150 pages 5000
SQL> col NAME for a10
SQL> select CON_ID, DBID, NAME, OPEN_MODE from v$containers order by 1;

    CON_ID       DBID NAME       OPEN_MODE
---------- ---------- ---------- ----------
         1 1540515533 CDB$ROOT   READ WRITE
         2 2668400623 PDB$SEED   READ ONLY
         3 3882096240 ORCLPDB    MOUNTED
```

[그림 346] PDB의 OPEN_MODE 확인

- CON_ID : 어떤 데이터가 속해있는지 알려주는 컨테이너 ID
- DBID : PDB 식별자
- NAME : PDB 이름
- OPEN_MODE : 데이터베이스 접근 모드
  MOUNTED / READ WRITE / READ ONLY / MIGRATE

4) OPEN_MODE가 MOUNTED로 되어있다면 mount는 되었지만 열려있지 않음을 의미한다. 다음 명령을 입력하여 수동으로 열어주자.

```
SQL> alter pluggable database orclpdb open;
```

```
SQL> alter pluggable database orclpdb open;
Pluggable database altered.
```

[그림 347] PDB 열기

5) 다시 PDB의 상태를 확인하여 제대로 수행되었는지 보자.

```
SQL> select CON_ID, DBID, NAME, OPEN_MODE from v$containers order by 1;
```

```
SQL> select CON_ID, DBID, NAME, OPEN_MODE from v$containers order by 1;

    CON_ID       DBID NAME        OPEN_MODE
---------- ---------- ----------- ----------
         1 1540515533 CDB$ROOT    READ WRITE
         2 2668400623 PDB$SEED    READ ONLY
         3 3882096240 ORCLPDB     READ WRITE
```

[그림 348] PDB의 OPEN_MODE 재확인

나) 실습하기 전 – Log Miner 설치 확인

Log Miner가 있는지 확인한다. [그림 349]와 같이 DEFUALT로 나타나면 Log Miner가 기본으로 설치되어 있는 것이므로 따로 설치할 필요가 없다.

```
SQL> DESC dbms_logmnr;
```

```
SQL> DESC dbms_logmnr;
PROCEDURE ADD_LOGFILE
 ???                              ??                     ?? ??/???
 ------------------------------   --------------------   -- --------
 LOGFILENAME                      VARCHAR2               IN
 OPTIONS                          BINARY_INTEGER         IN  DEFAULT
FUNCTION COLUMN_PRESENT RETURNS BINARY_INTEGER
 ???                              ??                     ?? ??/???
 ------------------------------   --------------------   -- --------
 SQL_REDO_UNDO                    NUMBER                 IN  DEFAULT
 COLUMN_NAME                      VARCHAR2               IN  DEFAULT
PROCEDURE END_LOGMNR
FUNCTION MINE_VALUE RETURNS VARCHAR2
 ???                              ??                     ?? ??/???
 ------------------------------   --------------------   -- --------
 SQL_REDO_UNDO                    NUMBER                 IN  DEFAULT
 COLUMN_NAME                      VARCHAR2               IN  DEFAULT
PROCEDURE REMOVE_LOGFILE
 ???                              ??                     ?? ??/???
```

[그림 349] Log Miner 존재 확인

설치가 되어 있지 않다면 sysdba 계정으로 접속하여 다음 명령을 입력한다.

```
SQL> @?/rdbms/admin/dbmslm.sql
```

다) 로그 옵션 활성화

Oracle 데이터베이스에 sysdba계정으로 접속하여 로그 활성화 상태를 확인한다.

```
SQL> SELECT supplemental_log_data_min FROM v$database;
```

```
SQL> SELECT supplemental_log_data_min FROM v$database;
SUPPLEME
--------
NO
```

[그림 350] Supplemental Log 옵션 상태

Supplemental Logging 옵션이 현재 비활성화 상태(기본값)이므로 데이터베이스 레벨에서 추가적인 로그 기록을 위해 활성화한다.(사후 문제가 발생 시 원활한 분석을 위해 데이터베이스 관리자는 데이터베이스 생성 시 꼭 초기에 해당 옵션을 설정하도록 하자.)

```
SQL> ALTER database ADD supplemental log data;
// Supplemental Logging 활성화

SQL> SELECT supplemental_log_data_min FROM v$database;
```

```
SQL> alter database add supplemental log data;

Database altered.

SQL> SELECT supplemental_log_data_min FROM v$database;

SUPPLEME
--------
YES
```

[그림 351] Supplemental Log 활성화

라) 테이블 생성 및 데이터 입력으로 실험

```
SQL> CREATE TABLE student_info (student_name char(20), student_id char(5),
major char(30));

SQL> INSERT INTO student_info (student_name, student_id, major)
```

```
            VALUES ('Alice', '001', 'Physics');
SQL> INSERT INTO student_info (student_name, student_id, major)
            VALUES ('James', '002', 'Anthropology');
SQL> INSERT INTO student_info (student_name, student_id, major)
            VALUES ('John', '003', 'Psychology');
SQL> INSERT INTO student_info (student_name, student_id, major)
            VALUES ('Britney', '004', 'History');
SQL> INSERT INTO student_info (student_name, student_id, major)
            VALUES ('Daniel', '005', 'Archeology');
SQL> INSERT INTO student_info (student_name, student_id, major)
            VALUES ('Sebastian', '006', 'Computer Science');
SQL> INSERT INTO student_info (student_name, student_id, major)
            VALUES ('Abigail', '007', 'Linguistics');

SQL> COMMIT;
// 테이블을 생성 및 조작하고 나서 반드시 COMMIT 입력을 하도록 한다.
```

```
SQL> CREATE TABLE student_info (student_name char(20), student_id char(5), major char(30));
Table created.
```

[그림 352] Log 실습용 테이블 생성

```
SQL> INSERT INTO student_info (student_name, student_id, major)
  2   VALUES ('Alice', '001', 'Physics');

1 row created.

SQL> INSERT INTO student_info (student_name, student_id, major)
  2   VALUES ('James', '002', 'Anthropology');

1 row created.

SQL> INSERT INTO student_info (student_name, student_id, major)
  2   VALUES ('John', '003', 'Psychology');

1 row created.

SQL> INSERT INTO student_info (student_name, student_id, major)
  2   VALUES ('Britney', '004', 'History');

1 row created.
```

[그림 353] Log 실습용 테이블 생성 화면 일부

테이블이 잘 생성되었는지 SELECT * FROM으로 확인해보도록 하자.

```
SQL> SELECT * FROM student_info;
```

```
SQL> SELECT * FROM student_info;
STUDENT_NAME                        STUDENT_ID MAJOR
----------------------------------- ---------- -----------------
Alice                               001        Physics
James                               002        Anthropology
John                                003        Psychology
Britney                             004        History
Daniel                              005        Archeology
Sebastian                           006        Computer Science
Abigail                             007        Linguistics
```

[그림 354] 테이블 생성 확인

이제 앞서 만든 테스트 테이블에 장애 상황을 만들어 문제를 일으켜보자. 필자의 경우 모든 학생의 major 컬럼의 내용을 'Physics'로 변경하였다. 변경하면서 해당 명령어를 입력한 시간을 잘 기억해두도록 하자. Redo 로그의 양이 상당히 많으므로 필자는 발생 시각을 조건으로 걸어 명령을 찾을 것이다.

```
SQL> update student_info set major='physics';
SQL> commit;
//변경 후 적용을 위해 commit을 한다.
```

장애 상황이 제대로 적용되었는지 확인하기 위해 테이블을 조회하면 [그림 355]와 같이 major 컬럼의 내용이 변경된 것을 확인할 수 있다.

```
SQL> SELECT * FROM student_info;
```

```
SQL> SELECT * FROM student_info;
STUDENT_NAME                      STUDENT_ID MAJOR
--------------------------------- ---------- ----------
Alice                             001        physics
James                             002        physics
John                              003        physics
Britney                           004        physics
Daniel                            005        physics
Sebastian                         006        physics
Abigail                           007        physics
```

[그림 355] 데이터베이스 장애 상황

이제 Log Miner를 실행하여 분석해보도록 하자.

1) 분석할 로그 파일 목록 생성하기

먼저 Log Miner가 분석할 로그 파일을 추가한다. 활성화되는 Redo Log 파일이 계속 랜덤으로 바뀌므로 Redo Log 세 개 모두 추가하는 것을 권장한다.

```
SQL> exec dbms_logmnr.add_logfile('Redo_Log_파일_경로', 옵션);
```

필자의 경우 Redo Log 파일 경로는 '/home/oracle/db/oradata/orcl/redo*.log'이다. SELECT * FROM v$logfile;로 경로를 확인할 수 있다. 옵션에는 숫자를 줄 수 있는데 1은 신규 등록, 2는 파일 목록에서 삭제, 3은 추가 등록이다.

```
SQL> SELECT * FROM v$logfile;
// Redo Log파일 경로 확인

SQL> exec dbms_logmnr.add_logfile('/home/oracle/db/oradata/orcl/redo01.log',1);
SQL> exec dbms_logmnr.add_logfile('/home/oracle/db/oradata/orcl/redo02.log',3);
SQL> exec dbms_logmnr.add_logfile('/home/oracle/db/oradata/orcl/redo03.log',3);
// Redo Log파일 추가
```

```
SQL> exec dbms_logmnr.add_logfile('/home/oracle/db/oradata/orcl/redo01.log',1);
PL/SQL procedure successfully completed.
SQL> exec dbms_logmnr.add_logfile('/home/oracle/db/oradata/orcl/redo02.log',3);
PL/SQL procedure successfully completed.
SQL> exec dbms_logmnr.add_logfile('/home/oracle/db/oradata/orcl/redo03.log',3);
PL/SQL procedure successfully completed.
```

[그림 356] 로그 파일 등록

이제 LogMiner를 실행해보자. 등록된 로그 파일 목록을 기준으로 분석을 수행하도록 하는 함수는 DBMS_LOGMNR.START_LOGMNR이다. START_LOGMNR에 줄 수 있는 옵션은 딕셔너리[44] 제공 방식에 따라 세 가지로 나뉜다.

■ Online Catalog

Source Database(Redo Log를 생성한 데이터베이스)에 대한 접근 권한이 있고, 변경된 테이블이 추후에 구조가 바뀌지 않을 것임이 확실할 때 Online Catalog 방법을 사용하는 것이 좋다. 사용하기 가장 편하고 효율적인 옵션이다. 이 책의 실습에서는 sysdba 계정으로 접속하여 Source Database에 대한 접근권한이 있으므로 해당 옵션을 사용할 것이다.

■ Log Miner 딕셔너리를 Redo Log 파일로 추출

Source Database에 대한 접근 권한이 없고, 변경된 테이블이 추후에 구조가 바뀔 수도 있을 때 이 옵션을 사용하는 것이 좋다.

■ Log Miner 딕셔너리를 Flat 파일로 추출

이전 버전의 오라클과의 호환을 위해 존재하는 옵션이다. 트랜잭션 일관성이 보장되지 않으므로 이전의 Online Catalog나 Redo 파일로 추출하는 옵션 사용을 권장한다.

2) Log Miner 실행하기

Log Miner로 원하는 시간대의 로그를 분석해보자.

---

[44] 데이터베이스는 딕셔너리를 이용하여 내부의 언어를 사람이 알아먹을 수 있도록 번역한다. 예를 들면, 딕셔너리 파일을 사용하지 않은 채로 Log Miner로 로그를 확인하면 계정명과 테이블명이 "UNKOWN", "OBJ#123"와 같이 뜨지만 딕셔너리로 번역을 하면 "SYS","TEST_TABLE"과 같이 번역되어 나온다.

```
SQL> execute
dbms_logmnr.start_logmnr(OPTIONS=>dbms_logmnr.dict_from_online_catalog
, STARTTIME=>TO_DATE('20190706 16:19:00','YYYY-MM-DD HH24:MI:SS'),
ENDTIME=>TO_DATE('20190706 16:20:00','YYYY-MM-DD HH24:MI:SS'));
// 20190706 16:19:00 부분에 장애 명령을 수행한 시각을 명시하면 된다.
필자의 경우 2019년 7월 6일 16시 19분 00초부터 2019년 7월 6일 16시 20분 00초까지의
로그를 분석하였다.
```

```
SQL> execute dbms_logmnr.start_logmnr(OPTIONS=>dbms_logmnr.dict_from_online_catalog, STARTTIME=>
TO_DATE('20190706 16:19:00','YYYY-MM-DD HH24:MI:SS'), ENDTIME=>TO_DATE('20190706 16:19:00','YYYY
-MM-DD HH24:MI:SS'));
PL/SQL procedure successfully completed.
```

[그림 357] Log Miner 분석 시작

3) v$logmnr_contents에서 Log Miner의 분석 결과 보기

v$logmnr_contents는 Log Miner가 로그 파일을 분석한 결과를 담고 있다. 양이 상당히 많으므로 장애 상황의 명령 문자열을 조건으로 select 검색을 수행한다.

```
SQL> select to_char(timestamp,'YYYY-MM-DD:HH24:MI:SS'), seg_owner,
username, sql_redo, sql_undo from v$logmnr_contents where sql_redo like
'%update%';
```

위 명령을 수행하면 UPDATE 로그 발생 시각, 해당 명령을 수행한 계정명, Redo Log와 Undo Log 명령 문자열을 볼 수 있다.

```
TO_CHAR(TIMESTAMP,'YYYY-MM-DD:HH24:MI:   SEG_OWNER   USERNAME      SQL_REDO
-----------------------------------------------------------------------------
-----------------------------------------------------------------------------
SQL_UNDO
-----------------------------------------------------------------------------
-----------------------
2019-07-06:16:19:46                      SYS         SYS           update "SYS"."STUDENT_INFO" set "MA
JOR" = 'physics                          ' where "MAJOR" = 'Physics
                                                                ' and ROWID = 'AAAR+MAABAAAllRAAA
';
update "SYS"."STUDENT_INFO" set "MAJOR" = 'Physics                ' where "MAJOR" = 'phys
ics
  ' and ROWID = 'AAAR+MAABAAAllRAAA';
2019-07-06:16:19:46                      SYS         SYS           update "SYS"."STUDENT_INFO" set "MA
JOR" = 'physics                          ' where "MAJOR" = 'Anthropology
                                                                ' and ROWID = 'AAAR+MAABAAAllRAAB
';
update "SYS"."STUDENT_INFO" set "MAJOR" = 'Anthropology           ' where "MAJOR" = 'phys
ics
  ' and ROWID = 'AAAR+MAABAAAllRAAB';
```

[그림 358] Log Miner 분석 결과 일부

- **TO_CHAR(TIMESTAMP, 'YYYY-MM-DD : HH24 : MI : SS)**

타임스탬프를 '연도(4자리)-월(2자리)-일(2자리) : 시간(24시기준) : 분 : 초'로 표현

- **SEG_OWNER**

수정된 세그먼트의 소유자(계정)

- **USER_NAME**

트랜잭션을 수행한 사용자의 이름

- **SQL_REDO**

데이터베이스 변경을 수행하기 위해 재구성된 SQL 구문(SQL 원문)

- **SQL_UNDO**

데이터베이스 변경 작업을 이전으로 돌릴 수 있는 SQL 구문(SQL 원문)

4) 복구 작업 수행하기

Log Miner가 다양한 Column의 데이터를 보여주지만 테이블 복구할 때 쓰이는 것은 Undo Log의 문자열이다. 하기 전에 Undo Log 문자열이 상당히 길게 나오므로 다음 설정을 먼저 수행한 후, select 쿼리문을 적절하게 만들어 Undo Log만 뽑아내어 보자.

```
SQL> col sql_undo for 200

SQL> select sql_undo from v$logmnr_contents where sql_redo like '%update%';

SQL> select sql_undo from v$logmnr_contents where sql_redo like '%update%'
and sql_redo like '%테이블명%';
// 조건절에 AND 옵션을 추가로 주어 특정 테이블에 대한 redo로그만을 출력할 수 있다.

SQL> select sql_undo from v$logmnr_contents where sql_redo like '%update%'
and sql_redo like '%student_info%';
```

```
SQL_UNDO
----------------------------------------------------------------------------
update "SYS"."STUDENT_INFO" set "MAJOR" = 'Physics          ' where "MAJOR" = 'physics'
update "SYS"."STUDENT_INFO" set "MAJOR" = 'Anthropology     ' where "MAJOR" = 'physics'
update "SYS"."STUDENT_INFO" set "MAJOR" = 'Psychology       ' where "MAJOR" = 'physics'
update "SYS"."STUDENT_INFO" set "MAJOR" = 'History          ' where "MAJOR" = 'physics'
update "SYS"."STUDENT_INFO" set "MAJOR" = 'Archeology       ' where "MAJOR" = 'physics'
update "SYS"."STUDENT_INFO" set "MAJOR" = 'Computer Science ' where "MAJOR" = 'physics'
update "SYS"."STUDENT_INFO" set "MAJOR" = 'Linguistics      ' where "MAJOR" = 'physics'
```

[그림 359] undo 로그 출력 화면 일부

[그림 360]과 같이 Undo Log를 뽑아내어 살펴보면 physics 문자열 뒤로 빈 공간이 보인다. 이것은 들어간 데이터의 사이즈가 Column 생성 시 할당한 사이즈보다 작아 남은 공간에 공백 문자가 채워지기 때문이다.

```
"MAJOR" = 'physics                    '
"MAJOR" = 'physics                    '
"MAJOR" = 'physics                    '
"MAJOR" = 'physics                    '
"MAJOR" = 'physics                    '
"MAJOR" = 'physics                    '
"MAJOR" = 'physics                    '
```

[그림 360] 문자열 데이터 뒤의 공백

이는 SET Column='문자열' 위치에 나오면 크게 문제가 되지 않지만, WHERE Column='문자열' 위치로 조건이 되면 Undo Log를 복사 붙여넣기 해도 제대로 수행이 되지 않는다. 그 이유는 major Column에 있는 데이터는 'physics'인데 조건 절에 있는 major 명시 문자열은 'physics0000000000000000000000('0'는 공백을 의미)'이기 때문이다(공백을 문자열 데이터로 인식해버린다). 이와 같은 상황이 발생했다면 Undo Log를 전부 복사하여 메모장에 붙여넣기를 한다. 메모장의 [편집] - [바꾸기] 메뉴에서 찾을 내용을 'physics0000000000000 000000000000'로 바꿀 내용을 'physics'로 입력한 후, 모두 바꾸기를 클릭하면 [그림 361]과 같이 된다.

```
"MAJOR" = 'physics'
"MAJOR" = 'physics'
"MAJOR" = 'physics'
"MAJOR" = 'physics'
"MAJOR" = 'physics'
"MAJOR" = 'physics'
"MAJOR" = 'physics'
```

[그림 361] 공백 없애기

바꾼 Undo Log를 다시 복사하여 Oracle 명령 창에 붙여넣기 한다.

```
SQL> update "SYS"."STUDENT_INFO" set "MAJOR" = 'physics              ' where "MAJOR"
= 'physics' and ROWID = 'AAAR+MAABAAAlIRAAA';
update "SYS"."STUDENT_INFO" set "MAJOR" = 'Anthropology         ' where "MAJOR"
= 'physics' and ROWID = 'AAAR+MAABAAAlIRAAB';
```

```
update "SYS"."STUDENT_INFO" set "MAJOR" = 'Psychology      ' where "MAJOR"
= 'physics' and ROWID = 'AAAR+MAABAAAllRAAC';
update "SYS"."STUDENT_INFO" set "MAJOR" = 'History         ' where "MAJOR"
= 'physics' and ROWID = 'AAAR+MAABAAAllRAAD';
update "SYS"."STUDENT_INFO" set "MAJOR" = 'Archeology      ' where "MAJOR"
= 'physics' and ROWID = 'AAAR+MAABAAAllRAAE';
update "SYS"."STUDENT_INFO" set "MAJOR" = 'Computer Science' where
"MAJOR" = 'physics' and ROWID = 'AAAR+MAABAAAllRAAF';
update "SYS"."STUDENT_INFO" set "MAJOR" = 'Linguistics     ' where "MAJOR"
= 'physics' and ROWID = 'AAAR+MAABAAAllRAAG';
//ROWID는 행을 식별하는 고유 ID를 의미한다.
```

```
SQL> update "SYS"."STUDENT_INFO" set "MAJOR" = 'Physics         ' where "MAJOR" = 'physics' and ROWID = 'AAAR+MAABAAAllRAAA';
update "SYS"."STUDENT_INFO" set "MAJOR" = 'Anthropology    ' where "MAJOR" = 'physics' and ROWID = 'AAAR+MAABAAAllRAAB';
update "SYS"."STUDENT_INFO" set "MAJOR" = 'Psychology      ' where "MAJOR" = 'physics' and ROWID = 'AAAR+MAABAAAllRAAC';
update "SYS"."STUDENT_INFO" set "MAJOR" = 'History         ' where "MAJOR" = 'physics' and ROWID = 'AAAR+MAABAAAllRAAD';
update "SYS"."STUDENT_INFO" set "MAJOR" = 'Archeology      ' where "MAJOR" = 'physics' and ROWID = 'AAAR+MAABAAAllRAAE';
update "SYS"."STUDENT_INFO" set "MAJOR" = 'Computer Science' where "MAJOR" = 'physics' and ROWID = 'AAAR+MAABAAAllRAAF';
update "SYS"."STUDENT_INFO" set "MAJOR" = 'Linguistics     ' where "MAJOR" = 'physics' and ROWID = 'AAAR+MAABAAAllRAAG';
```

[그림 362] 복구 작업 수행

'row updated' 문자열이 확인되면 전체 테이블 내용을 출력하여 제대로 복구가 되었는지 살펴본다.

SQL> SELECT * FROM student_info;

```
SQL> SELECT * FROM student_info;
STUDENT_NAME                        STUDENT_ID MAJOR
----------------------------------- ---------- ----------------
Alice                                      001 Physics
James                                      002 Anthropology
John                                       003 Psychology
Britney                                    004 History
Daniel                                     005 Archeology
Sebastian                                  006 Computer Science
Abigail                                    007 Linguistics
```

[그림 363] 복구 완료

5) Log Miner 종료하기

Log Miner를 종료한다.

SQL> dbms_logmnr.end_logmnr;

1. PDB(Pluggable Database)의 OPEN_MODE 확인
2. Logging 옵션 활성화 확인
3. 분석할 로그 목록에 원하는 Redo Log 파일 경로 추가
4. LogMiner 분석 수행
5. V$logmnr_contents에서 Undo 쿼리만 뽑아내어 복구

[그림 364] Oracle 부분 복구 실습 절차 정리

지금까지 Oracle 데이터베이스의 구조, 활용 그리고 데이터 복구 및 로그 조회에 대해서 살펴보았다. Oracle 데이터베이스는 점유율이 가장 높은 데이터베이스답게 상당히 많은 기능을 가지고 있다. 그 많은 기능들을 이해하고 활용하기가 어렵지만, 사용법을 능숙하게 익힌다면 데이터 처리 및 분석, 복구 등에서 효율적일 것이다.

SQLite 데이터베이스 포렌식

STEP 05 ▶ SQLite 데이터베이스 포렌식

SQLite는 RDBMS 기능을 제공하는 소프트웨어 라이브러리이다. SQLite의 코드는 다른 RDBMS와 달리 서버가 필요하지 않고, 사전 환경 설정 등이 필요하지 않아 쉽고 가볍게 사용할 수 있다. 보통 RDBMS는 클라이언트 서버 아키텍처로 구성되지만, SQLite는 데이터베이스에 접근하는 어플리케이션과 결합하여 직접적으로 데이터베이스에 저장된 파일에 읽기/쓰기 작업을 수행한다. SQLite의 파일 형식은 플랫폼을 가리지 않기 때문에 32Bit나 64Bit 또는 리틀 엔디안 방식이나 빅 엔디안 방식의 아키텍처 모두에서 데이터베이스를 복사할 수 있다.

5장에서는 먼저 SQLite의 아키텍처를 간단하게 살펴본 후, 기본적인 조작 몇 가지를 수행해보고, 덤프/복구하는 방법 마지막으로 로그를 분석하는 방법까지 알아볼 것이다.

5.1 SQLite 아키텍처

SQLite는 Core와 Backend 이렇게 두 개의 섹션으로 구분할 수 있다. Core에는 인터페이스, Tokenizer, Parser, Code Generator가 속해 있고, Backend에는 B-Tree, Pager 그리고 파일 시스템에 접근하기 위한 OS 인터페이스가 속해 있다. SQLite의 아키텍처와 작동 방식은 [그림 365]와 같다.

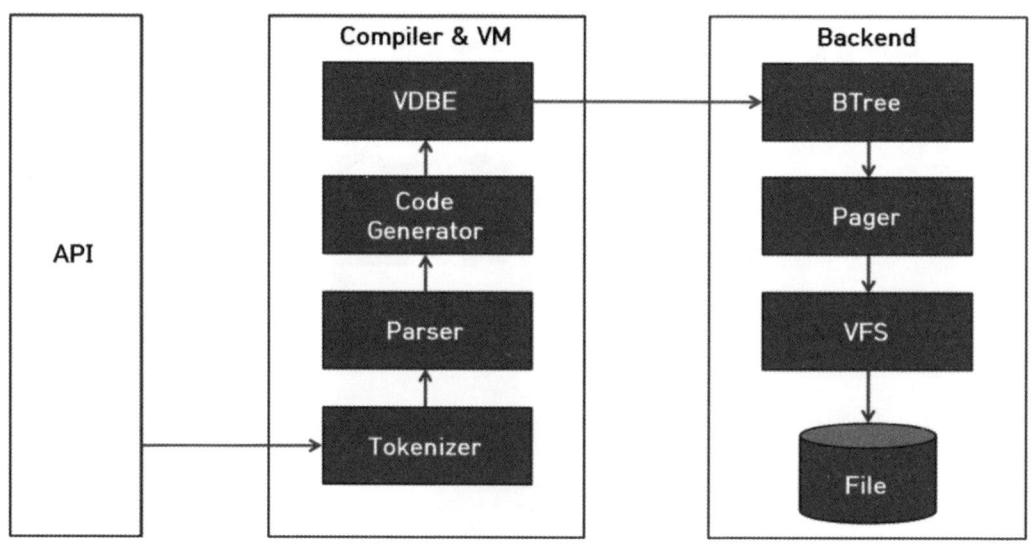

[그림 365] SQLite 아키텍처

5.1.1 SQLite 내부 구조

가) Tokenizer

Tokenizer는 SQL 쿼리문에게 줄 토큰을 생성한다. SQL 쿼리문을 왼쪽에서 오른쪽으로 스캔하여 토큰 리스트를 생성한다. Tokenizer에서 생성하는 토큰 유형은 다음과 같다.

■ 연산자 토큰

SQL 구문에서 수학적 연산을 수행하는 연산자들에게 주어지는 토큰이다. 예를 들면, '-'에는 MINUS 토큰이, "("에는 LP 토큰이, "+"에는 PLUS 토큰이 주어진다.

■ 키워드 토큰

SQL 구문에서 INSERT, ADD, SELECT 등 키워드들에게 주어지는 토큰이다.

■ 공백 토큰

토큰들을 구별하기 위해 사용된다. 코멘트도 공백 토큰에 포함된다.

나) Parser

Parser는 전달받은 토큰 스트림을 읽어 Parse Tree를 생성한다. Parse Tree 구조는 [그림 366]과 같다.

예시문 : SELECT name FROM student_info WHERE major LIKE 'Physics' AND GPA >= 3.0;

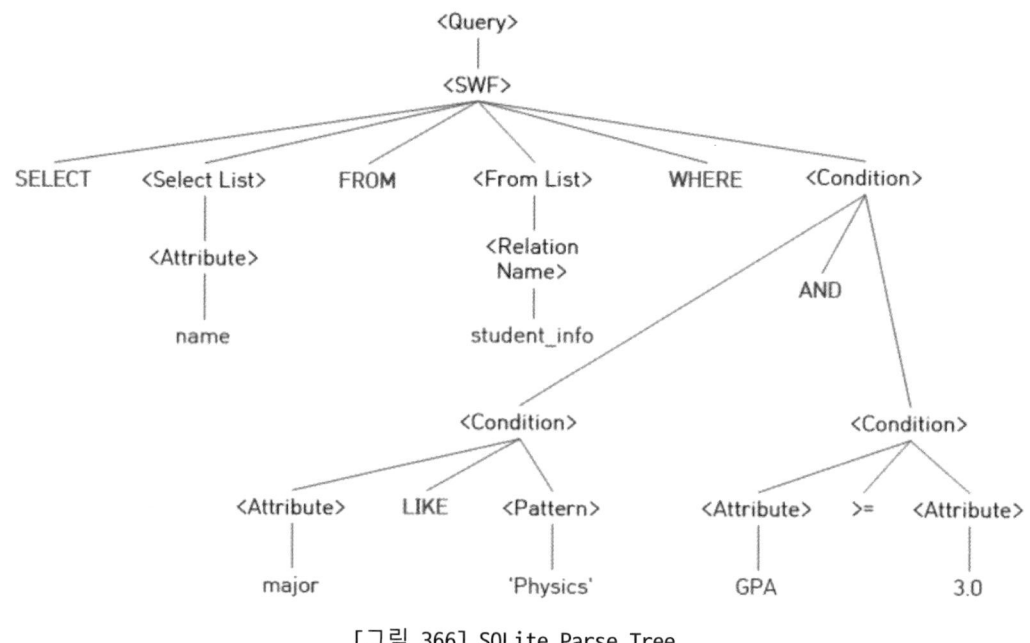

[그림 366] SQLite Parse Tree

다) Code Generator

SQLite는 파싱 과정에서 쿼리문을 수행하여 결과를 산출하기 위해 필요한 명령들을 생성한다. 각각의 명령은 인자를 포함하는 함수를 호출하는 것과 비슷한 역할을 한다. 가상 머신은 명령을 한 줄씩 읽어 유효성을 판단한다.

라) Compiler

Tokenizer, Parser 그리고 Code Generator를 총칭하여 컴파일러라고 한다. 컴파일러는 VDBE에서 실행될 명령코드를 생성한다. 먼저 Tokenizer가 SQL 코드를 스캔하여 토큰을 생성하면, Parser에서 구문의 문법이 유효한지 판단한다. 마지막으로 Code Generator에서 Parser로부터 받은 parse tree를 SQLite 명령코드로 구성된 미니 프로그램으로 변환한다.

마) VDBE (Virtual Database Engine)

Code Generator에 의해 생성된 수행 명령들은 VDBE라는 가상 머신에서 수행된다. 즉, INSERT, DELETE, UPDATE, SELECT 등의 SQL 커맨드들은 Opcdoe(명령코드)로 변환되어 VDBE에서 실행된다.

바) BTree

SQLite 역시 데이터베이스 성능 향상을 위하여 인덱스 정보를 저장하기 위한 데이터 구조로 BTree를 사용하고 있다. BTree에 대한 상세한 설명은 3.2.4에 있다.

사) Pager

페이지는 위에서 살펴본 다른 RDBMS와 같이, 파일 시스템에서 트랜잭션을 수행하는 가장 작은 단위이다. 페이지는 1번부터 번호가 부여되며 가장 첫 번째 페이지를 루트 페이지라고 한다.

아) VFS (Virtual File System)

운영체제에 따라 파일에 접근하는 방식이 다르다. SQLite는 어떤 운영체제에서도 파일을 읽고 쓸 수 있도록 공통적인 API를 제공한다. API에는 파일 열기, 읽기, 쓰기, 닫기와 관련된 함수들이 포함되어 있다.

5.1.2 SQLite 파일 구조

이번에는 SQLite 데이터베이스 파일을 Hex Editor를 사용하여 구조를 자세히 살펴볼 것이다. 먼저 헤더 구조를 간단히 알아보고, 5.5.1에서 데이터가 추가되었을 때, 삭제되었을 때의 파일 구조를 모두 비교 분석하여 데이터베이스 복구를 실습하기 이전에 SQLite 파일에 대한 이해를 높일 것이다.

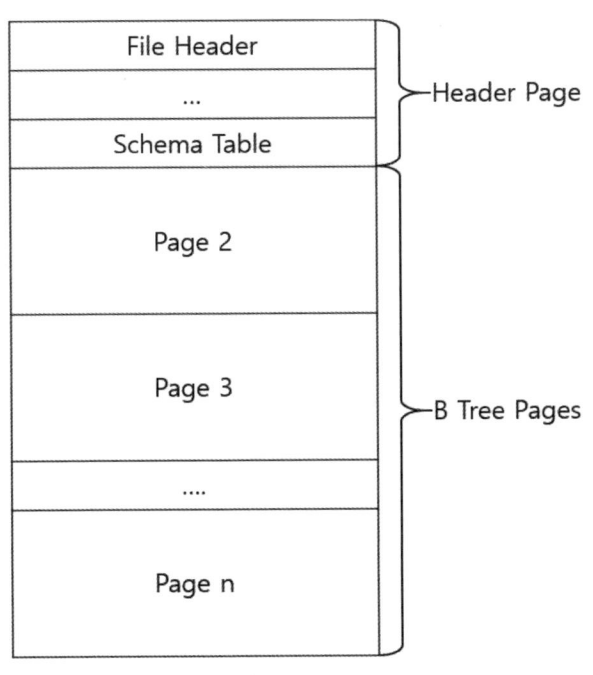

앞서 알아보았던 SQL Server, Oracle, MySQL과 같이 규모가 큰 시스템에서 사용되는 DBMS와는 달리, SQLite는 주로 모바일 어플리케이션, IoT 등 상대적으로 규모가 작은 시스템의 데이터를 저장하기 때문에 작업량이 적고 파일 구조도 단순하다. [그림 367]은 SQLite 파일의 개략적인 구조이다.

[그림 367] SQLite 파일 구조

가) SQLite Header Page

SQLite 파일 구조를 알아두는 것은 데이터베이스 파일이 깨지거나 데이터가 삭제되어 복구를 해야 할 때 유용하다. SQLite 파일에서 헤더 페이지에는 SQLite 형식임을 알리는 시그니처, 페이지 크기, 데이터베이스 크기 등 메타데이터가 저장되어 있는 곳이다.

	0x0	0x1	0x2	0x3	0x4	0x5	0x6	0x7	0x8	0x9	0xA	0xB	0xC	0xD	0xE	0xF
0x00	Header String															
0x01	Page Size								File Change Counter				Database Size			
0x02	Free Page Offset				Free Page Number				Schema Cookie				Schema Format Number			
0x03	Default Page Cache Size				Incremental Vacuum Settings				Text Encoding				User Version			
0x04	Incremental Vacuum Mode															
0x05	Record of Expansion												Version Valid For Number			
0x06	SQLite Version Number															

[그림 368] SQLite 데이터베이스 파일 헤더 구조

■ Header String

해당 파일이 SQLite 형식임을 알리는 문자열이다.

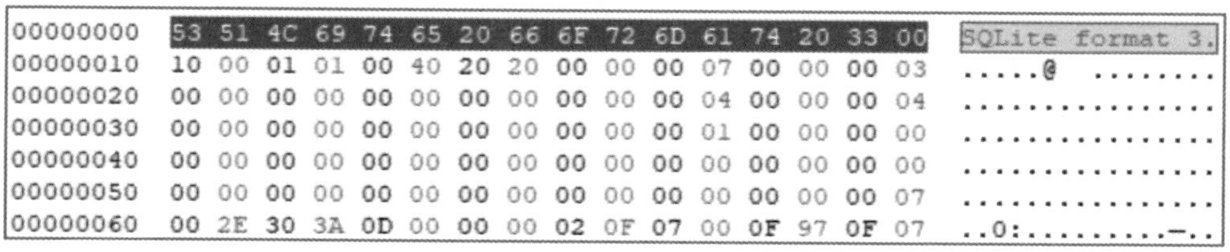

```
00000000  53 51 4C 69 74 65 20 66 6F 72 6D 61 74 20 33 00   SQLite format 3.
00000010  10 00 01 01 00 40 20 20 00 00 00 07 00 00 00 03   .....@ ........
00000020  00 00 00 00 00 00 00 00 00 00 00 04 00 00 00 04   ................
00000030  00 00 00 00 00 00 00 00 00 00 00 01 00 00 00 00   ................
00000040  00 00 00 00 00 00 00 00 00 00 00 00 00 00 00 00   ................
00000050  00 00 00 00 00 00 00 00 00 00 00 00 00 00 00 07   ................
00000060  00 2E 30 3A 0D 00 00 00 02 0F 07 00 0F 97 0F 07   ..0:.........-..
```

[그림 369] SQLite Header String

■ Page Size

데이터베이스의 가장 작은 저장 단위인 페이지 하나의 크기이다. 빅 엔디안 형식의 16진수 값으로 저장되어 있다. [그림 370]을 보면 해당 SQLite 데이터베이스의 페이지 하나 당 크기는 4,096(0x1000)Byte이다.

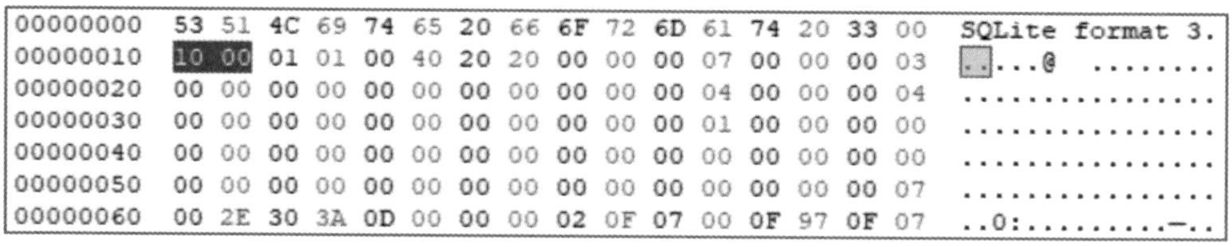

```
00000000  53 51 4C 69 74 65 20 66 6F 72 6D 61 74 20 33 00   SQLite format 3.
00000010  10 00 01 01 00 40 20 20 00 00 00 07 00 00 00 03   ...@ ........
00000020  00 00 00 00 00 00 00 00 00 00 00 04 00 00 00 04   ................
00000030  00 00 00 00 00 00 00 00 00 00 00 01 00 00 00 00   ................
00000040  00 00 00 00 00 00 00 00 00 00 00 00 00 00 00 00   ................
00000050  00 00 00 00 00 00 00 00 00 00 00 00 00 00 00 07   ................
00000060  00 2E 30 3A 0D 00 00 00 02 0F 07 00 0F 97 0F 07   ..0:.........-..
```

[그림 370] SQLite Page Size

■ Database Size

해당 데이터베이스의 크기로 페이지의 개수로 저장된다. [그림 371]에서 데이터베이스의 크기는 3페이지이다. 즉, 3개의 페이지(헤더 페이지 포함)가 데이터베이스에 존재한다는 의미이다.

```
00000000  53 51 4C 69 74 65 20 66 6F 72 6D 61 74 20 33 00  SQLite format 3.
00000010  10 00 01 01 00 40 20 20 00 00 00 07 00 00 00 03  .....@  ....
00000020  00 00 00 00 00 00 00 00 00 00 00 04 00 00 00 04  ................
00000030  00 00 00 00 00 00 00 00 00 00 00 01 00 00 00 00  ................
00000040  00 00 00 00 00 00 00 00 00 00 00 00 00 00 00 00  ................
00000050  00 00 00 00 00 00 00 00 00 00 00 00 00 00 00 07  ................
00000060  00 2E 30 3A 0D 00 00 00 02 0F 07 00 0F 97 0F 07  ..0:.........—..
```

[그림 371] SQLite Database Size

■ File Change Counter

파일이 생성되고 나서 변경 및 조작된 횟수이다.

```
00000000  53 51 4C 69 74 65 20 66 6F 72 6D 61 74 20 33 00  SQLite format 3.
00000010  10 00 01 01 00 40 20 20 00 00 00 07 00 00 00 03  .....@  ....
00000020  00 00 00 00 00 00 00 00 00 00 00 04 00 00 00 04  ................
00000030  00 00 00 00 00 00 00 00 00 00 00 01 00 00 00 00  ................
00000040  00 00 00 00 00 00 00 00 00 00 00 00 00 00 00 00  ................
00000050  00 00 00 00 00 00 00 00 00 00 00 00 00 00 00 07  ................
00000060  00 2E 30 3A 0D 00 00 00 02 0F 07 00 0F 97 0F 07  ..0:.........—..
```

[그림 372] SQLite File Change Counter

■ Text Encoding

문자열 인코딩 유형에 대한 값이다. [그림 373]의 0x00000001은 UTF-8 인코딩 방식을 의미한다.

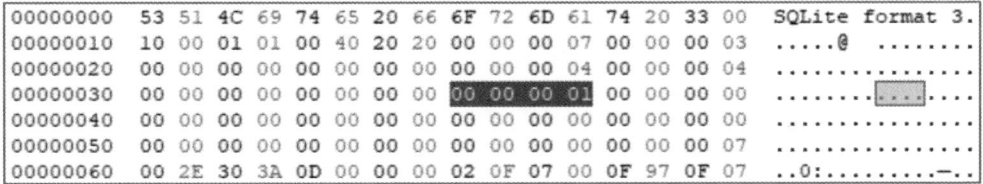

```
00000000  53 51 4C 69 74 65 20 66 6F 72 6D 61 74 20 33 00  SQLite format 3.
00000010  10 00 01 01 00 40 20 20 00 00 00 07 00 00 00 03  .....@  ........
00000020  00 00 00 00 00 00 00 00 00 00 00 04 00 00 00 04  ................
00000030  00 00 00 00 00 00 00 00 00 00 00 01 00 00 00 00  ................
00000040  00 00 00 00 00 00 00 00 00 00 00 00 00 00 00 00  ................
00000050  00 00 00 00 00 00 00 00 00 00 00 00 00 00 00 07  ................
00000060  00 2E 30 3A 0D 00 00 00 02 0F 07 00 0F 97 0F 07  ..0:.........—..
```

[그림 373] SQLite Text Encoding

■ Incremental Vacuum mode

데이터를 삭제 시 해당 데이터 공간을 자동으로 정리할지의 여부에 대한 값이다. [그림 374]는 0x00000000이므로 자동 정리가 활성화되어 있지 않다.

```
00000000  53 51 4C 69 74 65 20 66 6F 72 6D 61 74 20 33 00  SQLite format 3.
00000010  10 00 01 01 00 40 20 20 00 00 00 04 00 00 00 03  .....@  ........
00000020  00 00 00 00 00 00 00 00 00 00 00 04 00 00 00 04  ................
00000030  00 00 00 00 00 00 00 00 00 00 00 01 00 00 00 00  ................
00000040  00 00 00 00 00 00 00 00 00 00 00 00 00 00 00 00  ................
00000050  00 00 00 00 00 00 00 00 00 00 00 00 00 00 00 04  ................
00000060  00 2E 30 3A 0D 00 00 00 02 0F 07 00 0F 97 0F 07  ..0:.........-..
```

[그림 374] SQLite Incremental vacuum mode

■ 0x68 : 테이블 개수

```
00000000  53 51 4C 69 74 65 20 66 6F 72 6D 61 74 20 33 00  SQLite format 3.
00000010  10 00 01 01 00 40 20 20 00 00 00 04 00 00 00 03  .....@  ........
00000020  00 00 00 00 00 00 00 00 00 00 00 04 00 00 00 04  ................
00000030  00 00 00 00 00 00 00 00 00 00 00 01 00 00 00 00  ................
00000040  00 00 00 00 00 00 00 00 00 00 00 00 00 00 00 00  ................
00000050  00 00 00 00 00 00 00 00 00 00 00 00 00 00 00 04  ................
00000060  00 2E 30 3A 0D 00 00 00 02 0F 07 00 0F 97 0F 07  ..0:.........-..
```

[그림 375] SQLite 파일 오프셋 0x68

■ 0x69 ~ 0x6A : 테이블 스키마 시작 주소

```
00000000  53 51 4C 69 74 65 20 66 6F 72 6D 61 74 20 33 00  SQLite format 3.
00000010  10 00 01 01 00 40 20 20 00 00 00 04 00 00 00 03  .....@  ........
00000020  00 00 00 00 00 00 00 00 00 00 00 04 00 00 00 04  ................
00000030  00 00 00 00 00 00 00 00 00 00 00 01 00 00 00 00  ................
00000040  00 00 00 00 00 00 00 00 00 00 00 00 00 00 00 00  ................
00000050  00 00 00 00 00 00 00 00 00 00 00 00 00 00 00 04  ................
00000060  00 2E 30 3A 0D 00 00 00 02 0F 07 00 0F 97 0F 07  ..0:.........-..
```

[그림 376] SQLite 파일 오프셋 0x69 ~ 0x6A

Hex Editor에서 단축키 Ctrl + G로 0xF07 주소를 찾아가면 [그림 377]과 같이 데이터베이스 내부에 저장된 테이블들의 스키마를 볼 수 있다.

```
Offset(h) 00 01 02 03 04 05 06 07 08 09 0A 0B 0C 0D 0E 0F  Decoded text
00000F00  00 00 00 00 00 00 00 81 0D 02 07 17 25 25 01 81  ............%%..
00000F10  5D 74 61 62 6C 65 73 74 75 64 65 6E 74 5F 69 6E  ]tablestudent_in
00000F20  66 6F 73 74 75 64 65 6E 74 5F 69 6E 66 6F 03 43  fostudent_info.C
00000F30  52 45 41 54 45 20 54 41 42 4C 45 20 73 74 75 64  REATE TABLE stud
00000F40  65 6E 74 5F 69 6E 66 6F 20 28 73 74 75 64 65 6E  ent_info (studen
00000F50  74 5F 6E 61 6D 65 20 63 68 61 72 28 32 30 29 2C  t_name char(20),
00000F60  0D 0A 73 74 75 64 65 6E 74 5F 69 64 20 63 68 61 61  ..student_id cha
00000F70  72 28 35 29 2C 20 6D 61 6A 6F 72 20 63 68 61 72  r(5), major char
00000F80  28 33 30 29 2C 20 47 50 41 20 64 65 63 69 6D 61  (30), GPA decima
00000F90  6C 28 33 2C 32 29 29 67 01 07 17 17 17 01 81 2D  l(3,2))g.......-
00000FA0  74 61 62 6C 65 6A 6F 6B 65 72 6A 6F 6B 65 72 02  tablejokerjoker.
00000FB0  43 52 45 41 54 45 20 54 41 42 4C 45 20 6A 6F 6B  CREATE TABLE jok
00000FC0  65 72 20 28 49 44 20 63 68 61 72 28 32 30 29 2C  er (ID char(20),
00000FD0  20 4E 41 4D 45 20 63 68 61 72 28 32 30 29 2C 0D   NAME char(20),.
00000FE0  0A 50 48 4F 4E 45 20 63 68 61 72 28 33 30 29 2C  .PHONE char(30),
00000FF0  20 45 4D 41 49 4C 20 63 68 61 72 28 33 30 29 29   EMAIL char(30))
00001000  0D 00 00 00 04 0F 58 00 0F D6 0F AB 0F 81 0F 58  ......X..Ö.«...X
```

[그림 377] SQLite 테이블 스키마 시작 오프셋

■ 0x6C부터 2Byte 씩

```
Offset(h) 00 01 02 03 04 05 06 07 08 09 0A 0B 0C 0D 0E 0F  Decoded text
00000000  53 51 4C 69 74 65 20 66 6F 72 6D 61 74 20 33 00  SQLite format 3.
00000010  10 00 01 01 00 40 20 20 00 00 00 05 00 00 00 04  .....@  ........
00000020  00 00 00 00 00 00 00 00 00 00 00 05 00 00 00 04  ................
00000030  00 00 00 00 00 00 00 00 00 00 00 01 00 00 00 00  ................
00000040  00 00 00 00 00 00 00 00 00 00 00 00 00 00 00 00  ................
00000050  00 00 00 00 00 00 00 00 00 00 00 00 00 00 00 05  ................
00000060  00 2E 30 3A 0D 00 00 00 03 0E AF 00 0F 97 0F 07  ..0:.......-...
00000070  0E AF 00 00 00 00 00 00 00 00 00 00 00 00 00 00  -...............
```

[그림 378] SQLite 각 테이블 스키마 시작 주소

0x6C부터 2Byte씩 테이블의 개수만큼 스키마 시작 주소를 테이블 생성 시간 순으로 저장한다.

나) SQLite B Tree Pages

헤더 페이지를 제외한 페이지들은 Page header, Cell offset, Cell로 구성된다. 각각의 Cell offset은 Cell이 시작하는 주소 값을 가지고 있다.

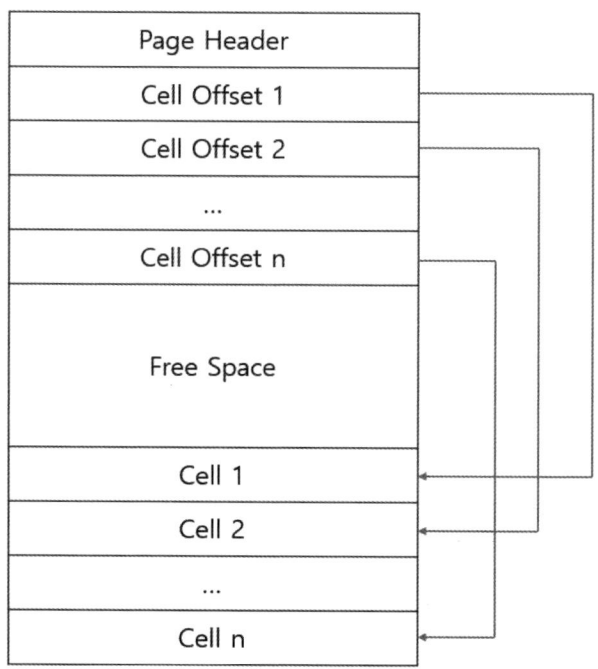

[그림 379] SQLite 파일 페이지 구조

■ Page Header

헤더 페이지에 명시된 페이지 크기만큼 이동하면 새로운 페이지가 시작된다. 필자의 경우 페이지 크기 0x1000이므로 주소 값 0x1000으로 이동하면 Page 헤더를 볼 수 있다.

```
Offset(h)  00 01 02 03 04 05 06 07 08 09 0A 0B 0C 0D 0E 0F  Decoded text
00001000   0D 00 00 00 04 0F 58 00 0F D6 0F AB 0F 81 0F 58  ......X..Ö.«...X
```

[그림 380] SQLite Page Header

Page Header의 첫 Byte는 Page Flag로 해당 페이지가 Internal Page[45]인지 Leaf Page인지 알려준다. Internal Page일 경우 0x05의 값을, Leaf Page일 경우 0x0D의 값을 갖는다.

```
00001000   0D 00 00 00 04 0F 58 00 0F D6 0F AB 0F 81 0F 58  ......X..Ö.«...X
```

[그림 381] SQLite Page Flag

---

[45] B Tree 구조를 순회하기 위한 페이지로 자식 페이지 번호를 가지고 있다. 먼저 헤더 페이지의 데이터에 따라 Root Page로 이동하고 Internal Page Flag(0x05)를 확인한다. Internal Page에서 자식 페이지 번호를 확인하여 해당 자식 페이지(또는 데이터 페이지)로 이동한다.

다음 두 Byte는 첫 번째 Free Space 블록의 주소 값을 갖는다. 해당 데이터에 대해서는 [5.5 SQLite 데이터베이스 복구]에서 좀 더 자세히 다룰 것이다.

```
00001000  0D 00 00 00 04 0F 58 00 0F D6 0F AB 0F 81 0F 58  ......X..Ö.«...X
```

[그림 382] SQLite 첫 번째 Free Space 블록 주소 값

다음 두 Byte는 해당 페이지가 담고 있는 레코드의 개수를 나타낸다. [그림 383]에서 보면 해당 페이지가 저장하고 있는 테이블의 레코드 수는 4개 이다.

```
00001000  0D 00 00 00 04 0F 58 00 0F D6 0F AB 0F 81 0F 58  ......X..Ö.«...X
```

[그림 383] SQLite 페이지가 담고 있는 레코드 데이터 개수

다음 두 Byte는 레코드의 첫 Byte가 시작되는 오프셋을 가지고 있다. 레코드의 시작 주소는 페이지 시작 주소 기준으로 오프셋을 계산해야 한다. [그림 384]를 예로 들자면, 페이지의 시작이 0x1000이므로 레코드 데이터는 0x1000에서 0xF58을 더한 0x1F58부터 시작한다.

```
00001000  0D 00 00 00 04 0F 58 00 0F D6 0F AB 0F 81 0F 58  .....X..Ö.«...X
```

[그림 384] SQLite 레코드 데이터 시작 오프셋

```
Offset(h)  00 01 02 03 04 05 06 07 08 09 0A 0B 0C 0D 0E 0F  Decoded text
00001F50   00 00 00 00 00 00 00 00 27 04 05 15 15 25 29 62  ........'....%)b
00001F60   65 6F 6D 70 61 72 6B 30 36 30 2D 36 36 36 2D 36  eompark060-666-6
00001F70   35 34 33 74 69 67 65 72 40 62 65 6F 6D 2E 63 6F  543tiger@beom.co
00001F80   6D 28 03 05 15 13 25 2D 73 74 61 72 6B 69 6D 30  m(....%-starkim0
00001F90   38 30 2D 33 31 32 2D 33 31 31 33 73 74 61 72 37  80-312-3113star7
00001FA0   40 67 73 74 73 61 72 2E 63 6F 6D 29 02 05 17 13  @gstsar.com)....
00001FB0   27 2B 6A 6F 6B 65 72 6C 65 65 30 31 30 2D 34 36  '+jokerlee010-46
00001FC0   31 31 2D 31 31 33 33 6A 6F 6B 65 72 40 67 6D 61  11-1133joker@gma
00001FD0   69 6C 2E 63 6F 6D 28 01 05 19 13 25 29 65 6E 63  il.com(....%)enc
00001FE0   61 73 65 6A 6F 6E 30 37 30 2D 34 34 35 2D 32 34  asejon070-445-24
00001FF0   35 36 61 62 63 64 40 67 6D 61 69 6C 2E 63 6F 6D  56abcd@gmail.com
00002000   0D 0F CF 00 07 0E FF 01 0F B1 0F 8E 0F 6E 0F 4E  ..Ï...ÿ..±.Ž.n.N
00002010   0F DE 0F 23 0E FF 00 00 00 00 00 00 00 00 00 00  .Þ.#.ÿ........
```

[그림 385] SQLite 레코드 시작

■ Leaf Cell 구조

Leaf Page는 테이블의 레코드 데이터를 담고 있는 Leaf Cell이 존재한다. Leaf Cell은 레코드 길이, Row ID를 포함하고 있는 Cell Header와 Record로 구성된다.

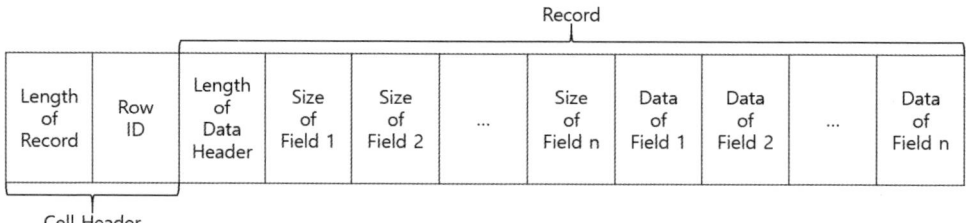

[그림 386] Leaf Cell 구조

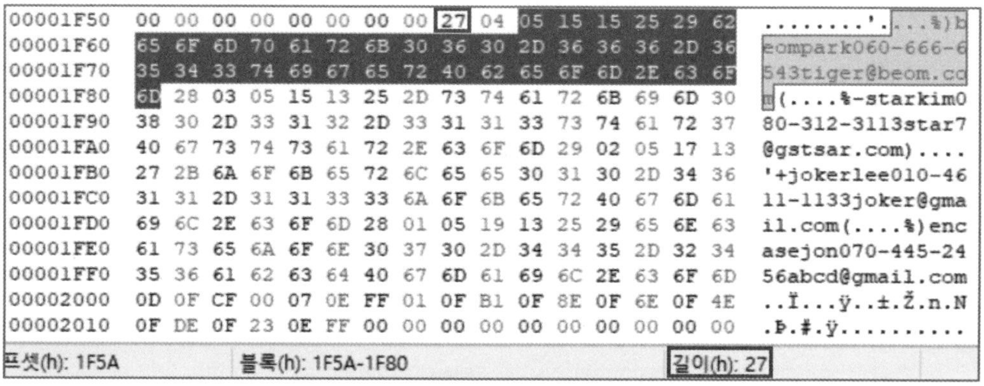

■ Length of Record

[그림 387]의 레코드 하나의 전체 길이를 나타내는 값이다.

[그림 387] SQLite Leaf Cell 레코드 길이

■ Row ID

각 행을 식별하기 위한 값이다. 각 레코드마다 부여받는 숫자라고 생각하면 된다. 일반적으로 최근에 생성된 데이터일수록 Row ID 값이 크다.

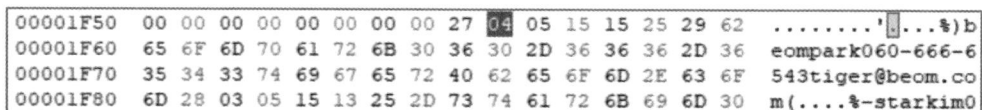

[그림 388] SQLite Leaf Cell Row ID

■ Length of Data Header

데이터 헤더 길이를 나타내는 값이다. 해당 값을 표현한 Byte를 포함하여 길이를 계산한다.

```
00001F50  00 00 00 00 00 00 00 00 27 04 05 15 15 25 29 62   ........'....%)b
00001F60  65 6F 6D 70 61 72 6B 30 36 30 2D 36 36 36 2D 36   eompark060-666-6
00001F70  35 34 33 74 69 67 65 72 40 62 65 6F 6D 2E 63 6F   543tiger@beom.co
00001F80  6D 28 03 05 15 13 25 2D 73 74 61 72 6B 69 6D 30   m(....%-starkim0
```

[그림 389] SQLite Leaf Cell Length of Data Header

1Byte + 1Byte + 1Byte + 1Byte + 1Byte = 5Byte

```
00001F50  00 00 00 00 00 00 00 00 27 04 05 15 15 25 29 62   ........'....%)b
00001F60  65 6F 6D 70 61 72 6B 30 36 30 2D 36 36 36 2D 36   eompark060-666-6
00001F70  35 34 33 74 69 67 65 72 40 62 65 6F 6D 2E 63 6F   543tiger@beom.co
00001F80  6D 28 03 05 15 13 25 2D 73 74 61 72 6B 69 6D 30   m(....%-starkim0
```

[그림 390] Length of Data Header 계산

■ Size of Fields

각 필드의 데이터에 할당된 크기이다. 테이블의 필드 개수만큼 존재한다.

```
00001F50  00 00 00 00 00 00 00 00 27 04 05 15 15 25 29 62   ........'....%)b
00001F60  65 6F 6D 70 61 72 6B 30 36 30 2D 36 36 36 2D 36   eompark060-666-6
00001F70  35 34 33 74 69 67 65 72 40 62 65 6F 6D 2E 63 6F   543tiger@beom.co
00001F80  6D 28 03 05 15 13 25 2D 73 74 61 72 6B 69 6D 30   m(....%-starkim0
```

[그림 391] SQLite Leaf Cell Size of Fields

[그림 392]는 각 필드의 크기를 계산하는 식이다.

Value	Data Type	Data Size
0	NULL	0
1 ~ 4	Signed Integer	1 ~ 4 중 하나
5		6
6		8
7	IEEE Float	8
8 ~ 11	예약된 영역	
12 보다 큰 짝수	BLOB	(Value − 12) / 2
13 보다 큰 홀수	TEXT	(Value − 13) / 2

[그림 392] SQLite Data Header의 Size of Fields 계산식

[그림 392]를 보면서 각 필드의 크기를 계산해보자. 계산을 할 때 16진수 값을 10진수로 바꾸어야 하는 것에 주의한다. 첫 번째 필드의 값은 0x15로 10진수로 변환하면 21이다. 13보다 큰 홀수이므로 데이터 타입이 TEXT이고 길이는 (21-13)/2=4이다. 첫 번째 필드에 들어있는 문자열 데이터 'beom'의 길이와 일치한다. 나머지 필드도 [그림 392]를 참고하여 계산을 수행하면 [표 37]과 같은 결과가 나온다.

[표 37] SQLite 레코드 길이 계산하기

```
첫 번째 필드 길이
(21 - 13) / 2 = 4
--> 'beom'

두 번째 필드 길이
(21 - 13) / 2 = 4
--> 'park'

세 번째 필드 길이
(37 - 13) / 2 = 12
--> '060-666-6543'

네 번째 필드 길이
(41 - 13) / 2 = 14
--> 'tiger@beom.com'

필드 데이터 총 길이
4 + 4 + 12 + 14 = 34

데이터 헤더 길이
4(필드 개수) + 1(데이터 헤더 길이를 표현하는 Byte 수) = 5

레코드 길이
34 + 5 = 39 (0x27)
```

■ Data of Fields

데이터가 저장된 영역으로 필드 구분 없이 연달아 존재한다.

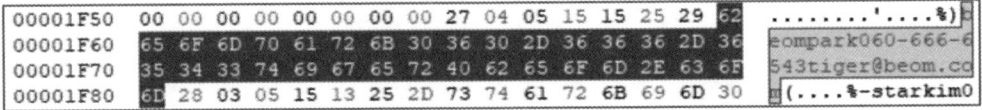

[그림 393] SQLite Leaf Cell Data of Fields

Data Header가 갖는 데이터 타입과 크기에 따른 식별 값은 [표 38]과 같다.

[표 38] Data Header에 올 수 있는 값

Value	Data Type	Data Size
0	NULL	0
N (1 ~ 4)	Singed Integer	N
5	Signed Integer	6
6	Signed Integer	8
7	IEEE float	8
8 ~ 11	예약된 영역	
N > 12 (N은 짝수)	BLOB	(N-12)/2
N > 13 (N은 홀수)	TEXT	(N-13)/2

지금까지 SQLite에 대한 기본 개념에 대해 살펴보았다. 다음은 SQLite를 사용하기 위한 환경 구축에 대해서 살펴보도록 하자.

5.2 SQLite 환경 구축

5.2.1 Windows에서 SQLite 설치하기

실습환경 : Windows 10 Home 64-bit

SQLite 설치 사이트

SQLite(3.29.0)
- ▶ https://www.sqlite.org/2019/sqlite-dll-win64-x64-3290000.zip
   #SQLite Tool 구동에 필요한 라이브러리
- ▶ https://www.sqlite.org/2019/sqlite-tools-win32-x86-3290000.zip
   #SQLite 도구
- ▶ https://www.sqlite.org/2019/sqlite-tools-linux-x86-3280000.zip
   #리눅스용 SQLite 도구

위 사이트에 들어가면 다양한 운영체제에 맞는 바이너리 파일 목록이 보인다. Windows 운영체제에 맞는 파일을 다운로드한다. sqlite-tools-win32-x86-3290000.zip 파일은 64Bit와 32Bit 환경 모두에서 공통적으로 다운로드해야 한다. 필자는 64Bit 운영체제를 사용하므로 sqlite-dll-win64-x64-3290000.zip 파일을 다운로드했다.

Precompiled Binaries for Windows

sqlite-dll-win32-x86-3290000.zip (474.63 KiB)	32-bit DLL (x86) for SQLite version 3.29.0. (sha1: 00435a36f5e6059287cde2cebb2882669cdba3a5)
sqlite-dll-win64-x64-3290000.zip (788.61 KiB)	64-bit DLL (x64) for SQLite version 3.29.0. (sha1: c88204328d6ee3ff49ca0d58cbbee05243172c3a)
sqlite-tools-win32-x86-3290000.zip (1.71 MiB)	A bundle of command-line tools for managing SQLite database files, program, and the sqlite3_analyzer.exe program. (sha1: f009ff42b8c22886675005e3e57c94d62bca12b3)

[그림 394] Windows에서 SQLite 설치 1

두 파일 모두 다운로드했다면 압축을 해제한다. sqlite-dll-win64-x64-3290000.zip 파일을 압축 해제하면 sqlite3.def과 sqlite3.dll이 생성된다. sqlite-tools-win32-x86-3290000. zip 파일을 압축 해제하면 해당 파일명과 동일한 폴더 내부에 sqlidff.exe, sqlite3.exe, sqlite3_analyzer. exe가 생성된다.

▶ sqlite-dll-win64-x64-3290000.zip
　sqlite3.def
　sqlite3.dll

▶ sqlite-tools-win32-x86-3290000.zip
　sqldiff.exe
　sqlite3.exe
　sqlite3_analyzer.exe

압축 해제되었을 때 생성된 5개의 파일은 모두 동일한 폴더에 있어야 한다.

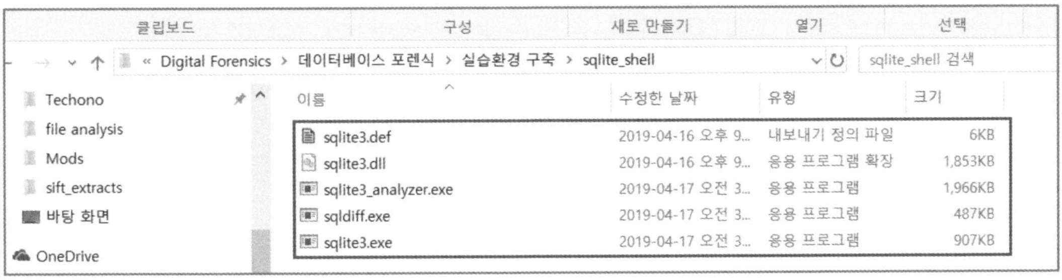

[그림 395] SQLite 파일들

위 5개의 파일 중 sqlite3.exe를 더블 클릭하여 실행하면 [그림 396]과 같은 커맨드 메시지 창이 나타난다.

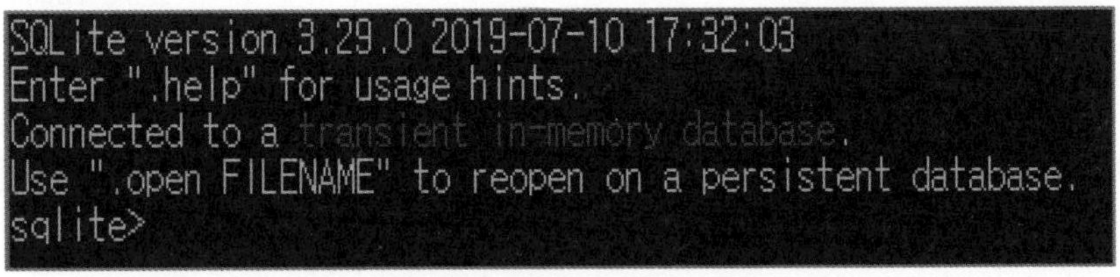

[그림 396] 실행된 SQLite 커맨드 창

5.2.2 Linux에서 SQLite 설치하기

실습환경 : CentOS 7.6

5.2.1에 명시된 다운로드 사이트에 접속하여 Linux 버전의 zip 파일을 다운로드한다.

| sqlite-tools-linux-x86-3280000.zip (1.90 MiB) | A bundle of command-line tools for managing SQLite database files, including sqlite3_analyzer program. (sha1: c718234777ba249300a125ba266f01b080af3a14) |

[그림 397] Linux용 SQLite 다운로드

파일을 다운로드했다면 터미널 창에서 압축을 해제한다.

```
[root@localhost ~]# unzip sqlite-tools-linux-x86-3280000.zip
```

압축을 완료하면 압축파일명으로 폴더 하나가 생성된다.

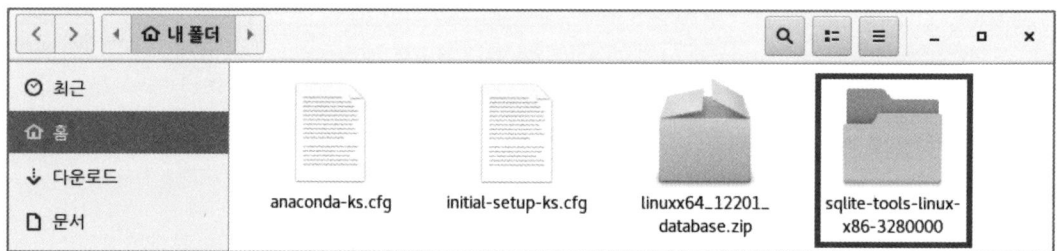

[그림 398] SQLite 압축 파일 해제

폴더 내부에 들어가면 세 개의 실행파일이 보인다. 이 중에서 SQLite Command shell을 실행하는 것은 sqlite3이다.

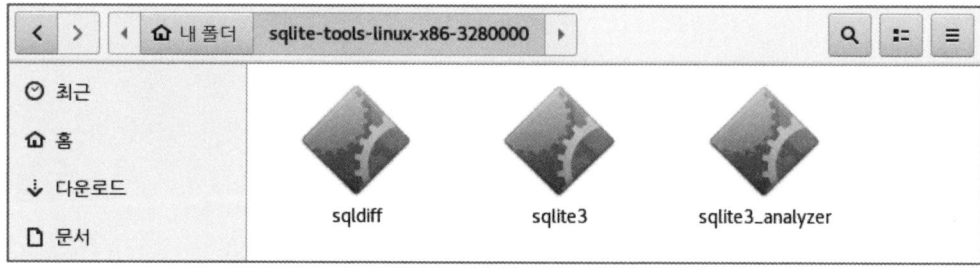

[그림 399] SQLite 압축 파일 해제 내부

sqlite3가 있는 파일 경로로 이동하여 실행하면 sqlite3 shell이 생성된다. sqlite3를 실행하기에 앞서 편의를 위해서 폴더 이름을 변경하도록 하자.

```
[root@localhost ~]# mv sqlite-tools-linux-x86-3280000 ./sqlite_shell
// 폴더 이름을 sqlite_shell로 변경

[root@localhost ~]# cd sqlite_shell
[root@localhost sqlite_shell]# sqlite3
```

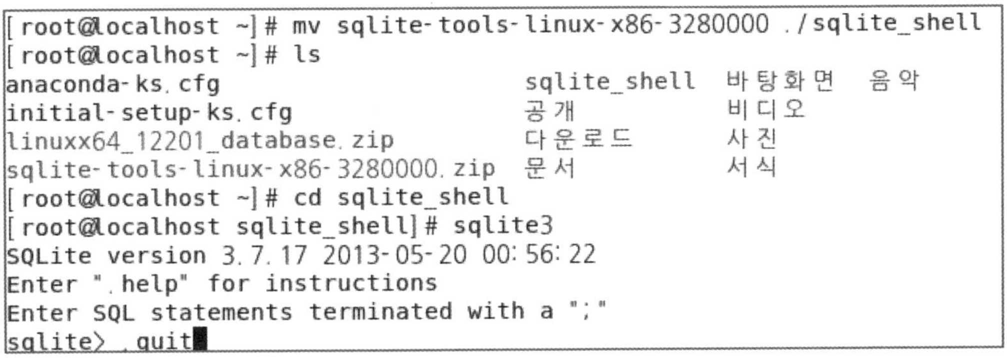

```
[root@localhost ~]# mv sqlite-tools-linux-x86-3280000 ./sqlite_shell
[root@localhost ~]# ls
anaconda-ks.cfg                      sqlite_shell    바탕화면    음악
initial-setup-ks.cfg                 공개            비디오
linuxx64_12201_database.zip          다운로드        사진
sqlite-tools-linux-x86-3280000.zip   문서            서식
[root@localhost ~]# cd sqlite_shell
[root@localhost sqlite_shell]# sqlite3
SQLite version 3.7.17 2013-05-20 00:56:22
Enter ".help" for instructions
Enter SQL statements terminated with a ";"
sqlite> .quit
```

[그림 400] CentOS 7에서 SQLite shell 실행하기

지금까지 SQLite를 다운로드하여 설치하는 과정을 살펴보았다. 다음절에서는 SQLite를 사용하는 방법에 대해서 살펴보도록 하자.

5.3 SQLite 기본 조작

이제 SQLite를 조작해 보도록 하자. SQLite를 사용하여 간단한 테이블 생성과 데이터 입력 그리고 데이터 조회를 해 볼 것이다. 그리고 SQLite 데이터베이스 파일 내부를 볼 수 있게 해주는 편리한 도구인 SQLite DB Browser를 설치하여 다양한 기능을 사용해 볼 것이다.

5.3.1 SQLite DB Browser 설치하기

SQLite에 관련된 조작법은 SQLite DB Browser라는 프로그램을 사용하여 쉽게 접근할 것이다. SQLite DB Brwoser는 박스에 제시한 사이트에서 다운로드할 수 있다. 이 책에서는 Windows용 64bit SQLite DB Browser를 사용한다.

> **SQLite Browser**
> ▶ www.sqlitebrowser.org/dl/

실습 환경 운영체제 : Windows 10 Home

1) SQLite Browser 사이트에 접속하여 자신의 운영체제 환경에 맞는 설치 프로그램을 다운로드 한다.

2) 다운로드한 .msi 파일을 더블클릭하여 기본 옵션으로 설치를 진행한다.

5.3.2 SQLite 데이터베이스 생성하기

가) Windows SQLite Command Prompt에서 데이터베이스 생성하기

SQLite Shell에서 데이터베이스를 생성하는 방법에는 두 가지가 있다. 이 중 더 편한 방법을 사용하면 된다.

■ Windows CMD 창을 사용하는 방법

1) Windows CMD를 실행한다.

2) sqlite3.exe가 있는 폴더 경로로 이동한다.

3) 다음 명령으로 데이터베이스 파일과 동시에 sqlite shell이 생성된다.
이미 생성되어 있다면 해당 파일이 열린다.

```
C:\Users\Administrator> cd sqlite3/폴더/경로/
// sqlite3.exe 폴더 경로로 이동한다.

C:\Users\Administrator\sqlite_shell> sqlite3 [파일명].db
// 데이터베이스 파일을 생성하면서 sqlite3.exe를 실행한다.

sqlite>
// sqlite shell
```

만든 데이터베이스 파일은 sqlite3.exe가 존재하는 곳에 생성된다.

■ sqlite3.exe를 직접 실행하는 방법

1) sqlite3.exe를 더블클릭하여 실행한다.

2) 다음 명령으로 데이터베이스 파일을 연다.
해당 파일이 존재하지 않는다면 데이터베이스 파일이 sqlite3.exe가 존재하는 곳에 생성된다.

```
sqlite> .open [파일명].db
// 해당 파일을 열거나 존재하지 않는다면 생성한다.
```

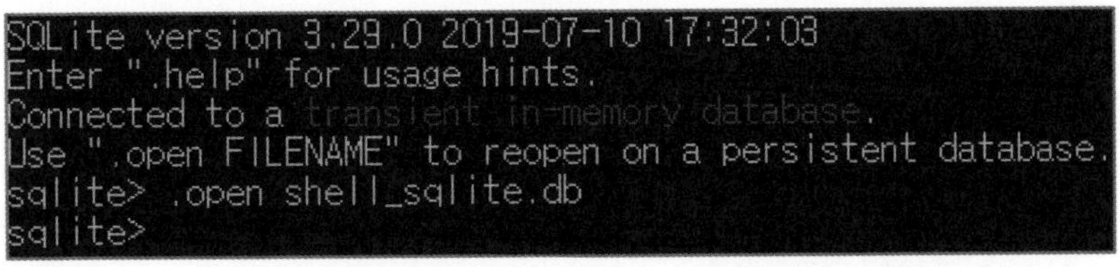

```
SQLite version 3.29.0 2019-07-10 17:32:03
Enter ".help" for usage hints.
Connected to a transient in-memory database.
Use ".open FILENAME" to reopen on a persistent database.
sqlite> .open shell_sqlite.db
sqlite>
```

[그림 401] sqlite shell에서 데이터베이스 생성

shell_sqlite.db	2019-07-22 오후...	Data Base File	0KB
sqldiff.exe	2019-07-11 오전...	응용 프로그램	488KB
sqlite3.def	2019-07-10 오후...	DEF 파일	6KB
sqlite3.dll	2019-07-10 오후...	응용 프로그램 확장	1,858KB
sqlite3.exe	2019-07-11 오전...	응용 프로그램	926KB
sqlite3_analyzer.exe	2019-07-11 오전...	응용 프로그램	1,967KB

[그림 402] 데이터베이스 파일 생성 확인

나) SQLite Browser로 데이터베이스 생성하기

SQLite DB Browser로 실습 활동에 쓰일 데이터베이스를 생성해보자.

1) SQLite Browser를 실행한다.

2) 상단의 'New Database' 메뉴를 클릭한다.

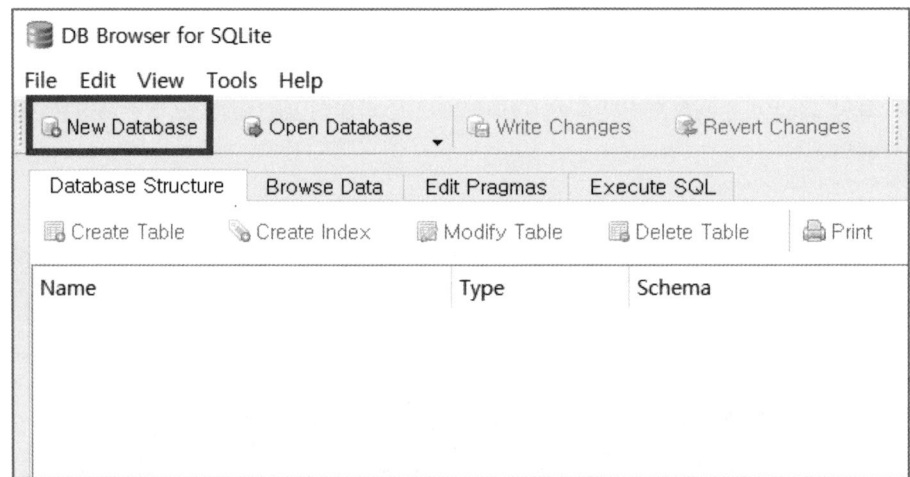

[그림 403] SQLite로 데이터베이스 생성하기

334 데이터베이스

5.3.3 SQLite 테이블 생성하기

위에서 생성한 데이터베이스에 테이블을 생성해보자. 위 과정에서 New Database 메뉴를 선택했을 때 생성되는 Edit table definition에서 테이블 설정을 할 수 있지만, Execute SQL 탭에서 SQL 커맨드를 직접 입력해주는 방법이 더 상세한 설정을 할 수 있다.

가) Window SQLite Command Prompt에서 테이블 생성하기

1) sqlite3.exe를 실행하여 테이블 생성을 원하는 데이터베이스 파일을 연다.

```
sqlite> .open sqlite_shell.db
// sqlite_shell.db 파일을 열거나 존재하지 않는다면 생성한다.
```

2) 테이블을 생성하는 SQL 커맨드를 입력한다.

```
sqlite> CREATE TABLE joker (ID char(20), NAME char(20),
   ...> PHONE char(30), EMAIL char(30));
// 문자열 길이20의 데이터를 담는 ID, NAME Column과 문자열 길이30의 데이터를 담는
PHONE, EMAIL Column을 가진 joker 테이블을 생성한다.
```

```
sqlite> CREATE TABLE joker (ID char(20), NAME char(20),
   ...> PHONE char(30), EMAIL char(30));
```

[그림 404] SQLite Shell에서 테이블 생성 1

3) 다른 DBMS와 달리 생성한 테이블을 바로 SELECT * FROM joker;로 비어있는 데이터를 볼 수 없다. 따라서 레코드 하나를 입력한 후에 SELECT * FROM joker; 명령을 실행하여 테이블이 잘 생성되었는지 확인하자.

```
sqlite> INSERT INTO joker (ID, NAME, PHONE, EMAIL)
   ...> VALUES ('encase', 'jon', '070-445-2456', 'abcd@gmail.com');
```

```
sqlite> INSERT INTO joker (ID, NAME, PHONE, EMAIL)
   ...> VALUES ('encase', 'jon', '070-445-2456', 'abcd@gmail.com');
sqlite> SELECT * FROM joker;
encase|jon|070-445-2456|abcd@gmail.com
```

[그림 405] SQLite Shell에서 테이블 생성 2

결과 테이블이 Column과 함께 보이지 않고 데이터 구분도 단순히 '|' 하나로 되어있어 한눈에 보기에 이해하기가 쉽지 않다. 테이블을 좀 더 보기 쉽게 다듬어보자.

```
sqlite> .mode column
sqlite> .header on
sqlite> .nullvalue null
sqlite> SELECT * FROM joker;
```

[그림 406] SQLite shell에서 테이블 보기

4) 위와 같은 방법으로 테이블에 데이터를 더 입력하여 테이블을 완성해보자.

```
sqlite> INSERT INTO joker (ID, NAME, PHONE, EMAIL)
   ...> VALUES ('joker', 'lee', '010-4611-1133', 'joker@gmail.com');
sqlite> INSERT INTO joker (ID, NAME, PHONE, EMAIL)
   ...> VALUES ('star', 'kim', '080-312-3113', 'sar7@gstar.com');
sqlite> INSERT INTO joker (ID, NAME, PHONE, EMAIL)
   ...> VALUES ('beom', 'park', '60-666-6543', 'tiger@beom.com');
```

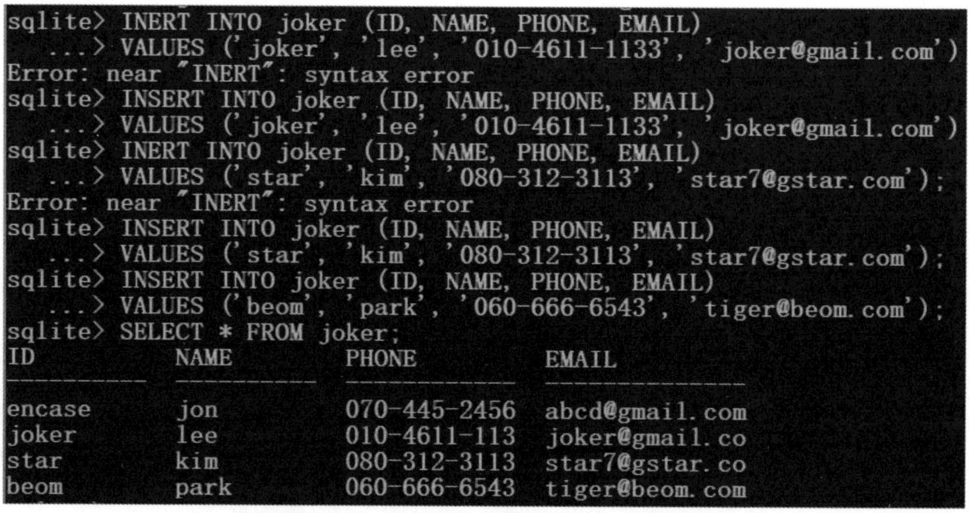

[그림 407] SQLite Shell에서 테이블 완성하기

나) SQLite Browser - Edit table definition 창에서 테이블 생성하기

1) New Database 메뉴를 선택하면 Edit table definition 창이 나타난다. SQLite Browser 최상단 메뉴 [Edit]에서 [Create Table...]을 통해서도 창을 생성할 수 있다. Edit table definition 창은 Table 이름 입력 란, Field 추가/제거 및 유형 설정, SQL Command를 보여주는 창으로 나뉜다. Table 입력란에 원하는 테이블명을 입력해주면 하단의 SQL Command에 입력한 테이블명이 들어온다.

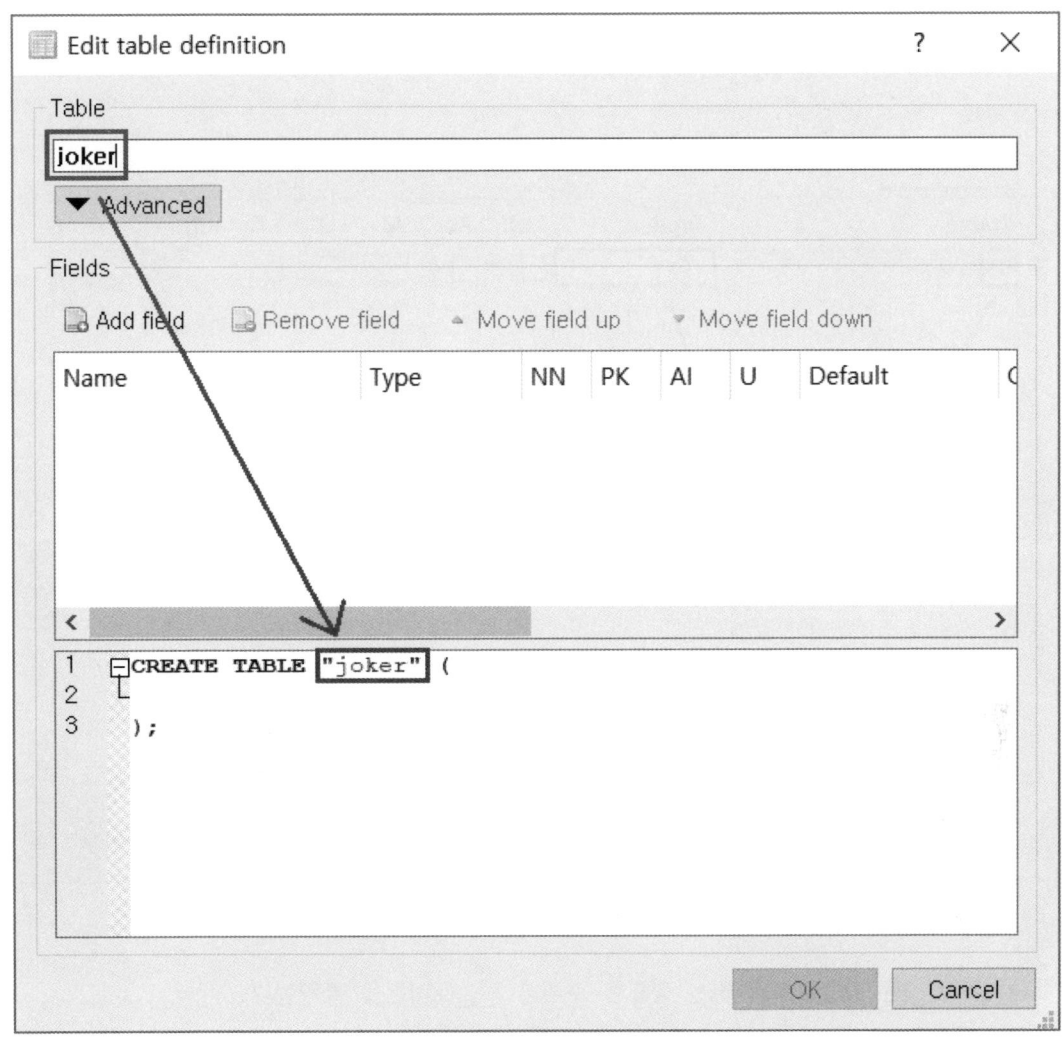

[그림 408] 테이블 생성하기 1

2) Fields에 있는 Add field를 클릭하여 새로운 필드를 생성한다. Name을 더블클릭하면 Column 이름을 지정할 수 있고 Type에서는 데이터 유형을 선택할 수 있다. 그 외에 기본값, 외래키 지정 등에 대한 설정이 가능하다.

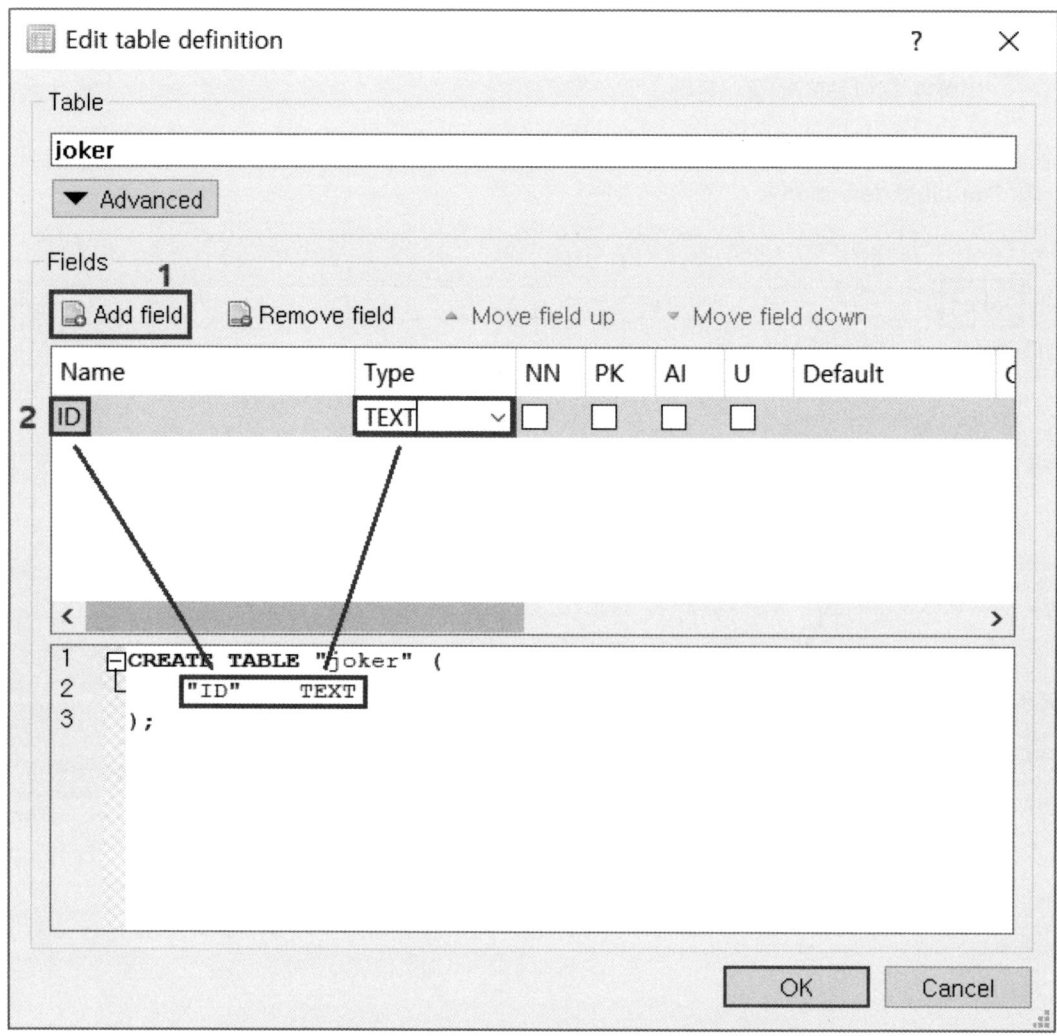

[그림 409] Edit table definition 창에서 테이블 생성 1

3) 위와 같은 방법으로 원하는 필드를 추가한 후, OK버튼을 클릭한다.

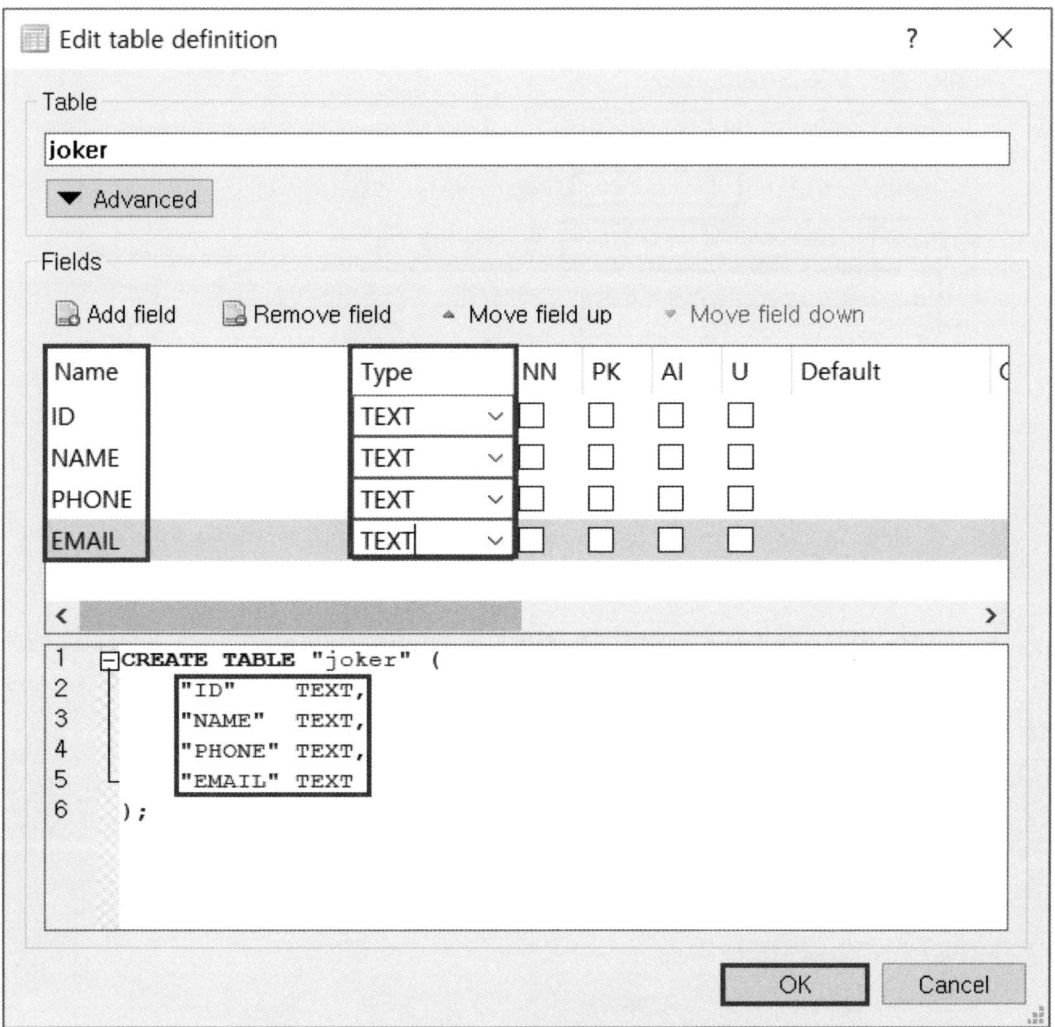

[그림 410] Edit table definition 창에서 테이블 생성 2

4) 테이블에 대한 Column이 잘 설정되었는지는 Browse Data 탭에서 확인할 수 있다. Brows Data 탭에서는 테이블 이름과 테이블 Column 및 Column에 들어있는 데이터 내용을 볼 수 있다. 아직 테이블이 비어있으므로 아무런 데이터도 보이지 않는다.

오른쪽에서는 테이블 이름과 유형 그리고 생성했을 때의 SQL 명령을 Schema에서 확인할 수 있다.

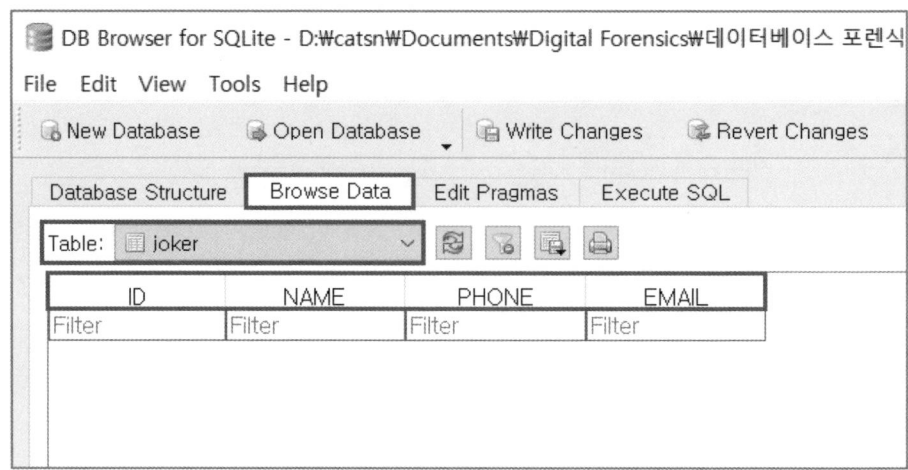

[그림 411] Brows Data 탭에서 테이블 확인

다) SQLite Browser - Execute SQL 탭에서 테이블 생성하기

Execute SQL 탭에서는 사용자가 직접 SQL 커맨드를 입력하여 데이터베이스를 조작한다. Edit table Definition 창에서보다 더 자세한 설정이 가능하다. 중복을 방지하기 위하여 데이터베이스를 새로 생성하거나 기존의 테이블을 삭제하고 만들도록 한다.

1) Execute SQL 탭을 클릭한다.

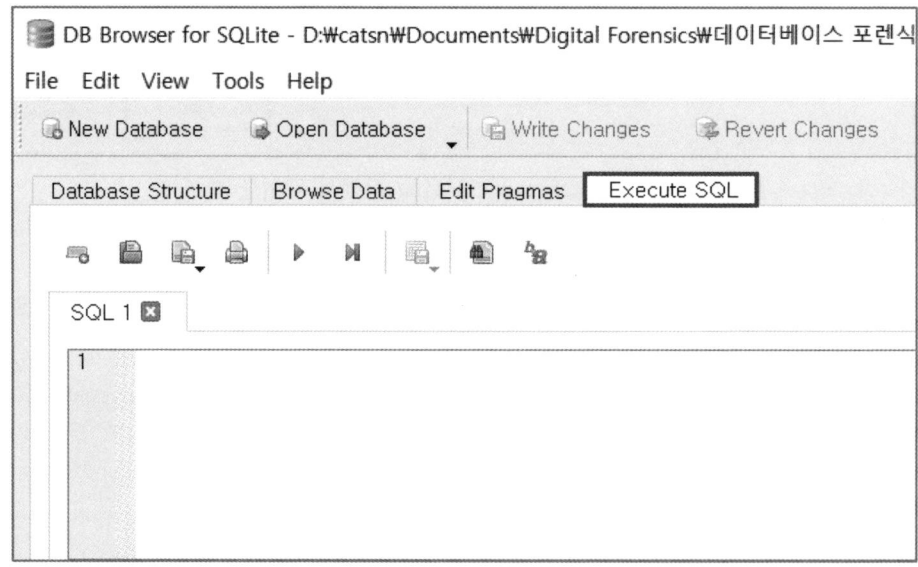

[그림 412] Execute SQL 탭에서 테이블 생성 1

2) 테이블을 생성하는 SQL 커맨드를 [그림 413]과 같이 입력한다.

```
CREATE TABLE joker (ID char(20), NAME char(20),
PHONE char(20), EMAIL char(20));
// 길이 20의 문자열을 담는 Column ID, NAME, PHONE, EMAIL을 갖는 joker 테이블을
생성한다.
```

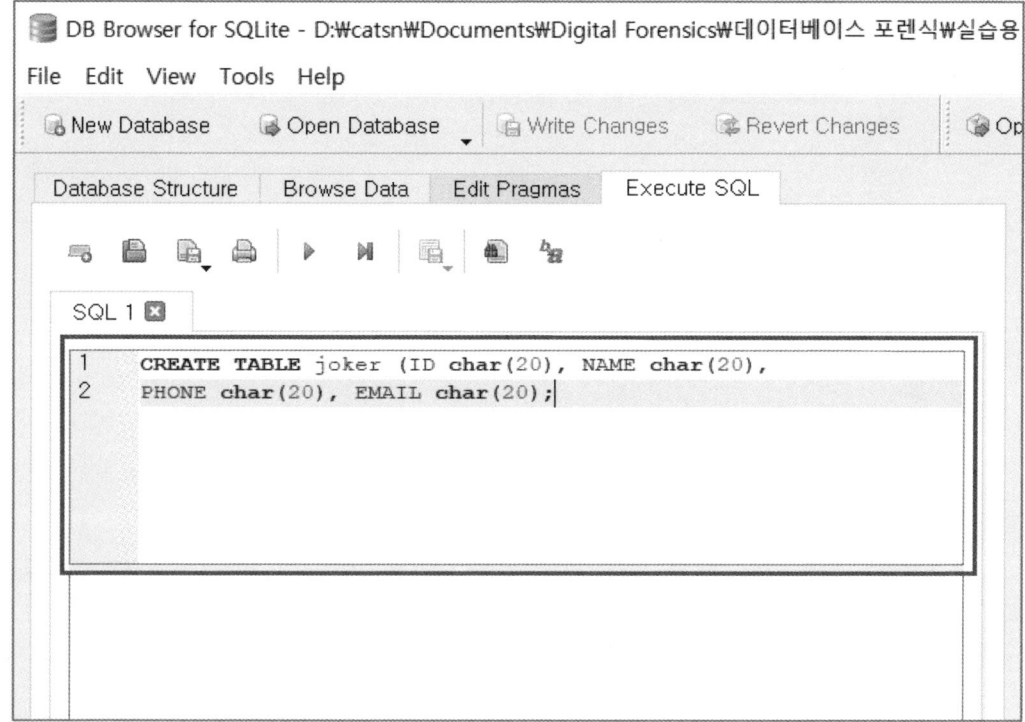

[그림 413] Execute SQL 탭에서 테이블 생성 2

3) F5를 눌러 입력한 SQL 커맨드를 실행한다.

4) 제대로 실행되었다면 가장 하단에 있는 박스에 SQL 커맨드가 성공적으로 수행되었다는 메시지가 출력된다.

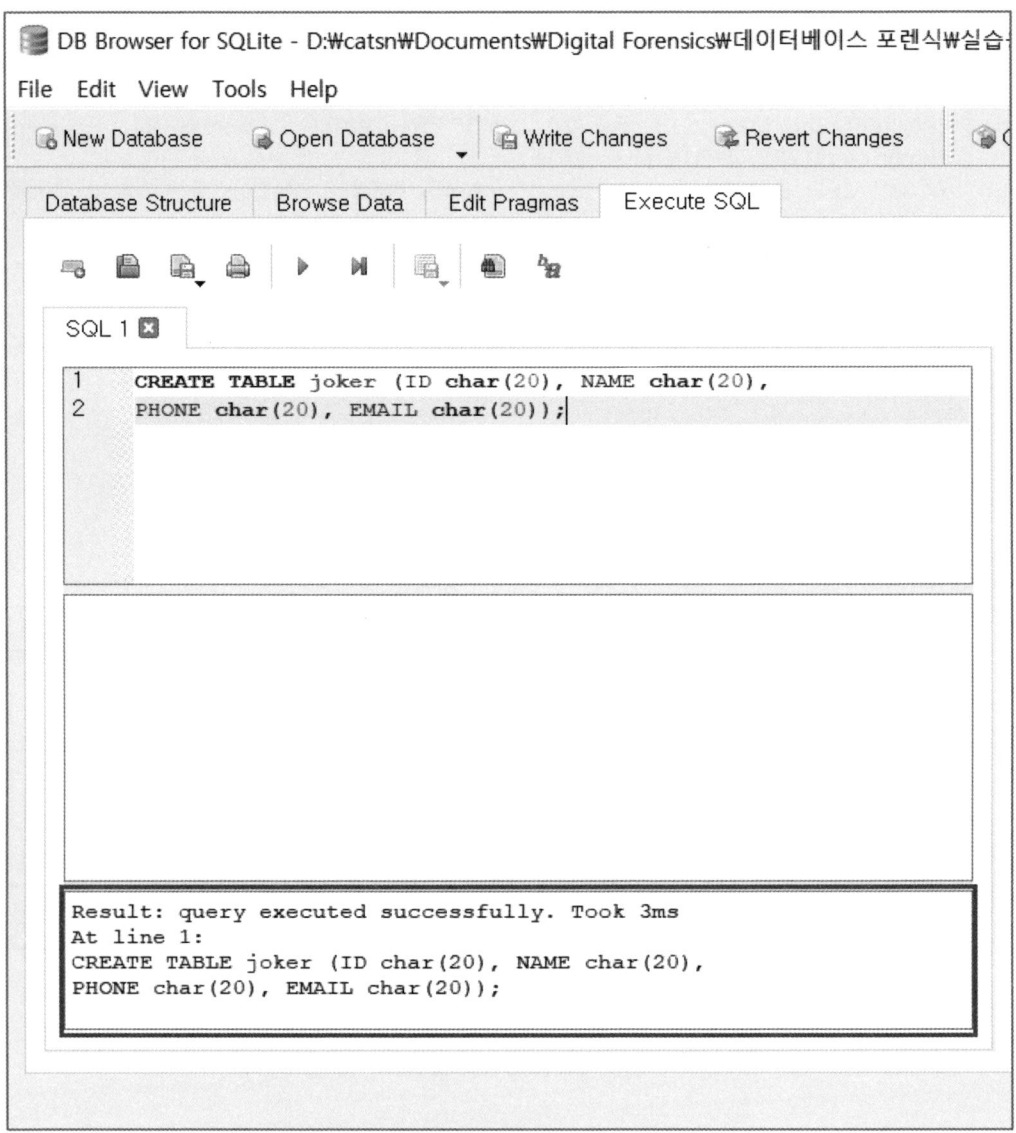

[그림 414] Execute SQL 탭에서 테이블 생성 3

5) Edit table definition에서와 동일한 방법으로 테이블이 제대로 생성되었는지 확인해 보자.

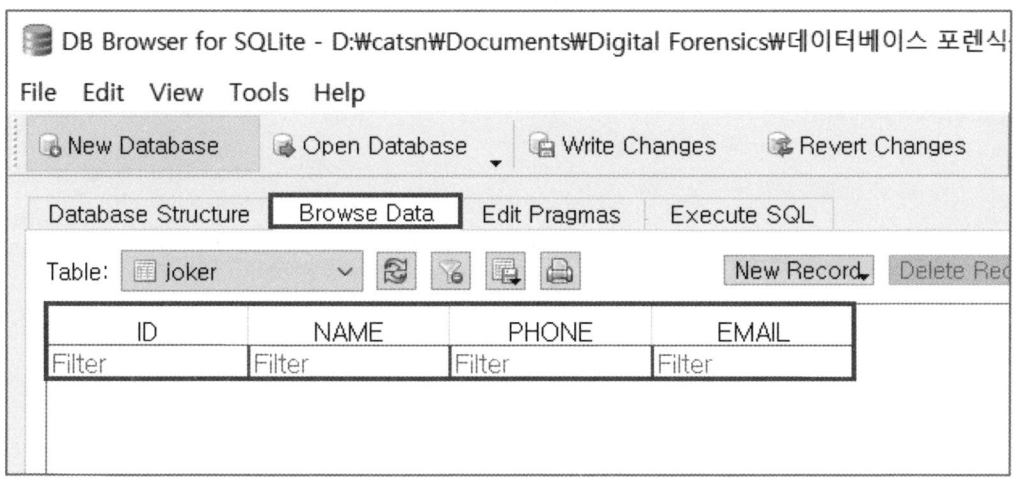

[그림 415] Browse Data 탭에서 테이블 확인

라) 테이블 완성하기

이제 Execute SQL 탭에서 INSERT INTO 명령을 입력하여 테이블에 데이터를 넣어 완성해보자.

```sql
INSERT INTO joker (ID, NAME, PHONE, EMAIL)
VALUES ('encase', 'jon', '070-445-2456', 'abcd@gmail.com');

INSERT INTO joker (ID, NAME, PHONE, EMAIL)
VALUES ('joker', 'lee', '010-4611-1133', 'joker@gmail.com');

INSERT INTO joker (ID, NAME, PHONE, EMAIL)
VALUES ('star', 'kim', '080-312-3113', 'star7@gstar.com');

INSERT INTO joker (ID, NAME, PHONE, EMAIL)
VALUES ('beom', 'park', '060-666-6543', 'tiger@beom.com');

SELECT * FROM joker;
```

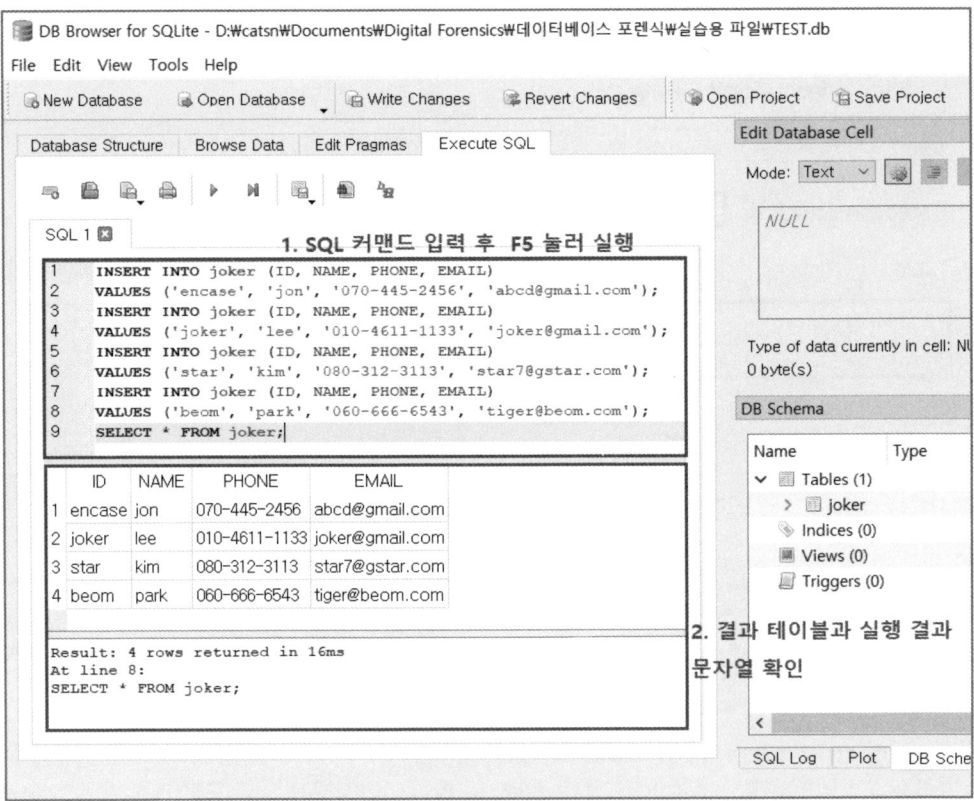

[그림 416] 테이블 완성하기

Browse Data 탭에서도 동일한 결과가 나온다.

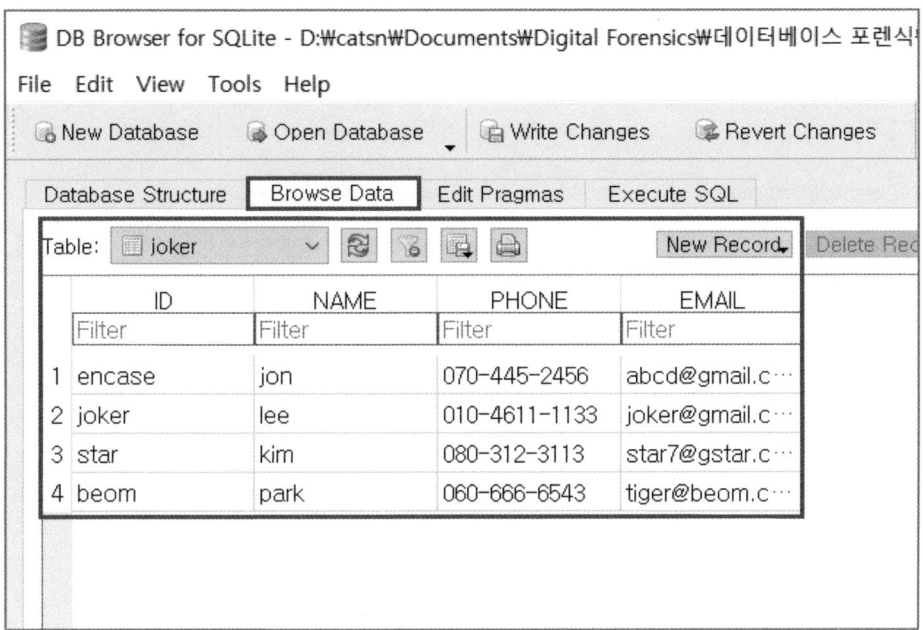

[그림 417] Browse Data 탭에서 테이블 확인

마) Browse Data 탭에서 레코드 추가하기

SQLite Browser는 기존 테이블에 새로운 레코드를 추가하거나 삭제할 때 매우 편하다. Browser Data 탭의 우측 상단에 있는 'New Record' 버튼을 클릭하면 NULL 값으로 채워진 새로운 레코드가 추가된다.

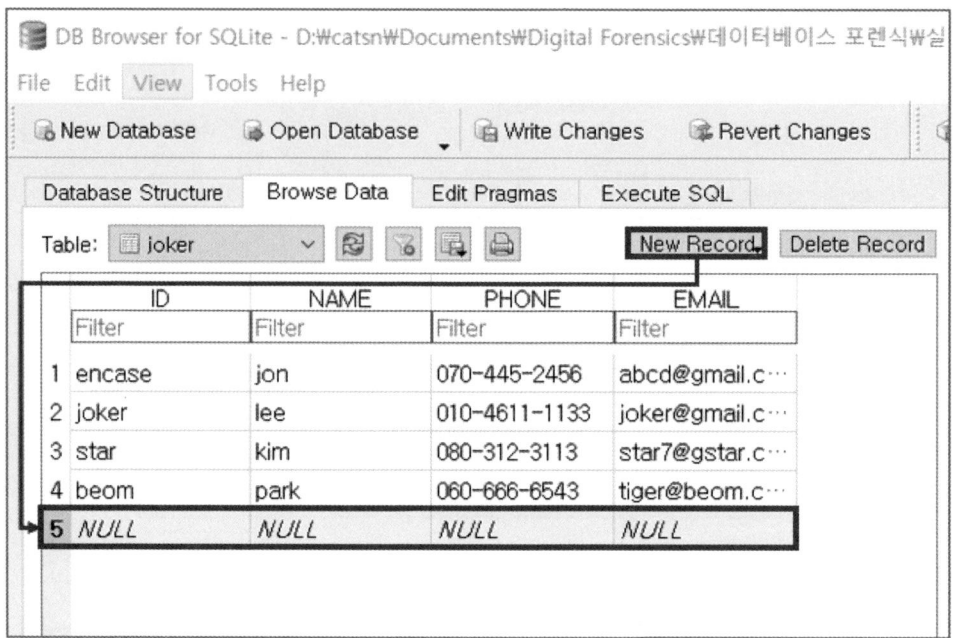

[그림 418] Browse Data 탭에서 새로운 레코드 추가하기

레코드에 데이터를 입력하는 방법은 두 가지가 있다. 첫 번째 방법은 Browse Data 탭에 보이는 테이블을 직접 클릭하여 입력하는 방법이다. 데이터 입력을 원하는 칸을 클릭하여 블록처리가 되면 타이핑한다.

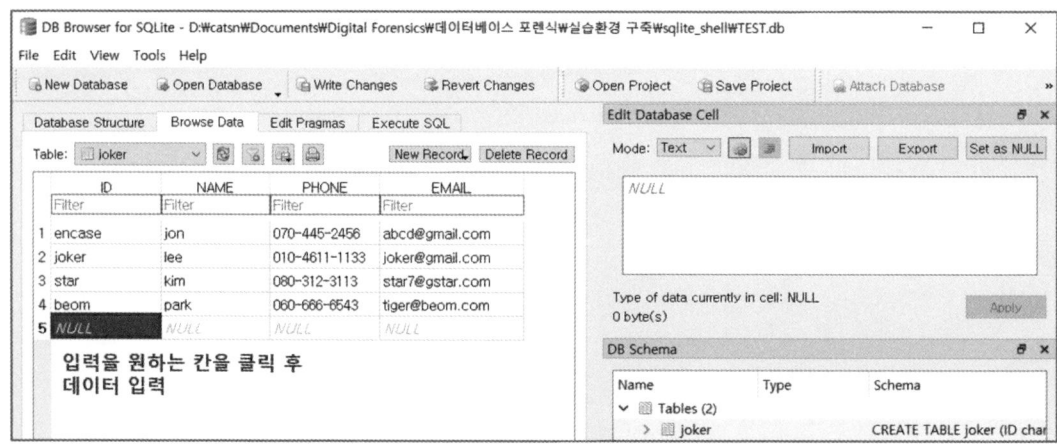

[그림 419] SQLite Browser로 레코드 데이터 입력하기 1

두 번째 방법은 오른쪽 텍스트 창을 이용하는 방법이다. 텍스트 창에 원하는 데이터를 입력하고 Apply 버튼을 누르면 적용된다.

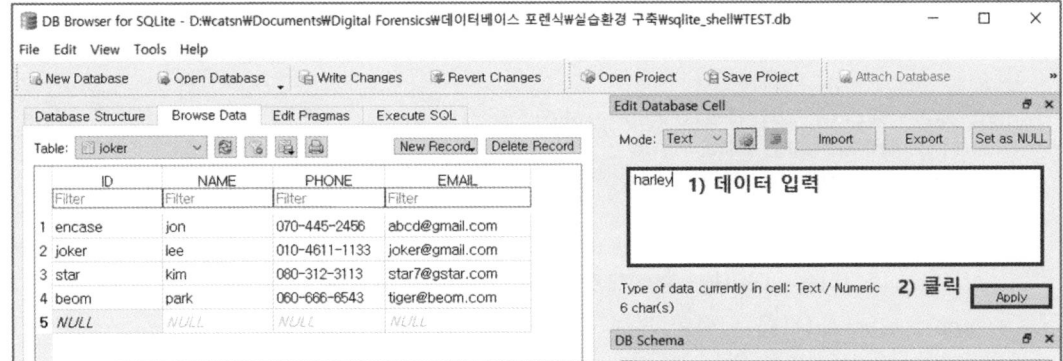

[그림 420] SQLite Browser로 레코드 데이터 입력하기 2

레코드 삭제 또한 간단하다. 삭제를 원하는 레코드 번호를 클릭하여 전체 레코드에 블록 처리가 되면 오른쪽 상단의 'Delete Record' 버튼을 눌러준다.

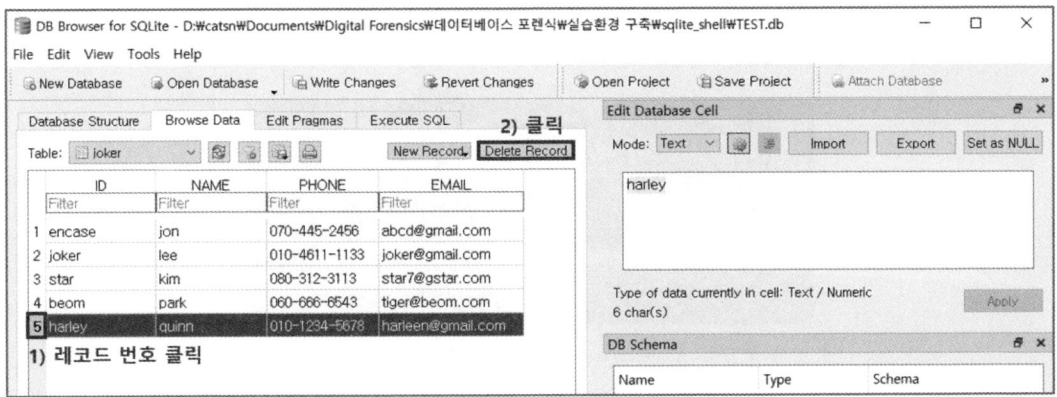

[그림 421] SQLite Browser로 레코드 삭제하기

5.3.4 SQLite 테이블 조회하기

가) SQLite shell로 테이블 조회하기

1) sqlite3.exe를 실행하고 테이블 조회를 원하는 데이터베이스 파일을 연다.

```
sqlite> .open shell_sqlite.db
```

2) SELECT 구문과 WHERE, 다양한 키워드를 조합하여 원하는 데이터를 조회한다.

```
sqlite> SELECT ID, EMAIL FROM joker
   ...> WHERE NAME LIKE 'jon';
// joker 테이블에서 NAME이 'jon'인 레코드의 ID, EMAIL Column의 데이터를 본다.
```

Column 데이터를 테이블 형식으로 보고 싶다면 '.mode column', '.header on', '.nullvalue null'을 입력한 후에 다시 SELECT 구문을 실행한다.

```
sqlite> .mode column
sqlite> .header on
sqlite> .nullvalue null

sqlite> SELECT ID, EMAIL FROM joker
   ...> WHERE NAME LIKE 'jon';
```

[그림 422] SQLite shell로 테이블 조회 2

나) SQLite Browser로 테이블 조회하기

이제 만들어 놓은 테이블을 SELECT 구문으로 조회를 해보자. Exectue SQL 탭에서 SELECT 구문과 WHERE 그리고 다양한 키워드를 조합한 SQL 커맨드를 입력하여 실행하면 테이블에서 원하는 데이터를 조회할 수 있다. 간단한 예시로 알아보자.

```
SELECT NAME, PHONE FROM joker
WHERE ID LIKE 'star';
// joker 테이블에서 ID가 'star'인 레코드의 NAME, PHONE Column 데이터를 본다.
```

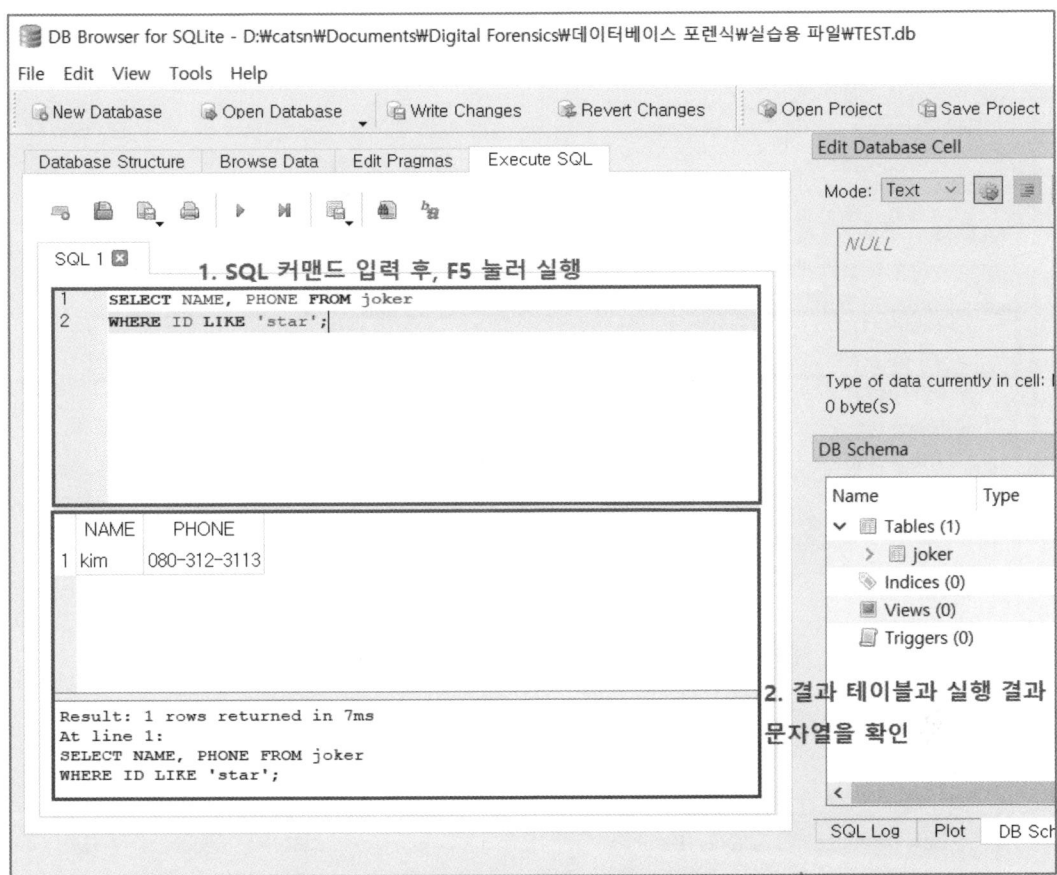

[그림 423] SQLite Browser로 테이블 조회하기

또한 앞서 SQLite shell에서 만들었던 데이터베이스 파일을 SQLite Browser에서 열어서 테이블을 살펴볼 수 있다. 파일을 여는 방법은 Open Database 메뉴를 통하여 여는 방법과 파일을 SQlite Browser로 드래그 드롭하는 방법이 있다.

SQLite shell에서 생성하고 내부에 테이블을 만든 sqlite_shell.db 파일 내부를 SQLite Browser를 사용하여 보면 [그림 424]와 같다.

Database Structure 탭에서 데이터베이스 안에 들어있는 테이블 목록을 확인할 수 있다.

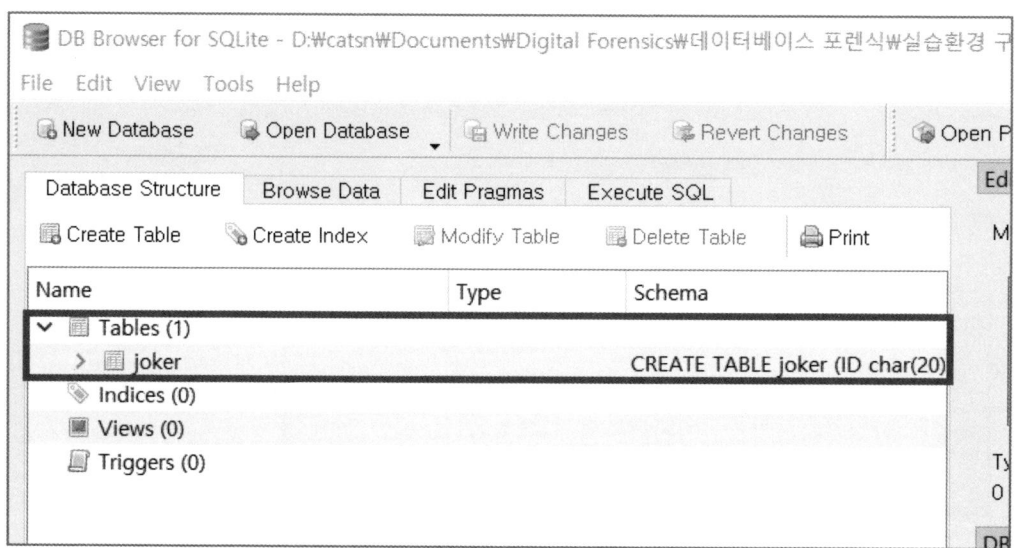

[그림 424] SQLite Browser로 db파일 확인하기 1

Browse Data에서는 원하는 테이블의 전체 내용을 조회할 수 있다.

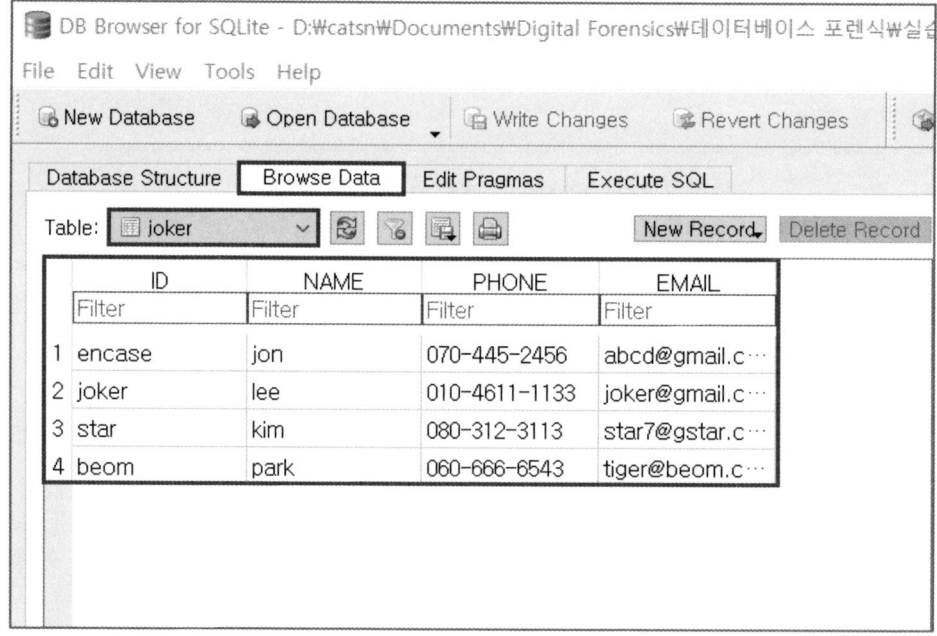

[그림 425] SQLite Browser로 db파일 확인하기 2

이 외에도 앞서 살펴본 것처럼 Execute SQL 탭에서 db파일을 조작할 수 있다.

5.4 SQLite 데이터베이스 덤프

이번에는 SQLite shell에서 데이터베이스를 전체 또는 부분적으로 덤프하는 방법을 배울 것이다. 덤프 실습을 수행하기에 앞서 전체 덤프 혹은 부분 덤프를 위하여 기존의 joker 테이블 외의 다른 테이블 또한 생성해보자. 테이블 생성은 SQLite shell을 사용해도 되고 SQLite Browser의 Execute SQL 탭을 사용해도 된다. 필자는 SQLite Browser를 사용하여 student_info 테이블을 생성하였다. 다음과 같이 테이블을 생성하고 데이터를 입력하도록 한다.

```
CREATE TABLE student_info (student_name char(20), student_id char(5),
major char(30), GPA decimal(3,2));
```

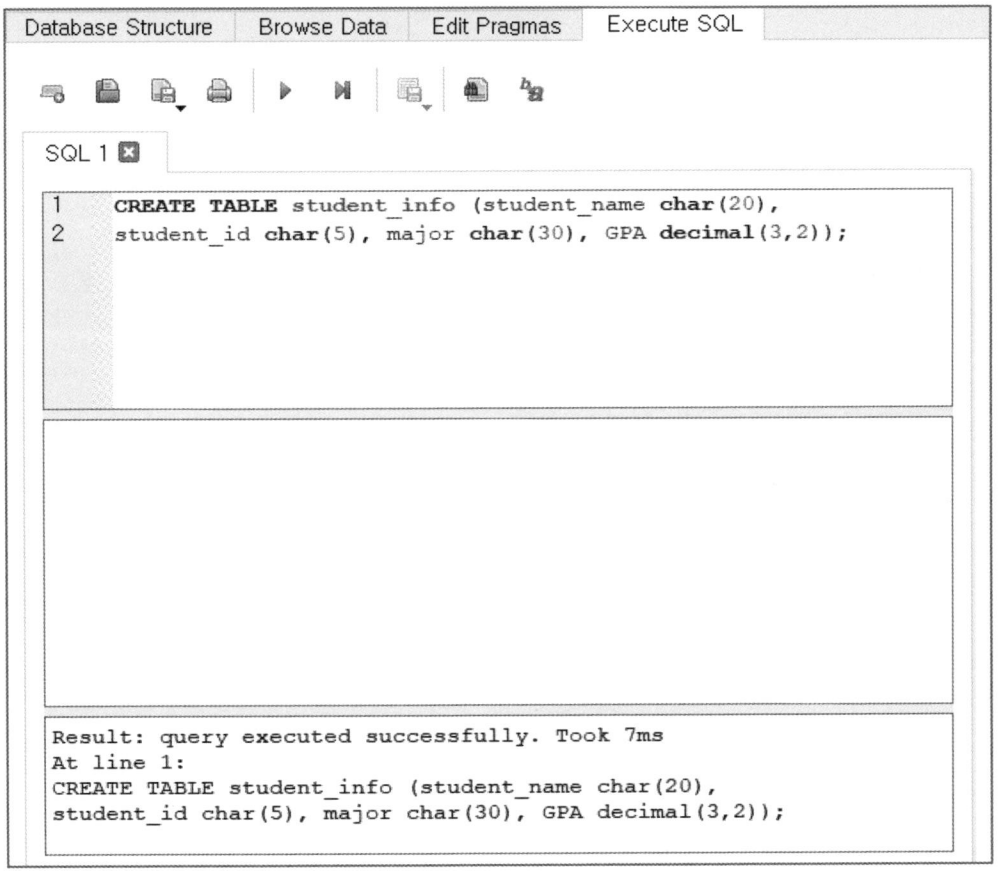

[그림 426] student_info 테이블 생성

```
INSERT INTO student_info (student_name, student_id, major, GPA)
VALUES ('Alice', '001', 'Physics', 3.85));
INSERT INTO student_info (student_name, student_id, major, GPA)
VALUES ('James', '002', 'Anthropology', 4.10));
INSERT INTO student_info (student_name, student_id, major, GPA)
VALUES ('John', '003', 'Psychology', 2.54));
INSERT INTO student_info (student_name, student_id, major, GPA)
VALUES ('Britney', '004', 'History', 4.23));
INSERT INTO student_info (student_name, student_id, major, GPA)
VALUES ('Daniel', '005', 'Archeology', 4.05));
INSERT INTO student_info (student_name, student_id, major, GPA)
VALUES ('Sebastian', '006', 'Computer Science', 3.12));
INSERT INTO student_info (student_name, student_id, major, GPA)
VALUES ('Abigail', '007', 'Linguistics', 2.89));
```

SQL 1

```
1   INSERT INTO student_info (student_name, student_id,
2    major, GPA)
3     VALUES ('Alice', '001', 'Physics', 3.85);
4   INSERT INTO student_info (student_name, student_id,
5    major, GPA)
6     VALUES ('James', '002', 'Anthropology', 4.10);
7   INSERT INTO student_info (student_name, student_id,
8    major, GPA)
9     VALUES ('John', '003', 'Psychology', 2.54);
10  INSERT INTO student_info (student_name, student_id,
11   major, GPA)
12    VALUES ('Britney', '004', 'History', 4.23);
13  INSERT INTO student_info (student_name, student_id,
14   major, GPA)
15    VALUES ('Daniel', '005', 'Archeology', 4.05);
16  INSERT INTO student_info (student_name, student_id,
17   major, GPA)
18    VALUES ('Sebastian', '006', 'Computer Science', 3.12);
19  INSERT INTO student_info (student_name, student_id,
20   major, GPA)
21    VALUES ('Abigail', '007', 'Linguistics', 2.89);
```

```
Result: query executed successfully. Took 0ms, 1 rows affected
At line 18:
INSERT INTO student_info (student_name, student_id,
major, GPA)
VALUES ('Abigail', '007', 'Linguistics', 2.89);
```

[그림 427] student_info 테이블 채우기

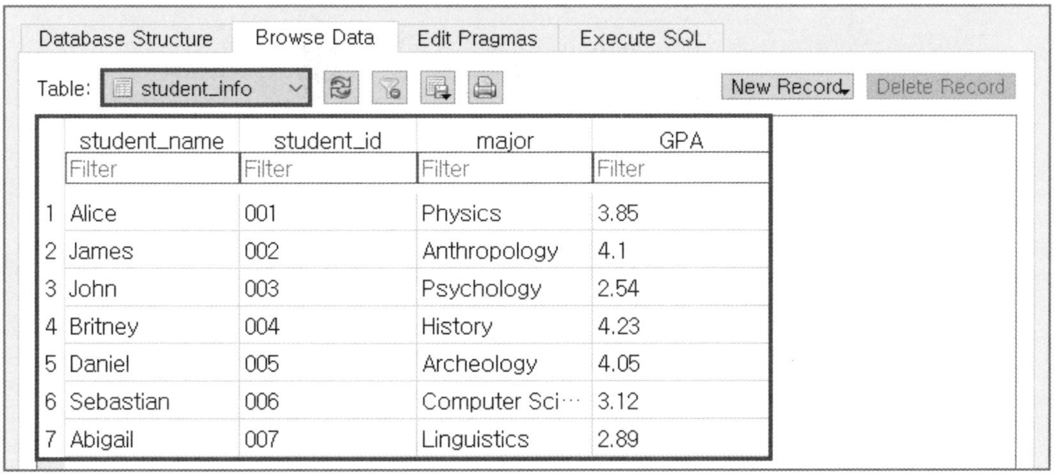

	student_name	student_id	major	GPA
	Filter	Filter	Filter	Filter
1	Alice	001	Physics	3.85
2	James	002	Anthropology	4.1
3	John	003	Psychology	2.54
4	Britney	004	History	4.23
5	Daniel	005	Archeology	4.05
6	Sebastian	006	Computer Sci…	3.12
7	Abigail	007	Linguistics	2.89

[그림 428] 완성된 student_info 테이블

변경사항에 대한 저장은 SQLite Browser일 경우 상단의 [Write Changes] 메뉴를 클릭하면 된다.

모든 SQLite 데이터베이스 덤프 실습은 SQLite shell을 사용할 것이다.

5.4.1 전체 덤프

가) 데이터베이스 전체 덤프하기

데이터베이스를 덤프하는 명령어는 .dump이다. .dump는 덤프하려는 SQLite 데이터베이스 전체 구조와 데이터를 하나의 텍스트 파일로 변환한다. .dump명령을 기본 설정값을 변경하지 않고 그대로 사용하면 명령 결과 문자열이 SQLite shell에 나타난다. 파일 안에 결과 값을 넣고 싶다면 .dump명령어 전에 .output명령으로 파일 경로와 이름을 지정해 주어야 한다.

```
C:\Users\Administrators\sqlite_shell> sqlite3 [덤프할파일명].db
// 덤프할 데이터베이스 파일을 열어서 SQLite shell 실행하기 (CMD 사용)

sqlite> .open [덤프할파일명].db
// 덤프할 데이터베이스 파일을 열어서 SQLite shell 실행하기 (sqlite3.exe 직접 실행)

sqlite> .output ./TEST_BACK.sql
// 덤프 결과를 출력할 파일 경로 지정하기
```

```
sqlite> .dump
// 덤프 수행

sqlite> .quit
// SQLite shell 종료
```

.dump명령을 치면 파일이 생성되면서 덤프 작업이 진행된다. 파일을 바로 열어볼 수 없고 작업이 완료되기까지 시간이 좀 걸린다. 덤프를 수행한 후 생성된 TEST_BACK.sql을 메모장이나 Sublime Text 프로그램으로 열면 [표 39]의 텍스트 내용을 확인할 수 있다.

[표 39] 덤프한 데이터베이스 파일 내용 확인

```
PRAGMA foreign_keys=OFF;
BEGIN TRANSACTION;

//joker 테이블 내용
CREATE TABLE joker (ID char(20), NAME char(20),
PHONE char(20), EMAIL char(20));
INSERT INTO joker VALUES('encase','jon','070-445-2456','abcd@gmail.com');
INSERT INTO joker VALUES('joker','lee','010-4611-1133','joker@gmail.com');
INSERT INTO joker VALUES('star','kim','080-312-3113','star7@gstar.com');
INSERT INTO joker VALUES('beom','park','060-666-6543','tiger@beom.com');

//student_info 테이블 내용
CREATE TABLE student_info (student_name char(20),

student_id char(5), major char(30), GPA decimal(3,2));
INSERT INTO student_info VALUES('Alice','001','Physics',3.85000000000000888);
INSERT INTO student_info VALUES('James','002','Anthropology',4.0999999999999996447);
INSERT INTO student_info VALUES('John','003','Psychology',2.54000000000000355);
INSERT INTO student_info VALUES('Britney','004','History',4.23000000000004263);
INSERT INTO student_info VALUES('Daniel','005','Archeology',4.0499999999999998223);
INSERT INTO student_info VALUES('Sebastian','006','Computer
  Science',3.12000000000000001065);
INSERT INTO student_info VALUES('Abigail','007','Linguistics',2.89000000000000001243);
COMMIT;
```

나) 특정 테이블 전체 덤프하기

덤프 작업을 수행하기 전에 테이블 목록을 확인해 보자. '.table'로 테이블 리스트를 볼 수 있고, 뒤에 테이블 명을 붙여 입력하면 테이블 존재를 확인할 수도 있다.

```
sqlite> .open [덤프할파일명].db
sqlite> .tables
// 데이터베이스 내부의 전체 테이블 리스트 출력

sqlite> .tables joker
// joker 테이블의 존재 확인
```

```
sqlite> .tables
joker            student_info
sqlite> .tables joker
joker
```

[그림 429] 테이블 확인

추가로 .schema 명령을 입력하여 테이블 구조에 대한 정보를 얻을 수 있다.

```
sqlite> .tables [테이블명]
```

```
sqlite> .schema joker
CREATE TABLE joker (ID char(20), NAME char(20),
PHONE char(20), EMAIL char(20));
```

[그림 430] 테이블 스키마 확인

특정 데이터베이스 안의 특정 테이블만 덤프를 하기 위해선 .dump 명령어 뒤에 테이블 명을 지정해준다.

```
C:\Users\Administrators\sqlite_shell> sqlite3 [덤프할파일명].db
// 덤프할 데이터베이스 파일을 열어서 SQLite shell 실행하기 (CMD 사용)

sqlite> .open [덤프할파일명].db
// 덤프할 데이터베이스 파일을 열어서 SQLite shell 실행하기 (sqlite3.exe 직접 실행)

sqlite> .output ./TEST_joker.sql
// 덤프 결과를 출력할 파일 경로 지정하기

sqlite> .dump joker
// 덤프 수행

sqlite> .quit
// SQLite shell 종료
```

위의 방법으로 생성된 sql파일을 메모장 프로그램을 통하여 열어서 보면 [표 40]과 같이 joker 테이블에 대한 정보만 확인할 수 있다.

[표 40] 덤프한 테이블 파일 내용 확인

```
PRAGMA foreign_keys=OFF;
BEGIN TRANSACTION;
CREATE TABLE joker (ID char(20), NAME char(20),
PHONE char(20), EMAIL char(20));
INSERT INTO joker VALUES('encase','jon','070-445-2456','abcd@gmail.com');
INSERT INTO joker VALUES('joker','lee','010-4611-1133','joker@gmail.com');
INSERT INTO joker VALUES('star','kim','080-312-3113','star7@gstar.com');
INSERT INTO joker VALUES('beom','park','060-666-6543','tiger@beom.com');
COMMIT;
```

5.4.2 부분 덤프

가) 테이블 구조만 덤프하기

.schema 명령을 사용하면 데이터베이스 안에 들어있는 테이블의 구조만을 덤프 할 수 있다.

```
C:\Users\Administrators\sqlite_shell> sqlite3 [덤프할파일명].db
// 덤프할 데이터베이스 파일을 열어서 SQLite shell 실행하기 (CMD 사용)

sqlite> .open [덤프할파일명].db
// 덤프할 데이터베이스 파일을 열어서 SQLite shell 실행하기 (sqlite3.exe 직접 실행)

sqlite> .output ./TEST_schema.sql
// 덤프 결과를 출력할 파일 경로 지정하기

sqlite> .schema
// 덤프 수행

sqlite> .quit
// SQLite shell 종료
```

[표 41]은 TEST_schema.sql 파일의 내용이다.

[표 41] 덤프한 스키마 파일 내용 확인

```
// joker 테이블 스키마
CREATE TABLE joker (ID char(20), NAME char(20),
PHONE char(20), EMAIL char(20));

// student_info 테이블 스키마
CREATE TABLE student_info (student_name char(20),
student_id char(5), major char(30), GPA decimal(3,2));
```

나) 하나 또는 여러 개의 테이블에서 원하는 데이터만 덤프하기

원하는 데이터를 텍스트 파일에 담는 과정을 수행해보자.

```
C:\Users\Administrators\sqlite_shell> sqlite3 [덤프할파일명].db
//덤프할 데이터베이스 파일을 열어서 SQLite shell 실행하기 (CMD 사용)

또는
sqlite> .open [덤프할파일명].db
// 덤프할 데이터베이스 파일을 열어서 SQLite shell 실행하기 (sqlite3.exe 직접 실행)

sqlite> .mode insert
// .mode 명령으로 insert 모드 적용하기

sqlite> .output TEST_insert_data.sql
// 데이터를 담을 파일경로와 이름 지정하기

sqlite> SELECT NAME, ID FROM joker;
sqlite> SELECT student_name, major FROM sutdent_info
   ...> WHERE GPA >= 3.5;
// SELECT 구문을 이용하여 원하는 데이터 끌어오기

sqlite> .quit
// SQLite shell 종료하기
```

insert 모드는 SQLite shell에 입력하는 모든 SELECT 구문에 대한 결과를 파일 안에 insert문의 텍스트로 저장한다. 생성된 TEST_insert_data.sql의 파일 내용은 [표 42]와 같다.

[표 42] 하나 이상의 테이블에서 데이터를 가져와 담는 파일 확인

```
// SELECT NAME, ID FORM joker;
INSERT INTO "table" VALUES('jon','encase');
```

```
INSERT INTO "table" VALUES('lee','joker');
INSERT INTO "table" VALUES('kim','star');
INSERT INTO "table" VALUES('park','beom');

// SELECT student_name, major FROM student_info WHERE GPA >= 3.5;
INSERT INTO "table" VALUES('Alice','Physics');
INSERT INTO "table" VALUES('James','Anthropology');
INSERT INTO "table" VALUES('Britney','History');
INSERT INTO "table" VALUES('Daniel','Archeology');
```

5.5 SQLite 데이터베이스 복구

앞서 배운 SQLite 데이터베이스 파일 구조의 이해에 기반을 두어 SQLite 데이터베이스 복구 실습을 해볼 것이다.

5.5.1 SQLite 데이터베이스 파일 변화

먼저 데이터베이스 테이블을 삭제 및 추가하여 SQLite 파일 구조가 어떻게 변하는지 알아보자.

가) 레코드 추가하였을 때 변화

앞서 생성된 joker.db 파일을 복사한 후에 하나는 그대로 두고 다른 하나에 레코드를 추가하는 작업을 수행해보자. 필자는 SQLite Browser를 이용하여 ID : harley, NAME : quinn, PHONE : 010-1234-5678, EMAIL : harleen@gmail.com 레코드를 추가하였다.

	ID	NAME	PHONE	EMAIL
	Filter	Filter	Filter	Filter
1	encase	jon	070-445-2456	abcd@gmail.com
2	joker	lee	010-4611-1133	joker@gmail.com
3	star	kim	080-312-3113	star7@gstar.com
4	beom	park	060-666-6543	tiger@beom.com
5	harley	quinn	010-1234-5678	harleen@gmail.com

[그림 431] 레코드 추가

SQLite는 오프셋 0x1B에 데이터베이스 변경 및 조작을 행한 횟수인 File Counter를 기록한다. 위에서 레코드를 추가하였기 때문에 File Counter가 7에서 8로 1만큼 늘어난 것을 확인할 수 있다. 즉, 이 데이터베이스는 총 8번의 변경 및 조작이 일어난 것이다. [그림 432]는 레코드를 추가하지 않은 원본 파일과 레코드를 추가한 파일을 Hex Editor를 사용하여 비교 분석한 그림이다(위가 원본 파일, 아래가 변경된 파일). Hex Editor로 비교하고자 하는 파일들을 먼저 Hex Editor에 전부 열어둔 후에 단축키 Ctrl + K를 누르면 달라진 오프셋 값들을 쉽게 비교할 수 있다. F6키로 차이가 나는 다음 Byte로 이동하고, Shift + F6으로 이전 차이점으로 이동한다.

```
D:\catsn\Documents\Digital Forensics\데이터베이스 포렌식\file analysis\sqlite_joker.db

Offset(h) 00 01 02 03 04 05 06 07 08 09 0A 0B 0C 0D 0E 0F  Decoded text
00000000  53 51 4C 69 74 65 20 66 6F 72 6D 61 74 20 33 00  SQLite format 3.
00000010  10 00 01 01 00 40 20 20 00 00 00 05 00 00 00 02  .....@   .....
00000020  00 00 00 00 00 00 00 00 00 00 00 03 00 00 00 04  ................
00000030  00 00 00 00 00 00 00 00 00 00 00 01 00 00 00 00  ................
```

```
D:\catsn\Documents\Digital Forensics\데이터베이스 포렌식\file analysis\sqlite_joker_add.db

Offset(h) 00 01 02 03 04 05 06 07 08 09 0A 0B 0C 0D 0E 0F  Decoded text
00000000  53 51 4C 69 74 65 20 66 6F 72 6D 61 74 20 33 00  SQLite format 3.
00000010  10 00 01 01 00 40 20 20 00 00 00 06 00 00 00 02  .....@   .....
00000020  00 00 00 00 00 00 00 00 00 00 00 03 00 00 00 04  ................
00000030  00 00 00 00 00 00 00 00 00 00 00 01 00 00 00 00  ................
```

[그림 432] 레코드 추가 시 SQLite 파일 변화_File Counter

사용자가 추가한 데이터가 시작한 부분을 찾는 방법은 다음과 같다. 먼저 페이지의 크기를 확인한다. 페이지 크기는 오프셋 0x10~0x11까지 2Byte로 빅엔디안으로 저장된다.

```
Offset(h) 00 01 02 03 04 05 06 07 08 09 0A 0B 0C 0D 0E 0F  Decoded text
00000000  53 51 4C 69 74 65 20 66 6F 72 6D 61 74 20 33 00  SQLite format 3.
00000010  10 00 01 01 00 40 20 20 00 00 00 05 00 00 00 02  .....@   .....
00000020  00 00 00 00 00 00 00 00 00 00 00 03 00 00 00 04  ................
00000030  00 00 00 00 00 00 00 00 00 00 00 01 00 00 00 00  ................
```

[그림 433] SQLite 파일 페이지 크기 확인

단축키 Ctrl + G를 누르고 오프셋 입력칸에 1000을 입력하여 오프셋 0x1000 위치로 이동하면 테이블에 대한 정의 바로 다음에 새로운 페이지가 시작되는 것을 알 수 있다.

```
00000F90  00 00 00 00 00 00 00 00 66 01 07 17 17 17 01 81  ........f.......
00000FA0  2B 74 61 62 6C 65 6A 6F 6B 65 72 6A 6F 6B 65 72  +tablejokerjoker
00000FB0  02 43 52 45 41 54 45 20 54 41 42 4C 45 20 22 6A  .CREATE TABLE "j
00000FC0  6F 6B 65 72 22 20 28 0A 09 22 49 44 22 09 54 45  oker" (.."ID".TE
00000FD0  58 54 2C 0A 09 22 4E 41 4D 45 22 09 54 45 58 54  XT,.."NAME".TEXT
00000FE0  2C 0A 09 22 50 48 4F 4E 45 22 09 54 45 58 54 2C  ,.."PHONE".TEXT,
00000FF0  0A 09 22 45 4D 41 49 4C 22 09 54 45 58 54 0A 29  .."EMAIL".TEXT.)
00001000  0D 0F E5 00 04 0F 3E 01 0F BA 0F 8F 0F 66 0F 3E  ..å...>..°...f.>
00001010  0F DD 00 00 00 00 00 00 00 00 00 00 00 00 00 00  .Ý..............
```

[그림 434] 새로운 페이지의 시작

이 페이지는 사용자가 담은 레코드 데이터와 레코드 정보를 담고 있다. 페이지의 오프셋 0x05부터 0x06까지 2Byte는 레코드 데이터가 시작되는 오프셋 값을 가지고 있다. 오프셋은 상대적인 주소이기 때문에 현재 페이지의 시작 오프셋 주소에 0x05~0x06 오프셋 값을 더해야 레코드 데이터가 시작되는 곳에 갈 수 있다.

```
Offset(h)  00 01 02 03 04 05 06 07 08 09 0A 0B 0C 0D 0E 0F   Decoded text
00001000   0D 0F E5 00 04 0F 3E 01 0F BA 0F 8F 0F 66 0F 3E   ..å...>..º...f.>
00001010   0F DD 00 00 00 00 00 00 00 00 00 00 00 00 00 00   .Ý..............
00001020   00 00 00 00 00 00 00 00 00 00 00 00 00 00 00 00   ................
```

[그림 435] 레코드 데이터가 시작하는 오프셋 값

[그림 435]에서 현재 페이지 시작 오프셋 주소는 0x1000이고 레코드 데이터 시작 오프셋 값은 0F3E이므로 둘을 더하면 0x1F3E가 된다. 즉, 0x1F3E부터 사용자가 추가한 레코드 데이터가 시작된다. Ctrl + G 단축키로 해당 주소로 이동하면 레코드 데이터 내용을 확인할 수 있다.

```
Offset(h)  00 01 02 03 04 05 06 07 08 09 0A 0B 0C 0D 0E 0F   Decoded text
00001F30   00 00 00 00 00 00 00 00 00 00 00 00 00 00 26 04   ..............&.
00001F40   05 15 15 25 27 62 65 6F 6D 70 61 72 6B 30 36 30   ...%'beompark060
00001F50   2D 36 36 36 2D 36 35 34 33 74 69 65 72 40 62 65   -666-6543tier@be
00001F60   6F 6D 2E 63 6F 6D 27 03 05 15 13 25 2B 73 74 61   om.com'....%+sta
00001F70   72 6B 69 6D 30 38 30 2D 33 31 32 2D 33 31 31 33   rkim080-312-3113
00001F80   73 74 61 72 37 40 67 73 74 61 72 2E 63 6F 6D 29   star7@gstar.com)
00001F90   02 05 17 13 27 2B 6A 6F 6B 65 72 6C 65 65 30 31   ....'+jokerlee01
00001FA0   30 2D 34 36 31 31 2D 31 31 33 33 6A 6F 6B 65 72   0-4611-1133joker
00001FB0   40 67 6D 61 69 6C 2E 63 6F 6D 28 01 05 19 13 25   @gmail.com(....%
00001FC0   29 65 6E 63 61 73 65 6A 6F 6E 30 37 30 2D 34 34   )encasejon070-44
00001FD0   35 2D 32 34 35 36 61 62 63 64 40 67 6D 61 69 6C   5-2456abcd@gmail
00001FE0   2E 63 6F 6D 00 00 00 00 1B 15 25 00 62 65 6F 6D   .com......%.beom
00001FF0   70 61 72 6B 30 36 30 2D 36 36 36 2D 36 35 34 33   park060-666-6543
```

[그림 436] SQLite 파일 레코드 데이터가 시작하는 곳

레코드 데이터는 페이지의 끝에서부터 쌓이므로 최근에 입력한 데이터일수록 상단에 위치하게 된다.

원본 파일과 레코드가 추가된 파일을 Ctrl + K로 비교해서 살펴보면 레코드 데이터가 시작하는 오프셋 값이 다르다는 것을 알 수 있다.

```
D:\catsn\Documents\Digital Forensics\데이터베이스 포렌식\file analysis\sqlite_joker.db
Offset(h) 00 01 02 03 04 05 06 07 08 09 0A 0B 0C 0D 0E 0F  Decoded text
00001000  0D 0F E5 00 04 0F 3E 01 0F BA 0F 8F 0F 66 0F 3E  ..å...>...º...f.>
00001010  0F DD 00 00 00 00 00 00 00 00 00 00 00 00 00 00  .Ý..............
00001020  00 00 00 00 00 00 00 00 00 00 00 00 00 00 00 00  ................
00001030  00 00 00 00 00 00 00 00 00 00 00 00 00 00 00 00  ................

D:\catsn\Documents\Digital Forensics\데이터베이스 포렌식\file analysis\sqlite_joker_add.db
Offset(h) 00 01 02 03 04 05 06 07 08 09 0A 0B 0C 0D 0E 0F  Decoded text
00001000  0D 0F E5 00 05 0F 0E 01 0F BA 0F 8F 0F 66 0F 3E  ..å.......º...f.>
00001010  0F 0E 00 00 00 00 00 00 00 00 00 00 00 00 00 00  ................
00001020  00 00 00 00 00 00 00 00 00 00 00 00 00 00 00 00  ................
00001030  00 00 00 00 00 00 00 00 00 00 00 00 00 00 00 00  ................
```

[그림 437] 레코드 추가 시 SQLite 파일 변화_레코드 데이터 시작 오프셋

레코드를 추가한 파일은 0x1F0E부터 레코드 데이터가 시작한다. [그림 438]과 같이 해당 위치로 가보면 추가한 레코드의 내용을 확인할 수 있다.(최근에 추가된 데이터일수록 상단에 위치하는 스택 방식을 사용한다.)

```
Offset(h) 00 01 02 03 04 05 06 07 08 09 0A 0B 0C 0D 0E 0F  Decoded text
00001F00  00 00 00 00 00 00 00 00 00 00 00 00 00 00 2E 05  ..............
00001F10  05 19 17 27 2F 68 61 72 6C 65 79 71 75 69 6E 6E  ...'/harleyquinn
00001F20  30 31 30 2D 31 32 33 34 2D 35 36 37 38 68 61 72  010-1234-5678har
00001F30  6C 65 65 6E 40 67 6D 61 69 6C 2E 63 6F 6D 26 04  leen@gmail.com&.
00001F40  05 15 15 25 27 62 65 6F 6D 70 61 72 6B 30 36 30  ...%'beompark060
```

[그림 438] 추가된 레코드 데이터 확인

나) 레코드 삭제하였을 때 변화

이번에는 테이블에서 임의로 하나의 레코드를 지운 후에 원본 파일과 차이점을 살펴보자. 필자는 joker 테이블에서 마지막 레코드를 삭제하였다.

	ID	NAME	PHONE	EMAIL
	Filter	Filter	Filter	Filter
1	encase	jon	070-445-2456	abcd@gmail.com
2	joker	lee	010-4611-1133	joker@gmail.com
3	star	kim	080-312-3113	star7@gstar.com
4	beom	park	060-666-6543	tier@beom.com

[그림 439] 레코드 삭제하기 전 테이블

	ID	NAME	PHONE	EMAIL
	Filter	Filter	Filter	Filter
1	encase	jon	070-445-2456	abcd@gmail.com
2	joker	lee	010-4611-1133	joker@gmail.com
3	star	kim	080-312-3113	star7@gstar.com

[그림 440] 레코드 삭제한 후 테이블

다음 삭제한 결과를 저장 후, Hex Editor로 원본 파일과의 차이점을 살펴보았다. 위에서부터 살펴보면 File Counter 값이 1(테이블을 조작한 횟수)만큼 커졌다는 것을 알 수 있다.

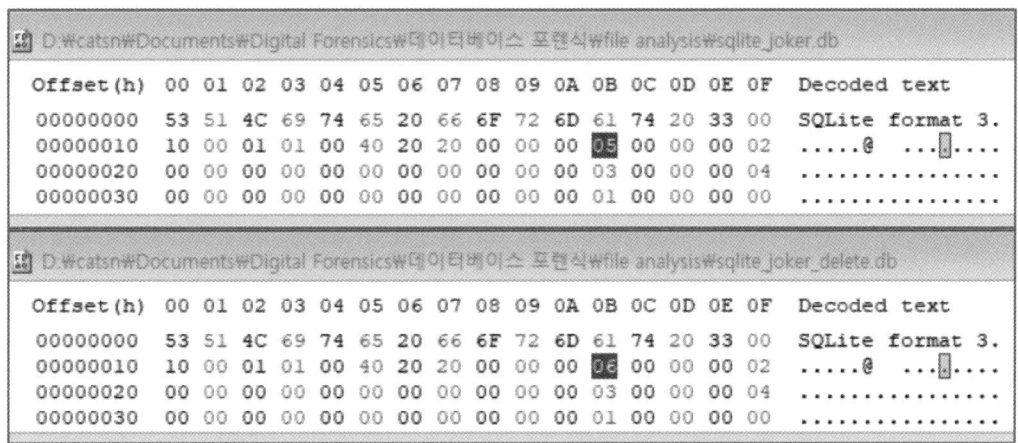

[그림 441] 레코드 삭제 시 SQLite 파일 변화_File Counter

다음 페이지 시작점으로 이동하여 레코드 데이터가 시작하는 오프셋 값과 페이지 시작 오프셋 값을 더하여 레코드 데이터가 실제로 저장되어 있는 주소로 이동한다.

```
D:\catsn\Documents\Digital Forensics\데이터베이스 포렌식\file analysis\sqlite_joker.db

Offset(h)  00 01 02 03 04 05 06 07 08 09 0A 0B 0C 0D 0E 0F  Decoded text
00000FE0   2C 0A 09 22 50 48 4F 4E 45 22 09 54 45 58 54 2C  ,.."PHONE".TEXT,
00000FF0   0A 09 22 45 4D 41 49 4C 22 09 54 45 58 54 0A 29  .."EMAIL".TEXT.)
00001000   0D 0F E5 00 04 0F 3E 01 0F BA 0F 8F 0F 66 0F 3E  ..å.. >...°...f.>
00001010   0F DD 00 00 00 00 00 00 00 00 00 00 00 00 00 00  .Ý..............
```

```
D:\catsn\Documents\Digital Forensics\데이터베이스 포렌식\file analysis\sqlite_joker_delete.db

Offset(h)  00 01 02 03 04 05 06 07 08 09 0A 0B 0C 0D 0E 0F  Decoded text
00000FE0   2C 0A 09 22 50 48 4F 4E 45 22 09 54 45 58 54 2C  ,.."PHONE".TEXT,
00000FF0   0A 09 22 45 4D 41 49 4C 22 09 54 45 58 54 0A 29  .."EMAIL".TEXT.)
00001000   0D 0F E5 00 03 0F 66 01 0F BA 0F 8F 0F 66 0F 3E  ..å.. f...°...f.>
00001010   0F DD 00 00 00 00 00 00 00 00 00 00 00 00 00 00  .Ý..............
```

[그림 442] 레코드 데이터가 시작하는 곳의 오프셋

[그림 442]를 보면 원본 데이터베이스 파일의 경우 레코드 데이터 시작 주소는 0x1F3E (0x1000 + 0x0F3E), 마지막 레코드를 삭제한 데이터베이스 파일의 경우는 0x1F66 (0x1000 + 0x0F66) 이다.

0x1F3E, 0x1F66 주소로 각각 이동해보면 레코드를 삭제한 데이터베이스 파일에 여전히 데이터가 남아있다는 것을 확인할 수 있다. 다만 바뀐 점은 레코드 맨 앞의 4Byte이다.

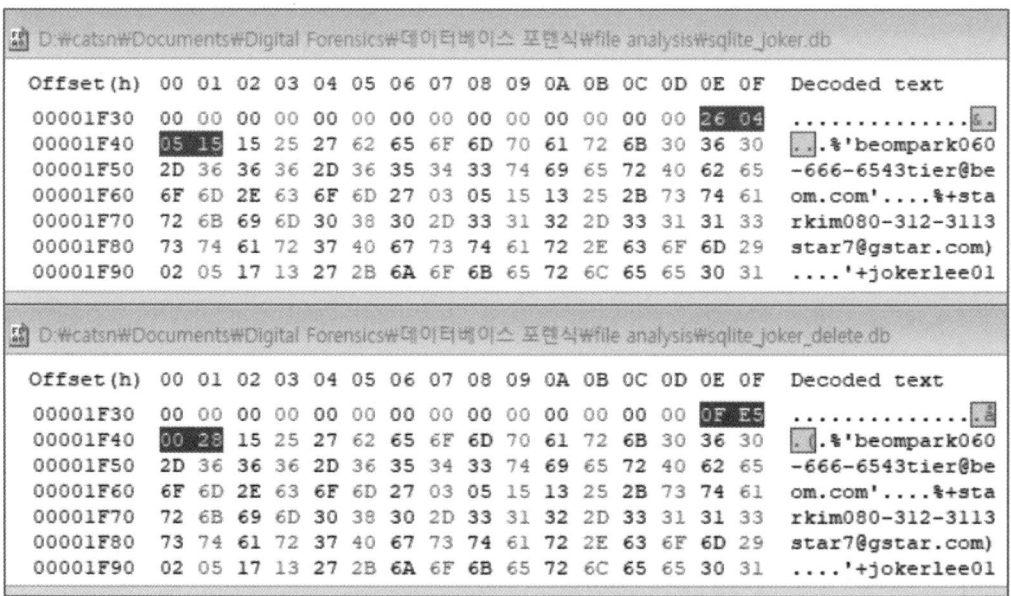

[그림 443] 여전히 남아있는 삭제한 레코드 데이터

이번에는 마지막 레코드가 아닌 중간의 레코드 하나를 삭제하여 원본과 비교해보도록 하자.

	ID	NAME	PHONE	EMAIL
	Filter	Filter	Filter	Filter
1	encase	jon	070-445-2456	abcd@gmail.com
2	joker	lee	010-4611-1133	joker@gmail.com
3	star	kim	080-312-3113	star7@gstar.com
4	beom	park	060-666-6543	tier@beom.com

[그림 444] 삭제 전 원본 테이블 내용

	ID	NAME	PHONE	EMAIL
	Filter	Filter	Filter	Filter
1	encase	jon	070-445-2456	abcd@gmail.com
2	star	kim	080-312-3113	star7@gstar.com
3	beom	park	060-666-6543	tier@beom.com

[그림 445] 2번째 레코드를 삭제한 테이블 내용

중간에 ID가 'joker'인 레코드를 삭제한 후에 Free Space 오프셋을 확인한 결과는 [그림 446]과 같다.

```
D:\catsn\Documents\Digital Forensics\데이터베이스 포렌식\file analysis\sqlite_joker_between.db

Offset(h)  00 01 02 03 04 05 06 07 08 09 0A 0B 0C 0D 0E 0F   Decoded text
00000FE0   2C 0A 09 22 50 48 4F 4E 45 22 09 54 45 58 54 2C   ,.."PHONE".TEXT,
00000FF0   0A 09 22 45 4D 41 49 4C 22 09 54 45 58 54 0A 29   .."EMAIL".TEXT.)
00001000   0D 0F 8F 00 03 0F 3E 01 0F BA 0F 66 0F 3E 0F 3E   ......>..°.f.>.>
00001010   0F DD 00 00 00 00 00 00 00 00 00 00 00 00 00 00   .Ý..............
```

[그림 446] 레코드 삭제 시 SQLite 파일 변화_Free Space Block

SQLite는 페이지 오프셋 0x10 ~ 0x20 부분에 Free Space Block이라는 값을 저장하여 레코드 데이터 영역 중간에 더 이상 사용하지 않는 (삭제한) 레코드의 오프셋을 저장한다. 2번째 레코드를 삭제한 필자의 경우 Free Space Block 값이 0F8F이므로 0x1F8F가 삭제된 레코드 주소이다.

```
Offset(h) 00 01 02 03 04 05 06 07 08 09 0A 0B 0C 0D 0E 0F  Decoded text
00001F60  6F 6D 2E 63 6F 6D 27 03 05 15 13 25 2B 73 74 61  om.com'....%+sta
00001F70  72 6B 69 6D 30 38 30 2D 33 31 32 2D 33 31 31 33  rkim080-312-3113
00001F80  73 74 61 72 37 40 67 73 74 61 72 2E 63 6F 6D 0F  star7@gstar.com.
00001F90  E5 00 2B 13 27 2B 6A 6F 6B 65 72 6C 65 65 30 31  å.+.'+jokerlee01
00001FA0  30 2D 34 36 31 31 2D 31 31 33 33 6A 6F 6B 65 72  0-4611-1133joker
00001FB0  40 67 6D 61 69 6C 2E 63 6F 6D 28 01 05 19 13 25  @gmail.com(....%
00001FC0  29 65 6E 63 61 73 65 6A 6F 6E 30 37 30 2D 34 34  )encasejon070-44
00001FD0  35 2D 32 34 35 36 61 62 63 64 40 67 6D 61 69 6C  5-2456abcd@gmail
00001FE0  2E 63 6F 6D 00 00 00 00 1B 15 25 00 62 65 6F 6D  .com....%.beom
00001FF0  70 61 72 6B 30 36 30 2D 36 36 36 2D 36 35 34 33  park060-666-6543
```

[그림 447] Free Space Block 영역 데이터

0x1F8F로 이동하면 삭제한 2번째 레코드 데이터를 확인할 수 있다. 이렇게 Free Space Block으로 지정되는 블록은 비록 데이터가 지워지지 않았더라도 빈 공간이 되며 추후에 데이터베이스에 데이터가 추가되면 덮어 쓴다. 하지만 Free Space Block보다 크기가 큰 레코드 데이터라면 새로운 레코드 영역이 할당되어 데이터가 쓴다.

5.5.2 SQLite 데이터베이스 데이터 복구하기

삭제했던 데이터가 Free Space Block에 아직 온전히 남아있는 경우에는 Hex Editor로 Header 값을 조금 변경해 주는 것으로도 복구가 가능하다.

위에서 원본 파일과 레코드를 삭제한 파일을 비교해 보았을 때, 레코드 길이, Row ID, 데이터 헤더 크기만 0x00으로 채워졌고 실제 데이터는 그대로 남아 있었다. 레코드 길이와 데이터 헤더 크기를 계산하고, Free Space Block 오프셋을 비워주면 레코드 복구가 가능할 것이다. 실습 파일은 테이블에서 하나 이상의 임의의 레코드를 삭제하고 이후에 데이터를 더 추가하지 않은 데이터베이스 파일을 사용할 것이다.

먼저 복구하고자 하는 데이터베이스 파일의 상태를 SQLite Browser와 Hex Editor를 사용하여 살펴본다. 이번 실습을 통해서 앞서 삭제한 2번재 레코드 (ID : joker, NAME : lee, PHONE : 010-4611-1133, EMAIL : joker@gmail.com)를 복구해보자.

	ID	NAME	PHONE	EMAIL
	Filter	Filter	Filter	Filter
1	encase	jon	070-445-2456	abcd@gmail.com
2	joker	lee	010-4611-1133	joker@gmail.com
3	star	kim	080-312-3113	star7@gstar.com
4	beom	park	060-666-6543	tier@beom.com

[그림 448] 조작 전 테이블

	ID	NAME	PHONE	EMAIL
	Filter	Filter	Filter	Filter
1	encase	jon	070-445-2456	abcd@gmail.c···
2	star	kim	080-312-3113	star7@gstsar.···
3	beom	park	060-666-6543	tiger@beom.c···

[그림 449] 중간 레코드가 삭제된 테이블

SQLite 데이터베이스 파일 헤더에서 페이지 크기를 확인하고 페이지 시작 주소로 이동하여 페이지 헤더를 확인한다.

```
Offset(h)  00 01 02 03 04 05 06 07 08 09 0A 0B 0C 0D 0E 0F  Decoded text
00000000   53 51 4C 69 74 65 20 66 6F 72 6D 61 74 20 33 00  SQLite format 3.
00000010   10 00 01 01 00 40 20 20 00 00 00 05 00 00 00 02  ....@  ........
00000020   00 00 00 00 00 00 00 00 00 00 00 03 00 00 00 04  ................
00000030   00 00 00 00 00 00 00 00 00 00 00 01 00 00 00 00  ................
```

[그림 450] 페이지 크기

페이지 크기는 0x1000이므로 각각의 페이지 헤더는 0x1000, 0x2000, 0x3000... 에 위치한다. 현재 데이터베이스 파일 안에는 매우 작은 테이블 하나만 저장되어 있으므로 페이지는 1개뿐이지만, 테이블이 여러 개이거나 크기가 클 경우 더 많은 페이지가 할당된다. 이 책의 실습에서는 첫 번째 페이지의 헤더만 확인하면 된다.

```
00001000   0D 0F AB 00 03 0F 58 00 0F D6 0F 81 0F 58 0F 58  ..«...X..Ö...X.X
```

[그림 451] 중간 레코드가 삭제된 데이터베이스 파일의 페이지 헤더

[표 43] 페이지 헤더 오프셋 의미

0D	0F	AB	00	03	0F	58	00	0F	D6	0F	81	0F	58	0F	58
	Free Space Block			레코드 개수	Leaf Cell[46] 시작 오프셋			세 번째 Leaf Cell 오프셋		두 번째 Leaf Cell 오프셋		첫 번째 Leaf Cell 오프셋		조작 전 쓰이던 오프셋	

페이지 헤더의 각 오프셋의 의미는 위 표와 같다. 맨 앞의 0D는 해당 페이지가 Leaf Node임을 알리는 것이다. 각각의 레코드 오프셋은 스택 형식으로 저장되므로 최근의 레코드일수록 상위 오프셋에 위치한다.

```
00001F50   00 00 00 00 00 00 00 00 27 04 05 15 15 25 29 62   ........'....%)b
00001F60   65 6F 6D 70 61 72 6B 30 36 30 2D 36 36 36 2D 36   eompark060-666-6
00001F70   35 34 33 74 69 67 65 72 40 62 65 6F 6D 2E 63 6F   543tiger@beom.co
00001F80   6D 28 03 05 15 13 25 2D 73 74 61 72 6B 69 6D 30   m(....%-starkim0
00001F90   38 30 2D 33 31 32 2D 33 31 31 33 73 74 61 72 37   80-312-3113star7
00001FA0   40 67 73 74 73 61 72 2E 63 6F 6D 00 00 00 2B 13   @gstsar.com...+.
00001FB0   27 2B 6A 6F 6B 65 72 6C 65 65 30 31 30 2D 34 36   '+jokerlee010-46
00001FC0   31 31 2D 31 31 33 33 6A 6F 6B 65 72 40 67 6D 61   11-1133joker@gma
00001FD0   69 6C 2E 63 6F 6D 28 01 05 19 13 25 29 65 6E 63   il.com(....%)enc
00001FE0   61 73 65 6A 6F 6E 30 37 30 2D 34 34 35 2D 32 34   asejon070-445-24
00001FF0   35 36 61 62 63 64 40 67 6D 61 69 6C 2E 63 6F 6D   56abcd@gmail.com
00002000   0D 0F CF 00 07 0E FF 01 0F B1 0F 8E 0F 6E 0F 4E   ..Ï..ÿ.±.Ž.n.N
00002010   0F DE 0F 23 0E FF 00 00 00 00 00 00 00 00 00 00   .Þ.#.ÿ..........
```

[그림 452] 중간 레코드가 삭제된 테이블의 레코드 데이터

Free Space Block으로 지정된 0x1FAB부터 시작되는 곳으로 이동하면 레코드 데이터가 아직 남아있음을 볼 수 있다. 이제 페이지 헤더와 Leaf Cell을 적절하게 조작하여 삭제한 데이터를 살려보자.

1) 페이지 헤더로 이동하여 Free Space Block을 0x0000으로 설정해준다.

```
00001000   0D 00 00 00 03 0F 58 00 0F D6 0F 81 0F 58 0F 58   ......X..Ö...X.X
```

[그림 453] Free Space Block 해제

2) 레코드 개수를 04로 변경한다.

```
00001000   0D 00 00 00 04 0F 58 00 0F D6 0F 81 0F 58 0F 58   ......X..Ö...X.X
```

[그림 454] 레코드 개수 변경

---

46) 레코드 데이터를 저장하는 단위라고 생각하면 된다. 실질적인 테이블 데이터가 저장되어 있는 영역의 레코드 데이터 각각을 Leaf Cell이라고 한다.

3) 복구하고자 하는 Leaf Cell 시작 주소를 입력한다. 복구하고자 하는 Leaf Cell을 찾을 땐 Hex Editor의 찾기 기능을 이용한다. 단축키 [Ctrl + F]를 누르고 문자열 검색을 한다. 필자의 경우 'joker'라는 문자열 데이터가 들어있는 레코드를 복구하는 것이 목적이므로 Hex Editor의 문자열 검색 기능을 사용하여 이동하였다. (테이블 이름과 같을 경우 테이블 스키마 영역으로 이동할 수 있으므로 주의한다. 문자열 찾기 기능을 사용하는 이유는 Leaf Cell 시작 주소를 알아내기 위함임을 기억하자.)

```
                    Leaf Cell 시작하는 곳
00001F50  00 00 00 00 00 00 00 00 27 04 05 15 15 15 29 62   ........'....%)b
00001F60  65 6F 6D 70 61 72 6B 30 36 30 2D 36 36 36 2D 36   eompark060-666-6
00001F70  35 34 33 74 69 67 65 72 40 62 65 6F 6D 2E 63 6F   543tiger@beom.co
00001F80  6D 28 03 05 15 13 25 2D 73 74 61 72 6B 69 6D 30   m(....%-starkim0
00001F90  38 30 2D 33 31 32 2D 33 31 31 33 73 74 61 72 37   80-312-3113star7
00001FA0  40 67 73 74 73 61 72 2E 63 6F 6D 00 00 00 2B 13   @gstsar.com...+.
00001FB0  27 2B 6A 6F 6B 65 72 6C 65 65 30 31 30 2D 34 36   '+jokerlee010-46
00001FC0  31 31 2D 31 31 33 33 6A 6F 6B 65 72 40 67 6D 61   11-1133joker@gma
00001FD0  69 6C 2E 63 6F 6D 28 01 05 19 13 25 29 65 6E 63   il.com(....%)enc
00001FE0  61 73 65 6A 6F 6E 30 37 30 2D 34 34 35 2D 32 34   asejon070-445-24
00001FF0  35 36 61 62 63 64 40 67 6D 61 69 6C 2E 63 6F 6D   56abcd@gmail.com
00002000  0D 0F CF 00 07 0E FF 01 0F B1 0F 8E 0F 6E 0F 4E   ..Ï..ÿ..±.Ž.n.N
00002010  0F DE 0F 23 0E FF 00 00 00 00 00 00 00 00 00 00   .Þ.#.ÿ........
```

[그림 455] 복구하고자 하는 Leaf Cell 시작 주소 알아내기

복구하고자 하는 Leaf Cell 시작주소와 함께 다른 Leaf Cell 들의 시작 주소도 기억하여 차례로 넣는다. 이때 가장 밑에 있는 Leaf Cell 주소부터 위에 있는 주소까지 왼쪽에서부터 차례로 입력한다.

```
00001000  0D 00 00 00 04 0F 58 00 0F D6 0F AB 0F 81 0F 58   ......X..Ö.«...X
```

[그림 456] Leaf Cell 주소 차례로 넣어주기

4) 복구하고자 하는 Leaf Cell으로 이동하여 레코드 길이를 입력한다. 레코드 길이는 데이터 헤더 길이를 표현하는 Byte부터 계산한다. Hex Editor는 Byte들을 블록 처리하면 최하단에 16진수로 표현된 길이를 알려준다.

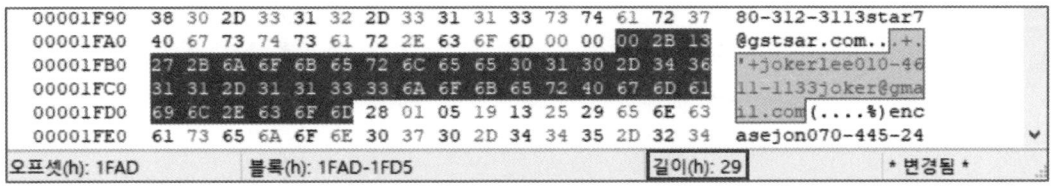

[그림 457] 레코드 길이 확인하기

```
00001FA0  40 67 73 74 73 61 72 2E 63 6F 6D 29 00 00 2B 13   @gstsar.com)..+.
00001FB0  27 2B 6A 6F 6B 65 72 6C 65 65 30 31 30 2D 34 36   '+jokerlee010-46
00001FC0  31 31 2D 31 31 33 33 6A 6F 6B 65 72 40 67 6D 61   11-1133joker@gma
00001FD0  69 6C 2E 63 6F 6D 28 01 05 19 13 25 29 65 6E 63   il.com(....%)enc
```

[그림 458] 레코드 길이 입력

5) Row ID를 지정한다. 이 때, 기존 레코드에 할당된 번호 외의 숫자로 지정해야 한다.

```
00001FA0  40 67 73 74 73 61 72 2E 63 6F 6D 29 05 00 2B 13   @gstsar.com).+.
00001FB0  27 2B 6A 6F 6B 65 72 6C 65 65 30 31 30 2D 34 36   '+jokerlee010-46
00001FC0  31 31 2D 31 31 33 33 6A 6F 6B 65 72 40 67 6D 61   11-1133joker@gma
00001FD0  69 6C 2E 63 6F 6D 28 01 05 19 13 25 29 65 6E 63   il.com(....%)enc
```

[그림 459] Row ID 부여

6) 데이터 헤더 길이를 입력한다.

```
00001FA0  40 67 73 74 73 61 72 2E 63 6F 6D 29 05 05 2B 13   @gstsar.com)..+.
00001FB0  27 2B 6A 6F 6B 65 72 6C 65 65 30 31 30 2D 34 36   '+jokerlee010-46
00001FC0  31 31 2D 31 31 33 33 6A 6F 6B 65 72 40 67 6D 61   11-1133joker@gma
00001FD0  69 6C 2E 63 6F 6D 28 01 05 19 13 25 29 65 6E 63   il.com(....%)enc
```

[그림 460] 데이터 헤더 길이 입력

7) 각 필드의 크기가 제대로 지정되어 있는지 확인한다. 만약 제대로 지정되어 있지 않다면 앞서 본 계산식을 역으로 응용하여 수정한다.

```
  5 = (x - 13) / 2
    여기서 x는 구하고자 하는 필드 길이 값
    또한 첫 번째 필드의 데이터 형식은 TEXT이므로 13을 뺀다.
    데이터 타입에 따라 빼주는 숫자가 다르다.
  --> x = 5 * 2 + 13
    ∴ x = 23
  16진수로 변환하면 0x17
```

```
00001FA0  40 67 73 74 73 61 72 2E 63 6F 6D 29 05 05 17 13   @gstsar.com)...
00001FB0  27 2B 6A 6F 6B 65 72 6C 65 65 30 31 30 2D 34 36   '+jokerlee010-46
00001FC0  31 31 2D 31 31 33 33 6A 6F 6B 65 72 40 67 6D 61   11-1133joker@gma
00001FD0  69 6C 2E 63 6F 6D 28 01 05 19 13 25 29 65 6E 63   il.com(....%)enc
```

[그림 461] 필드 크기 수정

8) 여기까지 수정 작업이 끝났다면 파일 변경 내용을 저장하고 SQLite Browser를 통해서 복구가 성공적으로 되었는지 확인해 보자.

SQLite

1. 파일 헤더에서 페이지 크기를 확인하여 첫 번째 페이지 시작주소로 이동
2. 페이지 헤더에서 Free Space Block과 레코드 개수 값 변경
3. 문자열 검색으로 복구하고자 하는 Leaf Cell 시작 주소를 알아내어 페이지 헤더에 시작 주소를 차례로 입력
4. 레코드 길이, Row ID, 데이터 헤더 길이를 차례로 입력
5. 각 필드 크기 확인

[그림 462] SQLite 부분 복구 실습 절차 정리

5.6 SQLite 데이터베이스 로그

SQLite는 Rollback Journal이라는 방식으로 트랜잭션을 구현한다. Journaling 기능을 사용하여 데이터베이스 시스템의 예기치 않은 에러 상황이 발생했을 경우, 데이터를 이전으로 복구한다. SQLite 데이터베이스에서 사용하는 Journal Mode에는 다음과 같이 6가지가 있다. SQLite에서 기본적으로 제공하는 로그 기록 방식은 Rollback Journal이지만, 3.7.0 버전부터 WAL(Write Ahead Log) 방식을 지원한다.

5.6.1 DELETE (기본값)

Rollback Journal 파일을 매번 생성하고 삭제한다.

5.6.2 TRUNCATE

DELETE처럼 Rollback Journal 파일을 매번 생성/삭제 하지 않고, 파일 사이즈를 0으로 설정한 후, 파일을 재활용한다.

5.6.3 MEMORY

Rollback Journal 파일을 메모리에서 유지한다. SQLite를 사용하는 어플리케이션 자체에서 문제가 생길 경우 데이터 손실이 발생 가능하다는 문제점이 있다.

5.6.4 PERSIST

저널링 파일을 지우지 않는다.

5.6.5 NONE

저널링 파일에 수행 기록을 남기지 않고 데이터 파일에 직접 기록한다. 데이터베이스 시스템에 문제가 발생할 경우, 데이터 복구가 불가능하다는 큰 단점이 있다.

5.6.6 WAL(Write Ahead to Log)

SQLite가 기본으로 지원하는 Rollback Journal 방식은 변경하기 이전의 데이터베이스 내용을 Rollback Journal 파일에 저장한 후에 변경 사항을 데이터베이스에 직접적으로 수행한다. 즉, 시스템 충돌이나 ROLLBACK 명령이 발생했을 경우, 데이터베이스 복구를 위하여 이전 상태를 저장하고 있는 Rollback Journal 파일을 사용하게 된다. COMMIT 명령은 Rollback Journal 파일이 지워지면서 수행된다.
WAL 방식은 Rollback Journal과는 다르게 진행된다. Rollback Journal 방식과는 반대로 변경사항이 WAL 파일에 저장된다. WAL 파일에 COMMIT을 알리는 특수 레코드가 추가되면 COMMIT이 수행된다.

5.6.7 journal 파일

SQLite Browser에 임의의 데이터베이스 파일을 열어서 간단한 조작을 해보자. 필자는 간단한 테이블 하나가 들어있는 journal_test.db 파일을 열어 레코드를 추가하였다.

```
INSERT INTO math_score (name, score)
VALUES ('Carol', 45);
SELECT * FROM math_score;
```

	name	score
1	Victoria	100
2	Daniel	78
3	Carol	45

[그림 463] SQLite journal 파일 생성을 위한 데이터베이스 조작

이렇게 데이터베이스에 변경을 가하는 작업을 수행하면 해당 파일과 같은 이름으로 journal 파일이 생성된다.

journal_test.db	2019-06-11 오후 5...	Data Base File
journal_test.db-journal	2019-06-11 오후 5...	DB-JOURNAL 파일

[그림 464] SQLite journal 파일 생성

journal 파일을 Hex Editor로 열어 맨 아래로 스크롤을 내리면, 'Carol'의 레코드를 추가하기 이전의 테이블 상태가 저장되어 있음을 확인할 수 있다.

```
000011E0  00 00 00 00 00 00 00 00 00 00 0A 02 03 19 01 44  ..............D
000011F0  61 6E 69 65 6C 4E 0C 01 03 1D 01 56 69 63 74 6F  anielN.....Victo
00001200  72 69 61 64 14 78 C8 6C                          riad.xÈl
```

[그림 465] SQLite journal 파일 내부

이 journal 파일은 SQLite Browser에서 'Revert Changes'를 클릭하여 데이터베이스를 변경 이전 상태로 돌리거나, 'Write Changes'로 데이터베이스 변경 상태를 저장하면 사라진다. 여기서 'Revert Changes'는 일반적인 RDBMS에서 ROLLBACK 명령을, 'Write Changes'는 COMMIT 명령을 수행한다.

지금까지 SQLite에 대한 기본 개념과 구조, 데이터베이스 덤프 및 복구까지 살펴보았다. SQLite는 다른 SQL들과 달리 구동에 있어 경량화 되어있다는 점과 별도의 로그 파일이 존재하지 않는다는 차이점이 있다. 가볍게 운용할 수 있다는 특성 때문에 IoT 기기의 데이터 저장 등에 많이 사용된다. 따라서 SQLite 데이터베이스에 대한 지식을 잘 갖추고 있다면 IoT 기기의 데이터 복구 등에서 응용할 수 있을 것이다.

맺음말

지금까지 실무환경에서 시장 점유율이 높은 데이터베이스를 분석하는 방법을 살펴보았다. 본 책에서 다루는 내용은 극히 일부이며, 데이터베이스의 중심으로 저술하였기에 실무에서는 은닉된 데이터베이스를 추적하는 방안, 데이터베이스 설치 시 기본 경로가 아닌 별도의 경로 및 로그파일 관리 등 변수를 많이 생각하여야 한다. 본 책이 기본기를 다지고 쿼리와 로그파일이 익숙해지면 설치 경로를 변경하거나 더 많은 데이터를 생성하고 삭제하고 확인하는 실습을 꾸준히 한다면 실무환경에 가서도 어렵지 않게 적응하리라 본다.

또한, 본 책에서는 시장 조사를 통해 시장 점유율이 높은 데이터베이스와 임의의 버전으로 선택하여 책을 저술하였기 때문에 버전에 따른 구조나 경로가 다를 수 있으므로 본 책을 기본으로 꼭 다른 버전도 설치하여 확인하여 자기만의 프로세스를 구축해놓으면 좋다.

마지막으로 실무환경에서 이미 삭제된 영역에서 온전한 데이터를 찾아오기란 시간이 매우 많이 소요되며, 민감한 정보일수록 데이터 분석에 있어 법적 검토를 많이 해야 한다. 데이터베이스에는 매우 많은 정보와 민감한 정보가 저장되어 있으므로, 선별 압수 진행 시 쿼리를 이용하여 사건과 관계없는 데이터를 추출할 시 나중에 큰 문제가 될 수 있다.

본 책을 통해 데이터베이스 포렌식에 대한 베이스가 잡히길 바라면서 이만 끝을 내도록 하겠다.

| **데이터베이스 포렌식** |

인 쇄 일 자 2020년 02월 12일 편집
발 행 일 자 2020년 02월 12일 발행
지 은 이 이별·안소현
표지 디자인 이창욱
본문 디자인 정은영
한국어판 ⓒ Beom
I S B N 979-11-960584-6-3
C I P 2020001266
E - m a i l 0x2e@naver.com

이 책은 저작권법에 따라 보호받는 저작물이므로 무단전재와 무단 복제를 금지하며, 내용의 전부 또는 일부를 이용하려면 반드시 저작권자의 서면 동의를 받아야 합니다. 파본은 바꾸어 드립니다.

Copyright Beom All rights reserved.